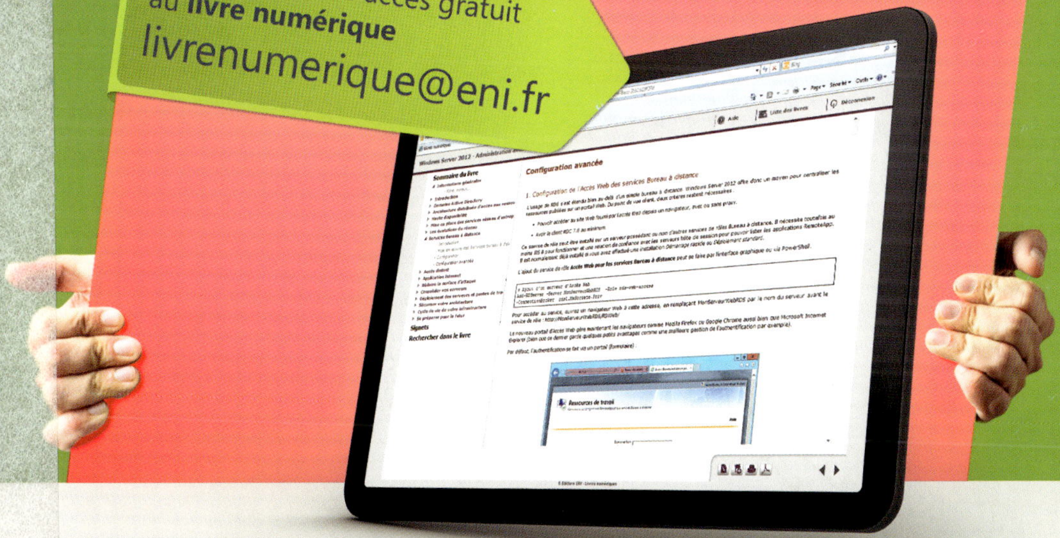

Ressourcesinformatiques

Windows 10

Installation et configuration

ISBN : 978-2-7460-9830-5
Imprimé en France

Editions ENI
ZAC du Moulin Neuf
Rue Benjamin Franklin
44800 St HERBLAIN
Tél. 02.51.80.15.15
Fax 02.51.80.15.16

e-mail : editions@ediENI.com
http://www.editions-eni.com

Auteur : Philippe PAÏOLA
Collection **Ressources Informatiques** dirigée par Joëlle MUSSET

Avant-propos

Ce livre vous fournit les connaissances nécessaires pour installer et configurer le système d'exploitation Windows 10 chez vous ou dans un environnement d'entreprise.

À destination des professionnels informatique, comme des consultants, techniciens de support, administrateurs ou architectes, les prérequis suivants sont nécessaires à la bonne compréhension de cet ouvrage :

- Expérience dans l'installation et la configuration de postes de travail Microsoft.
- Connaissances sommaires d'un environnement Active Directory.
- Maîtrise des notions fondamentales concernant les réseaux (TCP/IP et DNS).

À la lecture de cet ouvrage, vous adopterez de bonnes pratiques autour des manipulations initiales comme des manipulations les plus avancées.

Le cheminement se veut didactique et progressif : chaque sujet traité est suivi d'un exemple détaillé.

Les environnements utilisés dans les exemples sont principalement basés sur Windows 10 Entreprise et Windows Server 2012.

Idéalement, vous installerez Windows 10 Entreprise sur une machine virtuelle, afin de pouvoir, sans impact, effectuer les actions décrites dans les travaux dirigés.

Ce livre étant le vôtre, vous pouvez participer à son amélioration ; si vous avez des questions, des critiques ou des suggestions, n'hésitez pas à contacter son auteur : philippe.paiola@gmail.com

Remerciements

Je tiens à remercier les Éditions ENI qui m'ont permis de concrétiser ce projet d'écriture et toute l'équipe pour l'aide apportée tout au long de la rédaction.

Avant-propos

Chapitre 1
Installation du client Windows 10

Chapitre 2
Conception d'une image de déploiement

Chapitre 3
Interface et applications

Chapitre 4
Gestion des disques et des pilotes

Chapitre 5
Gestion des clients Windows

Chapitre 6
Configuration de la sécurité Windows

Chapitre 7
Connectivité réseau

Chapitre 8
Protection et récupération du système

Chapitre 1
Installation du client Windows 10

1. Introduction

Windows 10 est le successeur du système d'exploitation Windows 8. Destiné aux particuliers et aux entreprises, c'est un système client aussi bien orienté tablette tactile, poste de travail pourvu d'un clavier et d'une souris, ou encore smartphone.

Sa commercialisation a débuté le 29 juillet 2015, soit à peu près trois ans après la sortie de Windows 8.

Microsoft a conçu ce nouveau système en améliorant les performances et l'ergonomie, tout en ajoutant de nombreuses fonctionnalités. Le noyau évolue sensiblement et devient ainsi une version 10.

Avant de commencer à utiliser Windows 10, il est important de se familiariser avec la nouvelle interface, proche de celle de Windows 8.1, afin de réaliser des tâches basiques mais néanmoins indispensables :

- Exécution d'applications : absent de la précédente mouture de Microsoft, le menu **Démarrer** est désormais de retour. L'accès aux applications s'effectue depuis le bureau en cliquant sur le bouton situé en bas à gauche de celui-ci, dans la barre des tâches. Cliquez avec le bouton gauche de la souris ou pointez ensuite sur **Toutes les applications**.

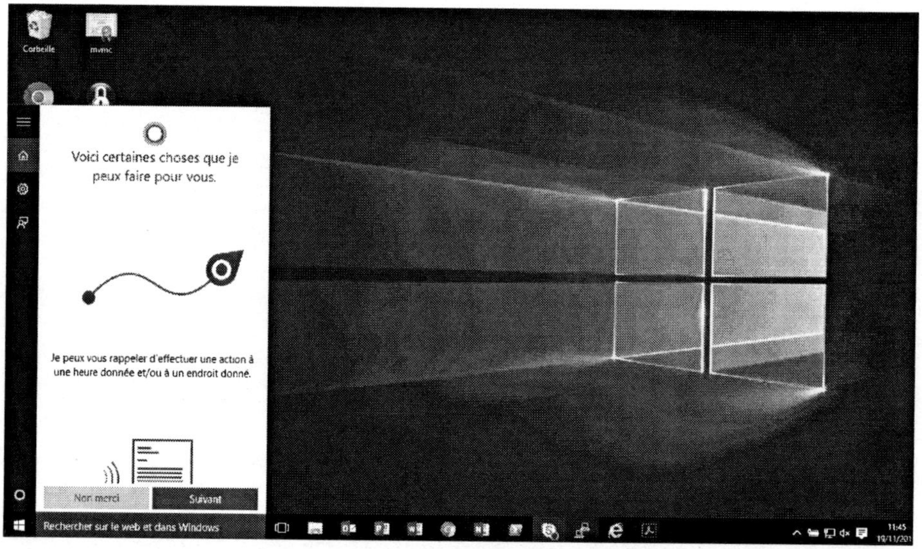

Depuis le bureau, l'utilisateur peut aussi taper directement les premières lettres de l'application à exécuter, à l'aide du champ de recherche nommé **Rechercher sur le web et dans Windows**. Ainsi, en saisissant les premières lettres de l'application **Bloc-notes**, celle-ci est proposée pour exécution.

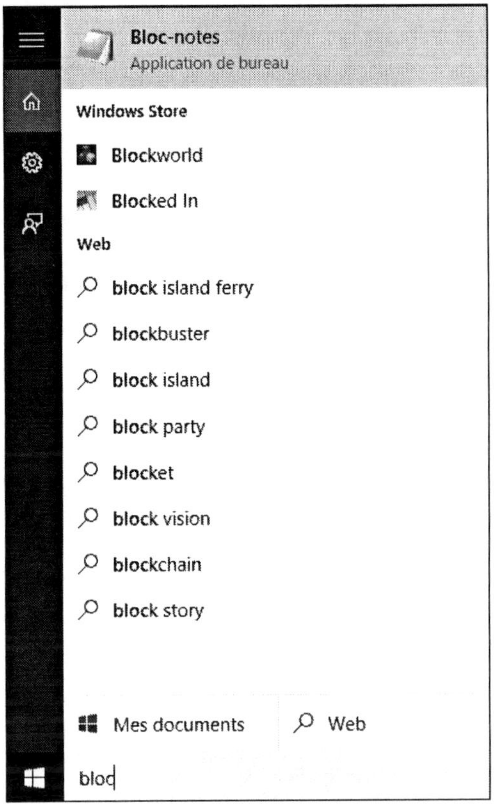

Remarque

*Notez qu'en cliquant avec le bouton droit sur le menu **Démarrer**, différentes fonctionnalités sont accessibles, comme l'accès au panneau de configuration, à une invite de commandes...*

– Arrêt de l'ordinateur : pour éteindre ou redémarrer votre ordinateur, il suffit de cliquer sur le menu **Démarrer** avec le bouton gauche de la souris, puis sur **Marche/Arrêt** et sur **Arrêter**.

2. Fonctionnalités nouvelles et améliorées

Windows 10 apporte un lot de fonctionnalités nouvelles mais améliore aussi sensiblement des technologies apparues avec Windows 7 et Windows 8. Voici un résumé de celles-ci :

- Interface utilisateur : Microsoft a repensé l'interaction homme/machine sur son système ainsi que la gestion des applications. Exit l'écran d'accueil, le bureau est désormais l'interface principale, et le menu **Démarrer** affiche maintenant les apps du Windows Store.
- Bureau virtuel : simulation de plusieurs écrans afin par exemple que l'utilisateur puisse exécuter ses applications professionnelles dans un bureau virtuel et ses applications personnelles dans un autre.
- Continuum : travaillant en arrière-plan, Continuum analyse vos habitudes pour personnaliser votre environnement. Par exemple, si vous utilisez une machine hybride et que vous la connectez à un clavier, alors Continuum déploiera un bureau traditionnel, avec son menu Démarrer.
- Cortana : déjà présent sur les Windows Phone, l'assistant virtuel Cortana peut répondre à vos questions et réaliser des actions formulées oralement par l'utilisateur.
- Navigateur Edge : Internet Explorer étant abandonné, Microsoft intègre dorénavant un navigateur plus rapide et permettant par exemple d'annoter les pages Internet.
- Windows Store : magasin virtuel proposant des applications gratuites et payantes et la mise à jour automatique des apps.
- Communication : la recherche et la visualisation des informations sont améliorées à l'aide de la recherche unifiée. Les résultats d'une recherche prennent en compte les données issues de l'ordinateur, de ses applications ou du moteur de recherche Bing.
- Dossiers de travail : synchronisation des fichiers entre plusieurs ordinateurs ou appareils appartenant à un même utilisateur, qu'il s'agisse de PC joints à un domaine Active Directory ou membres d'un groupe de travail.
- OneDrive : fonctionnalité intégrée totalement au système d'exploitation, les données sont stockées dans le cloud et synchronisées sur les ordinateurs et tablettes Windows 10.

- DirectAccess : connexion distante d'un utilisateur au réseau de son entreprise sans aucune intervention manuelle de celui-ci.
- BranchCache : technologie de mise en cache des données distantes sur des clients du même réseau.
- Gestionnaire de connexions : une seule interface gère toutes les connexions distantes (Wi-Fi, Bluetooth, 3G/4G, etc.).
- IPv6 : gestion du protocole IPv6 lors des connexions Internet.
- Sécurité : Windows 10 propose des nouveautés dans divers domaines de sécurité, telles que :
  - Device Guard : empêche un utilisateur d'exécuter des applications non approuvées par l'administrateur.
  - Windows Defender : logiciel permettant de déterminer si un ordinateur est infecté par des programmes malveillants.
  - Protection des données d'entreprise : en cas de vol de matériel, les données sont effacées à distance sur le poste de travail de l'utilisateur. La protection contre la fuite de données est renforcée.
  - Cartes à puce virtuelles : émulation des fonctionnalités des cartes à puce en utilisant les puces TPM (*Trusted Platform Module*).
  - Authentification mot de passe image : possibilité d'ouvrir une session grâce à une image choisie et sur laquelle l'utilisateur doit effectuer une série de trois gestes, avec des cercles, lignes droites et/ou points.
  - Reconnaissance biométrique : authentifie l'accès aux ordinateurs par l'intermédiaire de capteurs d'empreinte digitale. Ouverture d'un document via cette méthode également implémentée.
  - Pare-feu Windows avec sécurité avancée : filtrage dans les deux sens des flux transitant.
  - BitLocker : chiffrement des disques durs et des mémoires flash USB. Support de la fonctionnalité Full Disk Encryption.
  - Windows Hello : permet de se connecter aux appareils Windows 10 de façon plus sécurisée, en utilisant le procédé de reconnaissance d'iris ou du visage du propriétaire de l'ordinateur.

- Déploiement : Windows 10 est basé sur une image aisément modifiable et dont le processus d'installation peut être automatisé à l'aide d'un fichier de réponses. De nouvelles méthodes permettent de déployer un poste de travail :
  - Installation du système depuis une mémoire flash USB.
  - Démarrage de Windows 10 depuis un disque virtuel VHD.
  - SecureBoot : fonction utilisant l'UEFI pour vérifier les signatures du gestionnaire de démarrage Windows 10 garantissant ainsi un démarrage sécurisé de l'ordinateur.
  - Windows sur clé USB : permet aux utilisateurs de démarrer le système d'exploitation à partir d'un lecteur USB externe.
  - Activation basée sur l'Active Directory : un administrateur peut gérer simplement les activations des systèmes joints à un domaine Active Directory dont il a la charge.
- Maintenance : Microsoft propose une gestion simplifiée des postes de travail ainsi que de nouveaux outils d'aide à la résolution des problèmes :
  - InstantGo : permet de quitter instantanément le mode veille, applications et données étant à jour.
  - PowerShell 3.0 : exécution des scripts pour automatiser certaines tâches d'administration.
  - Accès affecté : un utilisateur ne peut exécuter qu'une seule application sur l'ordinateur, réduisant celui-ci à une borne d'accès.
  - Start Screen Control : l'administateur peut configurer l'environnement de travail de l'utilisateur, comme la position des vignettes, grâce à une stratégie de groupe.
  - Packs de résolution des problèmes : enregistrement des actions utilisateur, site Internet Microsoft Fix it.
  - AppLocker : contrôle des applications qui peuvent être installées et exécutées par les utilisateurs.

- Compatibilité des applications : la virtualisation devient un composant essentiel du système d'exploitation.
  - Client Hyper-V : virtualisation d'un système d'exploitation depuis l'hyperviseur Windows 10.
  - Application Compatibility Toolkit : utilitaire aidant à la résolution des problèmes de compatibilité des applications.
- Périphériques : la gestion des appareils est améliorée, de nouvelles fonctionnalités sont supportées.
  - Impression 3D : intégration du pilote d'une imprimante 3D et support de son format de fichier.
  - Wi-Fi Tethering : connexion Internet partagée grâce à un réseau sans fil diffusé entre différents ordinateurs.
  - Miracast : partage du son et de la vidéo d'un appareil mobile vers un moniteur ou une télévision via une connexion sans fil.
  - Wi-Fi Direct wireless printing : impression directe de documents sur une imprimante Wi-Fi sans nécessité d'ajouter des pilotes ou logiciels tiers.

Le tableau ci-dessous liste la disponibilité des fonctionnalités prisées par les entreprises, comme AppLocker, BitLocker ou Hyper-V, en fonction de la version de Windows 10 choisie :

	Famille	Pro	Entreprise	Education	Chapitre
Accès affecté		X	X	X	Installation du client Windows 10
AppLocker			X	X	Configuration de la sécurité Windows
BitLocker et BitLocker To Go		X	X	X	Configuration de la sécurité Windows
BranchCache			X	X	Gestion des clients Windows 10

	Famille	Pro	Entreprise	Education	Chapitre
Bureaux virtuels	X	X	X	X	Interface et applications
Business Store		X	X	X	
Chiffrement EFS		X	X		Configuration de la sécurité Windows
Client Hyper-V		X	X		Conception d'une image de déploiement
Continuum	X	X	X	X	Interface et applications
Cortana	X	X	X	X	Interface et applications
Credential Guard et Device Guard			X	X	Configuration de la sécurité Windows
Démarrage natif VHD		X	X		Installation du client Windows 10
Démarrage sécurisé	X	X	X	X	Installation du client Windows 10
DirectAccess			X	X	Gestion des clients Windows 10
Espaces de stockage	X	X	X		Gestion des disques et des pilotes
Fonctionnalité RemoteFX			X		Gestion des clients Windows 10

	Famille	Pro	Entreprise	Education	Chapitre
Historique des fichiers	X	X	X	X	Protection et récupération du système
Hyper-V client		X	X	X	
Impression 3D	X	X	X	X	Gestion des clients Windows 10
Interface tactile	X	X	X	X	Interface et applications
Jonction à un domaine		X	X	X	
Microsoft Edge	X	X	X	X	Interface et applications
Microsoft Passport	X	X	X	X	Configuration de la sécurité Windows
MiraCast	X	X	X	X	Connectivité réseau
OneDrive	X	X	X	X	Gestion des disques et des pilotes
Protection des données d'entreprise		X	X	X	Configuration de la sécurité Windows
Réinitialiser/ Actualiser	X	X	X	X	Protection et récupération du système
Traitement des objets stratégie de groupe		X	X	X	

	Famille	Pro	Entreprise	Education	Chapitre
Wi-Fi Direct wireless printing	X	X	X	X	Gestion des clients Windows 10
Wi-Fi Sense	X	X	X	X	Connectivité réseau
Wi-Fi Tethering	X	X	X	X	Connectivité réseau
Windows Hello	X	X	X	X	Installation du client Windows 10
Windows To Go			X	X	Installation du client Windows 10
Windows Update for Business		X	X	X	Configuration de la sécurité Windows
Work folders	X	X	X	X	Gestion des clients Windows 10
Workplace join	X	X	X	X	Gestion des clients Windows 10

3. Préparation à l'installation

Avant d'installer Windows 10, il est nécessaire de vérifier que l'ordinateur de destination supporte les prérequis du système. L'administrateur devra choisir la version qui correspond à ses besoins et s'assurer que ses applications seront compatibles.

3.1 Prérequis minimaux

Windows 10 étant un système d'exploitation hybride, pouvant aussi bien fonctionner sur une tablette tactile que sur un smartphone ou sur un ordinateur portable, les prérequis minimaux diffèrent entre chaque utilisation.

3.1.1 Poste de travail

Windows 10 nécessite la même configuration matérielle que Windows 8.1 au niveau des prérequis minimaux :

- Processeur 1 GHz ou plus rapide pour les architectures 32 bits ou 64 bits.
- Résolution d'écran de 800 x 600.
- 1 Go de RAM (32 bits), 2 Go (64 bits).
- Unité GPU (*Graphics Processing Unit*) supportant DirectX 9 ou supérieur avec pilote WDDM 10.0. Ce type de carte graphique permettra une prise en charge efficace de l'interface Windows 10.
- Disque dur possédant un espace disque libre de 16 Go (32 bits) ou 20 Go (64 bits).
- Lecteur DVD-ROM ou périphérique flash USB. En cas de déploiement de Windows 10 depuis un réseau, il est nécessaire que la carte réseau de l'ordinateur soit compatible PXE.

Installer une version 64 bits de Windows 10 nécessite un processeur supportant des instructions CMPXCHG16b, PrefetchW et LAHF/SAHF.

Des fonctionnalités peuvent nécessiter l'ajout de matériel supplémentaire, comme par exemple BitLocker qui nécessite une puce TMP 1.2 ou un périphérique flash USB.

Le démarrage sécurisé requiert un microprogramme supportant la norme UEFI v2.3.1 Errata B qui possède l'autorité de certification Microsoft Windows stockée dans sa base de données.

Enfin, l'assistant vocal Cortana reconnaît à l'heure de l'écriture de ces lignes les langues provenant des États-Unis, du Royaume-Uni, de Chine, de France, d'Italie, d'Allemagne et d'Espagne.

La fonctionnalité InstantGO nécessite une prise en charge matérielle de la veille connectée.

Le client Hyper-V requiert une architecture 64 bits avec des fonctions de traduction d'adresses de second niveau (SLAT) et 2 Go de RAM supplémentaires (Windows 10 Pro et Windows 10 Entreprise).

La configuration matérielle recommandée dépend de ce que souhaite faire l'utilisateur. En effet, un ordinateur dédié aux jeux nécessite une carte graphique performante, mais pas nécessairement un disque dur véloce.

Une personne souhaitant effectuer du traitement d'image privilégiera un processeur rapide et une grande quantité de RAM.

Acquérir un ordinateur avec une architecture 64 bits peut être un choix judicieux si la performance du système est un point important car un processeur supportant cette architecture traitera davantage de données par cycle d'horloge, exécutant ainsi les applications plus rapidement.

Pour utiliser pleinement les possibilités qu'offre un ordinateur 64 bits, il faut installer les versions 64 bits du système d'exploitation Windows 10, des pilotes et des logiciels. Dans le cas contraire, la compatibilité ascendante aura pour conséquence un fonctionnement temporaire du processeur en mode 32 bits.

Seule ombre au tableau, les pilotes 64 bits pour certains périphériques (imprimantes, scanneurs) ne sont pas toujours disponibles.

3.1.2 Tablette tactile

Pour utiliser les fonctionnalités tactiles proposées par Windows 10, l'utilisateur devra tout d'abord disposer d'une tablette ou d'un moniteur prenant en charge l'interaction tactile multipoint.

3.2 Choix d'une version

Quatre éditions de Windows 10 sont disponibles à destination des particuliers et des professionnels. Chacune possède ses propres fonctionnalités et limitations, mais toutes nécessitent une partition NTFS (*New Technology File System*) pour s'installer.

Le détail de chaque version est présenté ci-après.

3.2.1 Windows 10 Famille

Cette édition est destinée aux particuliers et est disponible pour les architectures 32 et 64 bits. Elle inclut les principales nouveautés, comme Cortana, Windows Hello, mais aussi :

- Bureau virtuel.
- Continuum pour passer du mode PC au mode tablette.
- Microsoft Edge, le nouveau navigateur de Microsoft.
- Chiffrement de l'appareil.

3.2.2 Windows 10 Pro

Édition à destination des petites et moyennes entreprises possédant un domaine Active Directory et nécessitant une sécurité accrue, cette version comprend les fonctionnalités de Windows 10 Famille, ainsi que d'autres, telles que :

- Jonction à un domaine et application des stratégies de groupe.
- Chiffrement des volumes grâce à BitLocker.
- Virtualisation de systèmes d'exploitation et d'applications via Hyper-V.
- Gestion centralisée des postes de travail et accès Bureau à distance.
- Accès affecté pour ne pouvoir exécuter qu'une application sur une borne.
- Association avec Azure Active Directory, avec authentification unique pour les applications hébergées sur le cloud Microsoft Azure.

- Windows Update for Business permet de bénéficier d'un client Windows 10 toujours à jour, que ce soit au niveau des fonctionnalités et en termes de sécurité, sur l'ensemble des terminaux de l'entreprise.

Windows 8/8.1 Professionnel pourront être mis à niveau vers Windows 10 Pro.

Remarque

Windows Media Center, logiciel regroupant des services multimédias (lire des fichiers son, image, jouer à un jeu vidéo, regarder la télévision...), n'est plus fourni avec les quatre éditions de Windows 10.

3.2.3 Windows 10 Entreprise

Destinée aux grandes entreprises, cette édition est disponible uniquement lorsqu'une société souscrit un contrat de maintenance Software Assurance auprès de Microsoft. Le programme Software Assurance propose aux entreprises un support 24x7, une aide au déploiement ou encore la mise à jour automatique vers les dernières versions des produits Microsoft. Windows 10 Entreprise propose les mêmes fonctionnalités que Windows 10 Pro, auxquelles s'ajoutent les suivantes :

- Windows sur clé USB, fonctionnalité proposée pour démarrer Windows 10 depuis un périphérique amovible, permettant ainsi de transporter son environnement de travail dans sa poche.
- DirectAccess propose de connecter automatiquement l'utilisateur itinérant au réseau de l'entreprise mais sans connexion VPN.
- AppLocker restreint l'exécution et l'installation des logiciels définies depuis un serveur Windows Server sur des clients Microsoft Windows 7 et supérieur.
- BranchCache permet à un client Windows 10 de mettre en cache les données auxquelles il a accédé (pages Internet ou dossiers partagés) auprès d'une succursale, pour les rendre disponibles plus rapidement aux ordinateurs de son propre réseau.

- DeviceGuard est un ensemble de fonctionnalités de sécurité matérielle et logicielle qui, lorsqu'elles sont utilisées conjointement, verrouillent un appareil Windows 10 afin qu'il puisse uniquement exécuter des applications approuvées par l'administrateur de l'entreprise.
- Credential Guard utilise une technologie de sécurité liée à la virtualisation afin d'isoler des "secrets" afin que seul l'environnement système puisse y accéder.
- Long Term Servicing Branch (LTSB) offre aux entreprises la possibilité de faire évoluer les fonctionnalités et correctifs de sécurité de Windows 10 au fil du temps via un contrat liant Microsoft et l'entreprise.

3.2.4 Windows 10 Education

Windows 10 Education est une version conçue spécialement pour le monde de l'éducation et reprend l'essentiel des fonctionnalités de Windows 10 Entreprise. La mise à niveau vers cette version est possible via une édition familiale de Windows 7 et Windows 8.1.

À noter que le mode de licence LTSB n'est pas disponible dans cette édition.

3.2.5 Tablette Microsoft Surface 4

Microsoft propose aux utilisateurs deux tablettes nommées Surface 4 et Surface Pro 4 supportant respectivement Windows 10 et Windows 10 Pro.

Celle fonctionnant sur Windows 10 Pro possède les caractéristiques techniques suivantes :

- Écran PixelSense de 12,3". Résolution : 2 736 x 1 824 (267 ppp). Format d'image : 3:2. Tactile : Multipoint à 10 points.
- Processeur m3, i5 ou i7 de sixième génération.
- Puce TPM.
- Stockage 128 Go à 512 Go.
- Mémoire vive de 4 Go à 16 Go.
- Caméra HD frontale de 5 mégapixels et caméra dorsale à mise au point automatique de 8 mégapixels (enregistrement vidéo possible en HD 1080p).
- Connectivité Bluetooth 4.0 basse consommation.

- Lecteur de cartes microSD, sortie miniHDMI, port USB 3.0.
- Sans fil Wi-Fi supportant les normes 802.11a/b/g/n.
- Dimensions : 292,10 x 201,42 x 8,45 mm pour un poids minimal (selon processeur) de 766 grammes.
- Capteur de luminosité ambiante, accéléromètre, gyroscope.
- Stylet.
- Compatibilité avec toutes les applications Windows.

3.3 Vérification de la compatibilité

Afin de préparer au mieux l'installation de Windows 10, il est nécessaire de vérifier que le matériel utilisé (carte graphique, scanneur, etc.) est pleinement compatible.

Lorsqu'un utilisateur achète un ordinateur équipé de Windows 10, un logo est apposé sur le matériel. Celui-ci garantit que le constructeur a respecté les exigences de Microsoft. Le **kit d'évaluation de matériel en laboratoire Windows (HLK) pour Windows 10** regroupe un ensemble d'outils pour vérifier que les composants de l'ordinateur sont compatibles avec Windows 10. Il peut être téléchargé gratuitement depuis l'adresse ci-dessous : https://msdn.microsoft.com/fr-fr/windows/hardware/dn913721.aspx#test

Une application développée pour Windows 10 peut, elle aussi, recevoir le logo et ainsi profiter de multiples avantages :

- Être téléchargeable depuis le magasin Windows Store.
- Être définie comme compatible dans le rapport de compatibilité d'installation et dans le Centre de compatibilité Windows 10.
- Donner accès à des ressources marketing et à des formations dans le réseau Microsoft Partner.

Le logo est affiché ci-dessous :

Windows 10
Compatible

Un logiciel compatible signifie que l'éditeur affirme que son produit est compatible avec Windows 10. Un programme avec le logo "Compatible avec Windows 10" mentionne que ce dernier a passé une batterie de tests auprès de Microsoft et qu'il respecte donc les exigences de l'éditeur.

4. Installation du client Windows 10

Cette procédure consiste en une installation complète de Windows 10 dans une nouvelle partition sur un ordinateur généralement dépourvu de système d'exploitation antérieur. Microsoft a réduit le temps nécessaire à l'installation du produit, en comparaison des anciens systèmes, tels que Windows Vista ou Windows 7.

Six méthodes sont à la disposition de l'utilisateur pour effectuer cette action :

- L'installation à partir du DVD : cette méthode permet d'installer et de réparer le système d'exploitation Windows 10 en ayant inséré le média d'installation. L'utilisateur devra au préalable configurer le BIOS (*Basic Input Output System*) pour que l'ordinateur démarre en priorité depuis le lecteur DVD.
- L'installation depuis une clé USB : depuis Windows 98, les versions des systèmes d'exploitation Microsoft étaient commercialisées sur un support optique (CD ou DVD). Si vous possédez un ordinateur portable qui n'a pas de lecteur optique, vous pourrez utiliser un support extrêmement répandu, la clé USB, qui contiendra les fichiers d'installation de Windows 10.
- L'utilisation de Windows sur clé USB (Windows To Go) : permet aux utilisateurs de démarrer le système préinstallé à partir d'un lecteur USB externe.
- L'utilisation d'un disque virtuel avec démarrage natif : le démarrage natif permet à un disque dur virtuel contenant Windows 10 Entreprise de s'exécuter sur un ordinateur physique sans hyperviseur tel qu'Hyper-V ou un produit tiers.
- Le déploiement d'une image par le réseau : à l'aide des services de déploiement Microsoft (WDS), il est possible de déployer une image au format WIM de Windows 10, au travers d'un réseau d'entreprise. Cette méthode est détaillée dans le chapitre Conception d'une image de déploiement - Format de fichier WIM.
- L'exécution de l'installation depuis un partage réseau : en exécutant le fichier setup.exe, stocké avec le contenu du DVD d'installation dans un dossier partagé sur le réseau, l'utilisateur exécutera une nouvelle installation de Windows 10. Au préalable, il est nécessaire de démarrer l'ordinateur à l'aide de Windows PE (*Preinstallation Environment*) pour accéder à une invite de commandes.

4.1 DVD d'installation

L'installation de Windows 10 depuis le DVD d'installation s'effectue désormais depuis un nombre limité d'étapes, Microsoft ayant simplifié cette procédure par rapport à Windows 7 :

- Sélectionnez la **Langue à installer**, le **Format horaire et monétaire** ainsi que la langue du **Clavier**.

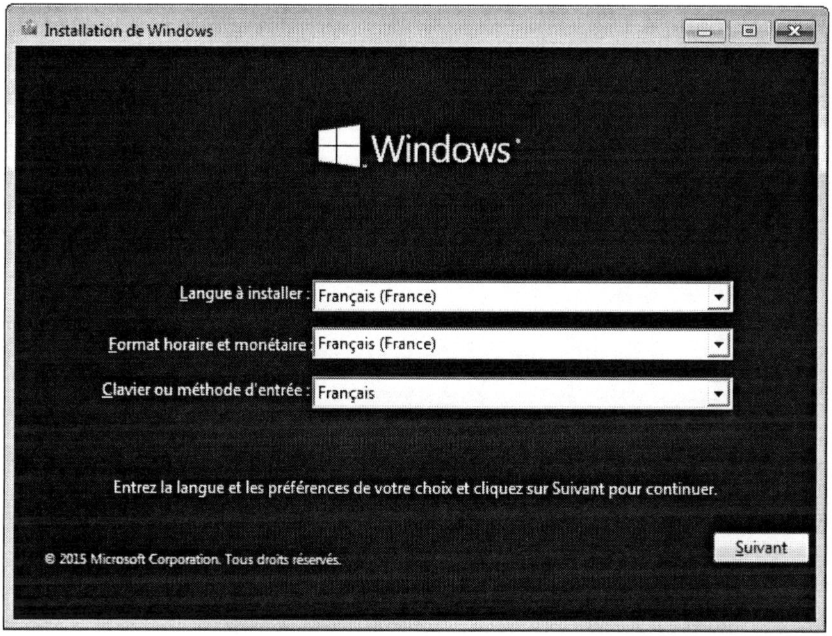

- Cliquez sur le bouton **Suivant**.

- Cliquez ensuite sur **Installer maintenant**. Entrez la clé de produit sans spécifier les tirets "-" séparateurs, puis cliquez sur le bouton **Suivant**.
- Cochez la case **J'accepte les termes du contrat de licence** puis validez par **Suivant**.
- Dans la fenêtre du choix du type d'installation, cliquez sur **Personnalisé : installer uniquement Windows (avancé)** afin d'exécuter une installation du système Windows 10 sur un ordinateur dépourvu de tout système d'exploitation.

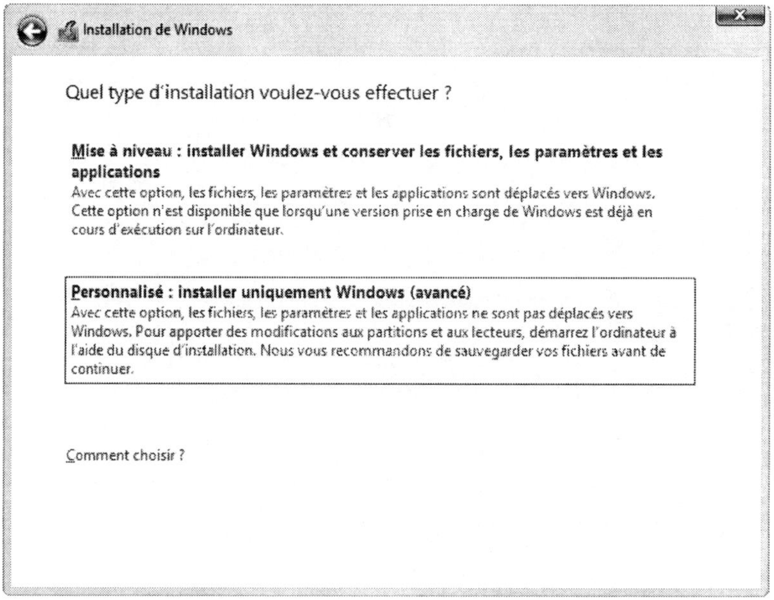

- L'écran suivant propose de partitionner les disques durs présents dans l'ordinateur.

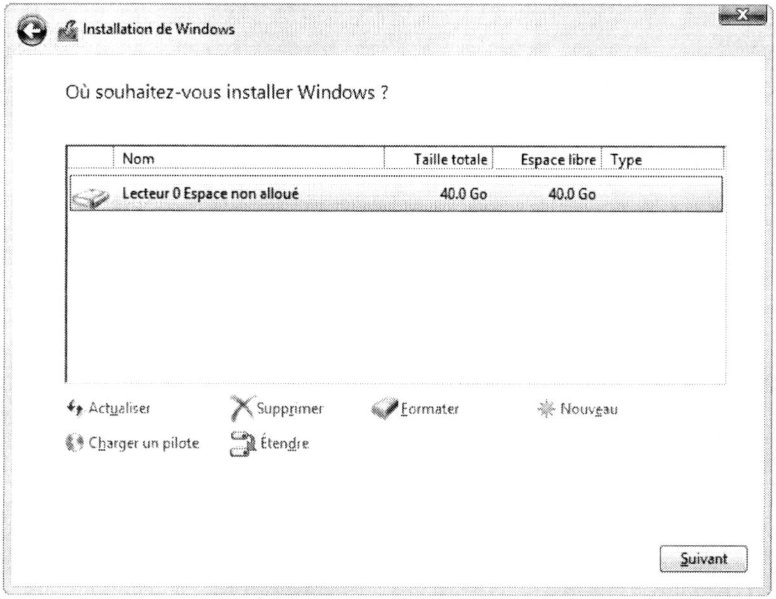

- Vous pouvez **Charger un pilote** tiers et **Étendre**, **Supprimer** ou **Formater** une partition. Windows 10 nécessite un espace disque disponible d'au moins 16 Go pour la version 32 bits et de 20 Go pour la version 64 bits. Une fois les opérations effectuées, sélectionnez la partition de destination puis cliquez sur le bouton **Suivant**.
- Windows 10 copie les fichiers nécessaires à son fonctionnement puis installe les fonctionnalités du système.

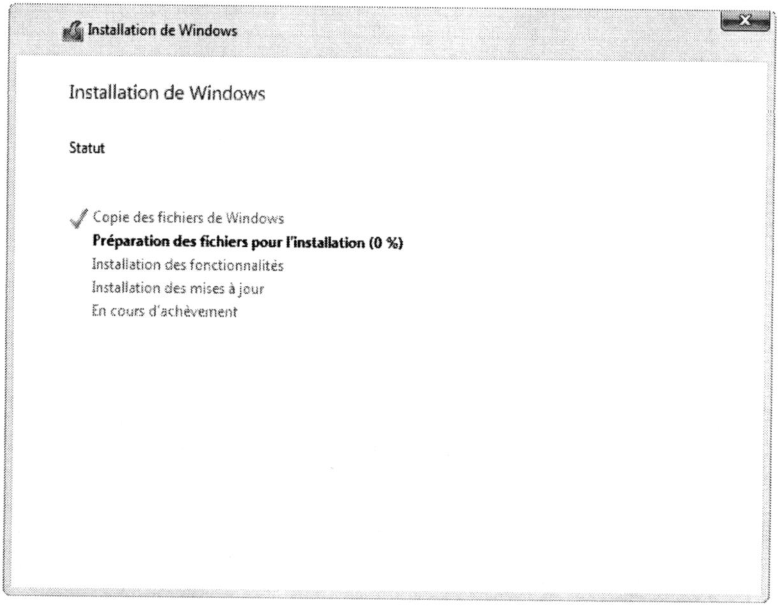

- Après le redémarrage automatique de Windows 10, sélectionnez la couleur de votre interface graphique, et spécifiez un nom pour votre ordinateur, puis validez en cliquant sur le bouton **Suivant**.
- L'assistant d'installation propose de configurer automatiquement des paramètres de Windows 10 tels que la saisie vocale ou la protection contre le contenu web malveillant.

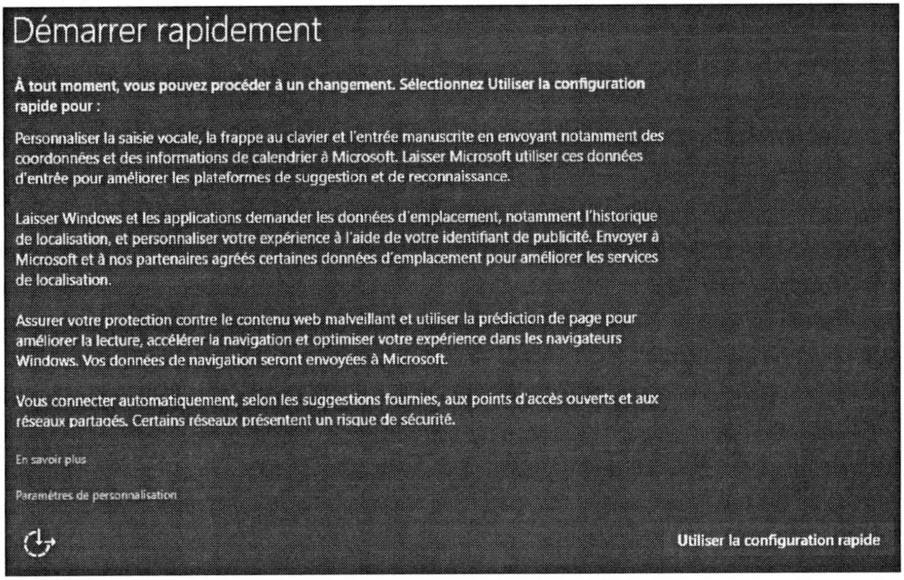

- En cliquant sur **Paramètres de personnalisation**, vous pourrez choisir quels paramètres vous souhaitez personnaliser dans l'assistant d'installation. Si vous cliquez sur le bouton **Utiliser la configuration rapide**, vous serez ensuite invité à créer un compte dont le nom est différent de celui de l'ordinateur, à définir un mot de passe ainsi qu'un indicateur pour le retrouver en cas de perte puis à valider via le bouton **Suivant**.

Remarque

*Si une connexion réseau à Internet est active durant l'installation, Windows 10 propose d'utiliser un compte Windows Live pour authentifier l'utilisateur et ainsi synchroniser l'apparence et les données de l'utilisateur en fonction du poste où il s'authentifiera (cf. section Authentification de ce chapitre). Dans notre exemple, nous cliquerons sur **Se connecter sans compte Microsoft** puis sur **Compte local**.*

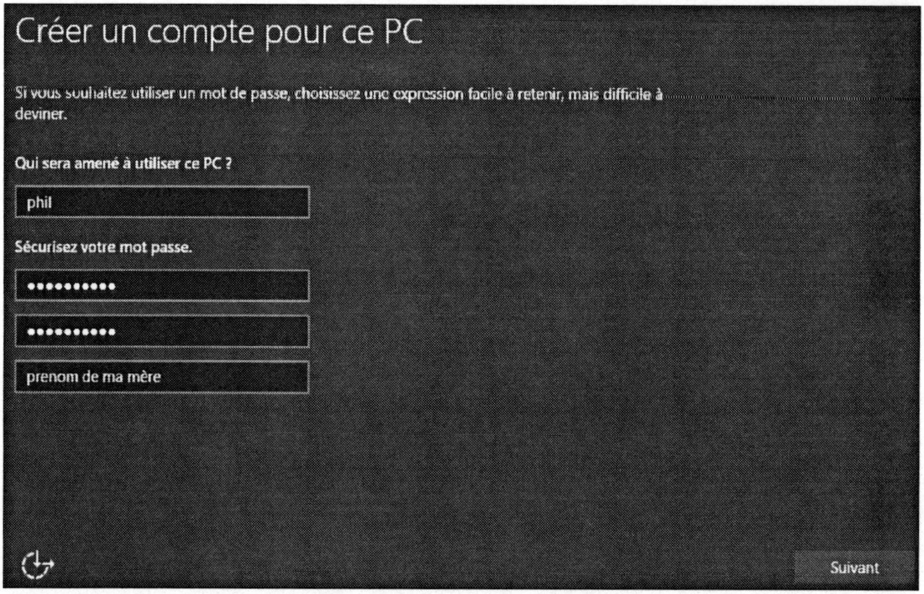

Windows 10 installe ensuite les applications par défaut du nouveau système.

Une fois ces actions effectuées, la première ouverture de session s'effectue, affichant la nouvelle interface du système.

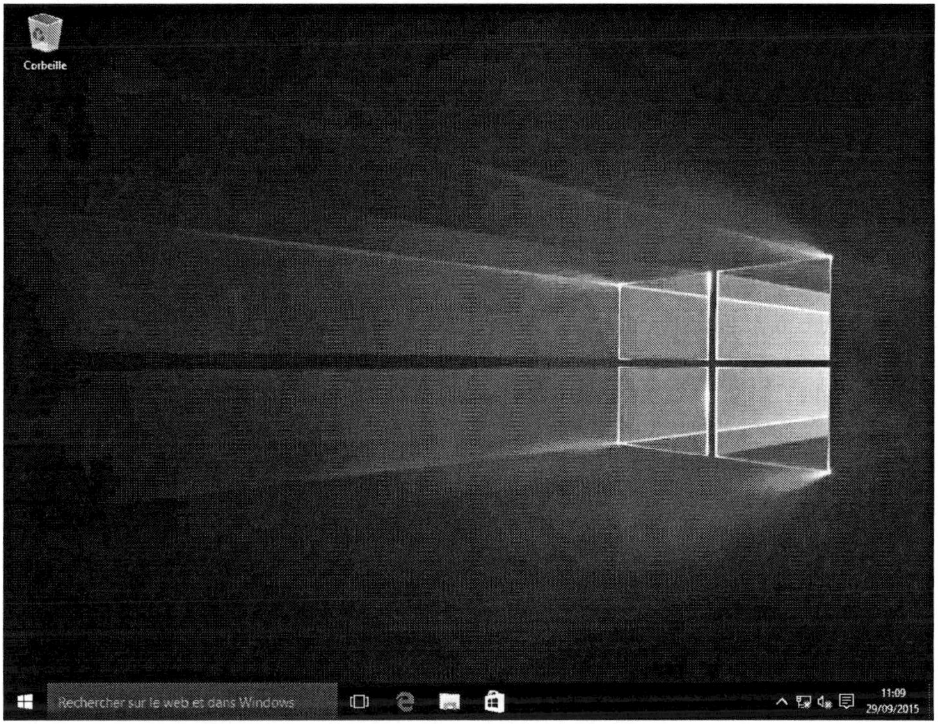

4.2 Installation depuis une mémoire flash USB

Dans le cas où votre ordinateur serait dépourvu de lecteur DVD, Microsoft propose de copier les fichiers nécessaires à l'installation de Windows 10 sur une clé USB d'une capacité de 3 Go minimum. Cette fonctionnalité requiert que l'utilisateur acquière au préalable une clé de produit.

L'utilisateur démarrera le poste de destination en y insérant le périphérique USB précédemment créé puis installera Windows 10.

La première étape consiste à télécharger le fichier ISO de la version de Windows 10 que vous souhaitez déployer :

- Depuis votre poste de travail Windows XP, Windows Vista ou Windows 7 (32 ou 64 bits), téléchargez le fichier ISO Windows 10 en fonction de l'architecture 32 ou 64 bits du système cible, en saisissant l'adresse suivante dans votre navigateur Internet :
http://www.microsoft.com/fr-fr/software-download/windows10
- Cliquez sur le bouton **Télécharger l'outil maintenant (version 32 bits** ou **version 64 bits)**. Le téléchargement du fichier **MediaCreationToolx(32** ou **64)x.exe** débute. Exécutez le fichier précédemment téléchargé. Validez en cliquant sur le bouton **Oui** lorsque la fenêtre de contrôle de compte d'utilisateur apparaît.
- Dans la fenêtre **Installation de Windows 10**, cochez la case **Créer un support d'installation pour un autre PC** puis cliquez sur le bouton **Suivant**.

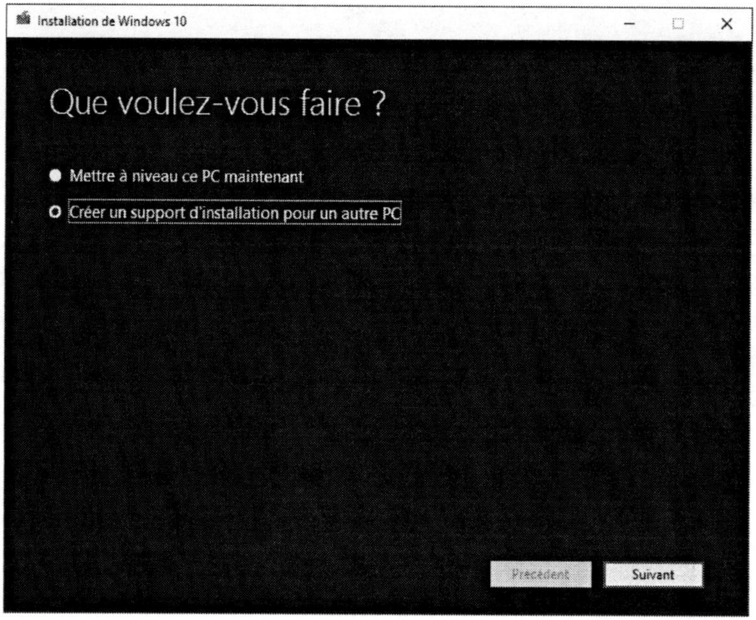

- Sélectionnez la langue du système d'exploitation, l'édition (**Famille**, **Famille N**, **Professionnel**, **Professionnel N**) puis l'architecture (**32 bits**, **64 bits** ou les deux). Cliquez sur le bouton **Suivant**. Cochez l'option **Disque mémoire flash USB** puis cliquez sur le bouton **Suivant**. Insérez une mémoire flash USB.
- Cochez l'option **Disque mémoire flash USB** puis cliquez sur le bouton **Suivant**. Notez que vous pouvez aussi graver le fichier ISO sur un DVD ultérieurement via le programme d'installation, en cochant la case **Fichier ISO**. Branchez votre mémoire flash USB d'une capacité d'au moins 3 Go, et cliquez sur le bouton **Suivant**.

Une fois la mémoire flash USB Windows 10 créée, l'utilisateur doit configurer le BIOS de son ordinateur pour démarrer en priorité depuis un périphérique USB et suivre les étapes d'installation.

4.3 Windows sur clé USB

Windows sur clé USB (ou Windows To Go) offre à l'utilisateur d'embarquer son système Windows 10 Entreprise ou Windows 10 Education préconfiguré, contenant ses données et programmes, sur un périphérique USB d'une capacité d'au moins 30 Go. Les avantages sont multiples :

- Économie de matériel : un responsable informatique peut fournir à ses collaborateurs un environnement de travail complet sur un simple dispositif de stockage USB dont le coût est modeste.
- Protection des données : lorsque l'utilisateur éteint le système Windows 10 stocké sur la mémoire flash USB, aucune donnée ne réside sur l'ordinateur hôte. Le travail à domicile est ainsi grandement facilité.
- Maintenance gérée : les stratégies de groupe déployées depuis un domaine Active Directory ou la gestion centralisée assurée par SCCM (*System Center Configuration Manager*) sont maintenues sur le système embarqué.
- Démarrage de plusieurs versions de Windows : Windows sur clé USB permet de tester Windows 10 sans impacter les systèmes d'exploitation présents sur l'ordinateur de l'utilisateur.

Vous pouvez utiliser le périphérique USB sur plusieurs ordinateurs : lors du premier démarrage sur l'un d'eux, Windows sur clé USB installe les pilotes, puis identifiera à l'avenir l'ordinateur cible en chargeant les pilotes appropriés.

Afin de prévenir la corruption des données, la mise en veille et la mise en veille prolongée sont désactivées lors de l'utilisation de la fonctionnalité. Les disques durs internes de l'ordinateur de destination sont définis hors connexion et l'environnement de récupération Windows RE n'est pas utilisé.

Remarque

Certaines applications vérifient la configuration matérielle de l'ordinateur hôte avant de s'exécuter, ce qui peut poser problème lors de l'itinérance de l'utilisateur.

Windows sur clé USB nécessite :

– Un périphérique amovible USB version 2.0 ou 3.0 (conseillé).
– Windows 10 Entreprise ou Windows 10 Education.
– Le fichier install.wim (cf. chapitre Conception d'une image de déploiement - Format de fichier WIM) disponible dans le dossier **Sources** du DVD d'installation Windows 10.

La procédure de création du média amovible Windows sur clé USB est la suivante :

▶ Insérez une mémoire flash USB disposant d'une capacité minimum de 32 Go puis, depuis le champ de recherche situé dans la barre des tâches de Windows 10, saisissez **Windows To Go** et validez par [Entrée].

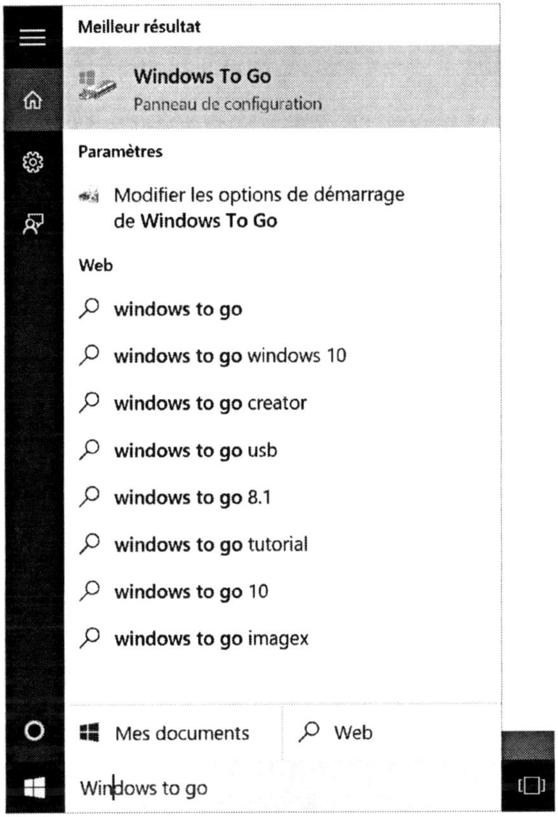

- L'assistant **Créer un espace de travail Windows To Go** s'affiche. Sélectionnez le périphérique USB précédemment branché et cliquez sur le bouton **Suivant**.
- Cliquez ensuite sur le bouton **Ajouter un emplacement de recherche** puis sélectionnez le dossier sources du support d'installation Windows 10.

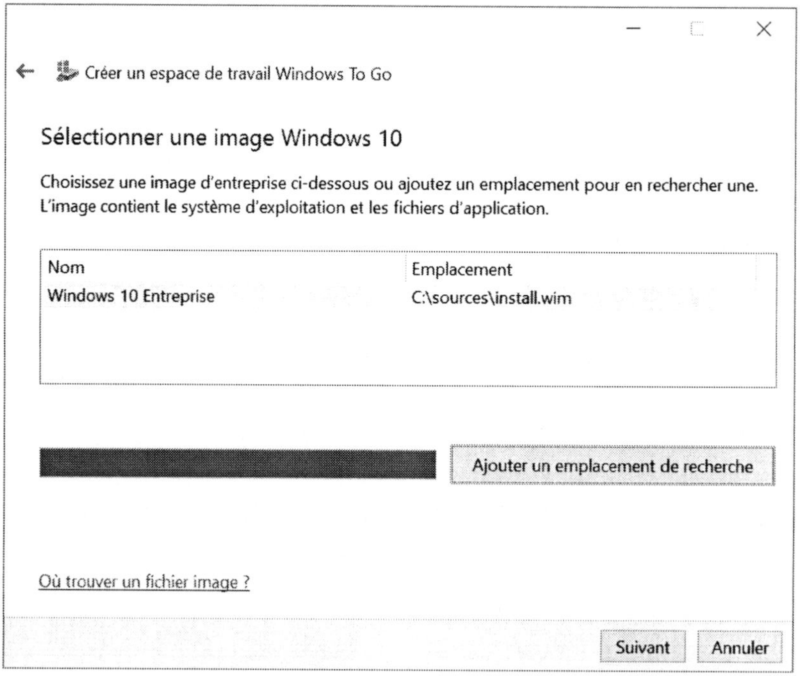

- Validez en cliquant sur le bouton **Suivant**. Vous pouvez ensuite chiffrer le périphérique USB à l'aide de BitLocker (cf. chapitre Configuration de la sécurité Windows). Dans notre exemple, cochez la case **Utiliser BitLocker avec mon espace de travail Windows To Go**. Saisissez un mot de passe puis saisissez-le une nouvelle fois pour confirmation.

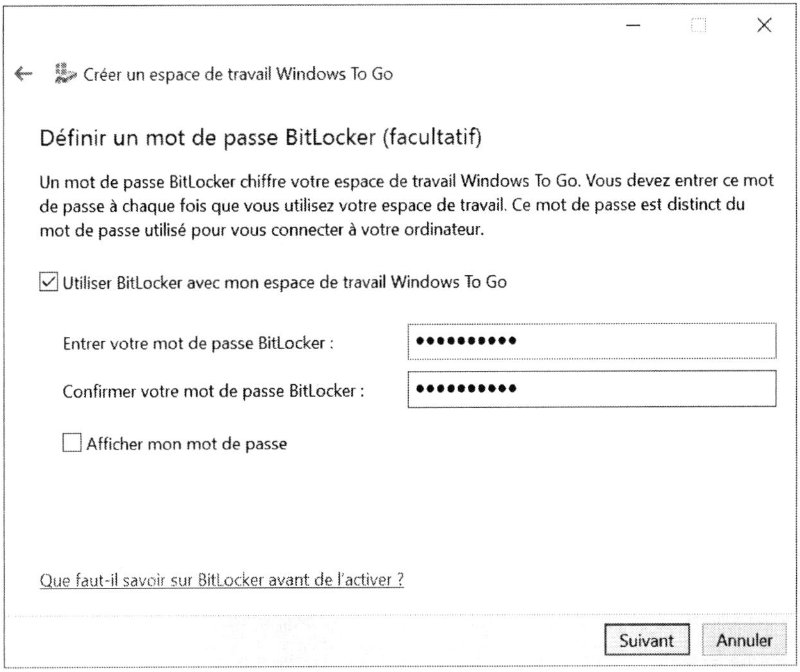

▶ Cliquez sur les boutons **Suivant** et **Créer**.

L'utilisateur doit maintenant configurer le BIOS ou le micrologiciel UEFI (successeur du BIOS) de son ordinateur pour démarrer Windows 10 depuis le périphérique USB nouvellement créé.

Au premier démarrage depuis Windows sur clé USB, le système d'exploitation va installer les périphériques présents, demander à l'utilisateur de spécifier des informations (pays de résidence, type de clavier, etc.), puis ce dernier devra accepter le contrat de licence et finaliser les étapes d'installation. À l'avenir, Windows 10 sera donc installé sur une mémoire flash USB et disponible depuis n'importe quel poste de travail muni d'un port USB. Le magasin Windows Store est désormais activé par défaut.

4.4 Disque virtuel avec démarrage natif

Un disque dur virtuel propose un espace de stockage contenant une machine virtuelle. Au sein de cette dernière, le disque dur virtuel est utilisé comme un disque physique. C'est un fichier résidant sur un disque auquel le système d'exploitation hôte peut accéder aux formats VHD (*Virtual Hard Disk*) ou VHDX, mais tout type de dispositif de stockage (clé USB par exemple) peut être utilisé.

Le démarrage natif permet à un disque dur virtuel de s'exécuter sur un ordinateur physique sans hyperviseur tel qu'Hyper-V ou un produit tiers.

Windows 10 Pro et Windows 10 Entreprise supportent cette fonctionnalité qui permet donc de disposer de plusieurs systèmes d'exploitation sur son ordinateur, même sans posséder de système parent.

Microsoft utilise dans cette mouture un format de disque virtuel qui supprime la limite de 2 To proposée initialement par un fichier VHD : c'est le format VHDX, qui prend en charge jusqu'à 64 To par disque virtuel tout en assurant une tolérance de panne. Un disque VHDX n'est compatible qu'avec les systèmes d'exploitation Windows 8.1, Windows Server 2012 ainsi que les versions supérieures.

Il est conseillé de définir une taille fixe lors de l'utilisation d'un fichier VHD, et de définir une taille dynamique pour un fichier VHDX (format plus efficace pour la gestion des disques de grande capacité).

Pour créer un disque dur virtuel VHDX, il est nécessaire de le faire depuis la console **Gestion des disques** :

- Depuis le champ de recherche situé dans la barre des tâches de Windows 10, saisissez **gestion des disques** et sélectionnez **Créer et formater des partitions de disque dur**.
- Dans la console MMC (*Microsoft Management Console*) **Gestion des disques**, cliquez sur le menu **Action** puis sur **Créer un disque virtuel**.

◘ Spécifiez ensuite l'emplacement de stockage du fichier VHDX sur le disque dur, ainsi que la taille allouée (fixe ou dynamique) : dans notre exemple, nous choisissons une taille dynamique de **16 Go** pour le fichier de disque dur virtuel VHDX situé dans le dossier **c:\virtuel** (ce dossier doit être préalablement créé).

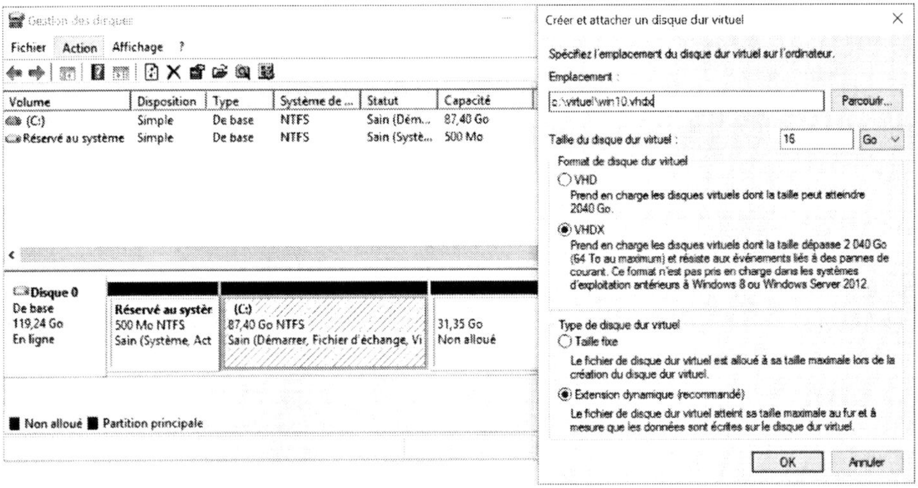

Le fichier VHDX est désormais visible comme n'importe quel disque dur physique dans la console **Gestion des disques** ou depuis une invite de commandes, grâce à l'utilitaire **DiskPart** (cf. chapitre Gestion des disques et des pilotes - Partitionnement et gestion des fichiers) : **diskpart list vdisk**.

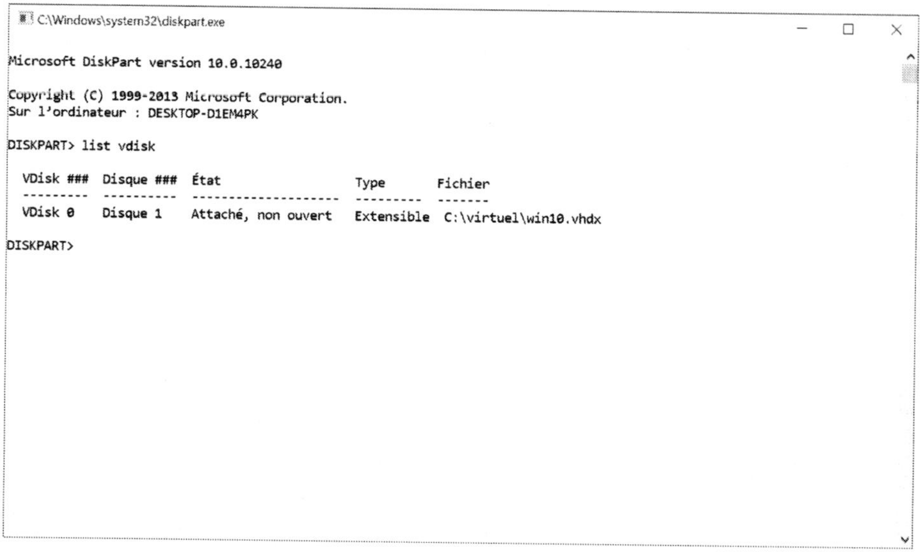

Une fois le disque virtuel VHDX créé, il est nécessaire d'installer Windows 10 dans celui-ci :

- Redémarrez l'ordinateur à l'aide du support d'installation (DVD-ROM ou mémoire flash USB) Windows 10, puis lorsque l'écran de partitionnement des disques apparaît, pressez les touches [Shift][F10] afin d'exécuter une invite de commandes. Sélectionnez le fichier VHDX à l'aide de la commande DiskPart : **select vdisk file=X:\Virtuel\FICHIER.VHDX** (X étant la lettre de lecteur contenant le fichier VHDX précédemment créé). Attachez ensuite le disque dur virtuel : **attach vdisk**.
- Assignez une lettre de lecteur au disque virtuel : **select disk NODISK** puis **select partition NOPARTITION**. **Assign letter=X**. Fermez l'invite de commandes en tapant **exit** puis validez par la touche [Entrée].
- Cliquez sur **Actualiser** dans l'interface de partitionnement des disques et sélectionnez le disque virtuel VHDX possédant la lettre X, puis continuez la procédure d'installation du système d'exploitation Windows 10.

Une fois l'installation terminée, votre ordinateur démarrera depuis un fichier virtuel VHDX en mode natif.

En sélectionnant le disque virtuel Windows 10 nouvellement créé, puis en cliquant sur le menu **Action - Détacher un disque virtuel**, l'utilisateur peut copier le fichier VHDX sur un autre ordinateur (par exemple Windows Server 2012 R2) pourvu d'Hyper-V et ainsi importer l'ordinateur virtuel.

4.5 Démarrage Secure Boot

Un logiciel malveillant, comme un "rootkit", peut dans certains cas s'exécuter avant le lancement du système d'exploitation, entraînant ainsi une faille de sécurité importante. Face à ce type de menace, Microsoft propose la fonctionnalité Secure Boot basée sur la norme UEFI (*Unified Extensible Firmware Interface*), successeur du BIOS.

L'UEFI offre des fonctionnalités réseau intégrées, l'affranchissement de la limite de démarrage des disques de 2,2 To ou encore la gestion des mises à jour du micrologiciel grâce à Internet.

La fonction Secure Boot utilise l'UEFI version 2.3.1 Errata B pour vérifier les signatures du gestionnaire de démarrage Windows 10, des micrologiciels implantés ainsi que des pilotes UEFI, garantissant ainsi un démarrage sécurisé de l'ordinateur. Secure Boot gère également une base de données des signatures révoquées, empêchant ainsi un code malveillant de s'exécuter.

Les utilisateurs et fabricants peuvent désactiver manuellement cette fonctionnalité sur leurs ordinateurs.

5. Mise à niveau vers Windows 10

La mise à niveau consiste à installer Windows 10 sur une version plus ancienne de Windows, afin de remplacer cette dernière sans devoir réinstaller les applications, l'environnement de l'utilisateur ou encore restaurer ses données.

L'utilisateur peut être contraint d'effectuer une mise à niveau, par exemple si le volume des données à sauvegarder est trop important par rapport au support de sauvegarde disponible.

Windows 7 et Windows 8.1 peuvent être mis à niveau vers Windows 10, mais pas les versions antérieures (Windows XP, Windows Vista...).

Ce procédé d'installation est idéal pour les petites entreprises, mais la migration avec transfert des paramètres utilisateur et des données sera privilégiée dans les grands groupes.

Jusqu'au 29 juillet 2016, la mise à niveau est gratuite sur les copies déjà activées, sauf pour les éditions Entreprise. La licence reste néanmoins nettement moins chère qu'une licence pour une nouvelle installation. Il est aussi possible d'utiliser une version complète de Windows 10.

Remarque

Le support du système Windows 7 Service Pack 1 prenant fin le 13 janvier 2015, les entreprises ont donc tout intérêt à mettre à niveau leurs postes de travail avant cette date.

Le tableau ci-dessous liste les chemins de mise à niveau possible vers Windows 10 :

Système d'exploitation source	Système d'exploitation cible
Windows 7 Starter, Familiale Basique, Familiale Premium et Windows 8.1	Windows 10 Famille
Windows 7 Professionnel, Intégrale et Windows 8.1 Pro	Windows 10 Professionnel
Windows Phone 8.1	Windows 10 Mobile
Windows 7 Entreprise, Windows 8.1 Entreprise	Windows 10 Entreprise

Branchez sur le secteur vos périphériques, tels que des imprimantes et des moniteurs, et connectez-les à votre ordinateur avant d'exécuter l'Assistant Mise à niveau, afin de vérifier s'ils fonctionneront avec Windows 10.

Pour connaître la version exacte de Windows 7 que vous utilisez sur l'ordinateur à mettre à niveau, suivez la procédure ci-dessous :

- Depuis votre poste de travail à mettre à niveau, cliquez sur le menu **Démarrer** puis effectuez un clic avec le bouton droit sur **Ordinateur** et sélectionnez **Propriétés**. Dans la fenêtre qui apparaît, notez la version de l'édition Windows.

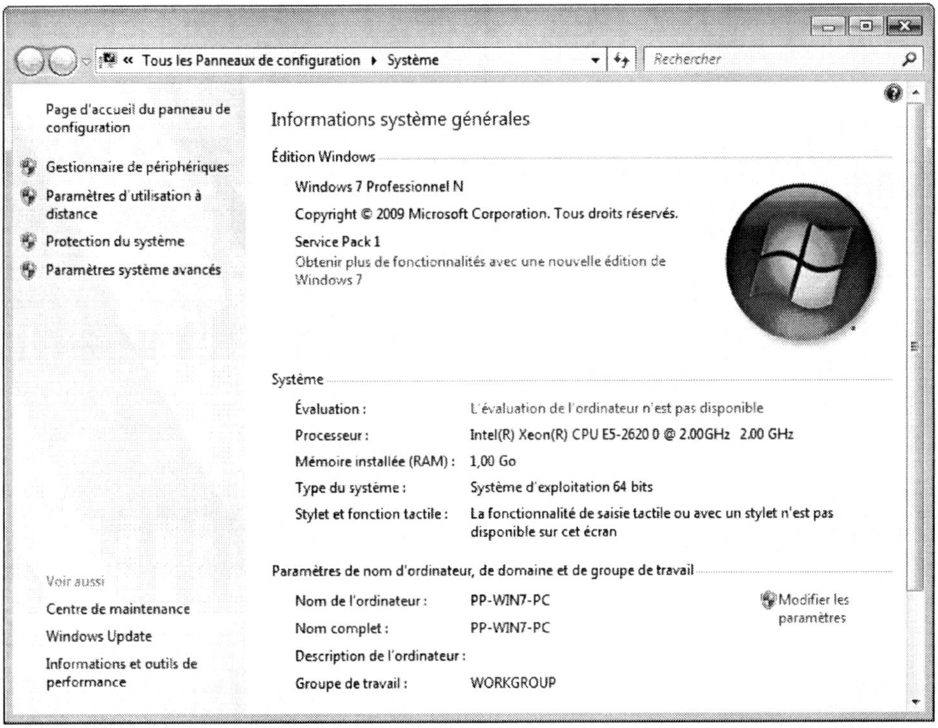

Avant d'effectuer une mise à niveau, notez que ce procédé ne prend pas en charge le passage d'une architecture 32 bits vers 64 bits, et inversement.

Le processus de mise à niveau s'effectue de trois manières au choix : depuis le support d'installation (DVD, périphérique USB), depuis le réseau Internet ou depuis le Windows Store.

5.1 Mise à niveau depuis le support d'installation

Lors du processus d'installation initié en insérant le support DVD depuis un système d'exploitation ancien, tel que Windows 7, sélectionnez l'option **Mise à niveau**, comme le montre l'image ci-dessous :

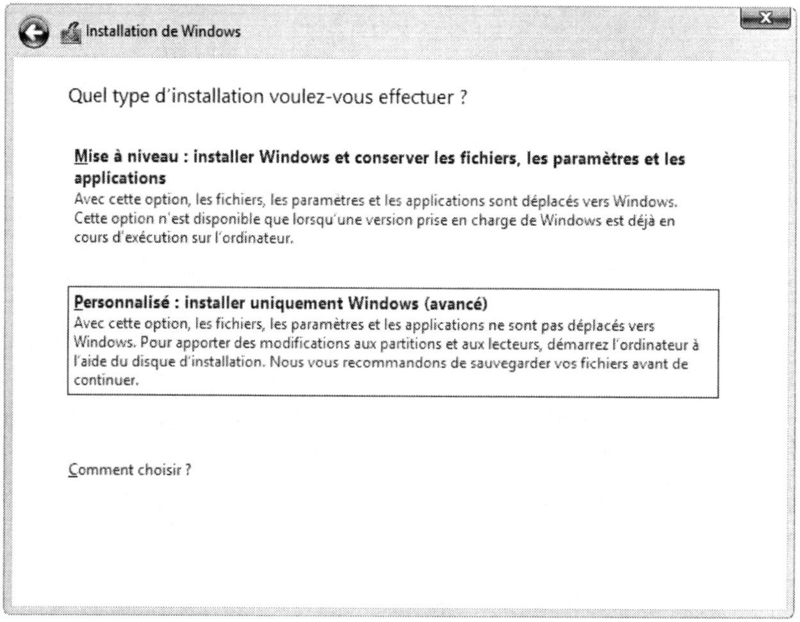

5.2 Mise à niveau depuis le réseau Internet

Mise à niveau depuis un ancien système : ce procédé permet de confirmer que Windows 10 n'engendrera pas de problème de compatibilité avec vos périphériques, votre matériel et vos logiciels. Depuis un système d'exploitation Windows 7 ou Windows 8.1, en bas à droite dans la barre des tâches, un drapeau devrait apparaître.

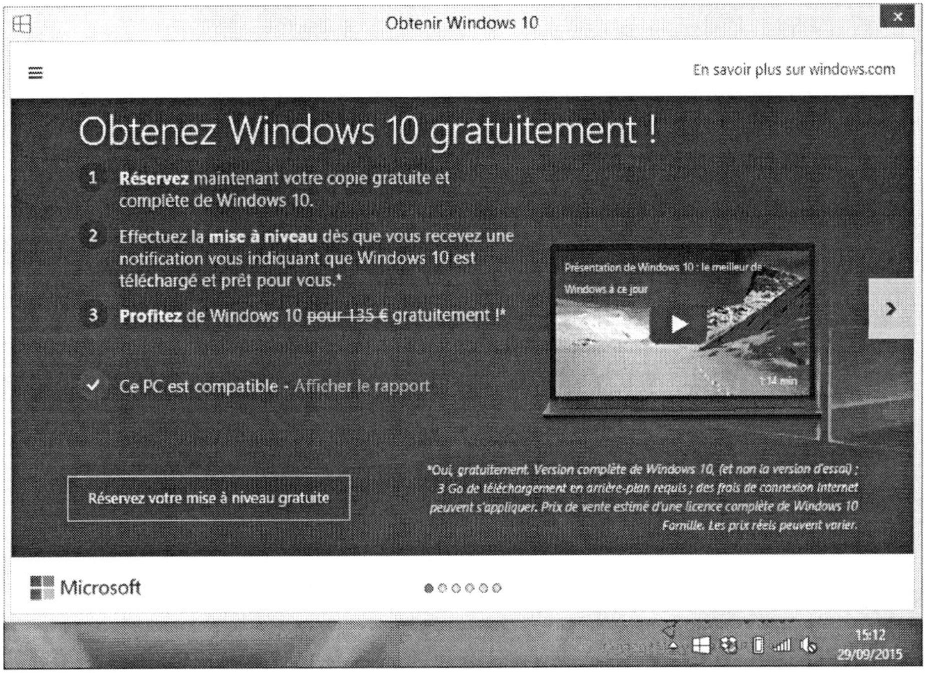

- Vous pouvez **Afficher le rapport** de compatibilité en cliquant sur le lien du même nom. Vous verrez ainsi la liste des applications et périphériques compatibles et incompatibles. Cliquez sur le bouton **Réservez votre mise à niveau gratuite** puis sur le bouton **OK, on peut continuer**. Windows Update s'exécute puis recherche les mises à jour. Après cette étape, le téléchargement de Windows 10 commence…

- En fonction des éléments à installer, le programme d'installation va optimiser leur téléchargement afin de limiter le temps d'attente. L'utilisateur est ensuite invité à mettre à niveau son système vers Windows 10 en suivant les différentes étapes.

Remarque

Microsoft conseille d'exécuter une mise à niveau depuis un système parent plutôt que de démarrer l'ordinateur depuis le DVD d'installation Windows 10, ceci afin de conserver toutes les données, programmes et paramètres de l'utilisateur.

6. Migration vers Windows 10

Comme nous l'avons vu précédemment, toutes les versions de Windows ne peuvent pas être mises à niveau. Dans ce cas, il est nécessaire de sauvegarder les données des utilisateurs (outils Transfert de fichiers et paramètres ou USMT), d'effacer l'ancien système d'exploitation et d'installer Windows 10 : c'est le processus de migration.

Le principal inconvénient est la nécessité de réinstaller les applications et les pilotes, et surtout de restaurer les données. Ce procédé garantit néanmoins que tous les ordinateurs migrés démarreront avec les mêmes paramètres et applications, puisqu'il est basé sur une nouvelle installation.

Avant chaque migration, il est nécessaire d'identifier les composants à migrer :

- Comptes d'utilisateurs : doit-on migrer tous les comptes locaux, ou bien ceux liés aux utilisateurs réguliers ?
- Paramètres de logiciel et du système d'exploitation : apparence des fenêtres, polices, comptes de messagerie...
- Fichiers et dossiers : quels fichiers et dossiers doivent être sauvegardés ? Sur quelle partition ? Documents, vidéos, images ?

6.1 Sauvegarder et restaurer Windows

Pour procéder à la migration, Microsoft propose un outil livré avec Windows 7 nommé **Sauvegarder et restaurer Windows 7** : il est idéal pour migrer un petit nombre d'ordinateurs.

Une sauvegarde effectuée depuis cet outil pourra être restaurée sur Windows 10.

La sauvegarde peut être effectuée vers un partage réseau, une partition de données ou un périphérique externe.

Pour migrer quelques ordinateurs, cet outil est parfait. Il est détaillé dans le chapitre Protection et récupération du système.

Dans le cas où la migration s'effectuerait sur un grand nombre de postes, préférez l'outil de migration utilisateur USMT (*User State Migration Tool*).

6.2 USMT

USMT pour Windows 10 est un outil en ligne de commande scriptable permettant de migrer l'environnement de travail des utilisateurs à grande échelle. En utilisant conjointement USMT et les services de déploiement Windows Server 2012, il est possible de migrer des postes sans aucune intervention d'un administrateur, en insérant les commandes USMT dans un script d'ouverture de session.

USMT est livré avec le kit Windows ADK (cf. chapitre Conception d'une image de déploiement - Création d'une installation de référence).

Deux composants sont utilisés pour migrer efficacement l'environnement des utilisateurs :

- **ScanState** : la commande analyse l'ordinateur source, sauvegarde les fichiers et les paramètres en les compressant puis crée un magasin. Sa syntaxe est la suivante :

  ```
  scanstate [Chemindestockageréseau] [/i:[cheminverslesfichiersxml]
  [Options]
  ```

  Parmi les nouveautés liées à cette nouvelle version d'USMT, signalons les paramètres **/apps /ppkg /drivers** permettant de sauvegarder les pilotes de périphériques installés sur une machine et de sauvegarder l'état des applications pour un déploiement ultérieur.
- **LoadState** : migre les fichiers et les paramètres du magasin créé avec Scanstate vers l'ordinateur de destination. Il est nécessaire d'installer les applications sur l'ordinateur de destination avant de restaurer les données, garantissant ainsi la conservation des paramètres des programmes du système source. Voici la syntaxe d'utilisation de LoadState, sensiblement identique à celle de ScanState :

  ```
  loadstate [Chemindestockageréseau] [/i:[cheminverslesfichiersxml]
  [Options]
  ```

Remarque

Les commandes scanstate et loadstate nécessitent d'être exécutées en tant qu'administrateur depuis les ordinateurs source et destination afin de migrer l'ensemble des comptes. Dans le cas contraire, seul l'utilisateur courant sera migré.

Par exemple, pour sauvegarder les paramètres des utilisateurs depuis l'ordinateur source Windows 8.1 vers un poste de travail Windows 10, voici la procédure.

La première étape est l'installation de l'outil USMT depuis le kit Windows ADK sur un poste de travail Windows 8.1.

- Ouvrez une session sur l'ordinateur Windows 8.1 en tant qu'administrateur. Exécutez un navigateur Internet puis téléchargez et exécutez le fichier **ADKsetup.exe** à l'adresse suivante : http://go.microsoft.com/fwlink/p/?LinkId=526740. Définissez ensuite un dossier d'installation.

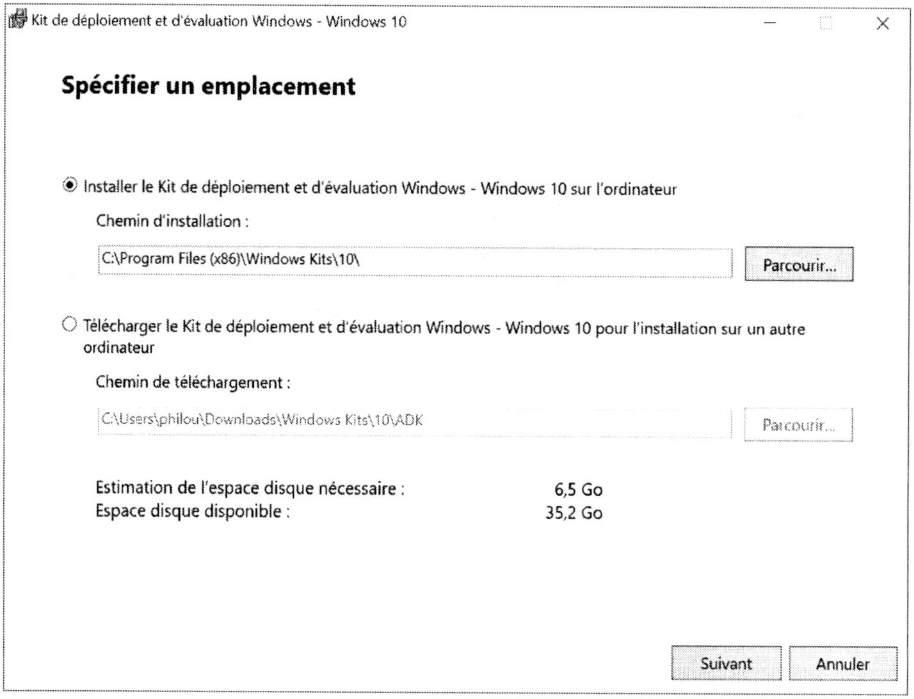

- Cliquez sur le bouton **Suivant** et une nouvelle fois sur **Suivant**. Validez le contrat de licence en cliquant sur **Accepter**.

  La fenêtre **Sélectionnez les fonctionnalités à installer** apparaît.

- Cochez la case **Outil de migration utilisateur (USMT)**. Décochez les autres cases.

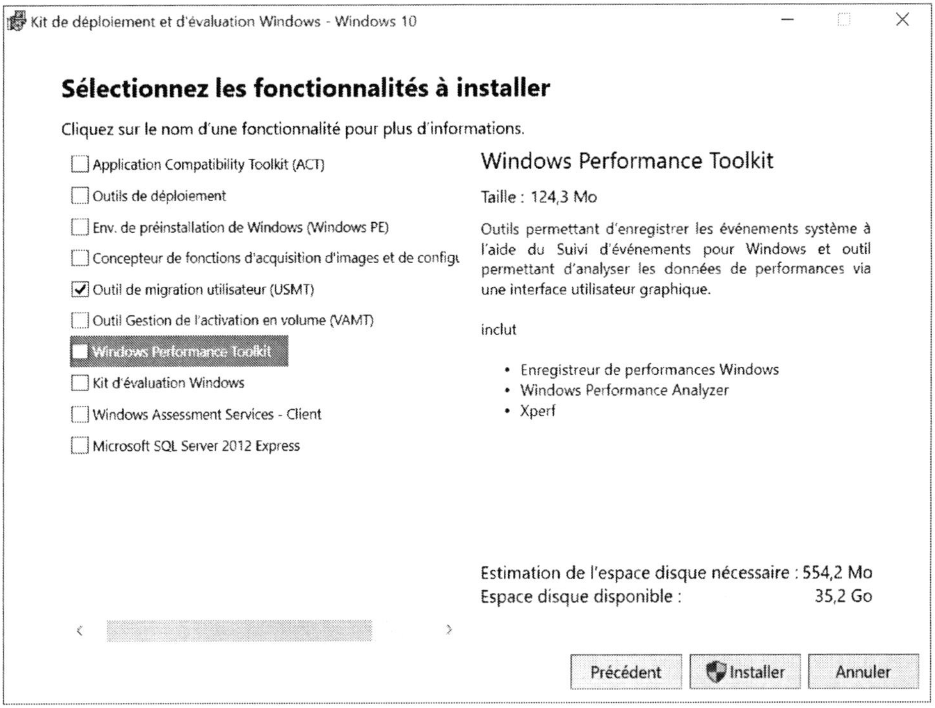

- Cliquez sur le bouton **Installer**. Validez en cliquant sur le bouton **Oui** lorsque la fenêtre de contrôle de compte d'utilisateur apparaît.

Maintenant que le kit ADK est installé, nous allons sauvegarder les données des utilisateurs du poste Windows 8.1 :

- Cliquez avec le bouton droit sur le menu **Démarrer** situé en bas à gauche de la barre des tâches du bureau, puis sélectionnez **Invite de commandes (admin)**. Validez en cliquant sur le bouton **Oui** lorsque la fenêtre de contrôle de compte d'utilisateur apparaît.
- Dans l'invite de commandes, positionnez-vous sur le répertoire USMT qui correspond à l'architecture de votre ordinateur source (32 ou 64 bits). Par défaut sur un système 64 bits : C:\Program Files\Windows Kits\10\Assessment and Deployment Kit\User State Migration Tool\amd64 ; sur un système 32 bits : Usert State Migration Tool\x86.
- Saisissez **scanstate c:\sauvegarde**, validez par [Entrée].

Le fichier généré se nomme par défaut **USMT.MIG** dans le dossier **USMT**.

Les données des comptes présents sur le poste Windows 8.1 sont sauvegardées dans le dossier c:\sauvegarde. Copiez celui-ci dans le même dossier sur le poste de travail cible Windows 10.

Pour appliquer les données et paramètres capturés au nouvel ordinateur Windows 10, voici la procédure (notez qu'au préalable, le kit Windows ADK doit être installé sur le poste Windows 10) :

- Dans une invite de commandes exécutée en tant qu'administrateur, positionnez-vous sur le répertoire USMT correspondant à l'architecture de votre ordinateur de destination (32 ou 64 bits). Par défaut : **C:\Program Files\Windows Kits\10\Assessment and Deployment Kit\User State Migration Tool**.
- Assurez-vous que le fichier USMT.MIG préalablement généré est disponible dans le dossier **c:\sauvegarde**.
- Saisissez la commande **loadstate c:\sauvegarde** puis validez par [Entrée].

Les profils des utilisateurs sont désormais transférés. Pour vérifier l'application des paramètres utilisateur sur l'ordinateur de destination Windows 10 :

- Depuis le champ de recherche situé dans la barre des tâches, saisissez **Profil** puis cliquez sur **Configurer les propriétés de profil utilisateur avancées**. La liste des profils actuels et migrés s'affiche.

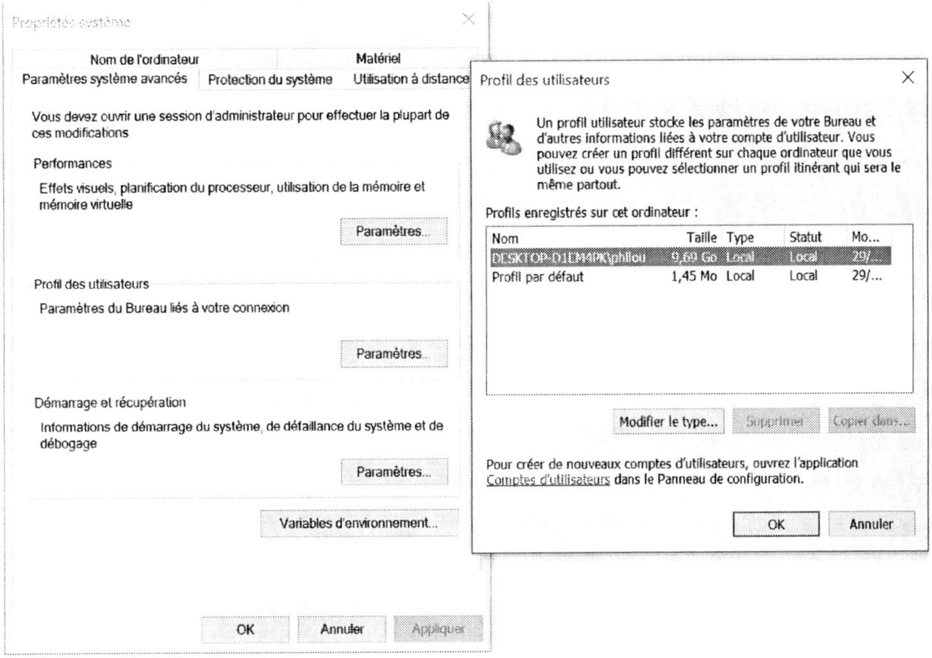

Fermez la fenêtre en cliquant sur le bouton **OK**.

Le tableau ci-dessous liste les systèmes d'exploitation compatibles avec les commandes scanstate et loadstate :

Système d'exploitation	ScanState	LoadState
Windows XP Professionnel 32 bits et 64 bits	X	
Windows Vista 32 bits et 64 bits	X	X
Windows 7 32 bits et 64 bits	X	X
Windows 8 32 bits et 64 bits	X	X
Windows 8.1 32 bits et 64 bits	X	X
Windows 10 32 bits et 64 bits	X	X

Remarque

Le transfert des données d'un système d'exploitation 32 bits vers un système 64 bits est possible, mais l'inverse n'est pas vrai.

USMT ne supporte pas la migration depuis une version serveur de Windows, ni depuis Windows RT.

7. Authentification

L'authentification est l'étape qui permet de vérifier l'identité d'une entité (personne, ordinateur...) afin de lui donner accès à des ressources (fichiers, applications...).

La phase de vérification fait intervenir un protocole d'authentification, comme Kerberos.

Il existe trois types d'authentification gérés par Windows 10 :

- L'authentification simple : un seul élément (exemple : mot de passe) est pris en compte lors du processus.
- L'authentification forte : repose sur au moins deux facteurs parmi ceux-ci :
  - Ce que l'utilisateur sait (mot de passe, code PIN).
  - Ce qu'il possède (carte à puce, smartphone, mémoire flash USB, etc.).
  - Ce qu'il est (empreinte, visage...).
  - Ce qu'il sait faire (mouvement).
- L'authentification SSO (*Single Sign-On*) : une seule authentification est nécessaire pour accéder à plusieurs logiciels.

Windows 10 propose donc l'authentification basée non plus seulement sur le savoir (connaissance d'un mot de passe), mais sur le savoir-faire : l'utilisateur doit effectuer une série de gestes sur une image sélectionnée pour ouvrir une session.

7.1 Mot de passe image

Le mot de passe image nécessite idéalement un écran tactile afin de créer une combinaison de cercles, points et lignes droites.

Cette fonctionnalité est optionnelle et devient une alternative pratique sur les tablettes tactiles, mais possède des failles de sécurité, dont :

- Sensibilité à l'enregistrement vidéo (ou visuel) des gestes de l'utilisateur.
- Observation des traces de doigt sur l'écran, méthode pouvant être comblée en le nettoyant régulièrement.

L'exécution de trois mouvements est facilement mémorisable et rapide à exécuter.

Si l'utilisateur se trompe cinq fois de mouvement lors de l'authentification, la fonctionnalité est désactivée jusqu'à ce qu'il entre son mot de passe principal. De plus, lors d'un accès réseau à l'aide du compte utilisateur supportant le mot de passe image, cette méthode n'est pas disponible.

Utiliser un mot de passe image pour l'utilisateur courant s'effectue en suivant la procédure ci-dessous :

- Cliquez sur le menu **Démarrer**, puis sur **Paramètres**, et sur **Comptes**. Dans la section **Options de connexion**, cliquez sur le bouton **Ajouter** du champ **Mot de passe Image**. Avant d'activer la fonctionnalité, le système vous demande de confirmer votre mot de passe actuel puis de valider par **OK**.

Remarque

Si le compte visé ne possède pas de mot de passe, vous devrez en créer un.

- Cliquez sur le bouton **Choisir une image** puis sélectionnez l'image que vous utiliserez pour vous authentifier et validez par **Ouvrir**.

- Cliquez sur **Utiliser cette image** puis créez des mouvements (cercles, lignes ou points) sur celle-ci, renouvelez l'opération une seconde fois. Cliquez sur le bouton **Terminer**.

L'authentification par mot de passe image fonctionne aussi sans écran tactile, à l'aide d'une souris, en cliquant avec le bouton gauche pour créer des points et en maintenant la touche pressée pour créer un cercle ou une ligne.

Lors de l'ouverture de session, vous aurez désormais le choix entre taper un mot de passe ou effectuer une série de gestes sur l'image sélectionnée :

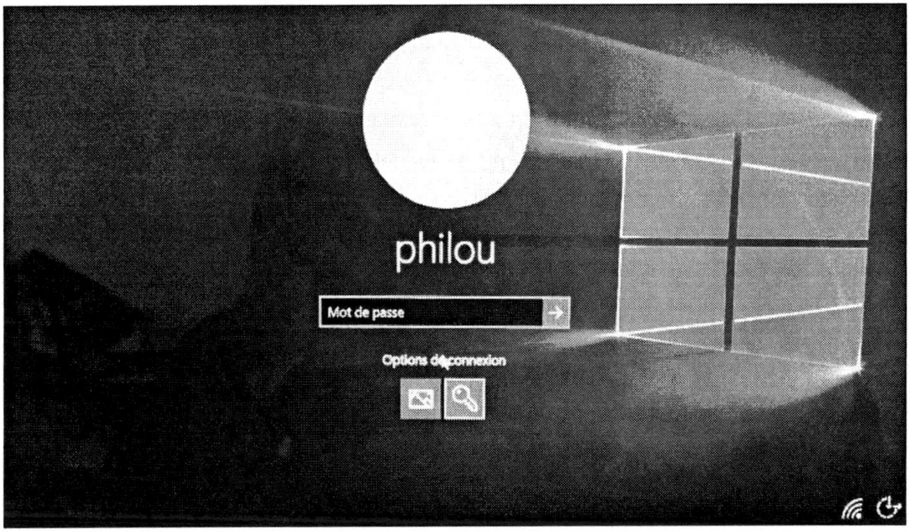

Remarque

*Grâce à un objet de stratégie de groupe, l'administrateur peut interdire l'utilisation de cette fonctionnalité. C'est le paramètre **Désactiver la connexion par mot de passe image** du nœud **Configuration Ordinateur\Stratégies\Modèles d'administration\Système\Ouverture de session**.*

7.2 Windows Hello

La biométrie est une technologie de plus en plus courante qui permet d'accéder facilement à des systèmes, des services et des ressources. Elle consiste à mesurer une caractéristique physique inaltérable d'une personne pour identifier celle-ci de façon unique. Les empreintes digitales font partie des caractéristiques biométriques les plus utilisées, notamment avec les millions de lecteurs d'empreintes digitales intégrés aux ordinateurs personnels et aux périphériques.

Malheureusement, cette fonctionnalité nécessite un matériel bien précis : une caméra infrarouge active spécifique pour la reconnaissance faciale ou de l'iris, et un lecteur d'empreintes digitales compatible avec Windows Biometric Framework.

Windows Hello vous permet donc de vous connecter à vos appareils Windows 10 de façon plus sécurisée, par simple reconnaissance d'iris, faciale ou d'empreintes digitales.

7.2.1 Empreintes digitales

Windows 10 intègre les pilotes et applicatifs nécessaires à la gestion des empreintes digitales, afin d'offrir à l'utilisateur un moyen simple, rapide et sécurisé de s'authentifier localement ou via l'intermédiaire d'un domaine Active Directory.

Pour configurer vos empreintes, assurez-vous au préalable qu'un lecteur d'empreinte est connecté à votre ordinateur :

- Cliquez sur le menu **Démarrer**, puis sur **Paramètres**, et sur **Comptes**. Dans la section **Options de connexion**, cliquez sur le bouton **Ajouter** depuis la section **Empreinte digitale**.

Lors de l'achat d'une app sur le magasin Windows Store, l'utilisateur peut désormais authentifier son compte grâce à ses empreintes.

Il est possible de désactiver l'utilisation des empreintes digitales pour s'authentifier, grâce au paramètre de stratégie de groupe **Autoriser l'utilisation de la biométrie** depuis le nœud **Configuration ordinateur\Stratégies\Modèles d'administration\Composants Windows\Biométrie**.

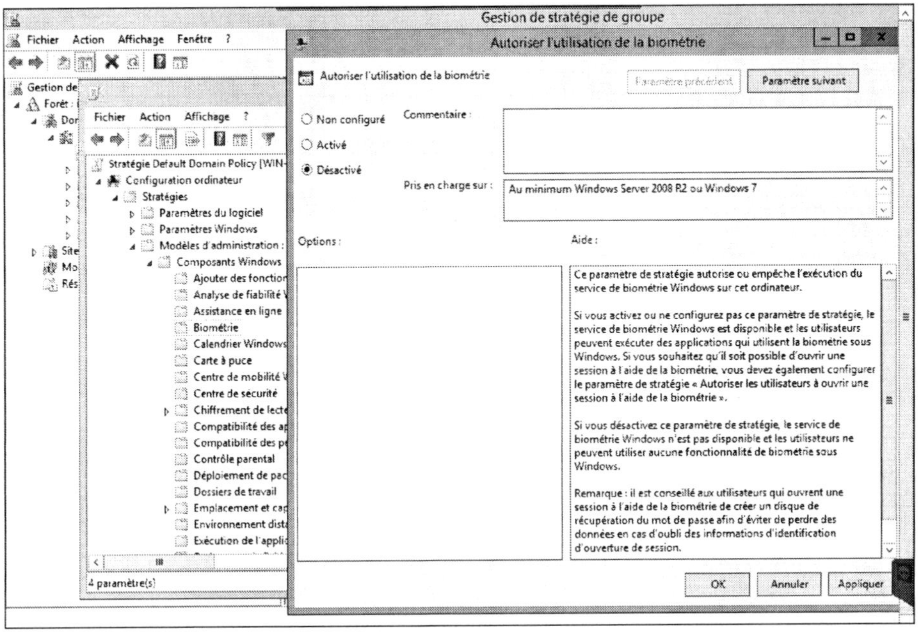

7.2.2 Reconnaissance du visage ou de l'iris

Windows Hello permet de se connecter aux appareils Windows 10 de façon plus sécurisée, en utilisant le procédé de reconnaissance d'iris ou du visage du propriétaire de l'ordinateur. Ainsi, l'utilisation d'un mot de passe, bien souvent peu sécurisé, n'est plus un prérequis à l'authentification.

L'iris est la partie colorée visible de l'œil et contient des informations uniques permettant de reconnaître son propriétaire.

Pour configurer la reconnaissance de l'iris, suivez la procédure ci-dessous (assurez-vous au préalable que le matériel compatible mentionné plus haut est connecté à votre ordinateur) :

- Cliquez sur le menu **Démarrer**, puis sur **Paramètres**, **Comptes** et **Options de connexion**. Dans la section **Windows Hello**, choisissez l'option correspondant à la reconnaissance du visage ou à celle de l'iris.

7.3 Accès affecté

La fonctionnalité **Accès affecté** permet d'activer en exécution une seule application du Windows Store pour un compte d'utilisateur spécifique. Ainsi, un enfant ne peut jouer qu'à un seul jeu éducatif sur sa tablette, ou une entreprise peut fournir un accès à son application sous forme de borne cloisonnée.

La fonctionnalité nécessite l'utilisation d'un compte Microsoft (Windows LiveID) ayant ouvert au moins une fois une session sur le poste de travail Windows 10.

Pour configurer ce type d'accès, voici la procédure :

- Cliquez sur le menu **Démarrer**, puis sur **Paramètres**, **Comptes** et **Famille et autres utilisateurs**. Cliquez ensuite sur **Configurer un accès affecté**. Dans la section **Autres utilisateurs**, cliquez sur **Ajouter un autre utilisateur sur ce PC**.

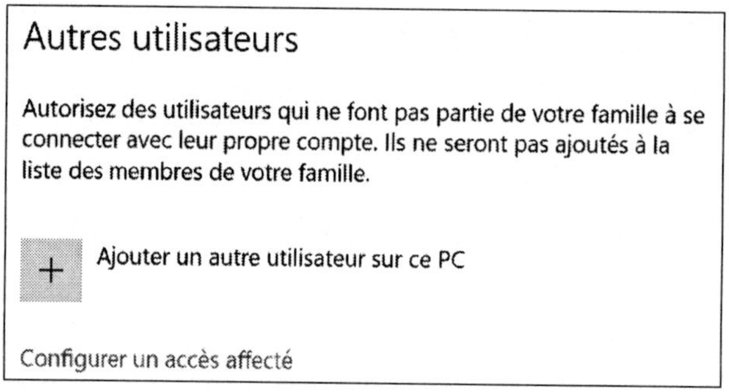

- Tapez l'adresse de messagerie de votre compte Microsoft (dans notre exemple, nous ajouterons le compte **philoucho06@hotmail.fr** comme compte ayant un accès affecté) puis validez en cliquant sur les boutons **Suivant** et **Terminer**.

- Ouvrez une session avec le compte précédemment configuré, mais ignorez l'étape de création d'un code PIN. Installez une application depuis la vignette **Windows Store**, dans notre exemple l'app **Le Point.fr**. Fermez la session puis ouvrez une session avec un compte local. Cliquez sur le menu **Démarrer**, puis sur **Paramètres**, **Comptes** et **Famille et autres utilisateurs**. Cliquez ensuite sur **Configurer un accès affecté**. Dans la section **Autres utilisateurs**, cliquez sur **Configurer un accès affecté** puis sur **Choisir un compte** et enfin sur le compte précédemment lié à Windows 10, dans notre exemple **philoucho06@hotmail.fr**.
- Cliquez ensuite sur **Choisir une application** et sélectionnez celle précédemment installée (dans notre exemple, l'app **Le Point.fr**)

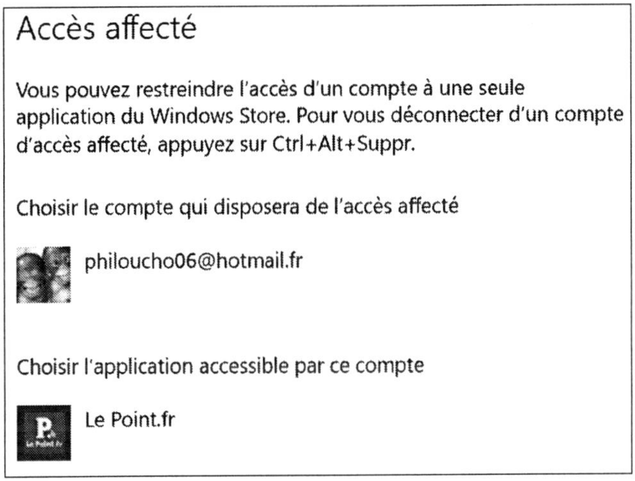

L'utilisateur défini ne pourra désormais exécuter que l'application sélectionnée lors de l'ouverture de sa session.

7.4 Code confidentiel

À l'aide d'un code à quatre chiffres, l'utilisateur peut ouvrir une session rapidement. Il n'est malheureusement pas possible de combiner les facteurs d'authentification (mot de passe ou mot de passe image) afin d'améliorer la sécurité du poste de travail.

Le clavier numérique étant facilement accessible depuis une tablette ou un clavier, cette méthode d'ouverture de session possède néanmoins des faiblesses importantes :

- Faiblesse du nombre de combinaisons : code confidentiel dont les valeurs sont comprises entre 0000 et 9999, soit 10 000 combinaisons possibles.
- Code confidentiel trivial : l'utilisateur se souvient facilement d'un code mémorisable (date de naissance), qui peut donc être rapidement deviné.
- Trainée du code confidentiel : l'usure des touches du clavier peut donner une indication sur les quatre chiffres utilisés, ce qui limite le nombre de combinaisons possibles à 24.

Créer un code confidentiel lors de l'ouverture de session s'effectue simplement :

▶ Cliquez sur le menu **Démarrer**, puis sur **Paramètres**, **Comptes** et **Options de connexion**. Dans la section **Code PIN**, cliquez sur le bouton **Ajouter** du champ **Code confidentiel**. Avant d'activer la fonctionnalité, le système vous demande de confirmer votre mot de passe actuel puis de valider par **OK**.

▶ Entrez le code qui doit être composé au minimum de quatre chiffres, confirmez-le puis cliquez sur le bouton **Terminer**.

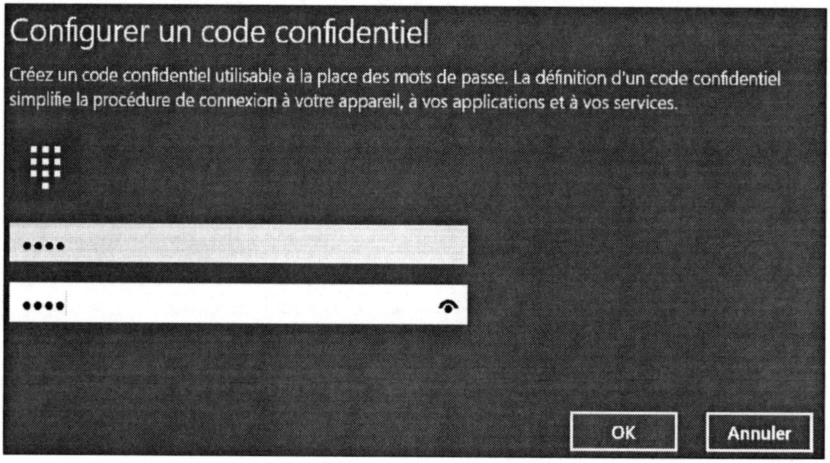

Remarque

Plus le code PIN aura une longueur importante, plus l'authentification de l'utilisateur sera sécurisée.

- Lors de la phase d'authentification, l'utilisateur peut entrer son code confidentiel, l'icône le symbolisant est un clavier numérique :

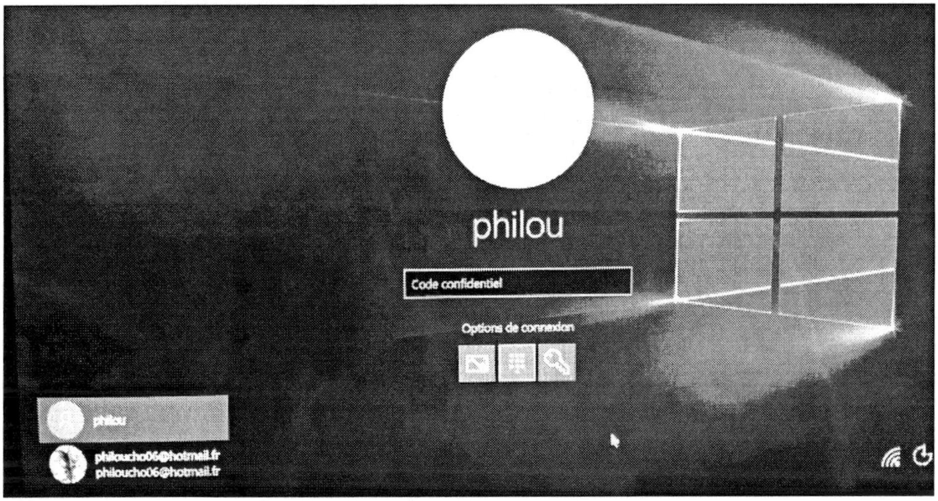

Remarque

Grâce à un objet de stratégie de groupe, l'administrateur peut interdire l'utilisation de cette fonctionnalité. C'est le paramètre ***Activer la connexion par code confidentiel*** *du nœud* ***Configuration Ordinateur\Modèles d'administration\Système\Ouverture de session****.*

7.5 Utilisateurs et groupes locaux

Tout comme les anciennes versions clientes des systèmes Microsoft, Windows 10 possède une base de données des comptes et groupes locaux, nommée SAM (*Security Account Manager*). Le fichier SAM est stocké dans le dossier %systemroot%\System32\Config. L'administrateur peut ainsi définir des autorisations et des droits à un compte d'utilisateur ou à un groupe local sur un ordinateur précis.

Pour gérer les utilisateurs et groupes locaux créés sur un poste de travail, plusieurs méthodes existent :

- Depuis la console **Gestion de l'ordinateur**, en pressant les touches et **R** et en saisissant **compmgmt.msc** : développez ensuite le nœud **Utilisateurs et groupes locaux**.
- Depuis le panneau de configuration : cliquez avec le bouton droit sur le menu **Démarrer**, puis sur **Panneau de configuration**.

Remarque

Dans le cadre des démonstrations proposées dans ce livre, l'auteur utilisera l'affichage par petites icônes, afin d'accéder plus rapidement à l'ensemble des fonctionnalités proposées par le Panneau de configuration.

Cliquez ensuite sur **Comptes d'utilisateurs** dans la fenêtre **Tous les Panneaux de configuration**, puis **Gérer un autre compte**.

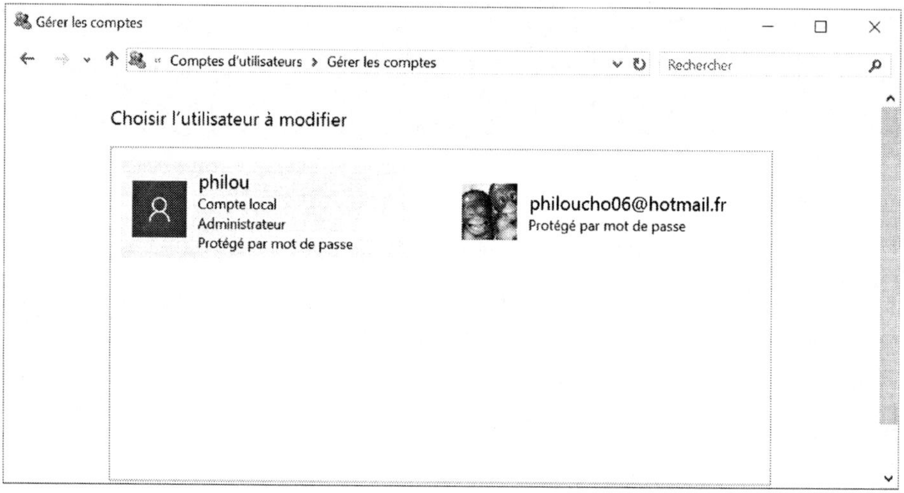

- Depuis les paramètres du PC accessibles de deux manières : cliquez sur le menu **Démarrer**, puis sur **Paramètres** et sur **Comptes** ou bien depuis le coin droit de la barre des tâches, cliquez sur l'icône **Notifications** puis sur **Tous les paramètres**.

Trois comptes sont créés et désactivés par défaut :

– Administrateur : ce compte possède le contrôle total du poste Windows 10 et peut définir des autorisations supplémentaires aux utilisateurs. Il est conseillé de le renommer. Lors de l'ouverture d'une session en mode sans échec, même désactivé, ce compte peut être utilisé. Il ne peut pas être supprimé.

- Invité : ce compte est souvent utilisé par des personnes ne possédant aucun compte sur l'ordinateur. Il a un rayon d'action limité.
- DefaultAccount : compte utilisateur géré par le système.

Les groupes suivants sont créés à l'installation de Windows 10 et permettent à ses membres d'effectuer des actions spécifiques :

- Administrateurs : contient les utilisateurs ayant des privilèges administrateur.
- Administrateurs Hyper-V : accès complet aux fonctions de virtualisation de Windows 10.
- Duplicateurs : gère la réplication des fichiers lorsque le poste est membre d'un domaine.
- IIS_IUSRS : est utilisé par le serveur Web Microsoft IIS.
- Invités : contient les utilisateurs ayant des privilèges limités.
- Lecteurs des journaux d'événements : affiche en lecture les journaux des événements.
- Opérateurs d'assistance de contrôle d'accès : interroge à distance les attributs d'autorisation et les autorisations des ressources.
- Opérateurs de chiffrement : est autorisé à chiffrer les données.
- Opérateurs de configuration réseau : gère la configuration TCP/IPv4 et TCIP/IPv6.
- Opérateurs de sauvegarde : sauvegarde et restaure des données sur l'ordinateur.
- System Managed Accounts Group : les membres de ce groupe sont gérés par le système.
- Utilisateurs : possède des actions limitées, comme l'exécution de programmes ou l'impression depuis une imprimante locale.
- Utilisateurs avec pouvoir : possède des droits d'administration limités.
- Utilisateurs de gestion à distance : accès aux ressources WMI via des protocoles de gestion.
- Utilisateurs de l'Analyseur de performances : visualise les compteurs.
- Utilisateurs du Bureau à distance : permet de se connecter à distance à l'ordinateur à l'aide du client Bureau à distance.

- Utilisateurs du journal de performances : configure les compteurs de performances et les journaux.
- Utilisateurs du modèle COM distribué : exécute et gère les objets DCOM.

Lorsqu'un utilisateur ouvre une session avec un compte ayant des droits limités, il peut utiliser la commande **runas** (exécuter en tant que) pour temporairement élever son niveau de privilège administratif et ainsi accéder à une ressource précise. Des informations d'identification lui seront demandées.

Le paramètre **/profile** couplé à la commande **runas** permet de charger le profil de l'utilisateur spécifié. Pour ne pas le charger et ainsi exécuter l'application plus rapidement, utilisez le paramètre **/noprofile**.

Deux méthodes permettent d'exécuter une fonctionnalité avec des droits plus élevés, l'une depuis l'interface utilisateur et l'autre à l'aide de la commande précitée.

Créez un compte d'utilisateur standard puis ouvrez une session avec celui-ci :

- Cliquez sur le menu **Démarrer** avec le bouton droit de la souris puis sur **Invite de commandes (admin)**. Cliquez sur le bouton **Oui** lorsque la fenêtre de contrôle de compte utilisateur apparaît.
- La fenêtre **Invite de commandes** s'exécute avec des privilèges élevés. Fermez la fenêtre à l'aide de la commande **Exit**, puis cliquez sur le menu **Démarrer** avec le bouton droit de la souris puis sur **Invite de commandes**.
- Saisissez la commande : **runas /user:votreloginadministrateur explorer.exe** puis entrez le mot de passe lié au compte administrateur.

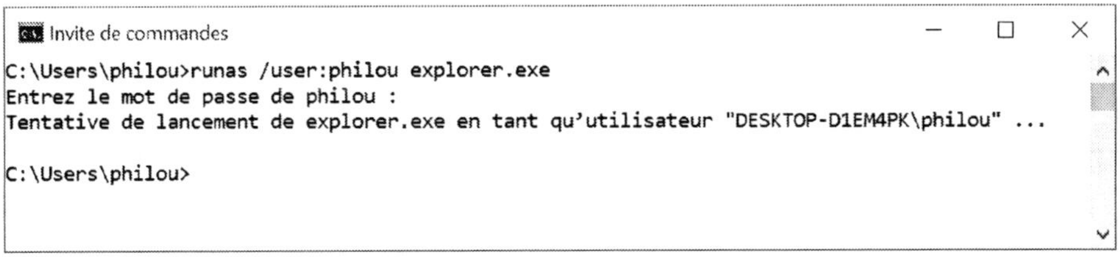


```
C:\Users\philou>runas /user:philou explorer.exe
Entrez le mot de passe de philou :
Tentative de lancement de explorer.exe en tant qu'utilisateur "DESKTOP-D1EM4PK\philou" ...

C:\Users\philou>
```

L'Explorateur Windows est désormais accessible en tant qu'administrateur.

Notez qu'à l'aide de la commande **winrs.exe**, l'administrateur peut exécuter une commande sur un ordinateur distant Windows 10. Celui-ci doit autoriser le protocole WS-Management en créant une exception dans le pare-feu, à l'aide de la commande **winrm quickconfig**.

Par exemple, pour exécuter la commande **ipconfig** sur un ordinateur distant : **winrs -r :ORDINATEURDISTANT ipconfig**

7.6 Compte Microsoft

Grâce à son compte Microsoft, tel qu'un compte de messagerie Hotmail, l'utilisateur va ouvrir une session et retrouver ses propres paramètres et applications, ainsi que ses documents, depuis n'importe quel ordinateur pourvu de Windows 10. Ce service est basé sur le Cloud Computing ou Nuage, qui est un accès à la demande à des serveurs virtualisés et mutualisés disponibles depuis le réseau Internet.

Remarque

L'emplacement des données de l'utilisateur dans le "nuage" n'est pas connu de celui-ci.

L'authentification grâce à un compte Microsoft synchronise les éléments suivants :

- Applications téléchargées depuis Windows Store.
- Favoris, thèmes, préférences linguistiques.
- Mise à jour de votre réseau social Facebook, Hotmail, Twitter...
- Photos et autres fichiers stockés sur des services tels que OneDrive, Flickr...

La création et la configuration du compte Microsoft peuvent être initiées lors de la phase d'installation de Windows 10 (cf. section DVD d'installation de ce chapitre), sous réserve d'une connexion active au réseau Internet.

L'utilisateur peut néanmoins utiliser ce service après l'installation du système, en suivant la procédure suivante :

- Cliquez sur le menu **Démarrer**, puis sur **Paramètres** et sur **Comptes**. Cliquez sur **Se connecter plutôt avec un compte Microsoft**.

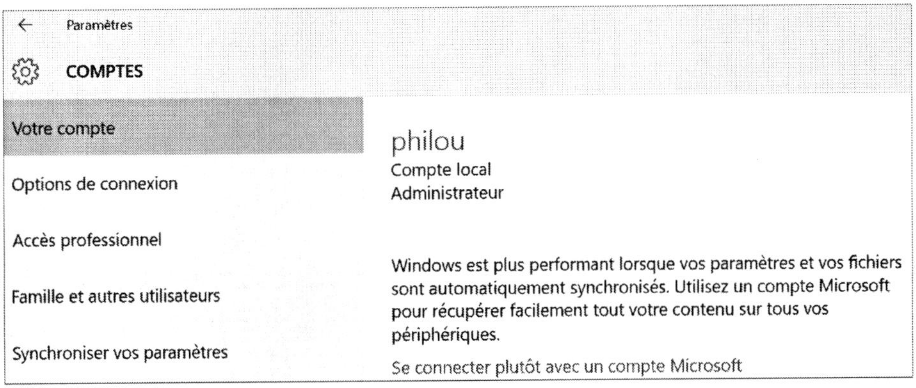

L'utilisateur est invité à entrer son adresse de messagerie Microsoft, ou d'en créer une. Une connexion au réseau Internet est requise.

7.7 Contrôle parental

De plus en plus d'enfants utilisent un ordinateur pour jouer et apprendre, mais aussi discuter grâce aux réseaux sociaux. Les parents, soucieux d'assurer la protection de leur progéniture, cherchent souvent une solution pour contrôler l'activité Internet de celle-ci. Il peut être intéressant d'apporter une réponse pédagogique aux problèmes de sécurité engendrés par Internet, et de placer l'ordinateur familial dans une pièce commune. Néanmoins, la vérification régulière des actions de l'enfant rassurera les parents. Windows 10 fournit la fonctionnalité **Contrôle parental**, qui s'appuie sur un compte Microsoft pour suivre l'activité de l'enfant, quelle que soit la machine sur lequel il ouvre une session.

Des rapports hebdomadaires sur son activité sont générés, puis envoyés par courriel à l'adresse des parents. Chaque modification de paramètres du contrôle parental est répercutée sur tous les postes, grâce au cloud et au site familysafety.microsoft.com.

L'enfant doit posséder un compte standard et non administrateur, afin d'éviter qu'il puisse lui-même modifier les paramètres de la fonctionnalité ou installer un logiciel malveillant.

Désormais, des heures d'utilisation de l'ordinateur peuvent être définies, en fonction du jour de la semaine.

Pour activer le contrôle parental, il est nécessaire de créer un compte sur l'ordinateur :

- Cliquez sur le menu **Démarrer**, puis sur **Paramètres** et sur **Comptes**. Cliquez sur **Famille et autres utilisateurs**. Cliquez sur **Ajouter un membre de la famille** et sélectionnez **Ajouter un enfant**. Entrez l'adresse e-mail de votre enfant pour que Windows 10 lui envoie une invitation.
- Votre enfant doit désormais accepter l'invitation par e-mail, puis ouvrir une session sur votre poste Windows 10 à l'aide de son adresse e-mail.

Nous allons maintenant configurer les paramètres de la fonctionnalité :

- Cliquez sur le menu **Démarrer**, puis sur **Paramètres** et sur **Comptes**. Cliquez sur **Famille et autres utilisateurs**. Cliquez sur **Gérer les paramètres de contrôle parental** et sélectionnez les paramètres à activer pour le compte de votre enfant selon quatre critères :
  - **Activité récente** : permet de visualiser les sites visités par votre enfant. L'envoi par e-mail de rapports d'activité hebdomadaires à votre intention est possible.
  - **Sites Web** : active les restrictions relatives aux sites web consultables par votre enfant en fonction de son âge ou d'une liste prédéfinie par vos soins.
  - **Applications et jeux** : active des restrictions pour les applications et les jeux.
  - **Temps d'écran** : permet de définir les limites concernant les moments de la journée où votre enfant peut utiliser ses appareils Microsoft Windows ainsi que la durée maximale qu'il peut passer quotidiennement devant un écran.

  Dans la section **Famille et autres utilisateurs**, vous pouvez bloquer l'accès à votre poste de travail. Vous ne pouvez pas bloquer votre propre nom si vous êtes le seul adulte. Dans ce cas-là, il faudra au préalable créer un compte adulte sur le poste Windows 10.

8. Gestion des licences

Une gestion adéquate des logiciels Microsoft installés dans le réseau d'une entreprise permet de rationaliser les coûts des licences et d'améliorer la sécurité du système d'information.

Une licence vous donne le droit d'utiliser un logiciel en tant qu'utilisateur final, en ayant accès aux dernières mises à jour.

Pour ce faire, il est nécessaire de dresser la liste des logiciels installés sur les ordinateurs clients et serveurs. Vous pouvez le faire soit manuellement, soit en utilisant un logiciel tel que SCCM (*System Center Configuration Manager*) ou MSIA (*Microsoft Software Inventory Analyser*). Ce dernier convient aux structures importantes et listera les produits édités par Microsoft. Il est téléchargeable gratuitement à l'adresse ci-dessous :
http://www.microsoft.com/belux/fr/logiciels-legaux/msia.aspx

Une fois la liste des logiciels installés générée, il suffit de la comparer avec celle contenant les licences existantes. En général, le responsable informatique se rend compte qu'il possède peu de licences pour tel logiciel, rarement l'inverse.

Il existe trois types de licences Microsoft :

- OEM (*Original Equipment Manufacturer*) : un particulier achetant un ordinateur équipé de Windows 10 dans un magasin utilise généralement une licence OEM, non réutilisable en cas de changement d'ordinateur.
- Vente au détail : correspond à l'achat d'un système Windows en magasin donnant droit à une licence individuelle (version boîte). Cette dernière est souvent plus chère qu'une licence OEM.

– Licence en volume : une unique clé permet d'activer un nombre défini de clients.

Remarque

Chaque licence a un canal d'obtention spécifique. Par exemple, l'édition Windows 10 Entreprise n'est disponible qu'à travers une licence en volume.

Microsoft propose d'utiliser le programme Volume Activation, solution permettant d'automatiser le processus d'activation des produits.

L'activation est un processus visant à authentifier l'achat d'un logiciel Microsoft, qu'il soit une suite bureautique telle qu'Office, ou bien un système d'exploitation comme Windows 10.

Un des buts du processus d'activation est d'endiguer la propagation de copies illégales de logiciel, entraînant une perte de revenus pour Microsoft. Le piratage d'une licence entraîne une infraction aux règles mentionnées dans le CLUF (Contrat de Licence d'Utilisateur Final) du logiciel.

En ce qui concerne l'utilisateur final, l'activation lui garantit l'authenticité de son achat et lui permet ainsi de bénéficier des mises à jour et du support du produit acheté.

Pour activer manuellement Windows 10 :

- Cliquez sur le menu **Démarrer**, **Paramètres** et sur **Mise à jour et sécurité**.

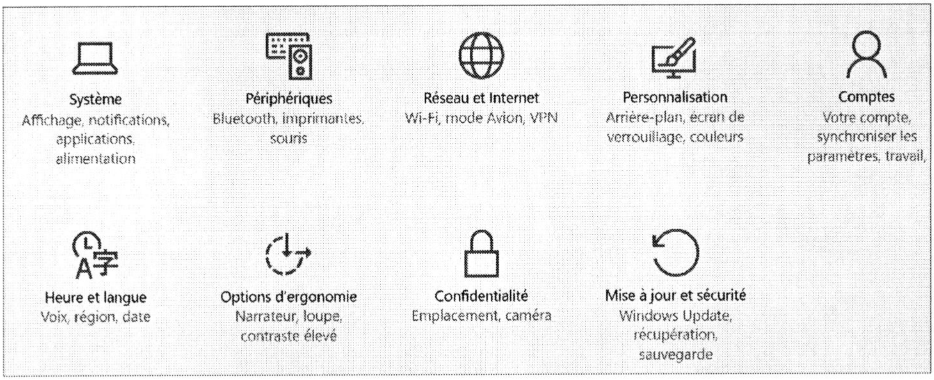

- Dans le menu de gauche, cliquez sur **Activation** puis sur le bouton **Activer**. L'utilisateur peut aussi entrer une nouvelle clé de produit en cliquant sur le bouton **Modifier la clé de produit** ou bien activer sa version de Windows 10 par téléphone.

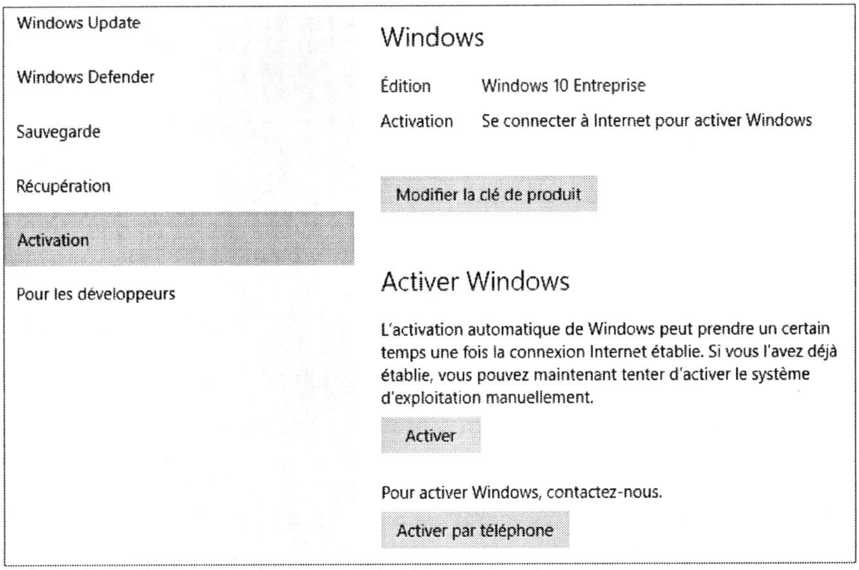

Notez qu'il ne faut pas nécessairement posséder un compte administrateur pour activer une copie de Windows 10.

Les administrateurs peuvent utiliser trois modes pour activer leurs systèmes Microsoft dans leur environnement d'entreprise :

- KMS (*Key Management Service*), paramètre défini par défaut sur les clients.
- Basé sur Active Directory.
- MAK (*Multiple Activation Key*).

La planification de l'activation en volume dans une entreprise doit faire partie intégrante du processus de déploiement de Windows 10.

Les clés de licences en volume ne peuvent pas être utilisées avec des produits achetés en grande distribution ou encore avec un système préinstallé sur une machine (OEM), mais bien sur des produits définis, comme par exemple Windows 10 Entreprise ou Windows Server 2012 R2.

Désormais, la gestion des licences est centralisée grâce au rôle **Services d'activation en volume** d'un ordinateur pourvu de Windows Server 2012.

La procédure complète de configuration des services gestion des clés ou Active Directory sur un serveur Windows Server 2012 est accessible à l'adresse suivante : http://technet.microsoft.com/fr-fr/library/hh831794

8.1 Activation basée sur l'Active Directory

Un administrateur peut gérer les activations des systèmes dont il a la charge grâce à un domaine Active Directory dont le niveau fonctionnel du schéma est défini au moins à Windows Server 2012.

Remarque

Seul un ordinateur Windows 8, Windows 8.1, Windows 10, Windows Server 2012 ou Windows Server 2012 R2 joint à un domaine peut être activé par cette méthode d'activation basée sur Active Directory. Les anciennes versions de Windows ne sont pas supportées par ce mode.

Un client va, durant sa phase de démarrage, tenter de s'inscrire auprès d'un contrôleur de domaine de manière transparente pour l'utilisateur final. Cette activation a une durée de validité de 180 jours.

Si les informations nécessaires à l'activation du poste membre du domaine ne sont pas trouvées dans les services AD DS (*Active Directory Domain Services*), le client recherchera dans ce cas un serveur KMS référent via le service DNS.

Remarque

Contrairement au service KMS, aucun port réseau n'est à ouvrir et aucune entrée DNS n'est à créer avec la méthode d'activation basée sur l'Active Directory.

8.2 Service de gestion des clés

Le service de gestion des clés ou KMS (*Key Management Service*) permet de répondre aux demandes d'activation des clients Microsoft, tels que Windows 7, Windows Server 2012, Windows 8.1 ou encore Windows 10. Aucune clé de licence n'est à entrer sur les clients, et aucune activation n'est confirmée sur le site de Microsoft.

Ainsi, une seule clé (licence en volume) est définie sur le serveur KMS, associée à un nombre de postes défini. Celle-ci est activée une seule fois par Internet. Par la suite, à chaque nouvel ajout d'une clé, celle-ci sera activée une seule fois aussi. Dès lors, il n'est plus nécessaire de diffuser des clés de licence auprès de tiers, au travers d'un master par exemple.

Le serveur KMS est disponible sur Windows Server 2012 ou Windows Server 2012 R2. Une fois le service KMS installé sur un serveur, l'administrateur ajoute la clé KMS achetée, puis l'active par l'intermédiaire d'Internet.

Le serveur KMS s'inscrit auprès du serveur DNS principal du réseau en ajoutant un enregistrement de ressources SRV pour que les clients puissent facilement s'activer auprès de lui.

Voici le schéma d'une architecture KMS simple :

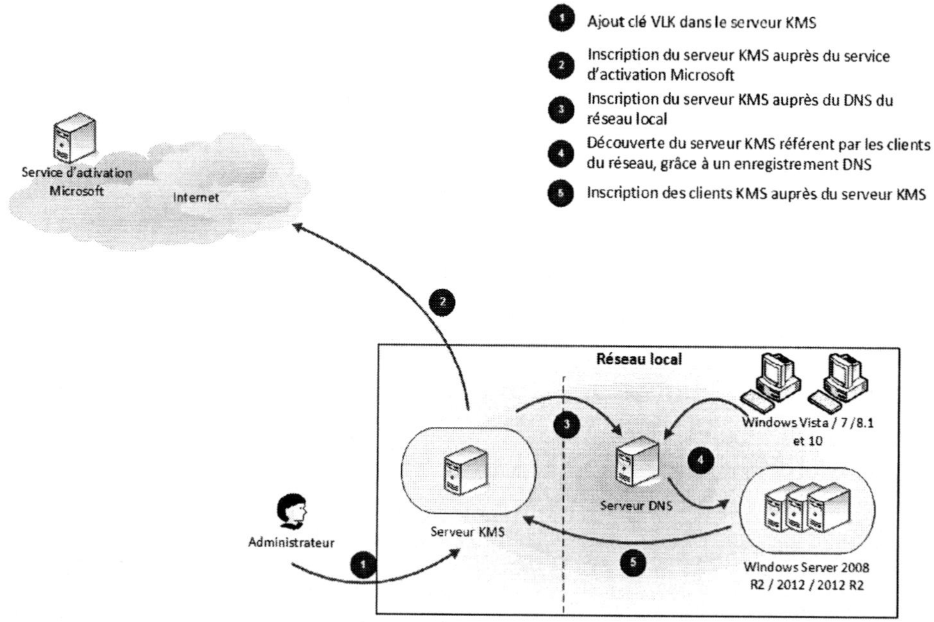

La clé VLK étant la clé de licence en volume.

À la première installation du système d'exploitation, le client KMS envoie une demande au serveur KMS sur le port TCP 1688. Celui-ci tentera de s'activer toutes les deux heures auprès du serveur KMS référent. Une fois activé, le client KMS tentera de se réactiver auprès du serveur KMS à une fréquence de sept jours d'intervalle. Notez qu'une activation via KMS n'est valable que 180 jours.

Il est donc vital que le serveur KMS soit toujours accessible.

Afin que le serveur KMS commence à activer des clients KMS, un seuil de requête d'activation doit être atteint :

– 5 machines physiques ou virtuelles Windows Server 2012.

– et 25 machines clientes physiques ou virtuelles Windows 10.

Pour installer le service KMS sur un ordinateur Windows 10, il suffit de se munir d'une clé de licence en volume et de respecter la procédure suivante :

- Ouvrez une session sur l'ordinateur Windows 10 en tant qu'administrateur. Dans une **Invite de commandes** que vous aurez au préalable exécutée en tant qu'administrateur, exécutez la commande :
  slmgr.vbs /ipk RWJNJ-2KH4B-XXXXX-XXXXX-XXXXX

  Nous devons maintenant activer la clé de licence en volume par Internet : **slmgr.vbs /ato**. Dans le cas où l'ordinateur Windows 10 n'aurait pas accès à Internet, l'activation est possible par téléphone en tapant la commande **slui.exe 4** et en suivant les étapes d'activation.

- Pour vérifier l'état actuel de la licence sur le poste Windows 10, exécutez la commande suivante : **slmgr.vbs /dlv**

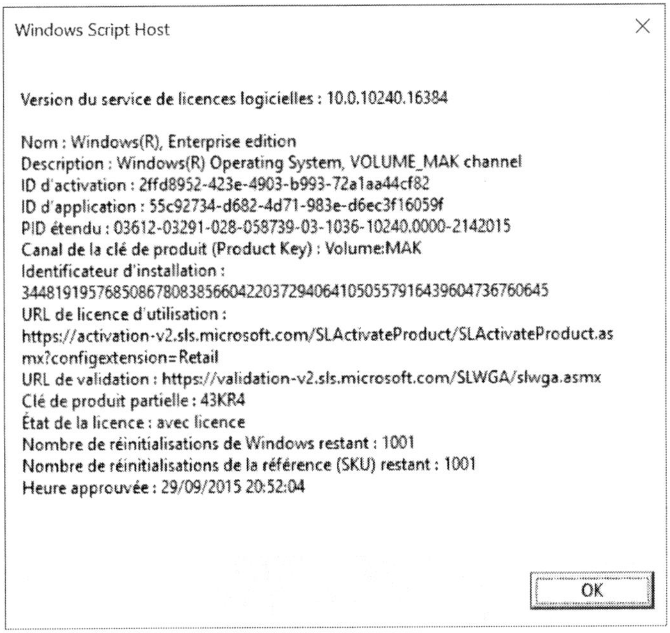

8.3 Clé d'activation multiple

8.3.1 Principe d'une clé MAK

Une clé MAK (*Multiple Activation Key*) contient un nombre prédéterminé d'activations autorisées, en fonction du contrat de licence en volume acquis par l'entreprise. Chaque activation d'un système d'exploitation Microsoft réduit ainsi le nombre limite d'activations.

Contrairement à l'utilisation du service KMS, l'activation MAK est utilisée une seule fois, n'exigeant ainsi aucun renouvellement auprès des services d'activation Microsoft.

Nous allons voir que l'utilisation d'une clé MAK est recommandée pour les ordinateurs qui se connectent rarement au réseau de l'entreprise mais plutôt au réseau Internet : le personnel itinérant, comme les commerciaux, est donc une cible de choix.

En effet, deux options d'activation MAK sont disponibles :

- Activation indépendante MAK : chaque client se connecte par le biais d'Internet au service d'activation de Microsoft et s'active automatiquement. Le processus d'activation est aussi disponible par téléphone. Pour connaître la liste des numéros de téléphone, parfois gratuits, des services téléphoniques par pays, connectez-vous à l'adresse ci-dessous :
  http://www.microsoft.com/licensing/existing-customers/activation-centers.aspx
- Activation MAK par proxy : envoi d'une demande d'activation par l'intermédiaire d'une seule connexion, regroupant les demandes de plusieurs ordinateurs. Cette méthode est configurable à l'aide de l'outil gratuit VAMT (*Volume Activation Management Tool*) téléchargeable depuis le kit de déploiement et d'évaluation Windows ADK :
  https://msdn.microsoft.com/en-us/windows/hardware/dn913721(v=vs.8.5).aspx

8.3.2 Volume Activation Management Tool

VAMT 3.1 est inclus dans le kit **Windows ADK** et permet d'automatiser l'activation de Windows Vista, Windows 7, Windows 8, Windows 8.1, Windows Server 2008, Windows Server 2008 R2, Windows Server 2012, Windows Server 2012 R2, Windows 10, Microsoft Office 2010 et Microsoft Office 2013. L'outil est administré depuis la console MMC (*Microsoft Management Console*) 3.0 et peut être géré à l'aide des commandes Windows PowerShell. Il prend désormais en charge l'activation basée sur Active Directory, ainsi que l'authentification par proxy.

Cet outil, disponible uniquement sur une architecture 32 bits et en langue anglaise, gère l'activation en volume, à l'aide de clés MAK, KMS et Active Directory, d'ordinateurs physiques ou virtuels.

Vous pourrez ainsi spécifier un groupe d'ordinateurs à activer dans un domaine, dans un groupe de travail ou au travers d'adresses IP. Une fois que VAMT aura reçu les codes de confirmation d'activation en provenance de Microsoft, il se chargera de les transmettre à chaque ordinateur cible.

Les codes de confirmation étant stockés dans une base de données, vous pourrez réactiver un ordinateur précédemment activé ayant fait l'objet d'une ré-imagerie, sans nécessité de contacter Microsoft par téléphone.

L'utilisation d'une clé MAK prend tout son sens dans le cas où le nombre d'activations est inférieur à celui imposé par le service KMS (25 pour les versions client, 5 pour les éditions serveur).

Remarque

Une clé MAK peut également être définie sur un ordinateur initialement configuré pour l'utilisation du service d'activation KMS.

L'intégration d'une clé MAK est possible au travers de l'image générée du système cible (cf. chapitre Conception d'une image de déploiement), ou bien manuellement sur le système cible, ou bien encore dans un fichier de réponses. Par défaut, Windows 10 est installé en tant que client du service KMS. Pour transformer une activation KMS en activation MAK, il suffit d'installer une clé MAK sur l'ordinateur cible, pendant l'installation de Windows 10, ou bien après celle-ci, en exécutant la commande suivante en tant qu'administrateur local de l'ordinateur Windows 10 : **slmgr.vbs /ipk <votrecléMAK>**

Remarque

Si l'installation de la clé se fait au moyen du script slmgr.vbs, le client ne tentera pas de s'activer automatiquement par Internet, contrairement à une installation par l'interface utilisateur.

Lors de la phase d'installation, le système génère un identifiant matériel à partir des composants de l'ordinateur :

- Carte réseau.
- Taille de la mémoire vive.
- Type de processeur et numéro de série associé.
- Carte graphique...

L'identifiant matériel et la clé de produit sont envoyés à Microsoft de manière cryptée ; une réactivation du système d'exploitation peut être nécessaire dans le cas où la configuration matérielle de l'ordinateur changerait de manière majeure.

9. Résumé du chapitre

Quatre éditions de Windows 10 sont disponibles : une à destination des particuliers, deux pour les professionnels (Pro et Entreprise) et une dédiée au marché de l'éducation.

Avant d'installer Windows 10, l'administrateur doit vérifier que son matériel et ses logiciels sont compatibles avec le nouveau système d'exploitation, grâce au site web centre de compatibilité Windows 10.

L'utilisateur peut, au choix, créer une nouvelle installation de Windows 10, mettre à niveau depuis Internet un ancien système d'exploitation vers Windows 10, ou effectuer une migration. L'outil USMT permet de sauvegarder les données des utilisateurs.

Windows 10 peut s'installer depuis un DVD d'installation, une mémoire flash USB ou un disque virtuel. Windows sur clé USB est une nouvelle fonctionnalité qui démarre le système à partir d'un lecteur USB externe.

L'utilisateur peut ouvrir une session à l'aide de son compte Microsoft, afin de retrouver son environnement quel que soit le poste sur lequel il se connecte. Trois méthodes d'authentification sont disponibles : le mot de passe image, qui implique l'exécution de gestes sur une image, le code confidentiel, qui nécessite un mot de passe à quatre chiffres, l'authentification biométrique, basée sur les empreintes digitales, l'iris ou le visage de l'utilisateur.

La fonctionnalité **Accès affecté** permet d'activer en exécution une seule application du Windows Store pour un compte d'utilisateur Microsoft spécifique. Ainsi, une entreprise peut fournir un accès à son application sous forme de borne cloisonnée.

Windows 10 fournit la fonctionnalité Contrôle parental, qui s'appuie sur un compte Microsoft pour suivre l'activité de l'enfant, quel que soit la machine sur lequel il ouvre une session. Des rapports hebdomadaires sur son activité sont générés, puis envoyés par courriel à l'adresse des parents.

Le service de gestion des clés ou KMS permet de répondre aux demandes d'activation des clients Microsoft. Aucune clé de licence n'est à entrer sur les clients, et aucune activation n'est confirmée sur le site de Microsoft. Une seule clé (licence en volume) est définie sur le serveur KMS, associée à un nombre de postes défini.

Une clé MAK contient un nombre prédéterminé d'activations autorisées, en fonction du contrat de licence en volume qu'a acquis l'entreprise. Contrairement à l'utilisation du service KMS, l'activation MAK est utilisée une unique fois, n'exigeant ainsi aucun renouvellement auprès des services d'activation Microsoft.

Un administrateur peut désormais gérer les activations des systèmes dont il a la charge grâce à un domaine Active Directory. Seul un ordinateur membre d'un domaine peut utiliser cette nouvelle méthode d'activation qui ne nécessite aucune intervention manuelle.

Chapitre 2
Conception d'une image de déploiement

1. Concept

Les services informatiques doivent régulièrement déployer des systèmes d'exploitation clients ou serveurs dans leur entreprise. Les tâches d'administration et de support liées à cette installation sont trop souvent manuelles et donc coûteuses en temps d'intervention.

Avec Windows 10, le processus de création et de déploiement d'une image est grandement simplifié. Il suffit de préparer votre ordinateur pour sa duplication (commande **sysprep.exe**), de créer l'image de référence (**dism.exe**) et de déployer celle-ci à travers le réseau (**WDS** - *Windows Deployment Service*) de manière automatisée par le biais d'un fichier de réponses (**Gestionnaire d'images système Windows**). Tout ce processus permet de personnaliser l'installation de Windows 10 tout en réduisant le coût de déploiement au minimum.

Deux méthodes permettent de déployer un poste de travail Windows 10 dans un environnement d'entreprise : **Lite Touch** et **Zero Touch**.

La méthode Lite Touch nécessite une infrastructure contenant un serveur de stockage des images, un serveur de déploiement (type WDS) et un serveur de données contenant les sauvegardes des utilisateurs dans le cadre d'une migration. Un administrateur devra personnaliser les paramètres de déploiement grâce à un fichier de réponses. L'intervention de l'utilisateur est limitée.

Microsoft Deployment Toolkit (MDT) contient les outils nécessaires à ce type de déploiement.

Un déploiement Zero Touch ne nécessite aucune intervention humaine, la procédure de déploiement du poste est entièrement automatisée. L'infrastructure nécessaire est décrite ci-dessous :

- Un serveur Point de distribution des images.
- Un serveur de données contenant les sauvegardes des utilisateurs.
- Un serveur d'applications stockant les fichiers d'installation des applications de l'entreprise.
- Un serveur WDS pour déployer Windows PE.

Des produits tels que **SCCM** ou **MDT** permettent d'effectuer ce type de déploiement grâce à un séquenceur de tâches qui exécute un assistant de génération des étapes Zero Touch.

2. Format de fichier WIM

Le format de fichier **WIM** (*Windows Imaging*) a été proposé avec Windows Vista. Il permet à une seule image d'un système Windows d'être déployée et appliquée au travers du réseau sur un ensemble de postes de travail. Windows 10 utilise le format WIM pour s'installer de manière manuelle. Cette image WIM possède de multiples avantages :

- Indépendance du matériel de destination : une image unique peut donc être appliquée indifféremment sur des matériels de constructeurs différents (HP, Dell...).
- Indépendance du contenu : un fichier de référence peut contenir de multiples images, chacune contenant des applications différentes. Un même fichier WIM peut donc fournir une image Windows 10 Pro avec la suite bureautique Office 2016 et une autre image Windows 10 Entreprise avec la fonctionnalité Bitlocker activée.
- Compression : lors de la génération du fichier WIM, la compression des images permet de réduire considérablement le temps de déploiement par le réseau. Les fichiers communs aux différentes images ne sont stockés qu'une fois.

- Modification sans recouvrement : une image doit évoluer avec le temps, car de nouvelles vulnérabilités ou applications émergent en permanence. Il est possible de modifier une image hors connexion, en ajoutant/supprimant des fichiers, sans avoir à générer une nouvelle image. De plus, l'application d'une image sur une partition n'efface pas les données (exemple document Word ou classeur Excel) qu'elle contient.
- Démarrage Windows PE (*Preinstallation Environment*) : Windows PE, système d'exploitation minimal doté de fonctionnalités limitées, est le successeur de l'environnement MS-DOS de démarrage utilisé avec Microsoft Windows 2000 et Windows XP. Il est contenu dans le fichier **boot.wim** disponible dans le répertoire **Sources** du DVD d'installation Windows 10.

Les différentes éditions de Windows 10 sont présentes dans le fichier **install.wim** qui est lui aussi stocké dans le dossier **Sources** du support d'installation du produit.

2.1 Environnement de préinstallation Windows PE

Windows PE (version 10) est un système d'exploitation 32 ou 64 bits permettant d'installer une version client (Windows 7, Windows 8, Windows 8.1, Windows 10) ou serveur (Windows Server 2008 R2, Windows Server 2012 ou Windows Server 2012 R2) d'un produit Microsoft. C'est l'interface d'installation du produit, qui contient aussi un environnement de récupération nommé **Windows RE** (*Recovery Environment*). Pour de plus amples informations sur Windows RE, consultez le chapitre Protection et réparation du système - Dépannage du système.

Windows PE prend en charge des fonctionnalités telles que la capture d'images, des outils de sécurité (BitLocker et module TPM), ou encore des pilotes génériques. C'est ce système d'exploitation qui permettra à l'administrateur de partitionner son disque dur avant d'installer Windows 10 ou encore de modifier celui-ci lorsqu'il n'est pas en cours d'exécution.

Windows PE supporte les partitions **NTFS 5**, la gestion du protocole TCP/IP et les pilotes de périphériques 32 bits et 64 bits. De plus, le système peut fonctionner au sein d'un hyperviseur et ainsi gérer les disques virtuels (VHD, VHDX).

Notez que lors du démarrage, une lettre de lecteur X: est créée, ne correspondant pas au média support.

Quatre méthodes permettent de démarrer Windows PE sur un ordinateur :

- CD-ROM ou DVD-ROM.
- Périphérique flash USB.
- Disque dur.
- WDS : nécessite l'utilisation d'un serveur Microsoft Windows Server 2012 membre d'un domaine et, du côté du client, d'une carte réseau compatible PXE (*Preboot eXecution Environment*).

L'utilisation d'un disque virtuel permet d'émuler un système de fichiers CD-ROM, c'est pourquoi l'environnement se charge en mémoire vive, permettant ainsi à l'administrateur de retirer le média Windows PE (CD-ROM, mémoire flash USB).

L'espace de travail par défaut dédié est de 512 Mo pour un ordinateur possédant plus de 1 Go de mémoire vive. Windows PE gère jusqu'à 64 Go de RAM pour une architecture x86, et 4 To pour une architecture x64.

Windows PE version 32 bits gère les interfaces UEFI 32 bits, BIOS 32 bits ou BIOS 64 bits. La version 64 bits peut démarrer les ordinateurs avec interface UEFI 64 bits ou BIOS 64 bits.

Néanmoins, il n'est pas un système d'exploitation à usage général et doit être utilisé uniquement dans une optique de déploiement ou de récupération. Ainsi, après 72 heures d'utilisation continue, l'interpréteur de commandes est automatiquement arrêté. Par défaut, toutes les modifications sont effacées lorsque Windows PE est redémarré.

3. Création d'une installation de référence

Windows 10 offre la possibilité de créer une installation personnalisée du système à des fins de déploiement sur un ou plusieurs ordinateurs du réseau. Pour cela, une panoplie d'outils est mise à disposition gratuitement au travers du kit de déploiement et d'évaluation **Windows ADK**.

3.1 Kit d'installation automatisée Windows ADK

Le kit Windows ADK est une collection d'outils, librement téléchargeables depuis le site Internet de Microsoft, vous permettant d'industrialiser le processus de déploiement de la famille Windows.

Avant de commencer le processus de création d'une image personnalisée, il faut télécharger le kit à l'adresse Internet suivante :
http://go.microsoft.com/fwlink/p/?LinkId=526740

Le kit est disponible sous la forme d'un fichier exécutable nommé **ADKSetup.exe**, qui a la charge de télécharger les outils sélectionnés par l'administrateur, ainsi que .NET Framework, nécessaire à son fonctionnement.

Il est aussi possible de graver sur un DVD une image ISO du kit. Il suffit de cocher l'option **Télécharger le Kit de déploiement et d'évaluation Windows - Windows 10 pour l'installation sur un autre ordinateur** durant le processus d'installation :

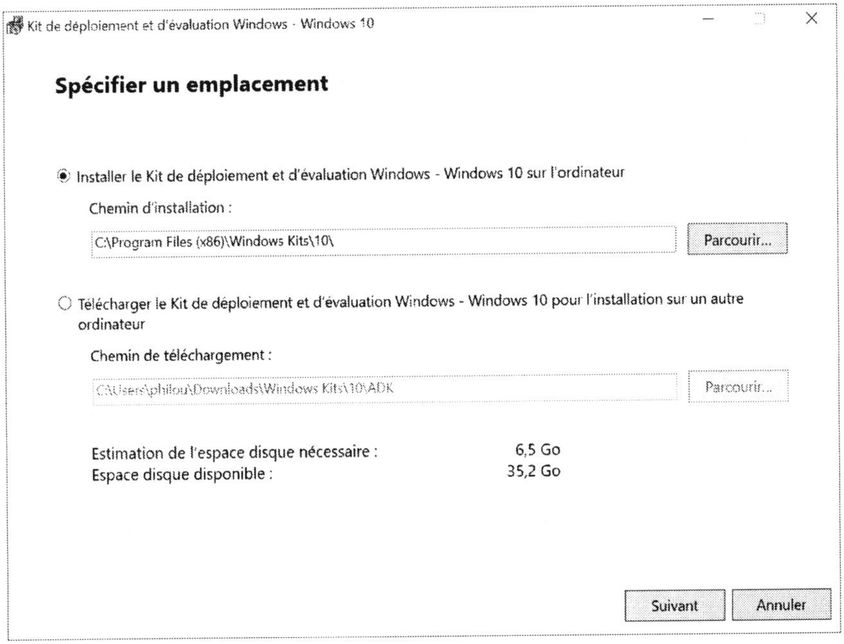

3.1.1 Composants du kit Windows ADK

Le kit d'évaluation et de déploiement contient les outils suivants :

- **Application Compatibility Toolkit (ACT)** : permet de créer un inventaire des logiciels installés et de générer des rapports de compatibilité en vue d'une mise à niveau vers Windows 10 (cf. chapitre Interface et applications - Compatibilité des applications).
- **Outils de déploiement** : gère et maintient les images de déploiement à l'aide de l'utilitaire **DISM** (*Deployment Image Servicing and Management*) et l'**Assistant Gestion d'installation (SIM)**.
- **Environnement de préinstallation de Windows (Windows PE)** : système d'exploitation minimal stocké dans le fichier boot.wim.
- **Concepteur de fonctions d'acquisition d'image et de conception** : création des packages de mise en service permettant de configurer un ordinateur ou un téléphone Windows 10 sans avoir à le réinstaller.
- **Outil de migration utilisateur (USMT)** : contient les programmes **ScanState** et **LoadState** (cf. chapitre Installation du client Windows 10 - Migration vers Windows 10).
- **Outil Gestion de l'activation en volume (VAMT)** : gère l'activation de Windows 10 de manière centralisée (cf. chapitre Installation du client Windows 10 - Gestion des licences).
- **Windows Performance Toolkit** : contient les outils **Enregistreur de performances Windows**, **Analyseur de performance Windows** et **Xperf**.
- **Kit d'évaluation Windows** : permet de simuler l'activité d'un utilisateur sur un ordinateur, afin de générer des métriques et ainsi suivre les recommandations en vue d'améliorer les performances du système. Les outils **Console d'évaluation Windows** et **Évaluations** seront installés.
- **Windows Assessment Services - Client** : crée un environnement de test et installe les services d'évaluation Windows. Un serveur ayant Windows Assessment Services installé doit être hébergé dans le même réseau que l'ordinateur Windows 10.

- **Microsoft SQL Server 2012 Express** : logiciel de base de données générant des statistiques utilisées par les outils de déploiement pour fournir des rapports à destination d'un administrateur.

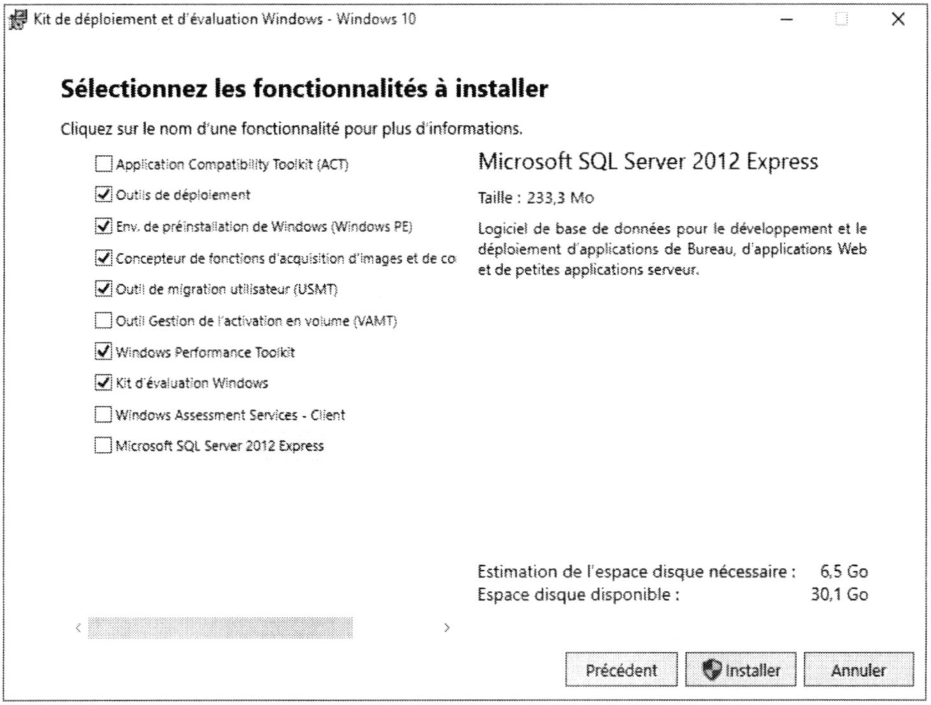

Parmi les nouveautés, notons les fonctionnalités que propose le Concepteur de configuration et d'acquisition d'images (ICD) :

- Création d'un package de mise en service utilisable pour personnaliser le parc informatique Windows 10 de la société (ordinateurs, tablettes, smartphones) sans avoir à réinstaller les cibles.
- Création d'une image Windows personnalisée pour des régions et des segments de marché précis.

3.1.2 ICD

ICD permet donc de créer des packages de mise en service applicable sans destruction sur un ordinateur, nous affranchissant ainsi d'une réinstallation fastidieuse. Cet outil engendre un gain de temps sur la maintenance des ressources de l'entreprise.

Après avoir installé ICD depuis le kit Windows ADK, il est tout d'abord nécessaire de créer un package de mise en service. Voici la procédure :

- Depuis Windows 10, cliquez sur le menu **Démarrer** puis **Toutes les applications**, **Windows Kits** et **Concepteur de configuration et d'acquisition d'images Windows**. Cliquez sur le bouton **Nouveau package de mise en service**.
- Dans le champ **Nom** du projet, saisissez **Package windows 10**. Laissez les autres champs par défaut.

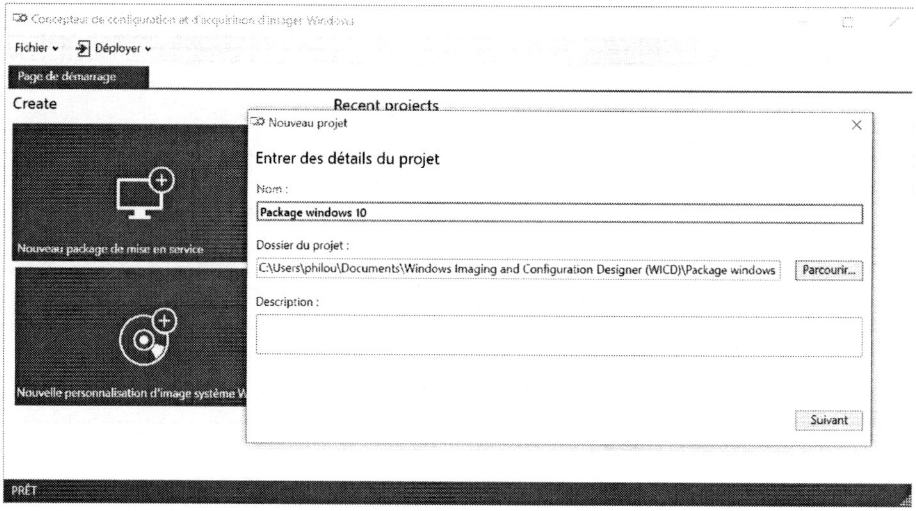

- Cliquez sur le bouton **Suivant**. Le package que nous allons créer étant à destination des postes de travail et non des tablettes/smarphones, sélectionnez l'option **Common to all Windows desktop editions**. Cliquez sur les boutons **Suivant** et **Terminer**.

La personnalisation de notre package s'effectue au travers des fonctionnalités listées dans la section **Personnalisations disponibles**, parmi lesquelles :

- **Applications** : permet d'empaqueter une app du Windows Store (extension .appx) ou un bundle d'apps (extension .appxbundle).
- **Fonctionnalités à la demande** : un fichier CAB (archive compressée) contenant par exemple Office 2013 peut être intégré à notre package.
- **Mises à jour Windows** : importation des mises à jour de sécurité au format MSU (extension .msu).

Par exemple, si nous voulons créer un package Windows 10 contenant le logiciel .NET Framework 3.0 (modèle de programmation complet de Microsoft pour la génération d'applications) dont le fichier CAB est disponible dans le dossier **sources\sxs** du DVD d'installation :

- Depuis **ICD**, cliquez sur le nœud **Fonctionnalités à la demande** puis sur le bouton **Parcourir**. Sélectionnez le dossier **sources** et le sous-dossier **sxs**, puis cliquez sur le fichier nommé **microsoft-windows-netfx3-ondemand-package.cab** et sur le bouton **Ouvrir**.

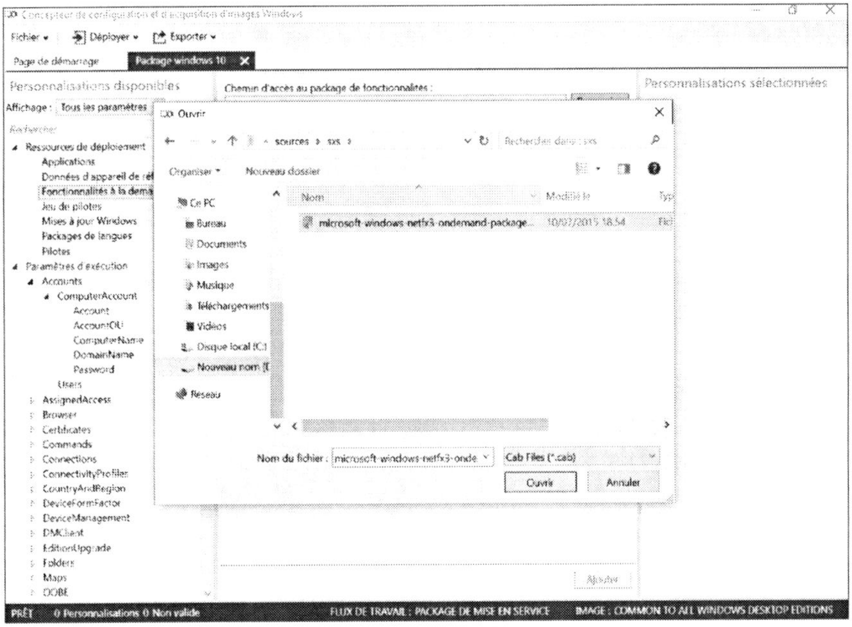

- Dans le champ **Nom**, nommez le package **Netframework3** puis validez par le bouton **Ajouter**.
- Une fois que nous avons configuré cette personnalisation, cliquez sur le bouton **Exporter**, puis sélectionnez **Package d'approvisionnement**. Dans le champ **Nom**, saisissez **Package Windows 10 .Net Framework 3**.

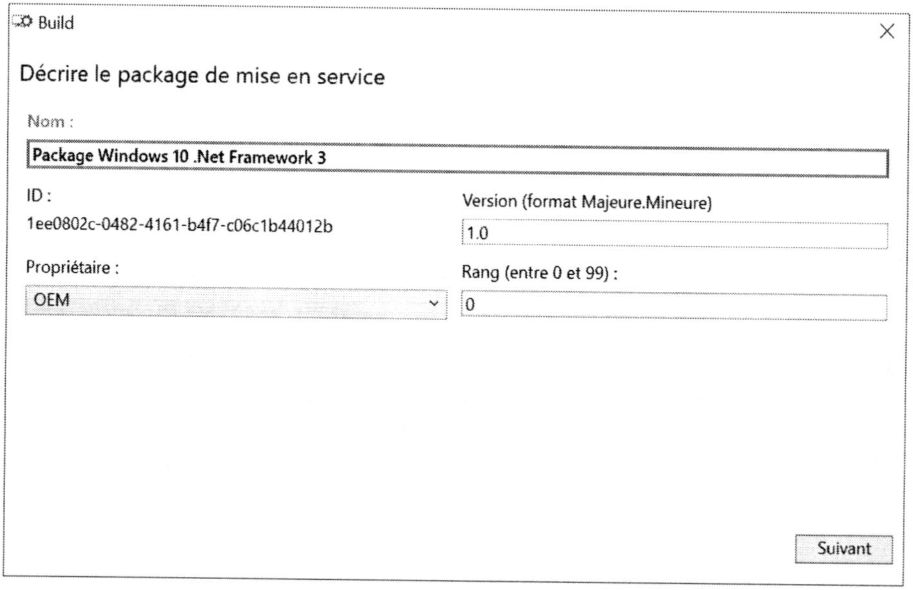

- Cliquez sur le bouton **Suivant**. Dans l'écran suivant, il est possible de chiffrer et de signer le package de mise en service. Cliquez sur le bouton **Suivant**. Définissez comme répertoire de stockage du package **C:\temp\Package Windows 10 .Net Framework 3.ppkg** et cliquez sur les boutons **Suivant** et **Build**. Patientez quelques instants et cliquez sur le bouton **Terminer**.

Vous pouvez désormais appliquer ce package de mise en service à n'importe quel moment, que ce soit au moment du déploiement de l'image Windows 10 ou bien après. Le fichier généré porte l'extension .ppkg. Vous pouvez simplement l'installer en double cliquant dessus.

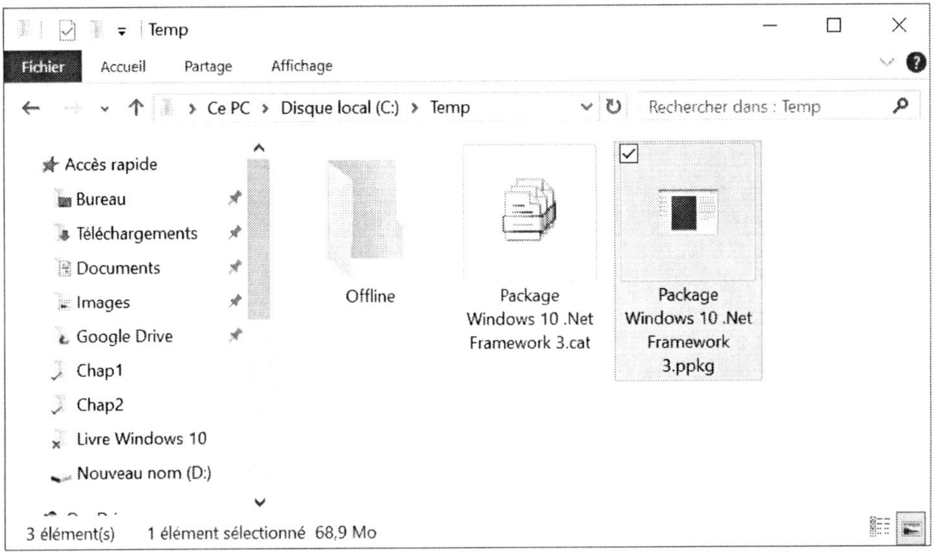

Scanstate.exe (cf chapitre Installation du client Windows 10 - USMT), composant intégré à Windows ADK pour Windows 10, propose une fonctionnalité de sauvegarde de l'état des applications installées au sein d'un package de mise en service. Une fois créé, ce package avec applications peut être importé dans ICD afin de créer un média.

Au lieu d'utiliser **Sysprep** puis de capturer l'image Windows 10, nous utilisons l'outil **Scanstate** avec les paramètres **/apps /ppkg** pour capturer les personnalisations des applications.

Sur le poste de travail Windows 10 de référence, assurez-vous que l'utilitaire scanstate est disponible (kit Windows ADK) puis saisissez la commande suivante depuis le dossier **C:\Program Files (x86)\Windows Kits\10\Assessment and Deployment Kit\User State Migration Tool\amd64** (ou **x86** en fonction de l'architecture) dans une invite de commandes exécutée en tant qu'administrateur :
scanstate.exe /apps /ppkg C:\Packages\PMSApps01.ppkg

Ce n'est pas l'utilitaire Loadstate qui va gérer l'installation des applications capturées précédemment à l'aide de scanstate, mais bien le fichier d'installation de Windows 10 nommé setup.exe. Avant cela, il est nécessaire d'utiliser ICD afin de créer un média d'installation Windows 10 qui contiendra le fichier ppkg.

Voici la procédure :

- Depuis Windows 10, cliquez sur le menu **Démarrer** puis **Toutes les applications**, **Windows Kits** et **Concepteur de configuration et d'acquisition d'images Windows**. Cliquez sur le bouton **Nouvelle personnalisation d'image système Windows**.
- Dans le champ **Nom** du projet, saisissez **Windows 10 custom**.

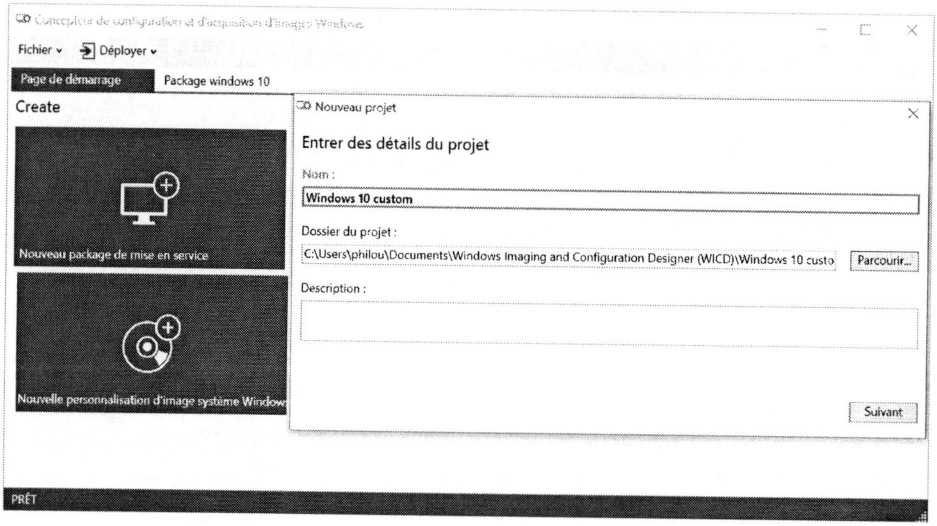

- Cliquez sur le bouton **Suivant**. Dans la page **Sélectionner le format source d'acquisition d'images**, cochez la case **L'image Windows dépend d'un fichier d'image Windows (WIM)**. Cliquez sur le bouton **Suivant**.

▶ Dans la page **Sélectionner une image**, cliquez sur le bouton **Parcourir** et sélectionnez, dans le dossier **sources** du DVD d'installation, le fichier **install.wim**.

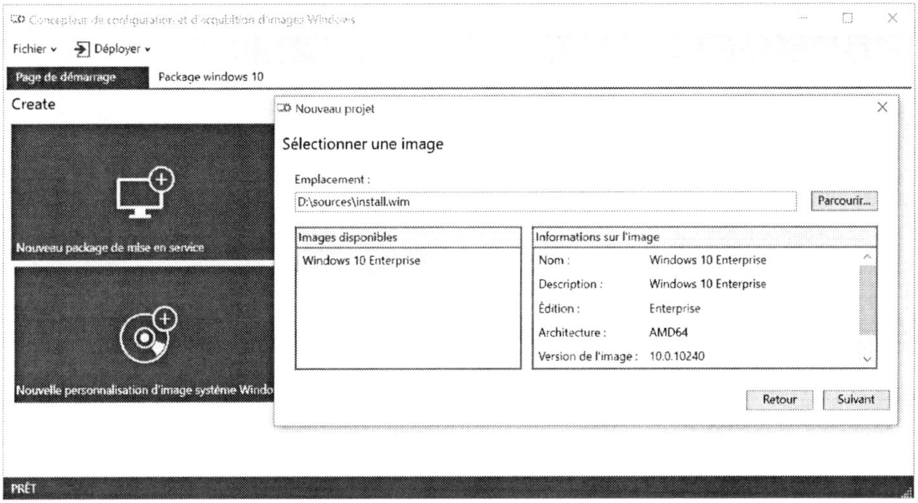

▶ Cliquez sur le bouton **Suivant**. Dans la page **Importer un package de mise en service**, cliquez sur le bouton **Parcourir** et sélectionnez le package **PMSApps01.ppkg** stocké dans le dossier **C:\Packages**. Cliquez sur le bouton **Terminer**.

Nous allons maintenant créer le média cible (fichier ayant l'extension .WIM) avec les logiciels contenus dans le fichier **PMSApps01.ppkg** :

▶ Cliquez sur le bouton **Créer** puis **Média de production**. Cochez la case **WIM** puis cliquez sur le bouton **Suivant**. Ne compressez pas l'OS puis cliquez sur le bouton **Suivant** et une nouvelle fois **Suivant**. Cochez la case **Enregistrer dans un dossier** et cliquez sur le bouton **Suivant**. Cliquez sur le bouton **Parcourir** puis sélectionnez le dossier **C:\Packages**. Cliquez sur les boutons **Suivant** et **Build**.

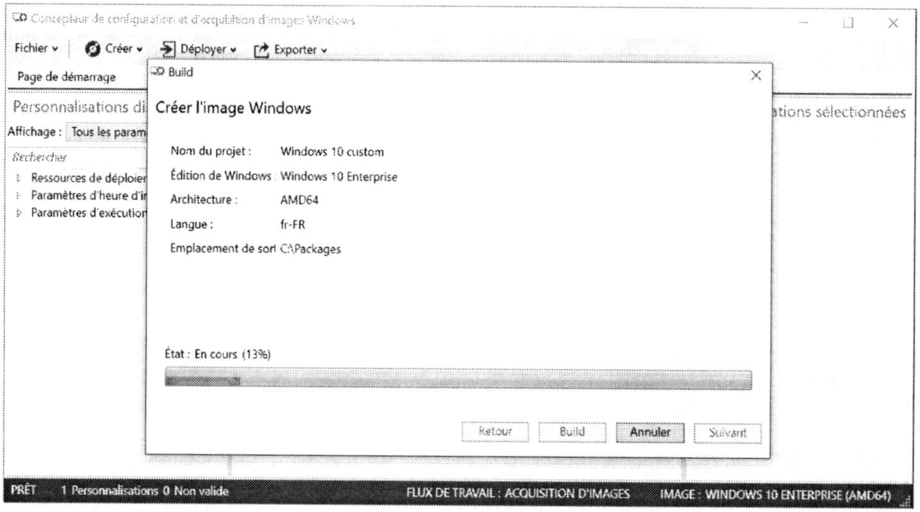

L'image Windows 10 avec les applications personnalisées embarquées est désormais générée dans le fichier install.wim et pourra ainsi être déployée, via par exemple les services WDS.

3.2 Outil sysprep

L'outil sysprep, disponible depuis le répertoire local **%systemroot%\system32\sysprep**\, permet de supprimer toutes les données spécifiques au système Windows 10, comme l'ID unique de sécurité. Vous pourrez ainsi capturer une image neutre mais personnalisée de votre système, afin de la déployer sur des environnements hétérogènes.

Exécutez sysprep uniquement sur une nouvelle installation de Windows, non sur une mise à niveau. Si l'ordinateur de référence est membre d'un domaine, sysprep le retirera automatiquement de celui-ci.

Voici la liste des options de ligne de commande les plus importantes à connaître lors de la manipulation de l'outil :

- **/audit** : ajoute des applications et des pilotes de périphériques tiers à votre image avant capture.
- **/generalize** : prépare l'ordinateur de référence à la création de l'image, en supprimant l'ID de sécurité et les points de restauration du système.
- **/oobe** : redémarre l'ordinateur source en affichant l'écran d'accueil Windows pour personnaliser Windows 10, permettant par exemple de créer des comptes d'utilisateur qui seront disponibles sur les installations déployées à partir de l'image.
- **/reboot** : redémarre l'ordinateur à l'issue du processus vous permettant d'auditer le système.

La procédure de préparation d'un ordinateur Windows 10 en vue de la création d'une image est donc la suivante :

- Cliquez sur l'**Explorateur Windows**  situé dans la barre des tâches. Naviguez jusqu'au dossier **C:\Windows\System32\sysprep** et double cliquez sur le fichier **sysprep.exe**.
- Dans la zone **Action de nettoyage du système**, cliquez sur **Entrer en mode OOBE (Out-of-Box Experience)**. Cochez la case **Généraliser**.
- Dans la zone **Options d'extinction**, cliquez sur **Arrêter le système**.

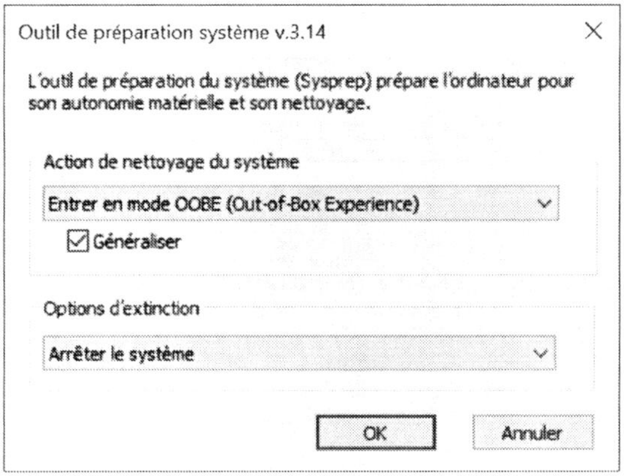

- Validez par **OK**.

3.3 Gestion d'images avec DISM

DISM (*Deployment Image Servicing and Management*) est un outil disponible en ligne de commande permettant de modifier les images système portant l'extension .WIM (install.wim) et les disques durs virtuels (.VHD et .VHDX) en mode hors connexion, et peut, par exemple, ajouter des pilotes ou des fonctionnalités à ces mêmes images. L'outil applique une image à un ordinateur. Il est intégré en standard à Windows 10, vous n'avez donc pas à l'installer depuis le kit Windows ADK. Il peut gérer les images des systèmes d'exploitation Windows Vista, Windows 7, Windows Server 2008, Windows Server 2008 R2, Windows Server 2012, Windows Server 2012 R2, Windows 8, Windows 8.1 et Windows 10. Le système Windows PE peut être aussi administré (fichier boot.wim).

DISM offre la possiblité de mettre à niveau une image système Windows vers une autre édition.

Pour commencer à travailler sur une image WIM, il faut la monter dans un répertoire de travail temporaire, à l'aide de la commande **dism**. Ainsi, l'affichage de celle-ci s'effectuera en tant que fichier plat.

Remarque

*Assurez-vous que toutes les dépendances du fichier **dism.exe** sont chargées en mémoire avant d'exécuter des commandes. Sinon, utilisez l'**Invite de commandes des outils de déploiement** disponible avec le kit ADK.*

Les commandes DISM de ce chapitre doivent systématiquement être exécutées avec des privilèges élevés.

3.3.1 Monter une image

Avant de monter une image, il est nécessaire de choisir l'une des versions de Windows 10 sur laquelle nous travaillerons, définie par un index, un nom, une description et une taille. Le paramètre nous intéressant est principalement le numéro d'index, utilisé dans les futures manipulations.

Au préalable, copiez le fichier install.wim présent dans le dossier **sources** du DVD d'installation dans un dossier temporaire nommé **c:\temp** sur l'ordinateur Windows 10. Dans ce même dossier, créez un sous-dossier nommé **offline**.

L'option **get-wiminfo** permet de lister les versions de Windows 10 contenues dans le fichier install.wim, et ainsi récupérer l'index utilisé :

- Cliquez avec le bouton droit sur le menu **Démarrer**, puis sur **Invite de commandes (admin)**. Validez en cliquant sur le bouton **Oui** lorsque la fenêtre de contrôle de compte d'utilisateur apparaît. Saisissez la commande **Dism /get-wiminfo /wimfile:c:\temp\install.wim**.

Pour l'exemple, nous choisissons la version Windows 10 Entreprise correspondant à l'index 1.

Montons maintenant l'image :
Dism /Mount-Wim /WimFile:C:\temp\install.wim /index:1 /MountDir:C:\temp\offline

Voici le résultat de ces commandes :

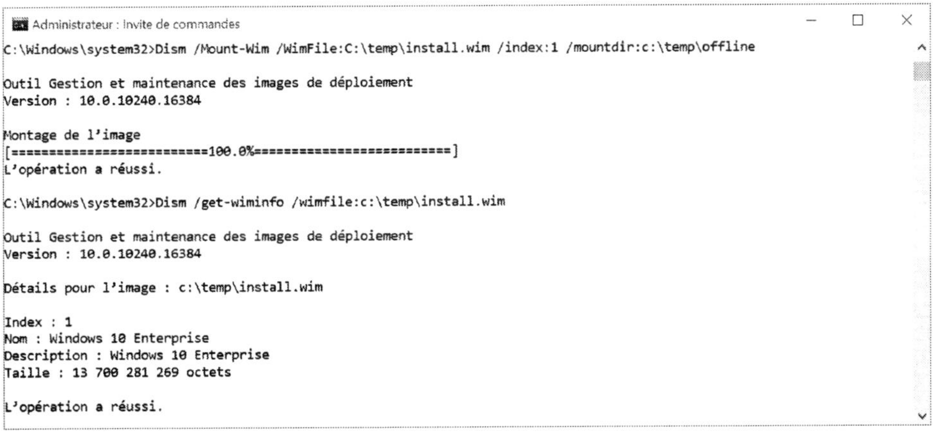

Le contenu du répertoire de l'image hors connexion monté dans le dossier c:\temp\offline est le suivant :

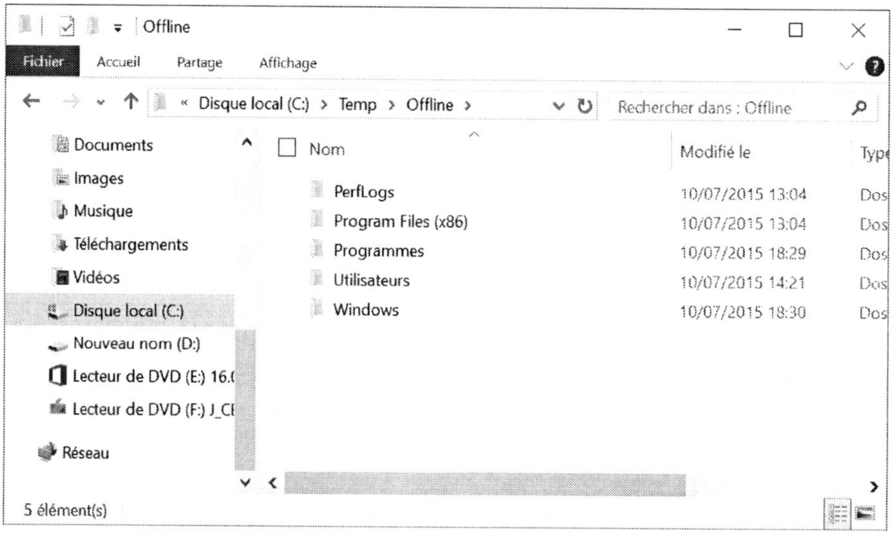

DISM supporte un nombre illimité de points de montage. La commande suivante liste les images déjà montées :
Dism /Get-MountedWimInfo

L'image Windows 10 étant montée, il suffit maintenant d'ajouter des composants, tels qu'une fonctionnalité, une mise à jour de sécurité, ou encore un pilote de périphérique.

Pour obtenir la liste des fonctionnalités installables, utilisez la commande :
Dism /Image:c:\temp\offline /get-features

Remarque

*Notez que l'option **/get-drivers** liste les pilotes tiers disponibles et **get-packages** affiche les packages présents.*

Le résultat de la commande affichant un grand nombre de fonctionnalités, il peut être utile d'ajouter "pipe more" (**| more**) pour contrôler le défilement, ou encore de rediriger (**>**) le résultat dans un fichier.

Voici le résultat de la commande :

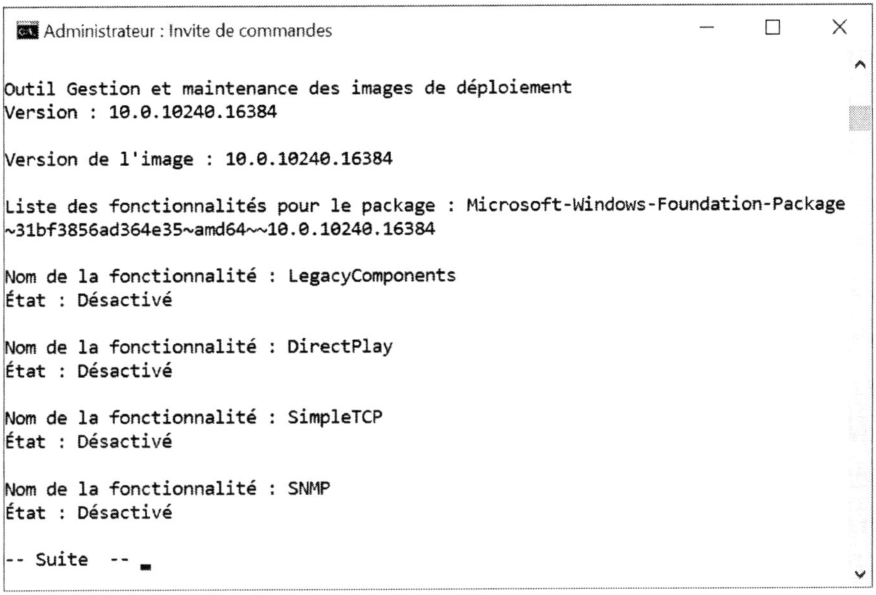

Pour activer le client Telnet, exécutez la commande suivante :
dism /image:c:\temp\offline /enable-feature /featurename:telnetclient

La désactivation d'Internet Explorer s'effectue tout aussi simplement :
dism /image:c:\temp\offline /disable-feature /featurename:Internet-Explorer-Optional-amd64

```
Administrateur : Invite de commandes
C:\Windows\system32> dism /image:c:\temp\offline /enable-feature /featurename:te
lnetclient

Outil Gestion et maintenance des images de déploiement
Version : 10.0.10240.16384

Version de l'image : 10.0.10240.16384

Activation de la ou des fonctionnalités
[==========================100.0%==========================]
L'opération a réussi.

C:\Windows\system32>dism /image:c:\temp\offline /disable-feature /featurename:In
ternet-Explorer-Optional-amd64

Outil Gestion et maintenance des images de déploiement
Version : 10.0.10240.16384

Version de l'image : 10.0.10240.16384

Désactivation de la ou des fonctionnalités
[==========================100.0%==========================]
L'opération a réussi.
```

L'ajout d'une clé de produit Windows 10 peut aussi être réalisé à l'aide de la commande dism :

dism /image:c:\temp\offline /Set-ProductKey:VWXYZ-VWXYZ-VWXYZ-VWXYZ-VWXYZ

Remarque

Notez que la validité de la clé de produit va être vérifiée par l'utilitaire DISM lors de l'exécution de la commande.

Une fois que l'image WIM a été personnalisée, il est nécessaire d'enregistrer les modifications en démontant l'image :

dism /unmount-wim /mountdir:c:\temp\offline /commit

Pour annuler les modifications effectuées et démonter l'image :

dism /unmount-wim /mountdir:c:\temp\offline /discard

Remarque

Tant que l'image ne sera pas démontée, aucun paramètre modifié ne sera pris en compte.

L'image personnalisée peut désormais être déployée au travers du réseau (service WDS), ou bien depuis un support d'installation.

Une fois que l'ordinateur de référence a été préparé à l'aide de l'utilitaire sysprep, que l'image au format WIM a été modifiée grâce à la commande DISM, il est nécessaire de la capturer puis de l'appliquer à un ordinateur, grâce aux paramètres **Capture-Image** et **Apply-Image**.

3.3.2 Capturer une image

Capturer une image est simple : supposons que l'administrateur souhaite créer une image personnalisée d'une partition **C:** dans un fichier install.wim stocké sur la partition **D:**.

La commande suivante, exécutée grâce aux options de démarrage avancées (cf. chapitre Protection et récupération du système - Dépannage du système) fournies par Windows RE, permet d'effectuer cette action :
Dism /capture-image /imagefile:D:\install.wim /capturedir:C:\ /name:"Windows 10 Enterprise"

Puis validez par la touche [Entrée].

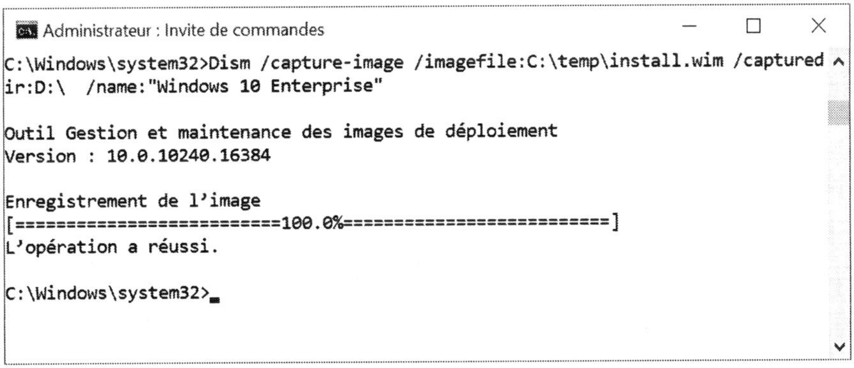

Notez qu'un répertoire vide ne peut être capturé.

Lorsque vous générez un fichier WIM, celui-ci doit être stocké sur un support, qui peut être un partage réseau, un périphérique de stockage USB ou une autre partition.

3.3.3 Créer une partition avec DiskPart

La taille et le format de la partition de destination doivent être créés sur l'ordinateur de destination AVANT l'application de l'image, à l'aide de l'utilitaire **diskpart** (cf. chapitre Gestion des disques et des pilotes - Partitionnement et gestion des fichiers).

Dans l'invite de commandes exécutée depuis Windows PE sur le nouveau système à installer :

- Exécutez **diskpart** et appuyez sur [Entrée].
- Saisissez **select disk 0** et validez par [Entrée].
- Saisissez **clean** pour supprimer toutes les données du disque puis appuyez sur [Entrée].
- Saisissez **create partition primary size=20000** pour créer une partition de 20 Go, et appuyez sur [Entrée].
- Saisissez **select partition 1** pour sélectionner la partition 1 et appuyez sur [Entrée].
- Saisissez **format fs=ntfs label=PartitionWINDOWS quick** pour formater la partition au format NTFS (*New Technology File System*) et validez par [Entrée].
- Saisissez **assign letter=c** pour affecter la lettre C à la partition nouvellement créée puis appuyez sur [Entrée].
- Saisissez **active** et validez par [Entrée].
- Saisissez **exit** et appuyez sur [Entrée] pour quitter l'utilitaire DiskPart.

3.3.4 Appliquer une image

Pour appliquer l'image précédemment créée sur la partition C: de votre nouvel ordinateur, il faut au préalable copier le fichier install.wim généré sur un emplacement accessible depuis Windows PE. Cela peut être un partage réseau nommé imageswin10 stocké sur un serveur SRV1 par exemple :
dism /apply-image /imagefile:\\SRV1\imageswin10\install.wim /index:1 /ApplyDir:C:

Pour terminer l'application de l'image, nous devons configurer les fichiers de l'environnement de démarrage sur la partition système Windows 10.

3.3.5 Configuration de l'environnement de démarrage

L'outil **bcdboot** (cf. chapitre Protection et récupération du système - Dépannage du système) configure la partition système, en nous permettant d'effectuer cette modification depuis le répertoire local **%systemroot%\system32** du nouvel ordinateur :

- Dans la fenêtre d'invite de commandes exécutée en tant qu'administrateur du poste de travail Windows 10, saisissez **bcdboot c:\windows** et validez par [Entrée]. Redémarrez l'ordinateur (commande **shutdown**) pour finaliser l'exécution de Windows 10.

Le système a donc été initialisé à l'aide de sysprep. Une image au format .wim a été créée, modifiée, capturée puis appliquée. Il est désormais possible d'industrialiser le processus en déployant le fichier WIM généré au travers d'un réseau.

4. Déploiement par le réseau

Le déploiement d'un système d'exploitation grâce au réseau de l'entreprise permet à l'équipe en charge de l'informatique d'économiser du temps, et de s'assurer que l'ensemble des postes de travail aura la même configuration de départ. De plus, en cas d'absence de lecteur DVD, le déploiement est possible, y compris avec des images contenant des applications métier. Plusieurs produits, payants et gratuits, existent pour installer un système Windows 10 à distance. Nous allons les détailler ci-après.

4.1 Service de déploiement Windows

WDS est le service de déploiement de systèmes d'exploitation Microsoft. Il permet de déployer dans un réseau d'entreprise des fichiers WIM, VHD et VHDX en démarrant depuis Windows PE, plus précisément depuis le fichier **boot.wim**. Ainsi, un administrateur n'a plus besoin de se déplacer pour installer Windows 10 depuis un support tel qu'un DVD-ROM ou un disque dur externe USB.

Il est possible de déployer les systèmes d'exploitation suivants : Windows Vista SP1, Windows 7, Windows 8, Windows Server 2008, Windows Server 2008 R2, Windows Server 2012 et Windows Server 2012 R2. Les quatre éditions de Windows 10 sont aussi supportées.

L'administrateur peut désormais créer des images d'un ordinateur de référence à l'aide de l'**Assistant Capture d'image**, remplaçant de l'utilitaire **ImageX**.

L'ajout de pilotes de périphériques peut être intégré aux images à déployer.

L'utilisation du service de déploiement Windows est soumise à des prérequis importants qu'il est nécessaire de connaître.

Dans un groupe de travail, le déploiement d'un serveur WDS nécessite :

- Une version serveur de Windows (Windows Server 2008, Windows Server 2008 R2, Windows Server 2012 ou Windows Server 2012 R2).
- Une partition NTFS : le serveur WDS disposera d'une partition NTFS idéalement distincte de la partition système, et servant à stocker les images à déployer sur votre réseau.
- Un service DNS (*Domain Name System*).
- Un service DHCP (*Dynamic Host Configuration Protocol*) : un serveur DHCP autorisé doit être présent sur le réseau. Il peut être installé en tant que service sur le serveur de déploiement, mais dans ce cas, il vous faudra configurer WDS pour qu'il n'écoute pas sur le port 67, afin que les services WDS et DHCP n'entrent pas en conflit. De plus, pour que les clients PXE puissent détecter la présence d'un serveur WDS, il est nécessaire de cocher la case **Configurer les options DHCP pour indiquer que ce serveur est aussi un serveur PXE**. Ces actions s'effectuent dans les propriétés du serveur WDS, depuis l'onglet **DHCP**.

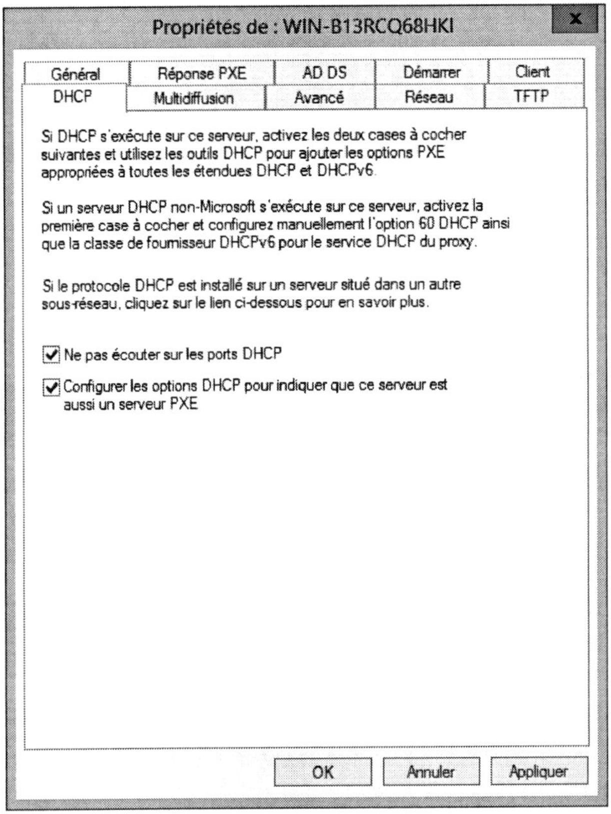

- L'utilisateur chargé d'installer le rôle WDS doit être membre du groupe local Administrateurs du serveur.
- Le client sur lequel vous souhaitez installer l'image doit posséder une carte réseau compatible PXE activée depuis le BIOS. Dans le cas contraire, l'installation devra s'effectuer en démarrant l'ordinateur à partir du DVD Windows 10 et en se connectant à un dossier partagé contenant les sources. Le client doit être autorisé dans la console WDS au travers d'une stratégie de réponse PXE.

- Les ports UDP suivants doivent être ouverts sur le pare-feu du serveur WDS :
  - Port 67 (DHCP).
  - Port 69 (TFTP, *Trivial File Transfer Protocol*) : le transfert des images du serveur WDS vers les clients s'effectue au travers du protocole TFTP.
  - Port 4011 (PXE).

Remarque

À l'installation du rôle Services de déploiement Windows, les règles d'ouverture des ports sont automatiquement créées.

Dans un domaine Active Directory, voici les prérequis :

- Le serveur WDS (même version que pour le groupe de travail) doit être membre d'un domaine Microsoft. Les ordinateurs de destination peuvent faire partie d'un domaine ou d'un groupe de travail.
- L'existence d'un domaine Microsoft nécessite un serveur DNS. Il n'est pas obligatoire qu'il soit installé sur le même serveur que WDS.
- Un serveur DHCP autorisé avec les mêmes paramètres de configuration que pour un groupe de travail.
- L'utilisateur chargé d'installer le rôle WDS doit être membre du groupe local Administrateurs et du groupe Utilisateurs du domaine pour initialiser le serveur.
- Une carte réseau compatible PXE.
- L'ouverture des ports : idem que pour le groupe de travail.

WDS comprend deux services de rôle :

- **Serveur de transport** : fournit un sous-ensemble des fonctionnalités des services WDS, comme la transmission de données par multidiffusion.
- **Serveur de déploiement** : comprend toutes les fonctionnalités de déploiement d'images.

La console MMC WDS permet de gérer le rôle WDS depuis une interface graphique. L'administrateur peut aussi utiliser la commande **wdsutil** pour effectuer des actions, tout en automatisant des tâches à l'aide de scripts.

Deux méthodes permettent de déployer WDS sur un serveur Windows Server 2012.

Depuis la console Gestionnaire de serveur

- Cliquez sur **Ajouter des rôles et des fonctionnalités** puis sur le bouton **Suivant**. Cochez la case **Installation basée sur un rôle ou une fonctionnalité** puis validez par **Suivant**. Assurez-vous que le nom de votre serveur est bien sélectionné puis cliquez sur **Suivant**. Dans **Rôles de serveurs**, cochez la case **Services de déploiement Windows** puis cliquez sur le bouton **Ajouter des fonctionnalités** et vérifiez que la case **Inclure les outils de gestion** est bien cochée.

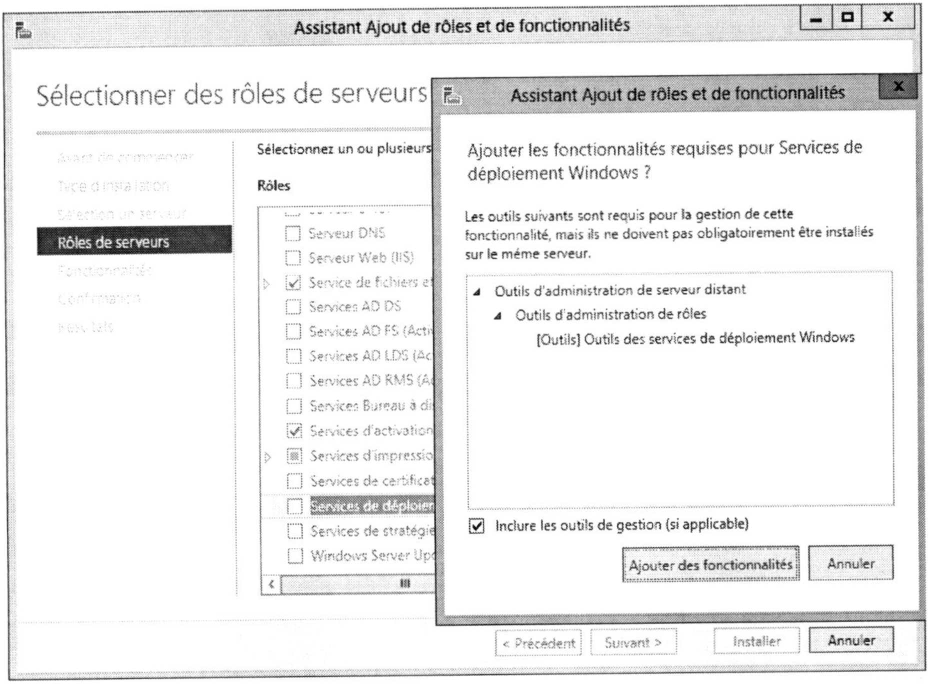

◘ Cliquez trois fois sur le bouton **Suivant**. Dans **Services de rôle**, cochez les cases **Serveur de déploiement** et **Serveur de transport**.

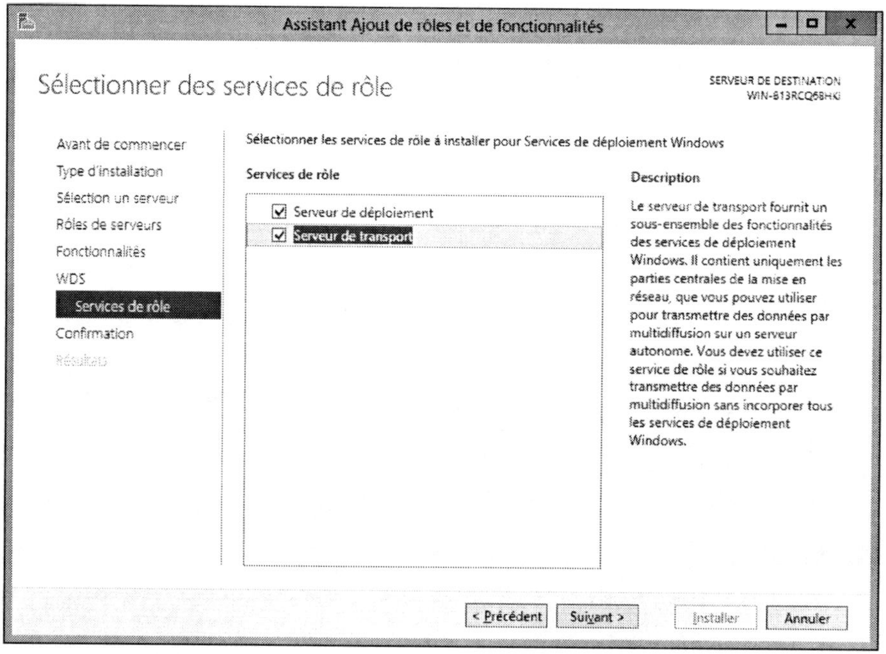

◘ Cliquez sur **Suivant** puis sur le bouton **Installer** pour démarrer l'installation du rôle WDS.

Depuis Windows PowerShell

◘ Sur le bureau, cliquez avec le bouton droit sur l'icône **Windows PowerShell** puis choisissez **Exécuter en tant qu'administrateur**.

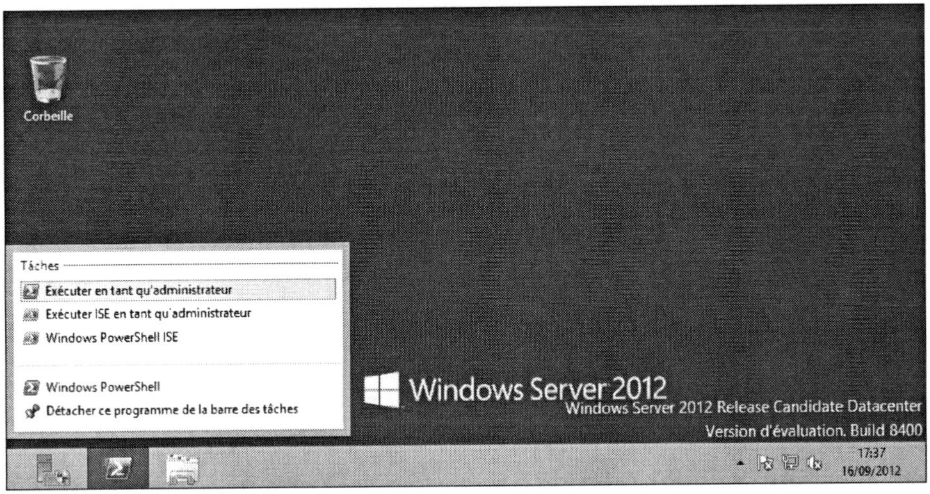

- Dans la fenêtre **Administrateur : Windows PowerShell**, saisissez la commande suivante : **Install-WindowsFeature -Name WDS -IncludeManagementTools** et validez par [Entrée]. Vérifiez l'installation du rôle WDS à l'aide de la commande **get-windowsfeature**.

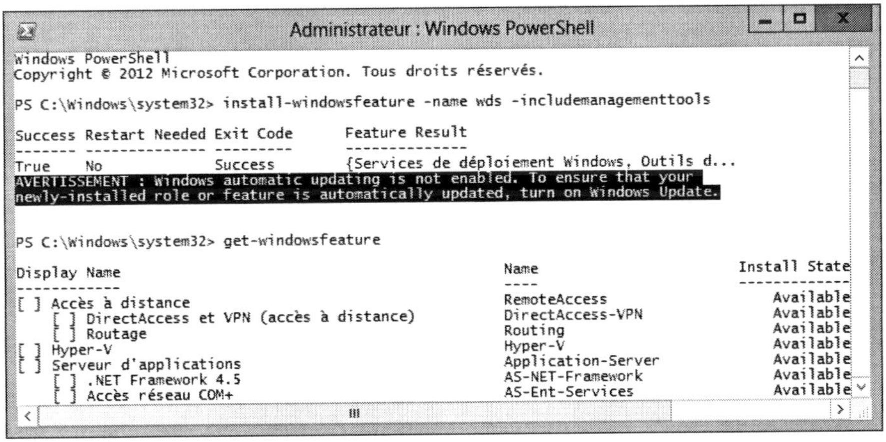

Remarque

À noter que vous ne pouvez pas installer les services WDS sur une version minimale (serveur Core) de Windows Server 2012.

Après avoir installé le rôle WDS, il est nécessaire de le configurer. Nous allons supposer que le serveur Windows Server 2012 est membre d'un groupe de travail et qu'un serveur DHCP est disponible dans le réseau :

- Dans la console Gestionnaire de serveur, cliquez sur le menu **Outils** puis sur **Services de déploiement Windows**. Développez le nœud **Serveurs**, puis cliquez avec le bouton droit sur le nom de votre serveur et choisissez **Configurer le serveur**. Dans l'**Assistant Configuration des services de déploiement Windows**, cliquez sur le bouton **Suivant**. Sélectionnez la case **Serveur autonome** puis **Suivant**. Saisissez le chemin vers le dossier d'installation qui contiendra les images à déployer, idéalement stocké sur une partition NTFS distincte de la partition système Windows.

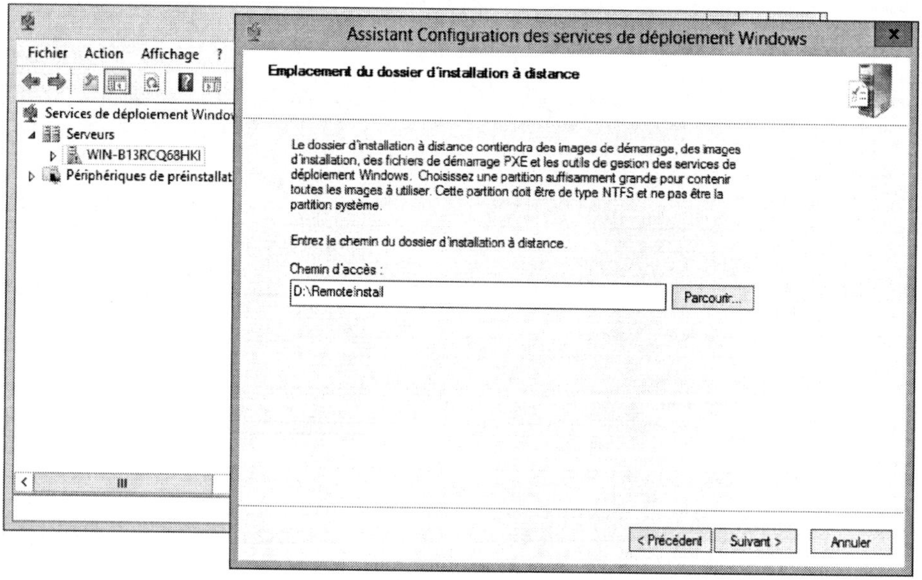

- Définissez ensuite la stratégie de réponse à adopter lorsque des clients contacteront le serveur WDS pour obtenir une image d'installation :
  - Ne répondre à aucun ordinateur client (option cochée par défaut).
  - Répondre uniquement aux ordinateurs clients connus.
  - Répondre à tous les ordinateurs clients (connus et inconnus). Vous pouvez aussi exiger l'approbation de l'administrateur pour la validation des clients inconnus en cochant la case correspondante.

- Cliquez sur le bouton **Suivant**. Assurez-vous que la case **Ajouter les images au serveur maintenant** est cochée puis cliquez sur **Terminer**.

4.1.1 Ajout d'images de démarrage et d'installation

Nous allons maintenant ajouter les images de démarrage et d'installation de Windows 10 dans le serveur WDS. L'image de démarrage contient l'environnement de préinstallation Windows PE avec lequel vous allez démarrer votre client avant d'installer le système d'exploitation final. Elle se nomme **boot.wim** et se trouve dans le répertoire **Sources** du DVD d'installation Windows 10. L'image d'installation est contenue dans le fichier **install.wim** du même répertoire **Sources**.

- Dans l'**Assistant Ajout d'images**, cliquez sur le bouton **Parcourir** puis sélectionnez le dossier **Sources** du DVD d'installation Windows 10 et cliquez sur **Suivant**. Il contient les fichiers **boot.wim** et **install.wim**.

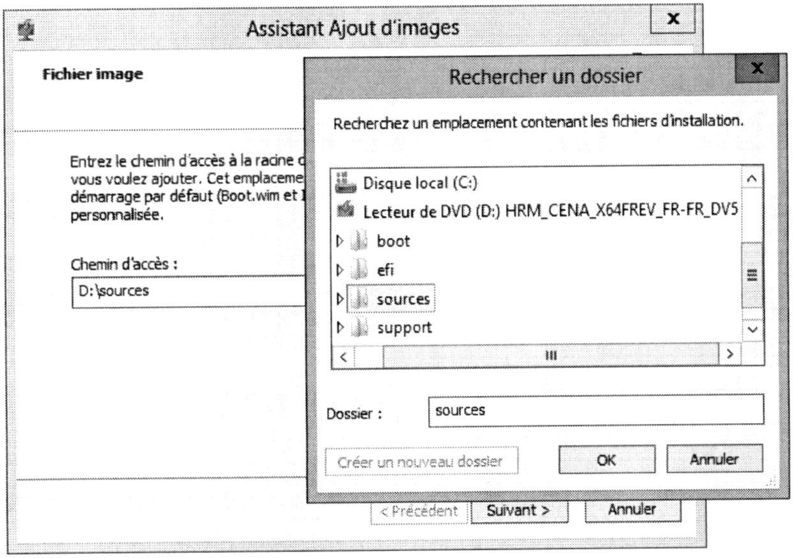

- Saisissez **Windows 10** dans le champ **Créer un groupe d'images nommé** puis validez en cliquant sur **Suivant**. L'assistant importe l'image de démarrage et les images d'installation contenues dans le DVD d'installation. Cliquez sur le bouton **Terminer**.

Remarque

Il est nécessaire de posséder une image de démarrage par architecture matérielle (ARM, 32 bits/x86 ou 64 bits/x64 avec ou sans la technologie UEFI), car vous ne pourrez pas démarrer un ordinateur 32 bits depuis une image Windows PE 64 bits, même si l'inverse est possible.

Les nœuds **Images d'installation** et **Images de démarrage** de la console Services de déploiement Windows permettent d'ajouter des images d'autres systèmes d'exploitation, tels que Windows Server 2008 R2 ou Windows Server 2012.

Remarque

L'ajout d'une image d'installation dans la console WDS est possible à l'aide de la commande suivante : ***WDSUTIL /Add-Image /ImageFile:"d:\sources\Install.wim" /ImageType:Install***

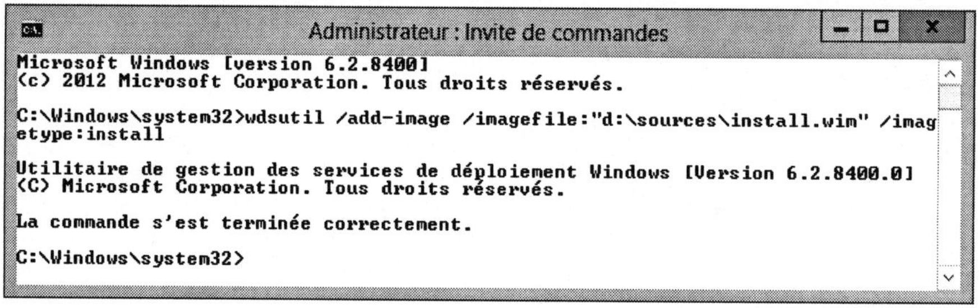

Pour permettre au poste cible de démarrer en mode PXE depuis sa carte réseau puis d'obtenir une adresse IP (*Internet Protocol*) fournie par le serveur WDS, et ainsi démarrer l'installation de Windows 10, il suffit généralement de presser la touche du clavier [F12] dès le démarrage de l'ordinateur :

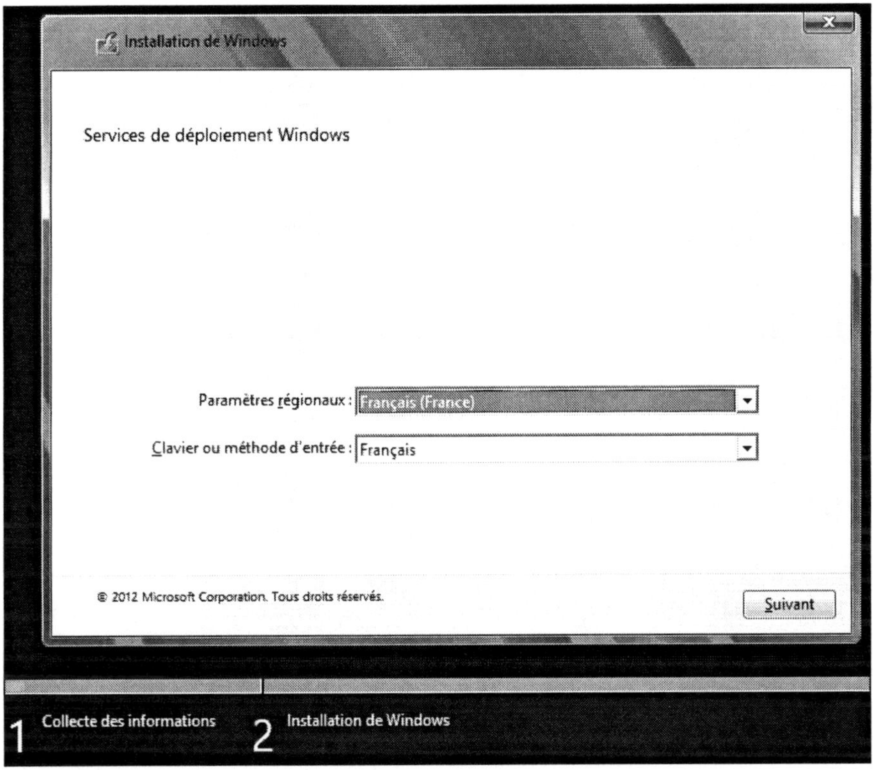

Vous pouvez éviter cette action en configurant la stratégie de démarrage PXE dans les propriétés du serveur WDS :

- Dans la console Gestionnaire de serveur, cliquez sur le menu **Outils** puis sur **Services de déploiement Windows**. Développez le nœud **Serveurs**, puis cliquez avec le bouton droit sur le nom de votre serveur et choisissez **Propriétés**. Cliquez sur l'onglet **Démarrer** et cochez la case **Toujours continuer le démarrage PXE** pour les clients connus et inconnus.

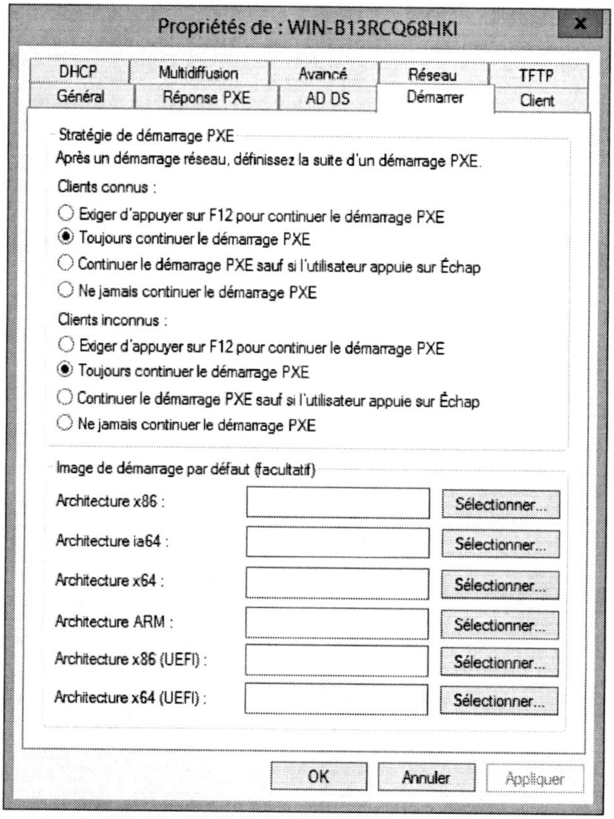

D'autres produits vous permettent de déployer des images par l'intermédiaire du réseau, comme **Microsoft SCCM 2012** (*System Center Configuration Manager*). Celui-ci offre ainsi une supervision centralisée du processus de déploiement, ainsi qu'un outil de séquencement des tâches. Il permet de définir des actions pour automatiser l'intégralité du processus en le rendant entièrement silencieux.

4.1.2 Réveil d'un ordinateur

En prévision du déploiement d'une image, un ordinateur éteint peut être démarré à distance à l'aide d'un protocole standard Ethernet nommé **WOL** (*Wake on LAN*). La plupart des cartes mères récentes implémentent le composant nécessaire à ce démarrage, mais nécessitent parfois l'activation de cette fonction dans le BIOS, comme le montre l'image ci-dessous (paramètres **Power On By PCI Devices** et **Power On By PCIE Devices**) :

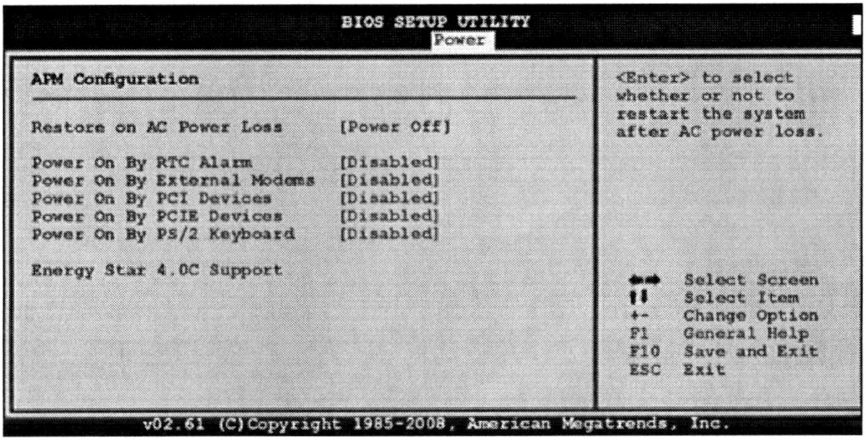

Dans certains cas, l'activation de la fonctionnalité WOL sera requise depuis Windows 10, dans les propriétés de la carte réseau.

La carte réseau reçoit un paquet magique (*Magic Packet*) spécialement conçu à travers le protocole UDP (*User Datagram Protocol*) et démarre normalement l'ordinateur sans qu'aucune intervention ne soit nécessaire.

Remarque

En configurant le routeur de votre réseau local pour qu'il redirige le paquet magique (ports 7 ou 9) vers l'ordinateur cible, vous pourrez démarrer un client Windows 10 depuis Internet.

4.1.3 Multidiffusion

Le serveur WDS permet d'optimiser le déploiement du client Windows 10 grâce à la technologie de multidiffusion : le transfert des images WIM déconnectera les ordinateurs lents et séparera les transmissions en plusieurs flux en fonction de leur vitesse.

Windows Server 2012 apporte son lot de fonctionnalités dans la gestion de la multidiffusion :

- Support du protocole TFTP et de multidiffusion dans un réseau IPv6 (*Internet Protocol Version 6*), cf. chapitre Connectivité réseau - Protocoles IPv4 et IPv6.
- Amélioration du déploiement d'une image d'installation en supprimant la nécessité de créer une copie locale complète du fichier install.wim pour démarrer l'installation, avant la fin de son téléchargement.
- Prise en charge des images d'installation et de démarrage avec EFI (*Extensible Firmware Interface*), successeur du BIOS pour les ordinateurs avec une architecture Itanium ou 64 bits.
- Transmission des données et des images par multidiffusion sur un serveur autonome en incluant un fournisseur PXE pour le démarrage des clients.

Avant de créer une transmission par multidiffusion, il est nécessaire de créer une stratégie de transfert sur le serveur WDS. Vous avez le choix entre quatre paramètres :

- Maintenir au même débit tous les clients de multidiffusion d'une session : quelle que soit la vitesse du client, le flux unique sera le même pour tous.
- Séparer les clients en trois sessions (lents, moyens et rapides).
- Séparer les clients en deux sessions (lents et rapides).
- Déconnecter automatiquement les clients dont le débit en Kbits/s est inférieur à 256 (valeur par défaut).

La procédure est la suivante :

- Dans la console Gestionnaire de serveur, cliquez sur le menu **Outils** puis sur **Services de déploiement Windows**. Développez le nœud **Serveurs**, puis cliquez avec le bouton droit sur le nom de votre serveur et choisissez **Propriétés**. Cliquez sur l'onglet **Multidiffusion** et définissez les paramètres de transfert.

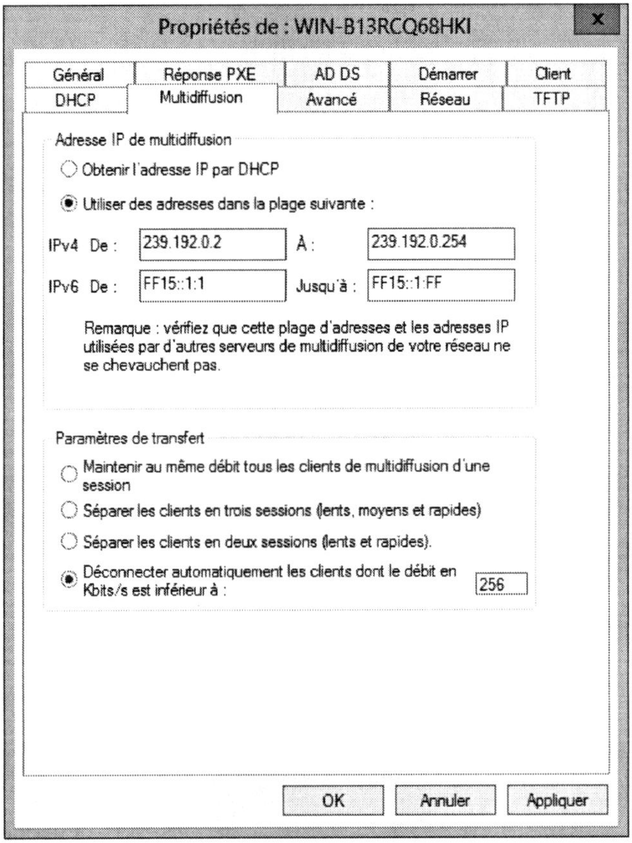

Remarque

Dans le même onglet, vous pouvez aussi définir une plage d'adresses IP à attribuer aux clients qui se connecteront au serveur WDS, ou bien utiliser une adresse IP fournie par le DHCP faisant autorité dans votre réseau.

La stratégie de transfert définie, un assistant vous aide à la création d'une transmission par multidiffusion d'une image. Elle sera transmise une seule fois, plutôt qu'une par client, ce qui augmenterait la bande passante nécessaire.

Deux méthodes permettent de définir les réponses du serveur WDS à l'initiation d'une méthode de multidiffusion :

- Diffusion automatique : dès qu'un client en fait la demande, il reçoit une image d'installation. Si d'autres clients font la demande après le premier client, ils rejoignent la transmission commencée.
- Diffusion planifiée : à partir d'un nombre de clients défini et/ou d'une date et d'une heure planifiée, l'image est transférée en multidiffusion. Si vous ne spécifiez pas de valeur, vous devrez démarrer le transfert manuellement en cliquant avec le bouton droit sur la transmission puis sur **Démarrer**.

Pour créer une transmission par multidiffusion, sélectionnez le nœud **Transmission par multidiffusion** dans la console **Services de déploiement Windows** :

▶ Effectuez un clic droit sur **Transmission par multidiffusion**, puis cliquez sur **Créer une transmission par multidiffusion**. Nommez votre multidiffusion puis cliquez sur le bouton **Suivant**. Sélectionnez le groupe d'images contenant le fichier **install.wim** concernées par la transmission par multidiffusion et cliquez sur le bouton **Suivant**.

▶ Entrez un nom pour décrire la transmission et sélectionnez une méthode de diffusion : **Diffusion automatique** ou **Diffusion planifiée**.

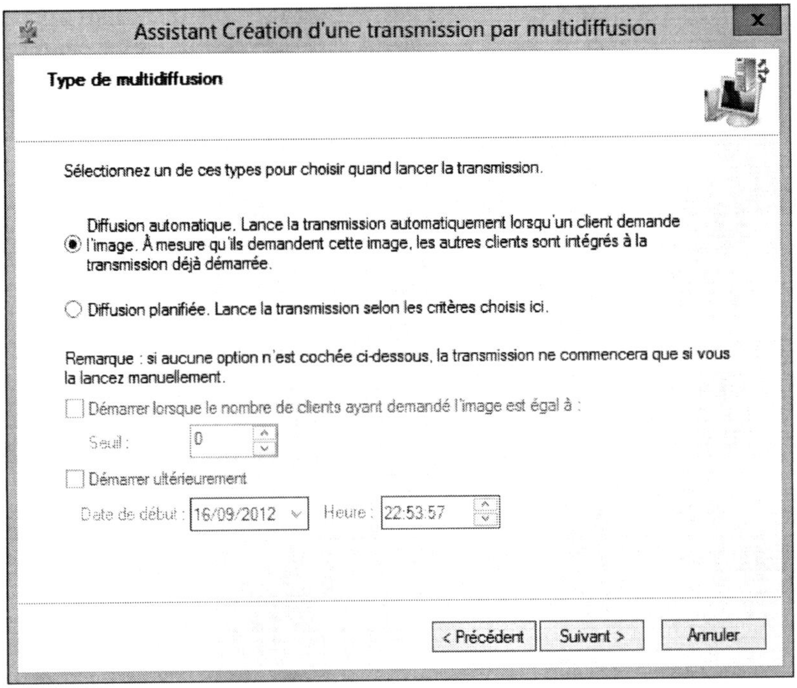

La création d'une transmission par multidiffusion automatique est aussi possible en ligne de commande à l'aide de la commande **wdsutil**, en utilisant des privilèges élevés :

WDSUTIL /New-MulticastTransmission /FriendlyName:"WDS pour poste Windows 10" /Image:"NomImageNoeudInstallation" /ImageType:install /TransmissionType:AutoCast

4.1.4 Installation sans surveillance

Le processus d'installation de Windows 10 peut être entièrement automatisé à l'aide d'un fichier au format standard XML (*Extensible Markup Language*), nommé **autounattend.xml**. Il stocke les réponses nécessaires aux boîtes de dialogue qui proposent par exemple de créer une partition ou de choisir une langue d'installation.

Ainsi, il suffira à l'utilisateur de démarrer l'ordinateur depuis le DVD Windows 10, et d'insérer une clé USB contenant sur sa racine le fichier **autounattend.xml** pour que l'installation soit automatisée, donc sans aucune intervention de l'utilisateur.

Les services WDS permettent aussi de déployer une image WIM de manière automatisée, en attribuant le fichier de réponses cible à celle-ci et en le transférant par le réseau.

Comme le format du fichier de réponses est au format XML, il est possible de le modifier à l'aide d'un simple éditeur de texte. Le **Gestionnaire d'images système Windows**, fourni avec le kit ADK, offre une interface graphique et surtout un vérificateur de syntaxe, proposant ainsi une méthode simple de création d'un fichier de réponses.

Avant de créer le fichier autounattend.xml, il est préférable d'ouvrir l'image (install.wim) sur laquelle nous souhaitons travailler, afin que le fichier de réponses soit configuré avec l'ensemble des fonctionnalités disponibles. Un fichier de catalogue possédant l'extension .clg sera généré, contenant l'état de tous les paramètres et les packages d'une image Windows.

La génération d'un fichier de réponses s'effectue en trois étapes :

1. Création de la structure vierge du fichier de réponses après avoir ajouté une image WIM à traiter.
2. Ajout et configuration des paramètres (**composants**) à automatiser dans le fichier de réponses.
3. Vérification du fichier généré à l'aide de l'outil **Valider le fichier de réponses**.

La première étape est la création du fichier de réponses.

Il faut un ordinateur avec le kit Windows ADK installé et contenant l'image **install.wim** dans un répertoire. L'outil doit posséder un accès en lecture/écriture à ce fichier.

Dans cette étape, nous allons créer un fichier de réponses vierge, et un fichier de catalogue associé à l'image de base.

- Ouvrez une session sur l'ordinateur Windows 10 pourvu du kit ADK. Depuis l'écran d'accueil, cliquez sur la flèche blanche pointant vers le bas. Dans le titre de section **Windows Kits**, cliquez sur **Assistant Gestion d'installation**. Dans le menu **Fichier**, cliquez sur **Sélectionner l'image Windows**.
- Sélectionnez le fichier **install.wim** que vous aurez préalablement copié du DVD d'installation Windows 10 vers un répertoire local et validez en cliquant sur le bouton **Ouvrir**. Validez en cliquant sur le bouton **Oui** lorsque la fenêtre de contrôle de compte d'utilisateur apparaît.

Remarque

Un message peut apparaître, mentionnant que le fichier catalogue est manquant : validez sa création en cliquant sur le bouton ***Oui****.*

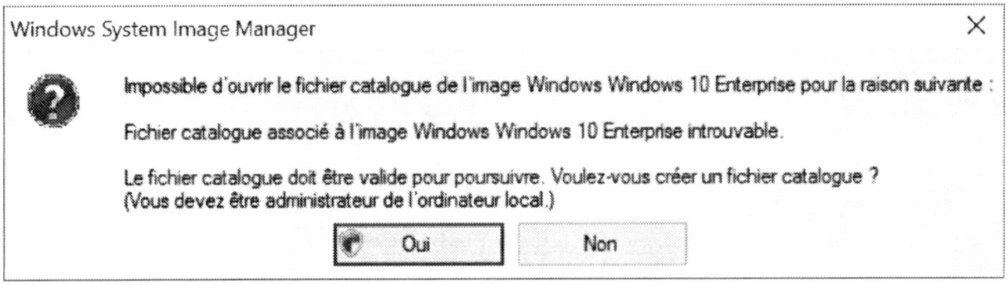

- Patientez quelques minutes, puis, dans le menu **Fichier**, cliquez sur **Nouveau fichier de réponses.** Le fichier de réponses contenant les sept étapes de configuration est généré, comme le montre l'image ci-dessous :

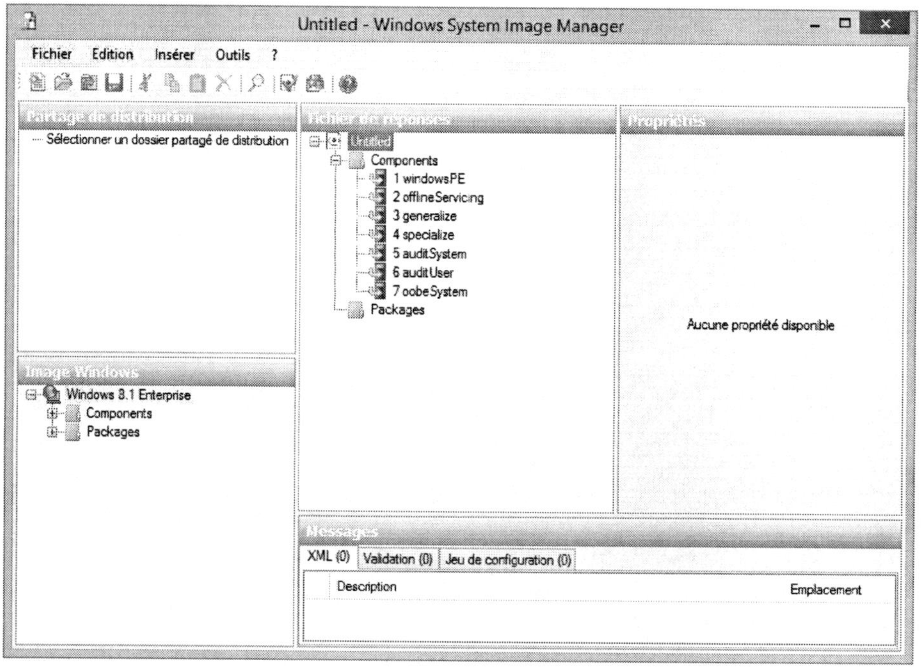

La seconde étape est l'ajout des étapes d'installation à automatiser.

Les sept étapes de configuration reflètent les phases d'une installation Windows 10. Ces paramètres d'installation sans assistance de Windows peuvent être appliqués dans une ou plusieurs étapes de configuration, selon le composant sélectionné :

1. **Windows PE** : cette étape est appliquée lorsque l'installation de Windows est exécutée depuis l'environnement Windows PE.
2. **Offline Servicing** : ce module correspond à l'application des mises à jour, des pilotes de périphérique ou des modules linguistiques.

3. **Generalize** : les informations spécifiques à l'ordinateur, telles que le SID de sécurité, sont supprimées de l'installation Windows pour que l'administrateur puisse capturer l'image (commande **sysprep /generalize**).
4. **Specialize** : lors du premier démarrage de Windows 10, cette étape configure les paramètres du réseau et internationaux, ainsi que la jonction à un domaine Microsoft.
5. **Audit System** : si l'ordinateur est démarré en mode audit (commande **sysprep /audit**) des étapes supplémentaires sont disponibles, comme l'installation des pilotes de périphériques tiers.
6. **Audit User** : cette étape de configuration gère les paramètres d'installation après qu'un utilisateur a ouvert une session en mode audit.
7. **Oobe System** : avant les écrans d'accueil, cette étape sert à créer des comptes d'utilisateurs locaux et à définir des paramètres linguistiques et régionaux.

Au cours de cette étape, nous allons définir les paramètres suivants dans le fichier de réponses :

- Création d'une partition disposant de 20 Go sur le disque dur primaire.
- Acceptation des conditions d'utilisation (licence) et insertion de la clé du produit Windows 10.

Voici la procédure :

▶ Dans le volet **Image Windows** du **Gestionnaire d'images système Windows**, développez le nœud **Composants** pour afficher les paramètres disponibles.

- Pour une architecture 32 bits, ajoutez les composants suivants à votre fichier de réponses en cliquant avec le bouton droit sur le composant, puis en sélectionnant l'étape de configuration appropriée :

– Configuration de la partition d'installation :

x86_Microsoft-Windows-Setup_10.0.10240.16384_neutral \ DiskConfiguration\Disk\ CreatePartitions\CreatePartition **ajouter le paramètre à la passe 1 windowsPE**	Extend = **false** Order = **1** Size = **20000** Type = **Primary** (notez la présence du paramètre EFI)
x86_Microsoft-Windows-Setup_10.0.10240.16384_neutral \ DiskConfiguration\Disk\ **ajouter le paramètre à la passe 1 windowsPE**	DiskID = **0** WillWipeDisk = **true**

– Acceptation de la licence EULA et insertion de la clé produit :

x86_Microsoft-Windows-Setup_10.0.10240.16384_neutral\User-Data x86_Microsoft-Windows-Setup_10.0.10240.16384_neutral \UserData\ProductKey **ajouter le paramètre à la passe 1 windowsPE**	AcceptEula = **true** Key = **Votrecléduproduit**

L'image ci-dessous montre la modification du paramètre de création d'une partition :

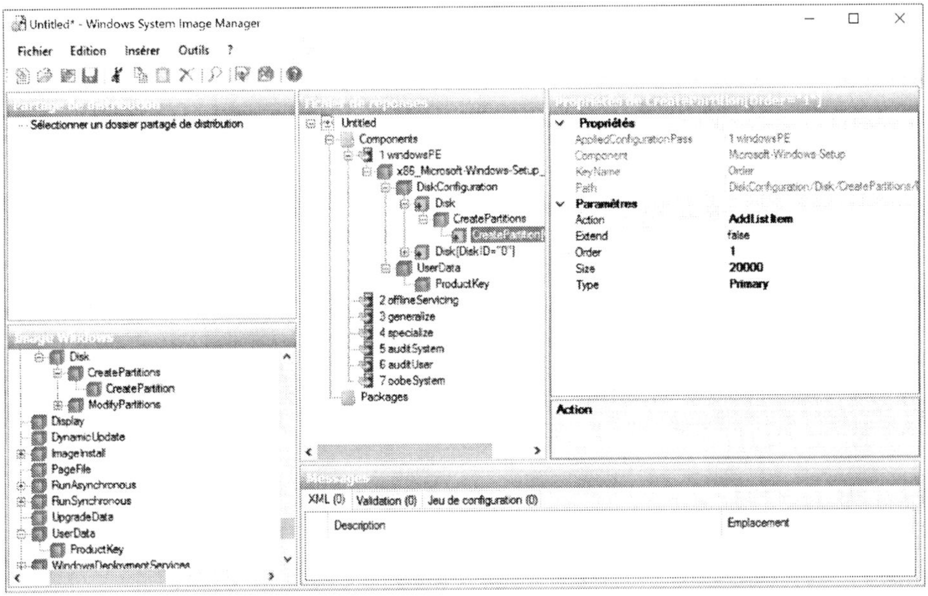

Pour plus d'informations sur les nombreux paramètres des fichiers de réponses, consultez les informations techniques à l'adresse : http://technet.microsoft.com/en-us/library/cc722132(WS.10).aspx

La dernière étape est la vérification de la cohérence du fichier de réponses.

À l'aide du **Gestionnaire d'images système Windows**, nous allons maintenant vérifier que le fichier de réponses généré est cohérent dans sa syntaxe.

- Dans le menu **Outils** du **Gestionnaire d'images système Windows**, cliquez sur **Valider le fichier de réponses**.

- Vérifiez les remontées d'avertissement ou d'erreur dans le volet **Messages**, onglet **Validation**, comme le montre l'image ci-dessous :

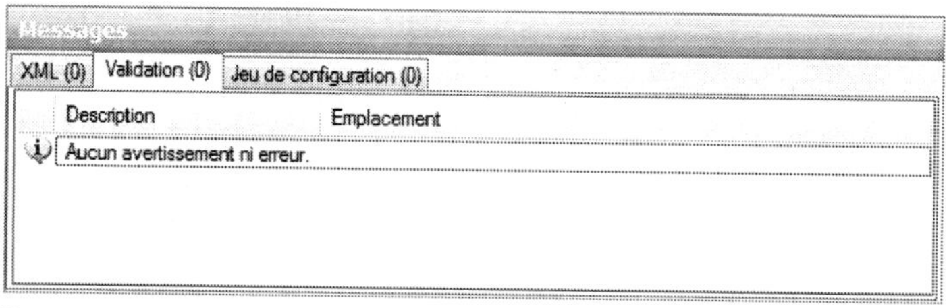

Pour terminer la création du fichier de réponses, il faut l'enregistrer sur la racine d'un média amovible USB ou le stocker dans le dossier RemoteInstall situé sur le serveur WDS.

- Dans le menu **Fichier** du **Gestionnaire d'images système Windows**, cliquez sur **Enregistrer le fichier de réponses sous** et spécifiez l'emplacement de stockage et le nom du fichier (**autounattend.xml**).

Remarque

Un fichier de réponses nommé oobe.xml permet quant à lui de personnaliser l'écran d'accueil de Windows qui apparaît lors du premier démarrage du système.

Pour tester l'installation silencieuse, il est nécessaire de démarrer un ordinateur à l'aide du DVD Windows 10 et de brancher un disque mémoire flash USB dans le groupe principal des ports USB. La racine doit contenir le fichier **autounattend.xml**. Le programme d'installation recherchera automatiquement ce fichier et le traitera.

Il est bien entendu possible d'assigner à un serveur WDS un fichier de réponses pour le démarrage (boot.wim) et pour l'installation (install.wim) de Windows 10, comme nous le verrons plus loin.

Voici le fichier de réponses généré à partir des informations saisies précédemment (mentionnées en gras ci-dessous) :

```
<?xml version="1.0" encoding="utf-8"?>
<unattend xmlns="urn:schemas-microsoft-com:unattend">
    <settings pass="windowsPE">
        <component name="Microsoft-Windows-Setup"
processorArchitecture="x86" publicKeyToken="31bf3856ad364e35"
```

```
language="neutral" versionScope="nonSxS"
xmlns:wcm="http://schemas.microsoft.com/WMIConfig/2002/State"
xmlns:xsi="http://www.w3.org/2001/XMLSchema-instance">
            <DiskConfiguration>
                <Disk wcm:action="add">
                    <CreatePartitions>
                        <CreatePartition wcm:action="add">
                            <Order>1</Order>
                            <Size>20000</Size>
                            <Type>Primary</Type>
                        </CreatePartition>
                    </CreatePartitions>
                    <DiskID>0</DiskID>
                    <WillWipeDisk>true</WillWipeDisk>
                </Disk>
            </DiskConfiguration>
            <UserData>
                <ProductKey>
                    <Key>XXXXXXXXXXXXXXXXxxx</Key>
                    <WillShowUI>Never</WillShowUI>
                </ProductKey>
                <AcceptEula>true</AcceptEula>
            </UserData>
        </component>
    </settings>
    <cpi:offlineImage cpi:source="wim:d:/sources/install.wim#
Windows 10 Enterprise" xmlns:cpi="urn:schemas-microsoft-com:cpi" />
</unattend>
```

Remarque

*Notez que dans notre exemple, le paramètre **WillWipeDisk** avec la valeur **true** spécifie que le disque principal sera effacé avant la création de la nouvelle partition.*

Deux fichiers de réponses sont nécessaires lors de l'installation automatisée de Windows 10 : l'un complétant les étapes de Windows PE (boot.wim), l'autre complétant celles de l'installation de Windows 10 (install.wim).

Ces fichiers doivent être intégrés au serveur WDS et aux images à déployer :

▶ Dans la console Gestionnaire de serveur, cliquez sur le menu **Outils** puis sur **Services de déploiement Windows**. Développez le nœud **Serveurs**, puis cliquez avec le bouton droit sur le nom de votre serveur et choisissez **Propriétés**. Cliquez sur l'onglet **Client** puis spécifiez un fichier d'installation .XML en fonction de l'architecture de déploiement nécessaire au démarrage de Windows PE.

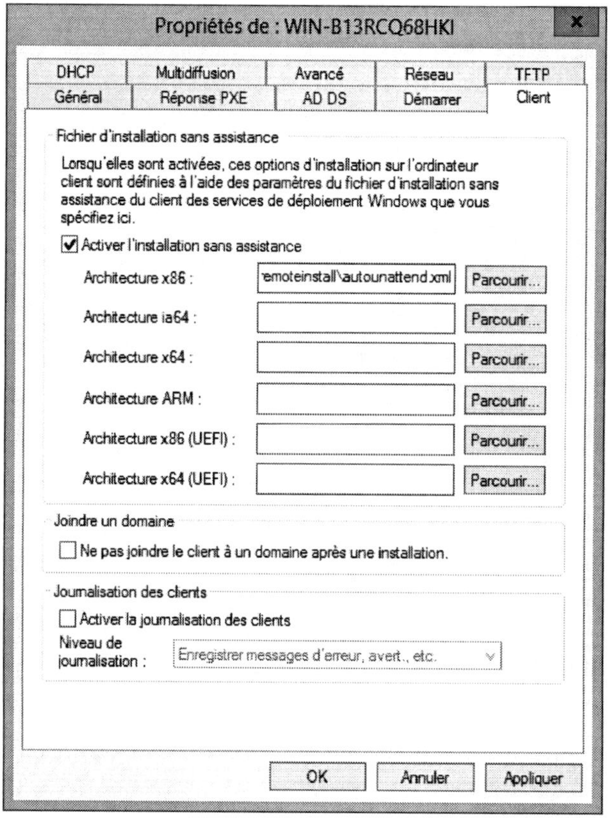

Définissons maintenant un fichier de réponses pour l'image d'installation :

- Dans la console Gestionnaire de serveur, développez le nœud **Images d'installation**, puis le nœud **Windows 10**. Cliquez avec le bouton droit sur l'image choisie et choisissez **Propriétés**. Cochez la case **Autoriser l'image à s'installer en mode sans assistance** puis cliquez sur le bouton **Sélectionner un fichier**. Choisissez le fichier d'installation sans assistance précédemment créé avec l'Assistant Gestion d'installation grâce au bouton **Parcourir** puis validez en cliquant sur le bouton **OK**.

4.2 Microsoft Deployment Toolkit

MDT 2013 Update 1 (*Microsoft Deployment Toolkit*) est un ensemble d'outils gratuits permettant de déployer des images de postes de travail (Windows 7, Windows 8.1 et bien entendu Windows 10), de serveurs (Windows Server 2008 R2, Windows Server 2012 ou Windows Server 2012 R2) et d'applications (suite Office). MDT supporte dans cette version la séparation de fichiers WIM dans des scénarios d'utilisation de BIOS UEFI.

L'outil peut être téléchargé en version 32 bits et 64 bits à l'adresse Internet : https://www.microsoft.com/en-us/download/details.aspx?id=48595.
Sa gestion s'effectue au travers d'une console MMC (*Microsoft Management Console*).

MDT supporte le déploiement partiellement automatisé (Lite Touch) et totalement automatisé (Zero Touch).

Bien que le produit existe uniquement en anglais, son principal avantage est qu'il peut être installé sur une version cliente de Microsoft Windows, au contraire du service WDS qui, lui, est tributaire d'une version serveur.

De plus, MDT gère les images au format ISO, le déploiement depuis un média amovible (clé USB, DVD...), le démarrage natif VHD, la gestion des architectures UEFI, l'automatisation de tâches grâce aux scripts PowerShell et l'installation d'une image sur une partition GPT.

Son fonctionnement est simple : l'utilisateur importe dans un premier temps les images et applications à déployer dans MDT, puis après avoir été configurées, les tâches et images de démarrage sont stockées sur un partage réseau caché ($). Sur l'ordinateur de référence, le processus d'installation est exécuté en téléchargeant l'image correspondante depuis le partage. Celle-ci est alors générée et importée une nouvelle fois dans MDT pour être partagée ensuite sur les ordinateurs cibles.

La première étape consiste à créer le partage qui contiendra les images, applications et pilotes à déployer.

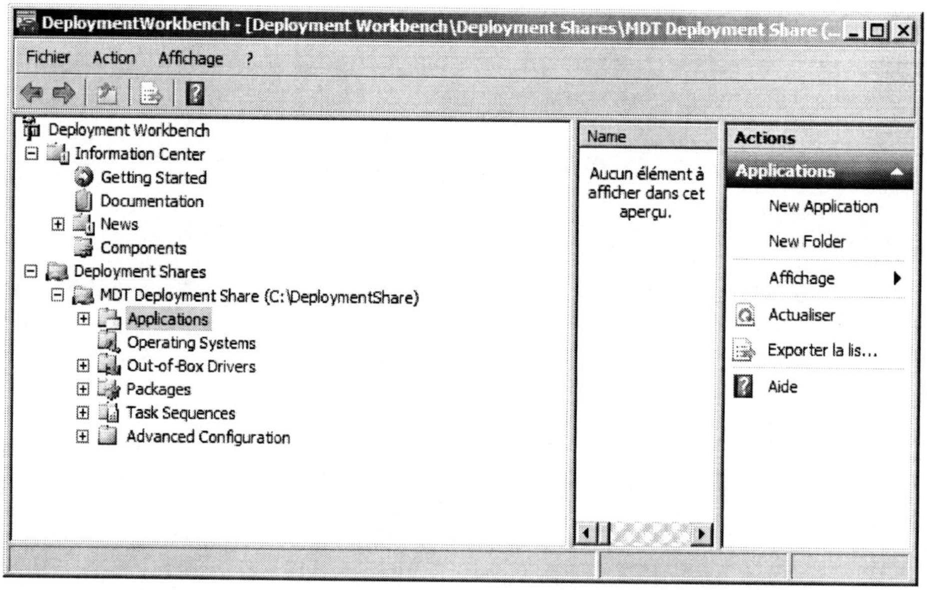

Un autre avantage de MDT est la possibilité de déployer automatiquement des applications tierces non packagées, comme par exemple un fichier exécutable (extension .exe), et ceci sur un nombre conséquent de postes de travail. Le produit gère aussi les licences associées aux applications déployées.

4.3 Client Hyper-V

Windows 10 offre la possibilité d'utiliser une technologie de virtualisation nommée Hyper-V. La virtualisation Windows 10 consiste donc à exécuter un ou plusieurs systèmes d'exploitation invités sur le système hôte. Elle remplace le mode Windows XP, disponible avec Windows 7.

Apparu avec Windows Server 2008, Hyper-V permet par exemple aux développeurs d'utiliser plusieurs systèmes de test sur leur ordinateur physique, ceci sans coût matériel supplémentaire.

Les avantages liés à la virtualisation sont nombreux : la technologie est transparente pour l'utilisateur, les machines invitées peuvent utiliser des systèmes d'exploitation différents de l'hyperviseur, le matériel de ce dernier est pleinement exploité, les applications des machines virtuelles sont isolées complétement de l'hyperviseur et le déploiement d'un nouveau système est très simple.

Hyper-V procure le matériel virtuel et les fonctionnalités qui sont présentés à l'ordinateur virtuel grâce à un système de génération. Deux générations sont prises en charge : la génération 1 et la génération 2. La génération 2 a un modèle de matériel virtuel simplifié et prend en charge un microprogramme UEFI (*Unified Extensible Firmware Interface*) plutôt qu'un microprogramme BIOS.

Les systèmes d'exploitation invités ci-dessous sont pris en charge en tant qu'ordinateurs virtuels de génération 2 :

- Windows Server 2012 R2
- Windows Server 2012
- Windows 8.1 64 bits
- Windows 8 64 bits
- Windows 10 64 bits

La génération 2 propose les fonctionnalités ci-dessous sur une machine virtuelle :

– Démarrage PXE depuis une carte réseau standard.

– Démarrage à partir d'un disque dur ou DVD virtuel SCSI.

– Démarrage sécurisé.

Le client Hyper-V requiert une architecture 64 bits dotée de SLAT (*Second Level Address Translation*), généralement incluse sur les derniers processeurs Intel et AMD (*Advanced Micro Devices*), ainsi que la version 64 bits de Windows 10. Il est disponible avec les versions Windows 10 Pro, Windows 10 Education et Windows 10 Entreprise.

L'utilitaire en ligne de commande **coreinfo.exe**, téléchargeable depuis le site Technet (http://technet.microsoft.com/en-us/sysinternals/cc835722.aspx), permet de vérifier les prérequis en termes de matériel : **coreinfo -v**.

```
Administrateur : Invite de commandes
Microsoft Windows [version 10.0.10240]
(c) 2015 Microsoft Corporation. Tous droits réservés.

C:\Windows\system32>d:

D:\>Coreinfo.exe -v

Coreinfo v3.31 - Dump information on system CPU and memory topology
Copyright (C) 2008-2014 Mark Russinovich
Sysinternals - www.sysinternals.com

Intel(R) Core(TM) i7-4500U CPU @ 1.80GHz
Intel64 Family 6 Model 69 Stepping 1, GenuineIntel
Microcode signature: 0000001C
HYPERVISOR      -       Hypervisor is present
VMX             *       Supports Intel hardware-assisted virtualization
EPT             *       Supports Intel extended page tables (SLAT)

D:\>
```

Un tiret **-** signifie que la fonctionnalité est manquante. Une étoile * valide sa présence.

Au moins 2 Go de RAM supplémentaires sont nécessaires pour la création des ordinateurs virtuels 32 bits et 64 bits.

L'administrateur peut accéder à une machine virtuelle de deux façons :

- Console d'ordinateur virtuel (**VMConnect**) : visualisation de l'ordinateur virtuel sous forme de console. L'avantage non négligeable de cette méthode d'accès est la possibilité de voir le processus de démarrage de l'ordinateur invité.
- Bureau à distance : lorsque l'administrateur est connecté à l'ordinateur virtuel, il voit le bureau de celui-ci comme s'il était assis devant, en ayant accès à tous les programmes et documents stockés. Le système d'exploitation invité doit être complètement démarré pour pouvoir s'y connecter.

Le client Hyper-V supporte la fonctionnalité de déplacement de stockage dynamique, permettant de déplacer un système invité vers un autre support (disque local, périphérique USB, partage réseau) sans nécessité de l'arrêter.

Les captures instantanées enregistrent l'état complet de l'ordinateur afin de pouvoir le restaurer à un état antérieur, ce qui peut être utile lors d'une maintenance planifiée d'un serveur.

4.3.1 Installation d'Hyper-V

Pour installer Hyper-V, trois méthodes sont proposées, à exécuter en tant qu'administrateur du poste de travail Windows 10 :

1. Windows PowerShell : ce langage de script est à destination des administrateurs système et est inclus dans Windows 10 (cf. chapitre Gestion des clients Windows - Accès à distance) :

▶ Dans la zone de recherche, saisissez **Windows PowerShell**, puis cliquez avec le bouton droit sur cette entrée puis **Exécuter en tant qu'administrateur**.

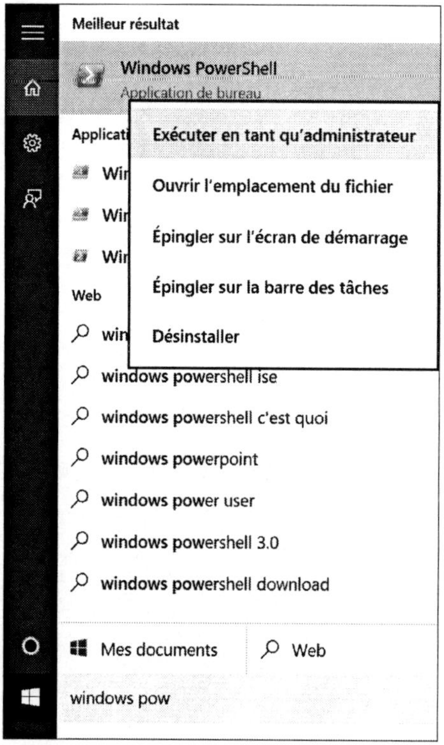

▶ Validez en cliquant sur le bouton **Oui** lorsque la fenêtre de contrôle de compte d'utilisateur apparaît. Dans la fenêtre Windows PowerShell, saisissez la commande suivante : **enable-windowsoptionalfeature -online -featurename microsoft-hyper-v-all** puis validez par la touche [Entrée].

Voici le résultat :

```
Administrateur : Windows PowerShell
Copyright (C) 2015 Microsoft Corporation. Tous droits réservés.

PS C:\Windows\system32> enable-windowsoptionalfeature -online -featurenam
e microsoft-hyper-v-all
Voulez-vous redémarrer l'ordinateur pour terminer cette opération mainten
ant ?
[Y] Yes  [N] No  [?] Aide (la valeur par défaut est « Y ») : N


Path          :
Online        : True
RestartNeeded : True



PS C:\Windows\system32>
```

Il est nécessaire de redémarrer l'ordinateur pour la prise en compte de l'installation du client Hyper-V.

2. Ligne de commande : à l'aide de l'utilitaire DISM (cf. Création d'une installation de référence dans ce chapitre), exécutez la commande suivante dans une invite de commandes : **Dism /online /enable-feature /featurename:Microsoft-Hyper-V-All**
3. Fonctionnalités de Windows : depuis le panneau de configuration, ajoutez la fonctionnalité Hyper-V à l'aide de l'interface graphique.

- Cliquez avec le bouton droit sur le menu **Démarrer**, puis sur **Panneau de configuration**.

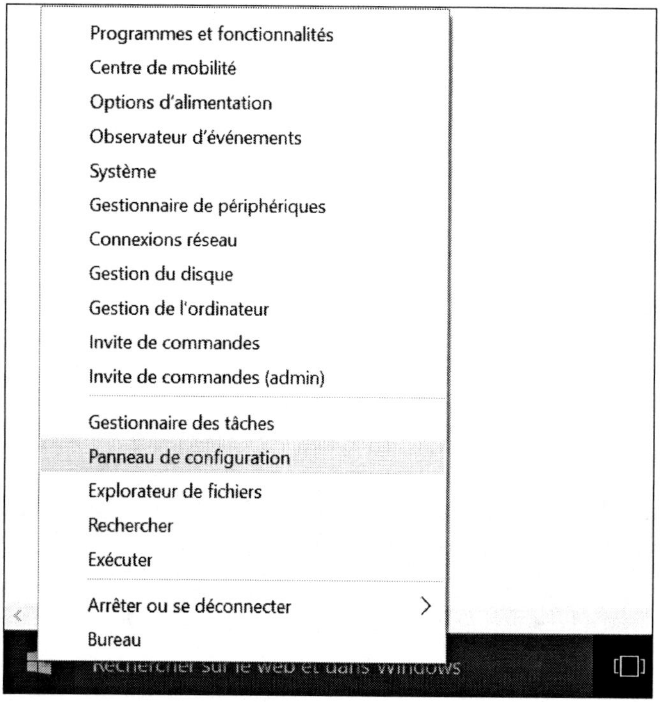

◘Cliquez ensuite sur **Programmes et fonctionnalités** et **Activer ou désactiver des fonctionnalités Windows**. Cochez la case **Hyper-V**.

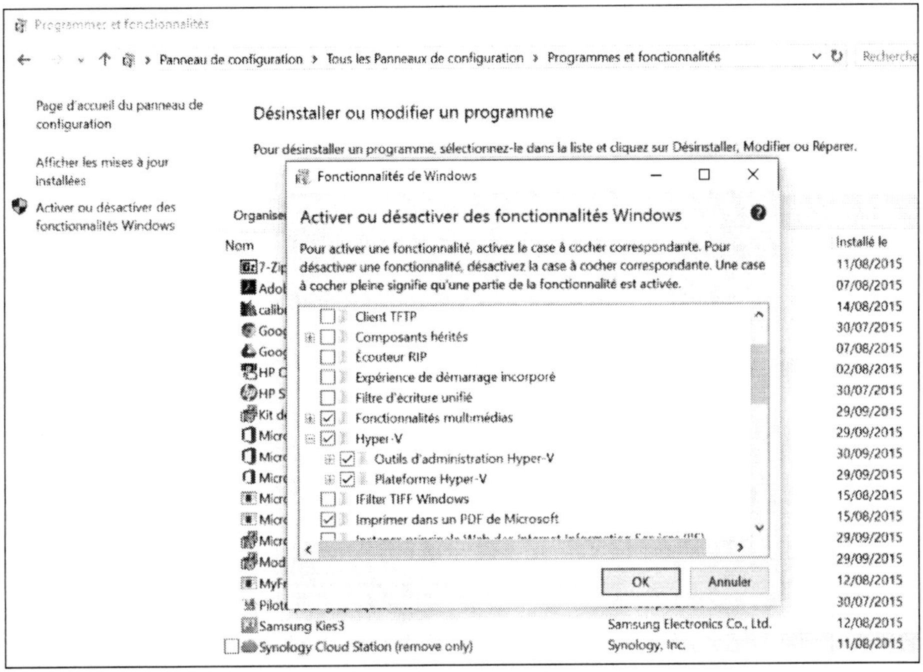

◘Validez par le bouton **OK**.

Une fois la fonctionnalité Hyper-V installée, les outils d'administration contiennent le **Gestionnaire Hyper-V**. Pour y accéder, il suffit de cliquer avec le bouton droit sur le menu **Démarrer**, puis **Panneau de configuration** et enfin **Outils d'administration**.

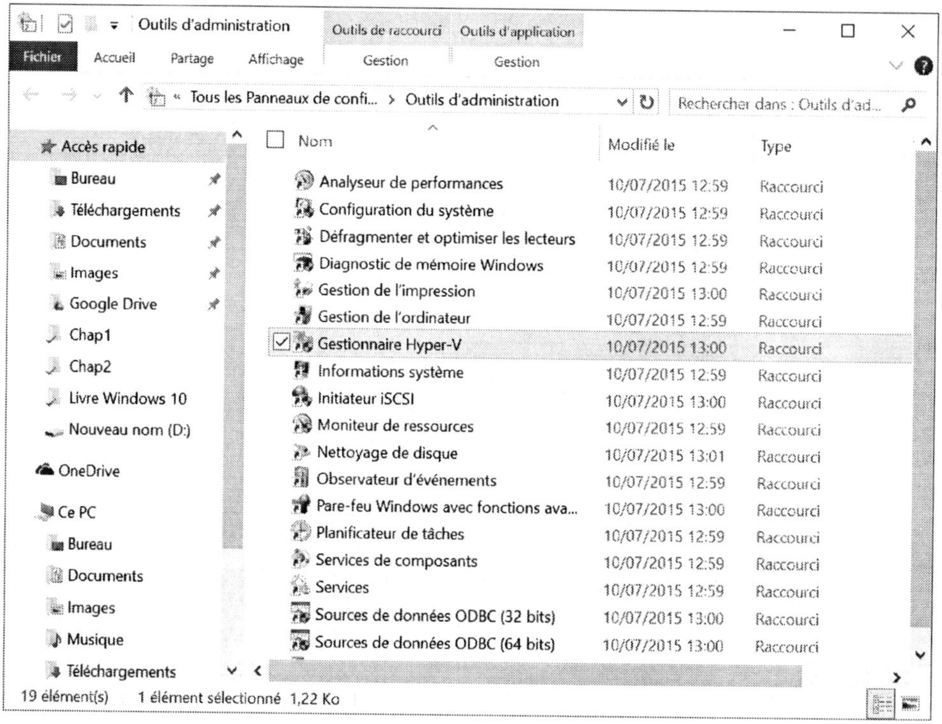

4.3.2 Création d'un ordinateur virtuel

La seconde étape consiste à créer un ordinateur virtuel et à installer un système d'exploitation invité. Dans notre exemple, nous allons installer/virtualiser Windows 8.1 Entreprise pour une architecture 64 bits. Une version d'évaluation de 90 jours est disponible depuis le Centre d'évaluation Technet : http://www.microsoft.com/en-us/evalcenter/evaluate-windows-8-1-enterprise

Remarque

Windows 8.1 Entreprise nécessite au minimum un processeur d'1 GHz, 1 Go de RAM et un espace disque disponible de 16 Go.

- Une fois le fichier ISO contenant l'image de Windows 8.1 Entreprise téléchargé, cliquez sur **Gestionnaire Hyper-V** depuis les outils d'administration.

- Dans la console **Gestionnaire Hyper-V**, sélectionnez le nom de votre ordinateur dans l'arborescence à gauche, et cliquez sur le menu **Action - Nouveau** puis sur **Ordinateur virtuel**.
- Dans l'**Assistant Nouvel ordinateur virtuel**, cliquez sur le bouton **Suivant**. Dans le champ **Nom**, nommez l'ordinateur virtuel **Client Windows 8.1**. Si nécessaire, cochez la case **Stocker l'ordinateur virtuel à un autre emplacement** puis cliquez sur **Parcourir** et sélectionnez un dossier de stockage. Par défaut, l'emplacement de stockage de l'ordinateur invité est **C:\ProgramData\Microsoft\Windows\Hyper-V**. Validez par **Suivant**.
- Sélectionnez l'option **Génération 2** afin d'assurer une compatibilité avec Windows 8.1 64 bits.
- Dans l'étape **Affecter la mémoire**, entrez la quantité de mémoire vive dédiée à l'ordinateur virtuel, soit **1024 Mo** dans notre cas. Vous pouvez allouer de manière dynamique une quantité de RAM, en cochant la case **Utiliser la mémoire dynamique pour cet ordinateur virtuel**.

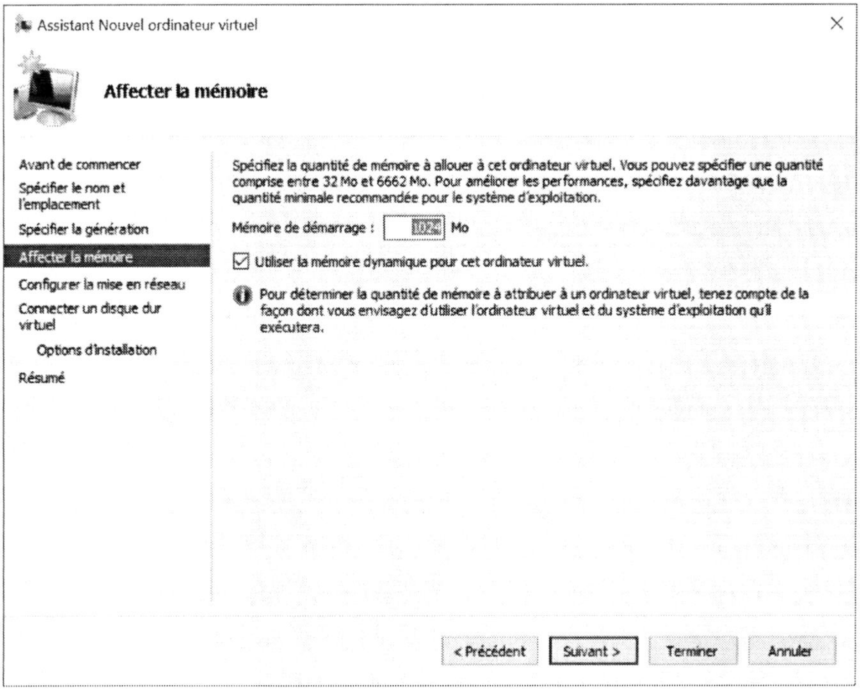

Cliquez sur **Suivant**, puis sélectionnez une carte réseau utilisée par l'ordinateur virtuel. Validez par **Suivant**. Créez un disque virtuel en spécifiant un nom de fichier au format VHDX (**Client Windows 8.1.vhdx**), son emplacement de stockage et sa taille de **30 Go** (maximum 64 To). Notez que l'administrateur peut utiliser un disque virtuel existant ou en attacher un ultérieurement.

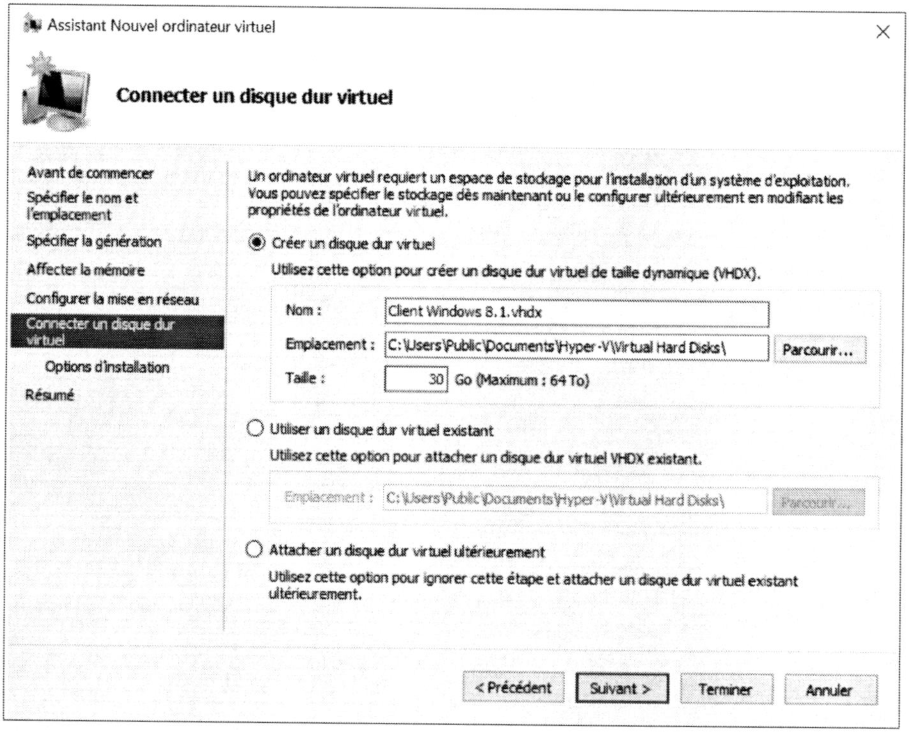

Cliquez sur **Suivant**.

Dans l'étape **Options d'installation**, sélectionnez l'option **Installer un système d'exploitation à partir d'un fichier image de démarrage** puis **Fichier image (.iso)** et cliquez sur **Parcourir**. Sélectionnez le dossier contenant l'image de Windows 8.1 Entreprise précédemment téléchargée depuis le site Technet.

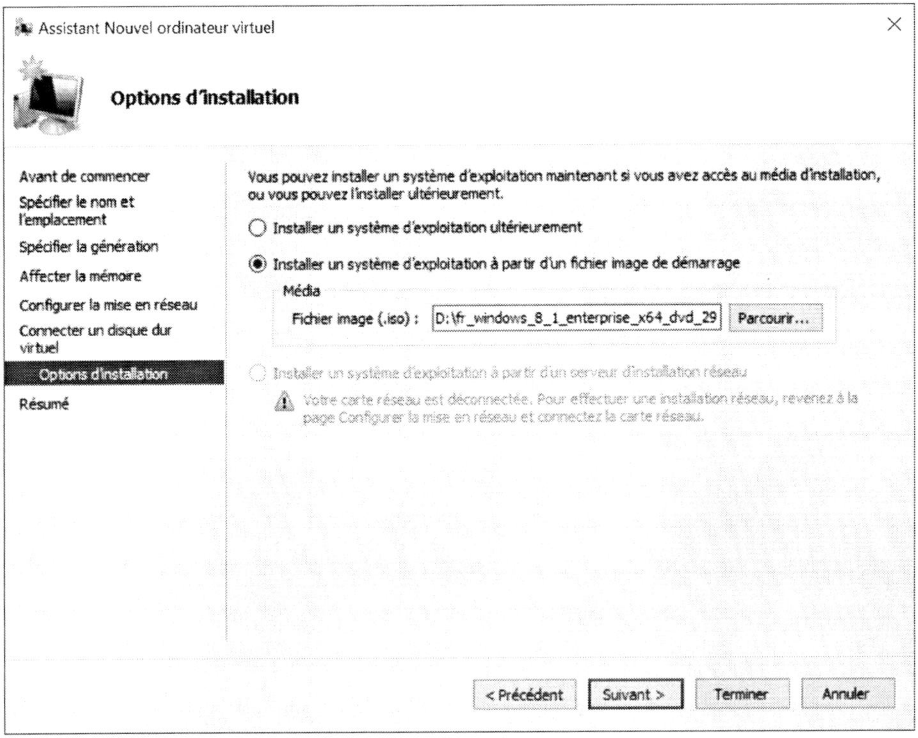

◘ Cliquez sur **Suivant**.

◘ Vérifiez les paramètres sélectionnés dans l'étape **Résumé** et cliquez sur le bouton **Terminer**. Votre système d'exploitation invité contenant les fichiers d'installation de Windows 8.1 Entreprise est prêt à être démarré.

Hyper-V propose de créer des réseaux virtuels attribués aux machines virtuelles hébergées, en fonction de l'un des trois types suivants :

- **Réseau externe** : permet à un ordinateur virtuel de communiquer avec les clients externes, le système d'exploitation hôte Windows 10, ainsi que les ordinateurs virtuels hébergés sur l'ordinateur.
- **Réseau interne** : ce type de réseau autorise les communications entre les ordinateurs virtuels et le système hôte Windows 10, mais pas avec des clients externes. Un réseau virtuel interne est généralement utilisé pour créer un environnement de test.

– **Réseau privé** : seules les communications entre ordinateurs virtuels hébergés sur le poste Windows 10 sont autorisées.

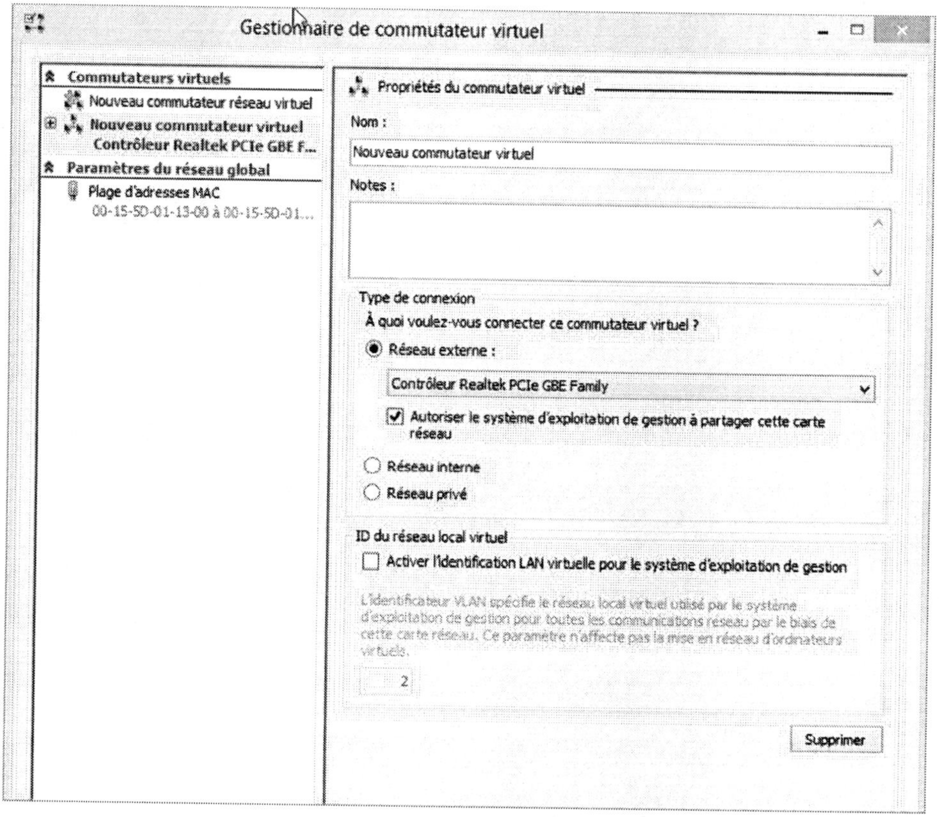

Nous avons créé un disque dur virtuel nommé **Client Windows 8.1.vhdx** en lui allouant un espace disque libre de 30 Go et une mémoire vive de 1024 Mo. En langage de script PowerShell, il suffirait de taper la commande suivante pour créer le même ordinateur virtuel :

new-vm -name "Client Windows 8.1" -MemoryStartupBytes 1024Mb -NewVHDPath "c:\virtuel\client Windows 8.1.vhdx" -newVHDSizeBytes 30Gb

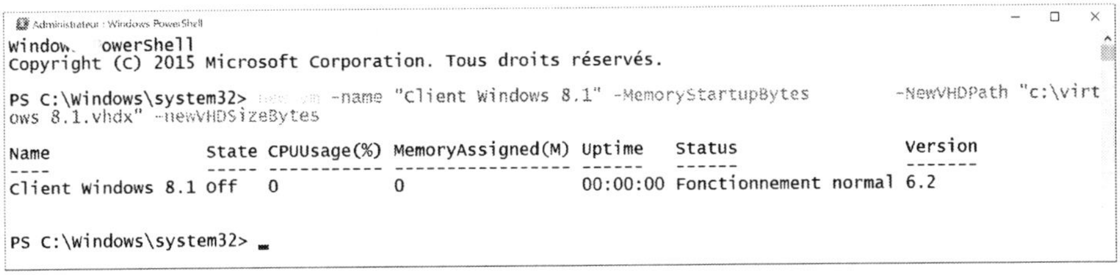

Remarque

Chaque ordinateur virtuel nécessite la licence d'exploitation adéquate.

Pour démarrer l'installation de l'ordinateur virtuel Windows 8.1 Entreprise précédemment créé :

- Dans le **Gestionnaire Hyper-V**, sélectionnez votre ordinateur virtuel nommé **Client Windows 8.1** puis cliquez avec le bouton droit et choisissez **Se connecter**.

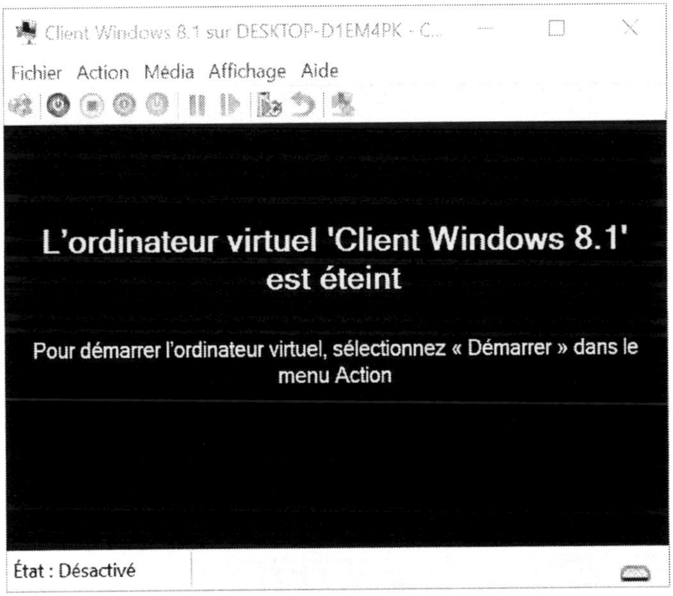

◘ Cliquez sur le menu **Action** puis sur **Démarrer** (ou pressez les touches [Ctrl] **S**). L'ordinateur virtuel **Windows 8.1 Entreprise** démarre depuis le fichier ISO précédemment téléchargé et commence à installer le système d'exploitation invité.

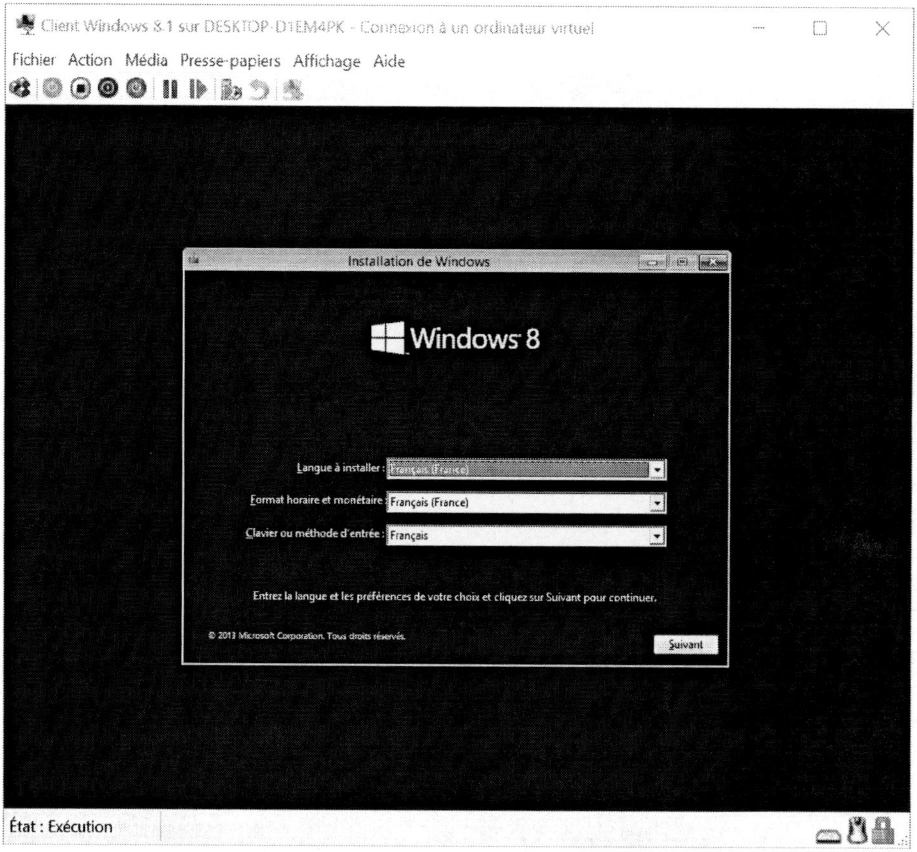

Notez que lorsque l'ordinateur hôte Windows 10 entre en mode veille, les machines invitées sont automatiquement sauvegardées puis mises en veille à leur tour afin de retrouver leur état d'origine lors de la sortie de l'hibernation.

Windows 10 Hyper-V est parfaitement compatible avec l'hyperviseur Hyper-V fourni avec Windows Server 2012 (ou Windows Server 2012 R2), ce qui signifie que vous pouvez importer des machines virtuelles créées avec Windows 10 dans un serveur Windows Server 2012.

5. Résumé du chapitre

Deux méthodes permettent de déployer un poste de travail Windows 10 dans un environnement d'entreprise : Lite Touch et Zero Touch.

La méthode Lite Touch implique une intervention minime de l'utilisateur. Un déploiement Zero Touch installe un poste de manière entièrement automatisée.

Le format de fichier WIM permet à une seule image de disque Windows 10 d'être déployée et appliquée au travers du réseau sur un ensemble de postes de travail.

L'outil sysprep, permet de supprimer toutes les données spécifiques au système Windows 10, comme l'ID unique de sécurité, afin de générer une image qui pourra être appliquée sur d'autres ordinateurs.

ICD est un outil de création de package de mise en service utilisable pour personnaliser le parc informatique Windows 10 de la société (ordinateurs, tablettes, smartphones) sans avoir à réinstaller les cibles.

Le kit ADK offre des outils pour déployer une image sans intervention de l'utilisateur. Le processus d'installation de Windows 10 peut être entièrement automatisé à l'aide d'un fichier au format standard XML.

De multiples produits Microsoft existent pour déployer des systèmes d'exploitation, certains gratuits comme MDT ou les services de déploiement Windows, d'autres, payants, incluant la gestion de parc informatique comme System Center Configuration Manager.

Windows 10 embarque la fonctionnalité Hyper-V afin de virtualiser des systèmes d'exploitation et ainsi d'y accéder depuis son poste de travail.

Chapitre 3
Interface et applications

1. Interface Windows 10

Microsoft propose une nouvelle interface utilisateur, apparue avec Windows 8 et apportant des changements importants, tels que l'utilisation de vignettes, dans l'utilisation d'un système d'exploitation.

Les programmes développés pour Windows 10 sont adaptés à cette nouvelle interface, tels que Microsoft Edge, le nouveau navigateur de Microsoft.

1.1 Le bureau

Contrairement à Windows 8, le bureau est affiché dès l'ouverture de session : le défilement de l'interface d'accueil à base de vignettes s'effectue grâce au menu **Démarrer**.

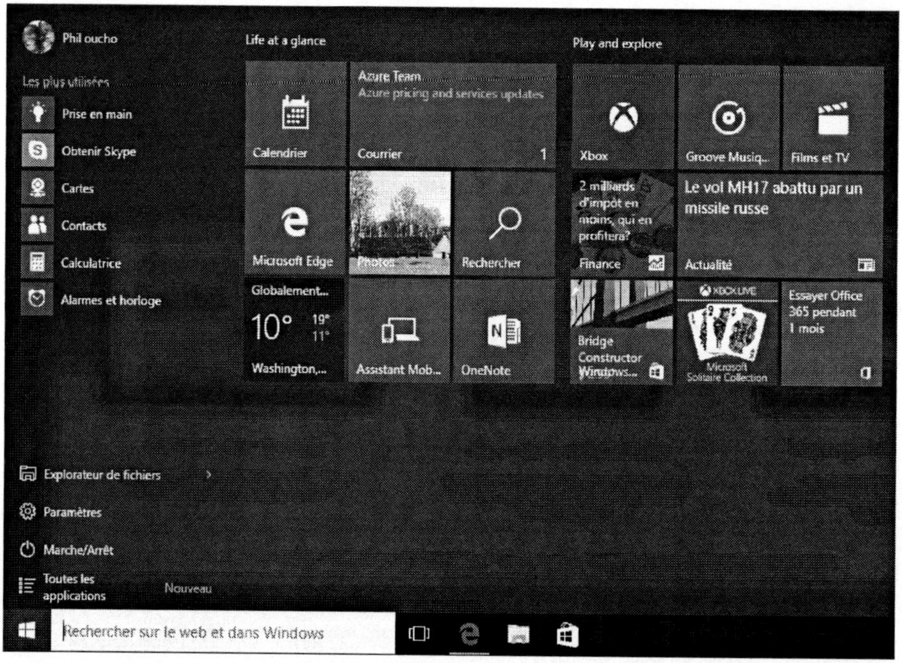

En cliquant avec le bouton droit sur une vignette (**Calendrier** dans notre exemple), il est possible de supprimer celle-ci du menu **Démarrer**, de redimensionner sa taille, de la désactiver (notification dynamique) ou encore de l'épingler à la barre des tâches :

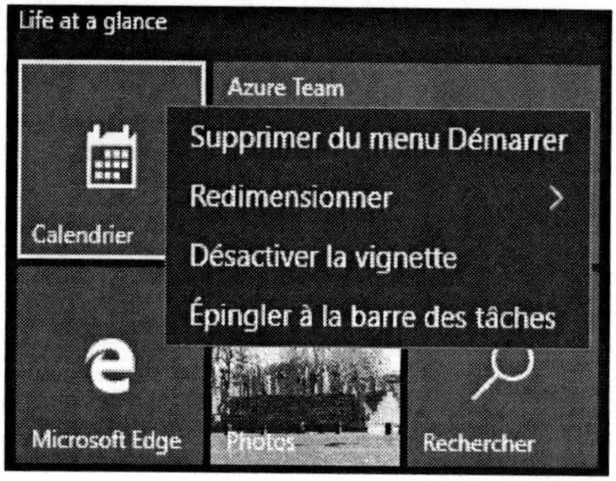

En cliquant avec le bouton droit sur le menu **Démarrer**, les principales fonctionnalités du système (Programmes et fonctionnalités, Observateur d'évènements, Panneau de configuration, etc.) sont accessibles rapidement.

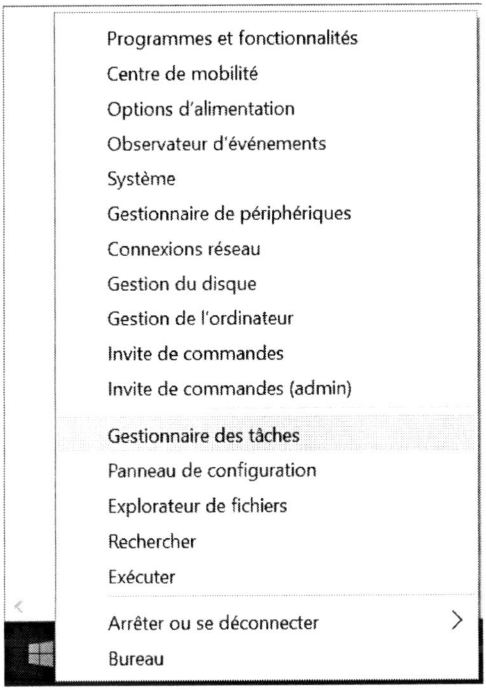

Notez que le raccourci + **X** effectue la même action.

1.1.1 Exécution et fermeture d'une application

Pour afficher toutes les applications classées par ordre alphabétique, cliquez sur le menu **Démarrer** puis **Toutes les applications** :

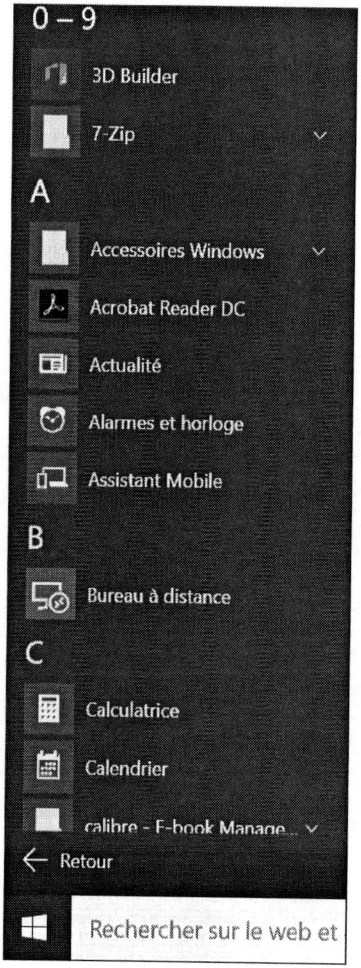

Dès qu'une nouvelle application sera installée, le menu **Démarrer** vous préviendra à l'aide d'une étiquette :

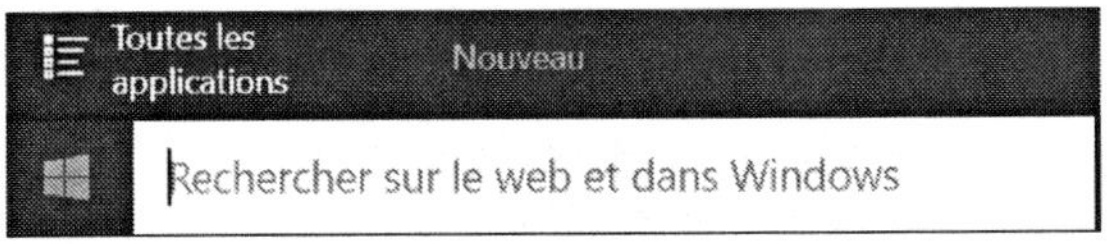

■ Remarque

Les dossiers contenant les icônes des applicatifs sont affichés à l'aide du bouton suivant : .

Par défaut, les applications sont affichées en fonction de leur nom. En cliquant sur une lettre de l'alphabet, l'utilisateur peut plus rapidement accéder à ces dernières.

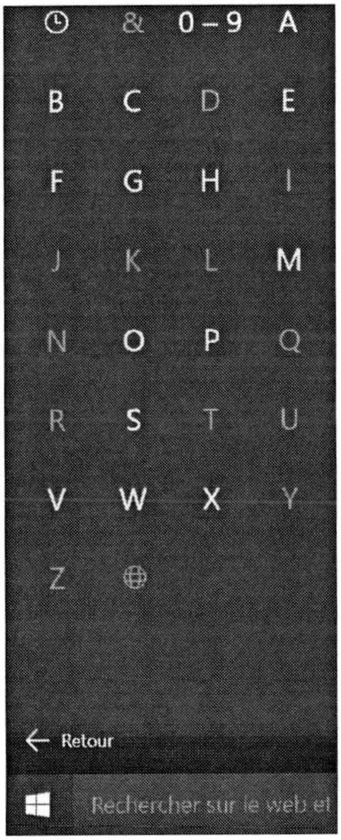

Pour revenir à l'écran principal du menu **Démarrer**, cliquez sur la flèche pointant vers la gauche nommée **Retour**. En pressant la touche du clavier, le menu **Démarrer** se ferme ou s'ouvre en fonction de son état initial.

La configuration du menu **Démarrer** s'effectue depuis **Paramètres** et **Personnalisation**. Dans la section **Accueil**, vous pouvez désactiver l'affichage des applications les plus utilisées ou récemment ajoutées ou encore afficher le menu **Démarrer** en mode plein écran, comme avec Windows 8.1.

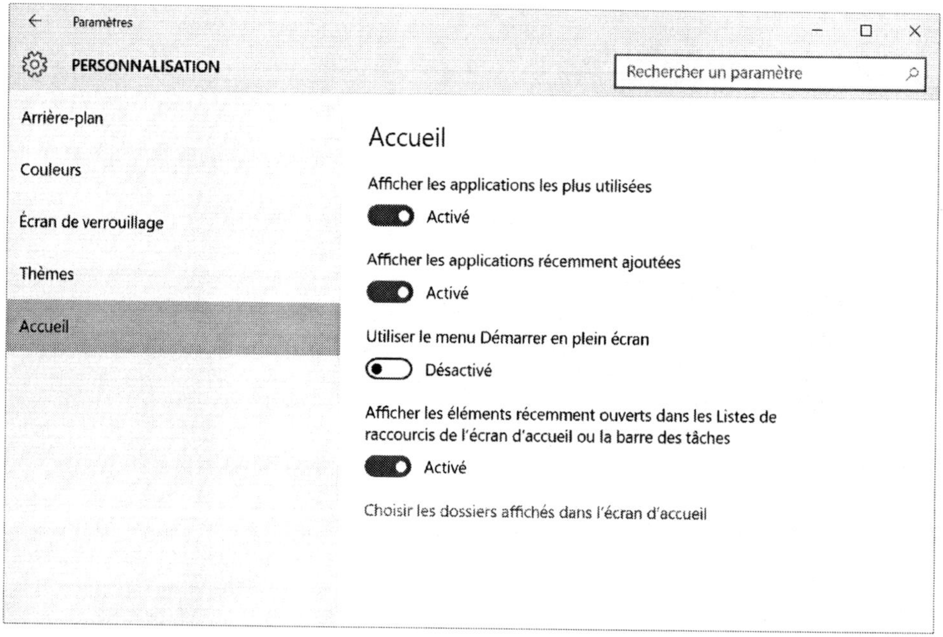

Pour exécuter une application Windows 10, telle que celle affichant les prévisions météorologiques, pressez simplement votre doigt sur la vignette **Météo**, ou bien cliquez dessus avec le bouton gauche de la souris.

Rechercher une application installée est simple : depuis la zone de recherche du menu **Démarrer**, saisissez simplement les premières lettres composant son nom pour l'exécuter. Notez que, désormais, le résultat de votre requête contient une liste de sites Internet indexés par le moteur de recherche Bing et accessibles via le navigateur par défaut.

Pour fermer l'application **Météo**, pointez la souris ou votre doigt en haut à droite de l'écran l'affichant, et cliquez sur le bouton **Fermer** représenté par une croix. La combinaison des touches [Alt] et [F4] du clavier est toujours utilisable.

Visualiser les applications en cours d'exécution s'effectue en pressant simultanément les touches et [Tab] du clavier.

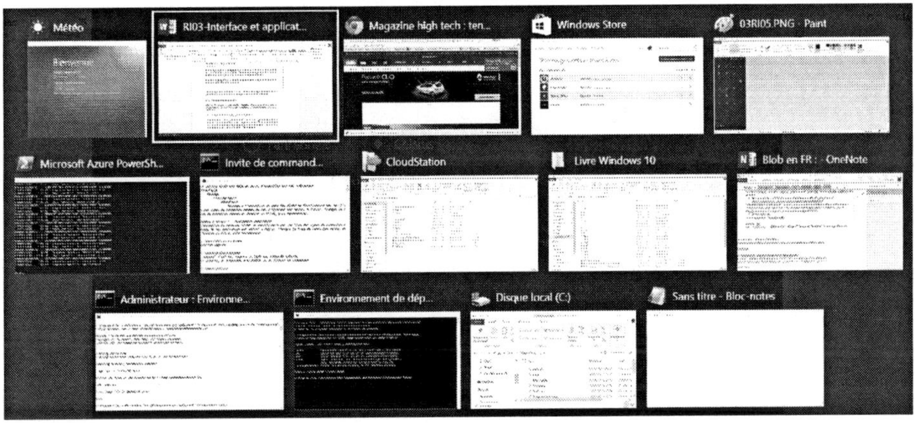

Toutes les applications Windows 10 en cours d'exécution sont affichées, qu'il s'agisse des programmes exécutés depuis le bureau ou ceux provenant du Windows Store.

1.1.2 Personnaliser Windows 10

Windows 10 propose de personnaliser l'interface utilisateur, dont le fond d'écran du bureau ou l'écran de verrouillage, ainsi que l'image d'avatar du compte d'utilisateur.

Pour personnaliser l'arrière-plan du bureau :

- Depuis le menu **Démarrer**, cliquez sur **Paramètres** et **Personnalisation**. Sélectionnez ensuite l'arrière-plan : une couleur unie ou bien un diaporama d'images qui seront changées par défaut toutes les 30 minutes.

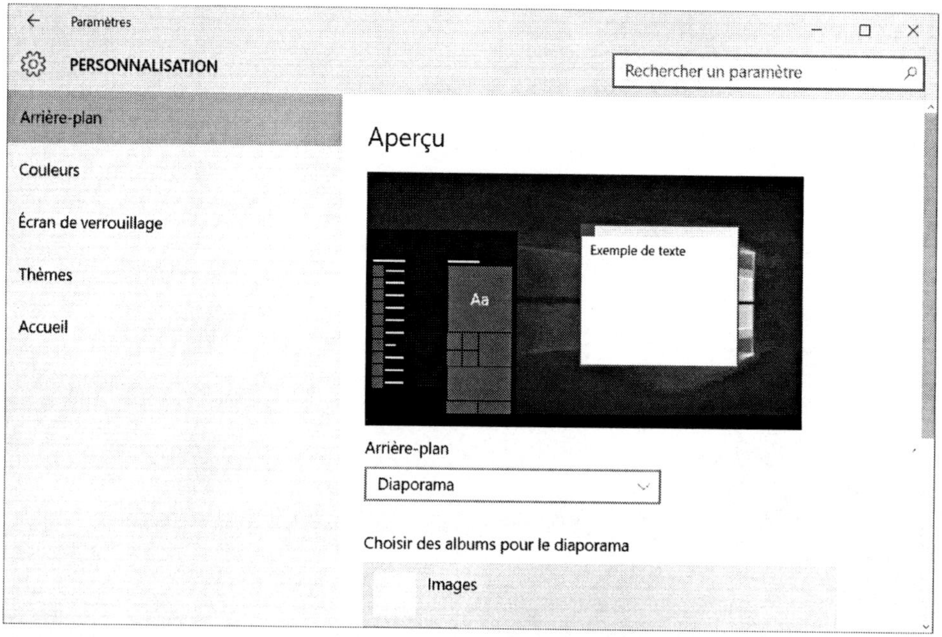

Une fois l'arrière-plan défini, si vous souhaitez afficher l'image suivante du diaporama, cliquez avec le bouton droit sur une zone vierge du bureau, puis sélectionnez **Afficher l'arrière-plan suivant**.

L'utilisateur peut aussi définir un fond d'écran affiché sur l'écran de verrouillage de la session :

- Depuis le menu **Démarrer**, cliquez sur **Paramètres** et **Personnalisation**. Dans **Personnalisation**, cliquez sur la section **Écran de verrouillage**. Cliquez sur le bouton **Parcourir** pour sélectionner une image à attribuer à l'écran de verrouillage.

L'utilisateur peut aussi ajouter une ou plusieurs applications dont les informations dynamiques seront affichées sur l'écran de verrouillage, en cliquant sur le bouton  de l'interface. Des applications (Courrier, Météo, Calendrier...) afficheront donc un état sommaire (température actuelle, dernier rendez-vous...) dans l'écran de déverrouillage.

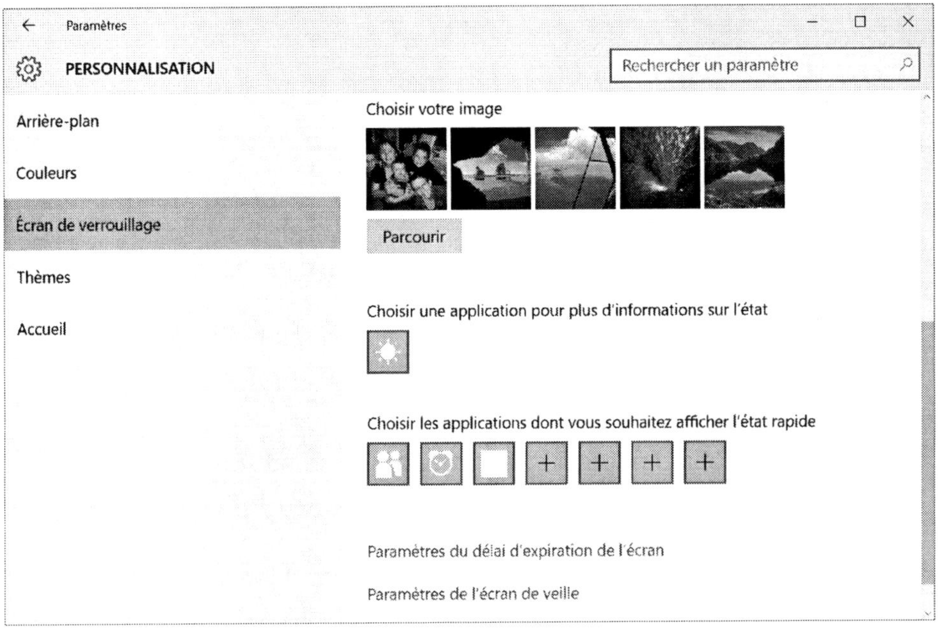

Tout comme l'arrière-plan du bureau, l'utilisateur peut aussi lire un diaporama de ses photos lors de l'affichage de l'écran de verrouillage, en sélectionnant **Diaporama** dans le menu déroulant **Arrière-plan** puis en cliquant sur le bouton **Ajouter**.

Remarque

Déverrouiller une session s'effectue en pressant la touche [Entrée] du clavier, ou en glissant la souris ou le doigt du bas de l'écran vers le haut. L'utilisateur peut verrouiller une session en pressant les touches + ***L*** *ou bien en pressant les touches [Alt][Suppr] et en cliquant/pointant sur* ***Verrouiller****.*

Enfin, la modification du thème par défaut de Windows 10 est possible depuis la section **Thèmes** de l'interface de personnalisation.

La fonctionnalité **Avatar du compte** offre la possibilité d'attribuer une image à un compte d'utilisateur ; c'est ce qui le représentera lors de l'ouverture d'une session Windows 10.

- Depuis les paramètres accessibles depuis le menu **Démarrer**, cliquez sur **Comptes** puis sélectionnez **Votre compte**. Dans la section **Votre avatar**, cliquez sur le bouton **Parcourir** pour sélectionner une photo représentant l'utilisateur et validez par le bouton **Choisir une image**.

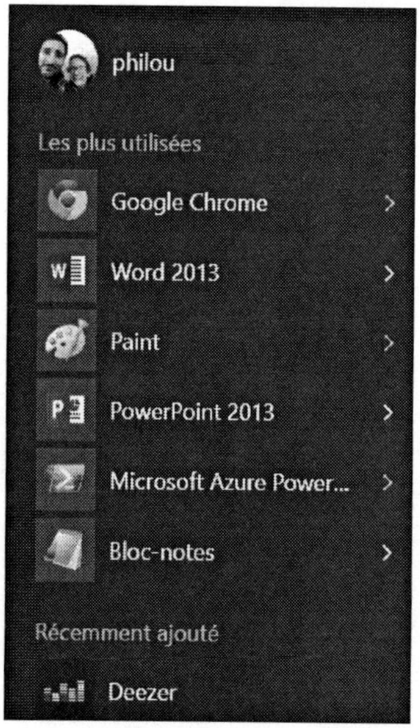

1.2 Les vignettes

Une vignette est une application représentée par un bloc coloré avec un logo, et pouvant afficher des informations mises à jour régulièrement (actualités, météo, notifications de messages...), sans avoir besoin de l'exécuter. Une vignette peut être configurée avec un compte Microsoft (cf. chapitre Installation du client Windows 10 - Authentification) afin de synchroniser des données, telles que la messagerie électronique ou un calendrier partagé.

En cliquant avec le bouton gauche de la souris ou en pointant avec votre doigt sur une vignette disponible depuis le menu **Démarrer**, vous exécutez l'application correspondante. Voici un exemple de vignettes :

Pour déplacer une vignette, il suffit de laisser son doigt appuyé dessus, ou de maintenir le bouton gauche de la souris enfoncé, puis de glisser et déposer la vignette à l'endroit choisi.

En la déplaçant en bas du menu **Démarrer**, l'utilisateur pourra créer un groupe de ses applications préférées en le nommant, dans l'exemple ci-dessous **Appli Cloud** :

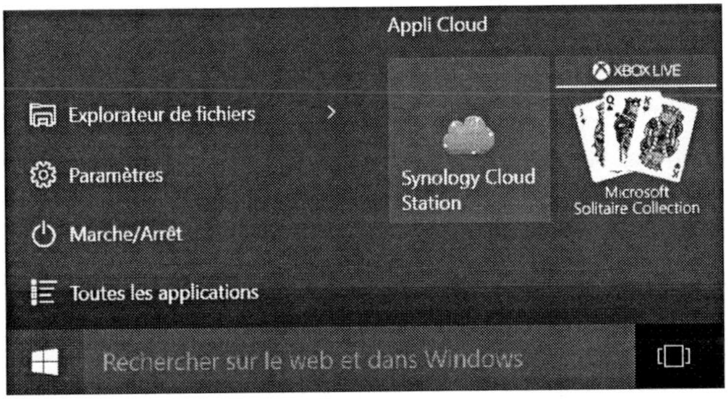

Pour déplacer un groupe de vignettes, il suffit d'appuyer (ou cliquer sans relâcher) puis de faire glisser le groupe de vignettes à déplacer vers l'emplacement de votre choix.

En cliquant avec le bouton droit de la souris sur une vignette, un menu apparaît en bas de l'écran. Il est ainsi possible de détacher la vignette du menu **Démarrer**, de la redimensionner, de désactiver l'actualisation des informations proposées par celle-ci (**Désactiver la vignette**), de l'épingler à la barre des tâches ou encore de la désinstaller.

Si l'application n'est pas issue du Windows Store, comme dans l'exemple ci-dessus, de nouvelles actions apparaissent : **Exécuter en tant qu'administrateur** ou **Ouvrir l'emplacement du fichier**.

Avec Windows 10, les vignettes peuvent posséder quatre tailles distinctes : petit, moyen, large, grand.

Quand vous installez une nouvelle application depuis le magasin Windows Store, elle apparaît dans la section **Récemment ajouté** du menu **Démarrer**. Il est bien entendu possible de l'épingler à la barre des tâches pour y accéder plus rapidement.

1.2.1 Affichage des applications

L'ergonomie d'une application développée pour tablette tactile devient un élément aussi important que ses fonctionnalités.

Les apps fournies avec Windows 10 supportent trois affichages : plein écran, milieu d'écran (mais pas taille maximale) et côte à côte. Le mode d'exécution par défaut est milieu d'écran.

Pour changer la résolution actuelle, il suffit de cliquer avec le bouton droit sur le bureau puis de sélectionner **Paramètres d'affichage**.

- Cliquez ensuite sur **Paramètres d'affichage avancés**. Sélectionnez la résolution optimale (**recommandé**) et validez en cliquant sur **Appliquer**. Après avoir affiché la nouvelle résolution, Windows vous demande confirmation quant à son application définitive. En l'absence d'action pendant 15 secondes, les paramètres précédents seront automatiquement restaurés. Cliquez sur **Conserver les modifications**.

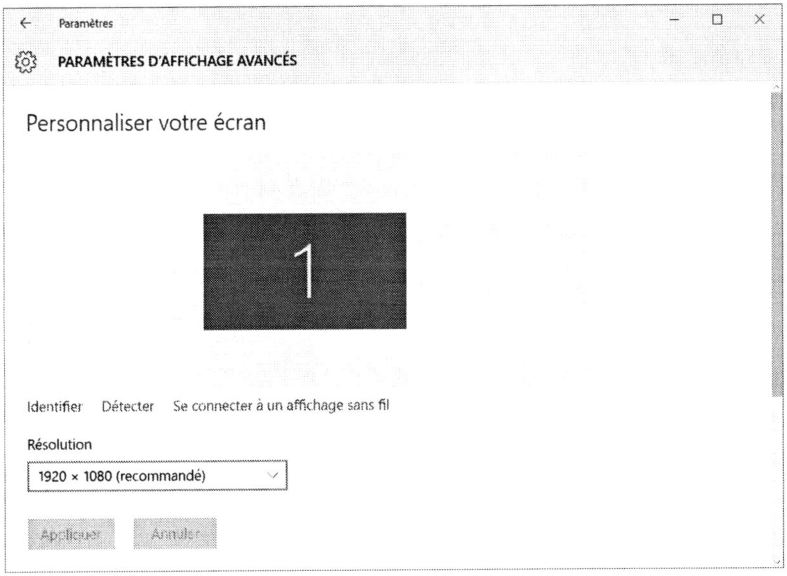

La résolution maximale gérée par Windows 10 pour un PC est 8K (7680 × 4320) sur un écran externe branché, et 4K (3840 × 2160) pour les tablettes/smartphones.

Pour utiliser deux applications côte à côte, il suffit de glisser sans relâcher la fenêtre de l'application vers la gauche ou la droite de l'écran. L'application utilisera la moitié de la surface d'affichage. Un écran de l'autre côté vous proposera de choisir la deuxième application à afficher à côté de la première. Dans l'exemple ci-dessous sont affichés côte à côte le navigateur Microsoft Edge à droite avec une fenêtre MS-DOS à gauche :

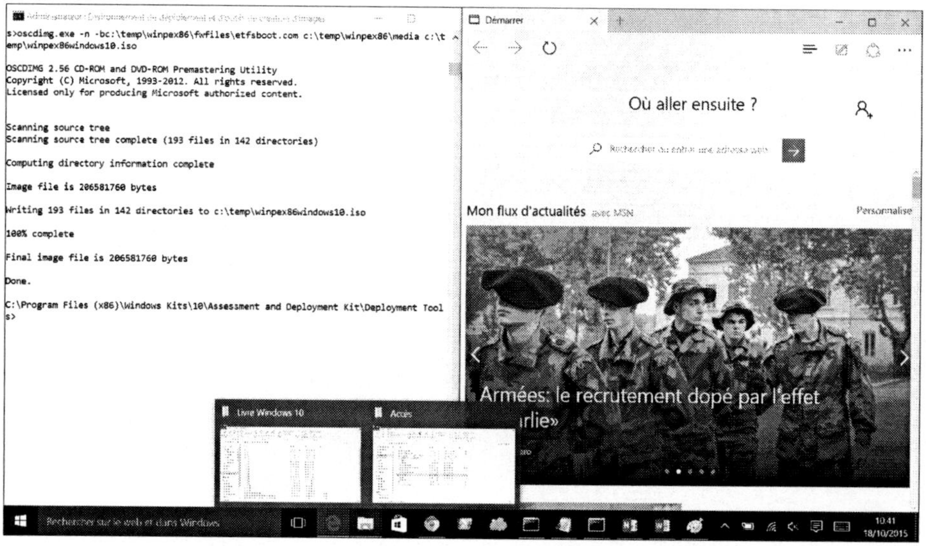

Il est aussi possible d'afficher une application sur un quart de l'écran en appliquant la même procédure que précédemment. Ce mode d'affichage nécessite une résolution minimale de 1024 x 768 pixels.

Pour redimensionner les applications, faites glisser le séparateur vertical ou horizontal représenté par la bordure de fenêtre de celles-ci.

Si vous exécutez une troisième application, cette dernière s'affichera au-dessus des deux autres.

Si vous voulez afficher quatre applications côte à côte, faites glisser successivement les applications sur les quarts de l'écran.

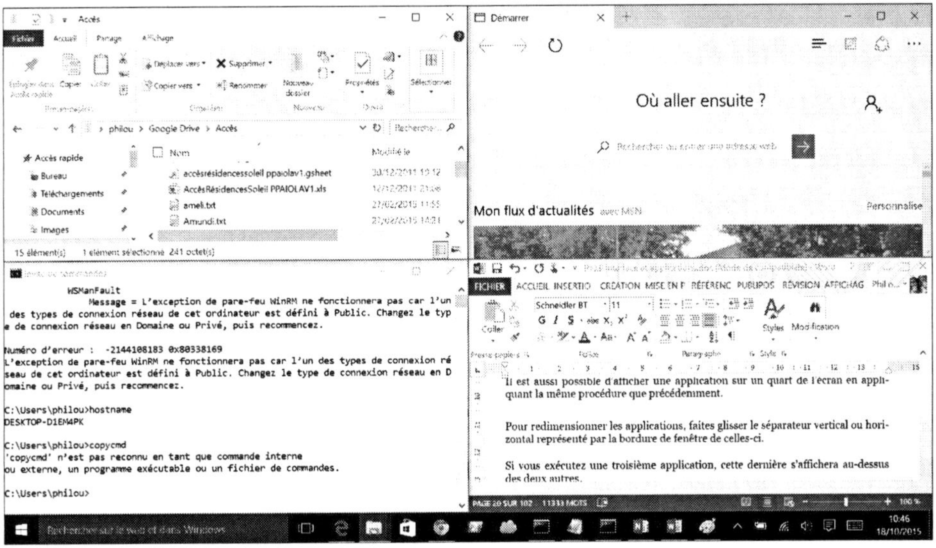

Ainsi, huit applications peuvent être affichées simultanément sur deux écrans.

1.2.2 StartScreen Control

Windows 10 Entreprise offre à l'administrateur d'un domaine Active Directory la possibilité de personnaliser le menu **Démarrer** de ses utilisateurs, afin de déployer la même configuration sur tous les postes de travail de l'entreprise.

L'administrateur doit dans un premier temps créer des groupes de vignettes puis exporter la disposition générée dans un fichier au format XML, afin de le déployer par l'intermédiaire d'un objet stratégie de groupe.

Le regroupement de vignettes s'effectue depuis le menu **Démarrer**, comme vu précédemment.

Une fois l'environnement personnalisé, exécutez une fenêtre Windows PowerShell pour générer le fichier de configuration au format XML :

▶ Depuis la zone de recherche située sur la barre des tâches, saisissez **Windows PowerShell** puis cliquez avec le bouton droit sur le résultat et sur **Exécuter comme administrateur**. Validez en cliquant sur le bouton **Oui** lorsque la fenêtre de contrôle de compte d'utilisateur apparaît. Dans la fenêtre Windows PowerShell, saisissez la commande suivante :
Export-StartLayout -Path c:\temp\environnementutilisateur.xml

Copiez le fichier sur un partage accessible en lecture aux utilisateurs du domaine Active Directory.

Voici un exemple de fichier xml généré lors de l'étape précédente :

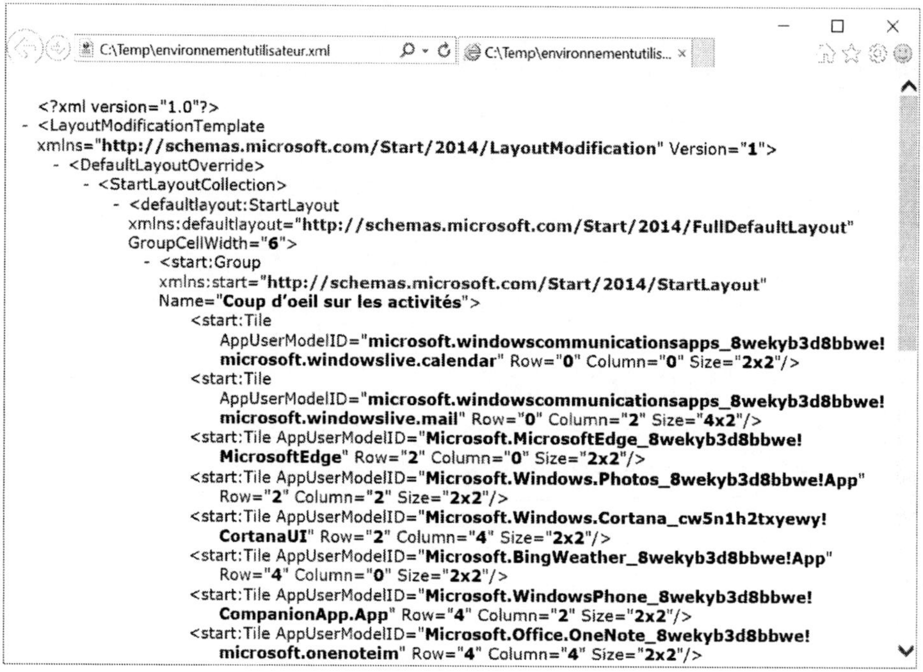


```
<?xml version="1.0"?>
- <LayoutModificationTemplate
  xmlns="http://schemas.microsoft.com/Start/2014/LayoutModification" Version="1">
  - <DefaultLayoutOverride>
    - <StartLayoutCollection>
      - <defaultlayout:StartLayout
        xmlns:defaultlayout="http://schemas.microsoft.com/Start/2014/FullDefaultLayout"
        GroupCellWidth="6">
        - <start:Group
          xmlns:start="http://schemas.microsoft.com/Start/2014/StartLayout"
          Name="Coup d'oeil sur les activités">
            <start:Tile
              AppUserModelID="microsoft.windowscommunicationsapps_8wekyb3d8bbwe!
              microsoft.windowslive.calendar" Row="0" Column="0" Size="2x2"/>
            <start:Tile
              AppUserModelID="microsoft.windowscommunicationsapps_8wekyb3d8bbwe!
              microsoft.windowslive.mail" Row="0" Column="2" Size="4x2"/>
            <start:Tile AppUserModelID="Microsoft.MicrosoftEdge_8wekyb3d8bbwe!
              MicrosoftEdge" Row="2" Column="0" Size="2x2"/>
            <start:Tile AppUserModelID="Microsoft.Windows.Photos_8wekyb3d8bbwe!App"
              Row="2" Column="2" Size="2x2"/>
            <start:Tile AppUserModelID="Microsoft.Windows.Cortana_cw5n1h2txyewy!
              CortanaUI" Row="2" Column="4" Size="2x2"/>
            <start:Tile AppUserModelID="Microsoft.BingWeather_8wekyb3d8bbwe!App"
              Row="4" Column="0" Size="2x2"/>
            <start:Tile AppUserModelID="Microsoft.WindowsPhone_8wekyb3d8bbwe!
              CompanionApp.App" Row="4" Column="2" Size="2x2"/>
            <start:Tile AppUserModelID="Microsoft.Office.OneNote_8wekyb3d8bbwe!
              microsoft.onenoteim" Row="4" Column="4" Size="2x2"/>
```

▶ Depuis la console **Gestion des stratégies de groupe** d'un serveur Windows Server 2012, développez le nœud **Configuration utilisateur**, **Stratégies**, **Modèles d'administration**, **Menu Démarrer et barre des tâches**, et ouvrez le paramètre **Disposition de l'écran d'accueil**. Cochez la case **Activé**, puis, dans la zone **Fichier de disposition de démarrage**, entrez le chemin d'accès vers le partage contenant le fichier de configuration XML précédemment généré :

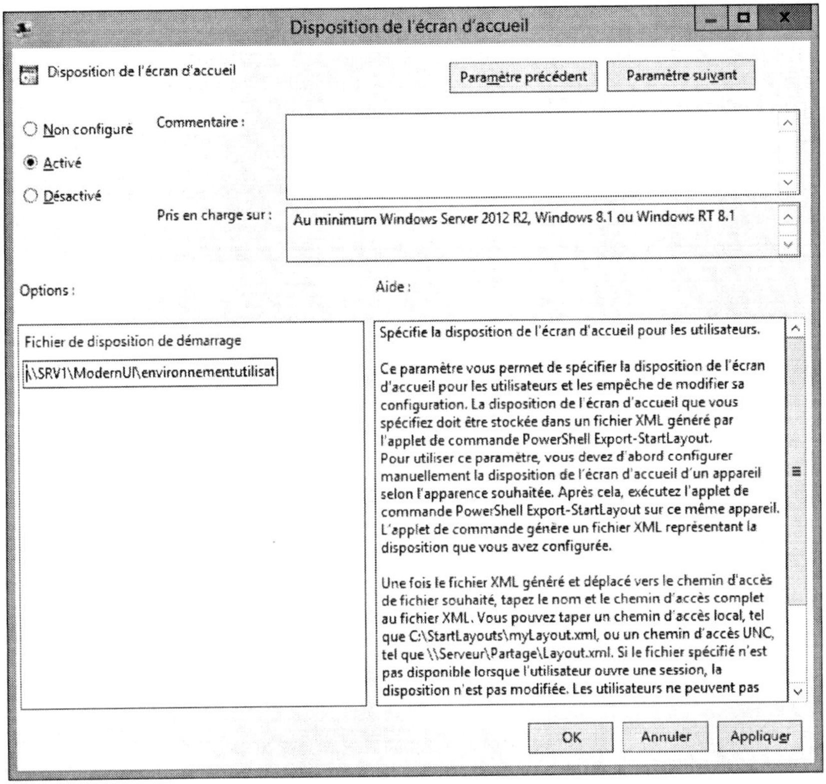

L'administrateur peut forcer la propagation immédiate de l'objet stratégie de groupe configuré à l'aide de la commande **gpupdate /force** exécutée en tant qu'administrateur.

Grâce à la fonctionnalité Start Screen Control, l'utilisateur, en ouvrant une session sur un poste de travail Windows 10 Entreprise du domaine, ne pourra pas modifier la disposition du menu **Démarrer**.

1.3 Zone de recherche

Microsoft fournit avec Windows 10 une barre de recherche située dans la barre des tâches. Elle est multifonction, offrant la possibilité de trouver une application, une page web ou encore d'utiliser l'assistant vocal Cortana pour effectuer des actions.

Ainsi, pour exécuter l'application Bloc-notes, il suffit de taper **bloc** dans la zone de recherche. Notez qu'un ensemble de résultats sont proposés à l'utilisateur, tels qu'un dossier local ayant les caractères recherchés, une recherche web avec le moteur de recherche Bing, ou encore des paramètres de l'ordinateur contenant la saisie de l'utilisateur.

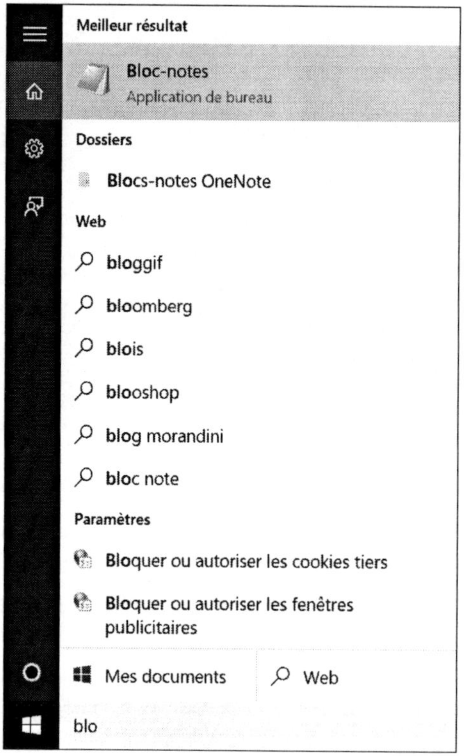

En cliquant sur le bouton **Paramètres** de la zone de recherche, l'utilisateur peut se rendre à la page d'accueil des recherches, activer Cortana ou encore fournir des commentaires (idées d'amélioration, mentions J'aime ou Je n'aime pas) auprès de Microsoft.

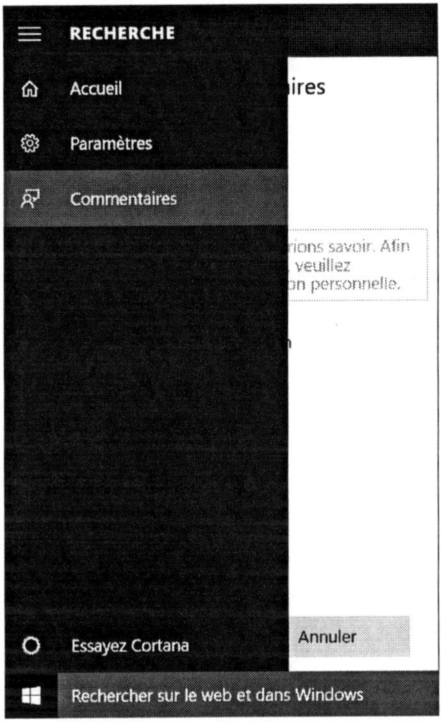

1.4 Assistant vocal Cortana

Cortana est un assistant vocal (nécessitant donc un microphone) aidant l'utilisateur à effectuer des recherches sur son PC ou le Web, à gérer son calendrier, mais pouvant également discuter ou encore raconter des blagues... L'assistant enregistre les propos et habitudes de l'utilisateur afin de lui fournir une expérience personnalisée.

Voici quelques exemples de questions et ordres que peut proférer l'utilisateur :

- Montre-moi le résultat du match de rugby France contre Nouvelle-Zélande.
- Combien de calories possède un Big Mac ?
- Envoie un mail à ma femme lui disant que je l'aime.
- Mets médecin dans mon calendrier pour demain à 11h.

Cortana est désactivé par défaut. Pour activer Cortana, suivez la procédure ci-dessous :

▶ Saisissez **cortana** dans la zone de recherche située dans la barre des tâches, puis cliquez sur **Paramètres**  et **Activé**.

▶ Saisissez un surnom ou votre nom, puis cliquez sur le bouton **Suivant**.

- Acceptez que Cortana utilise votre localisation pour affiner le résultat de ses recherches :

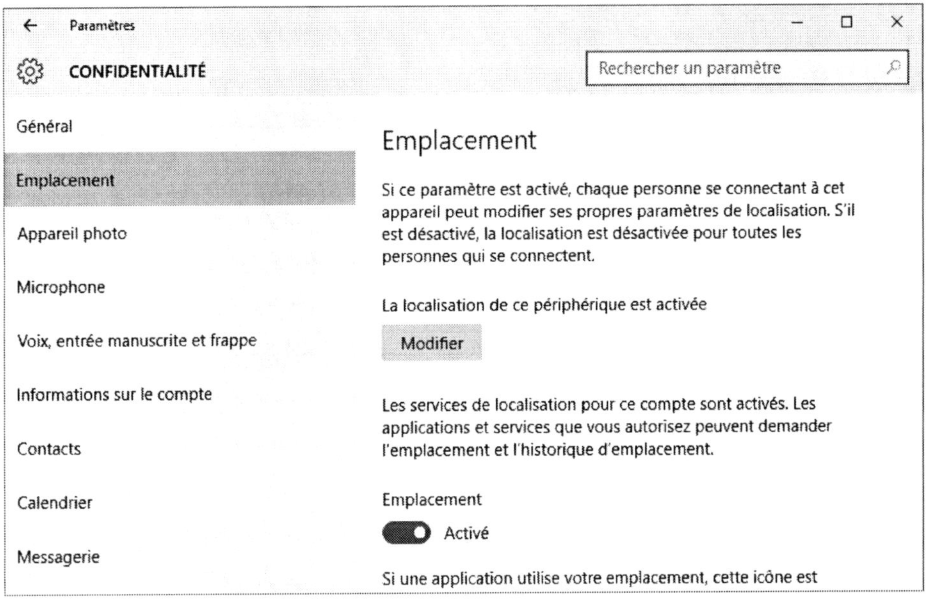

- Sélectionnez ensuite le **Carnet de notes**  puis **Paramètres** et activez l'option **Laissez Cortana répondre à « Hey Cortana »**.

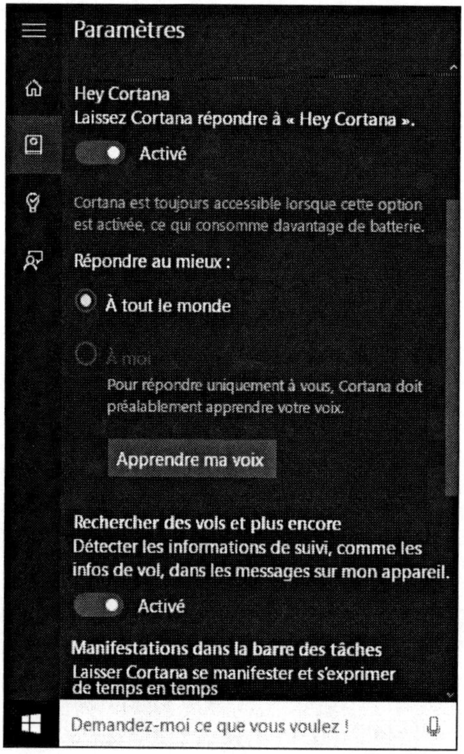

Notez que Cortana n'est pas disponible dans tous les pays, et certaines de ses fonctionnalités peuvent ne pas être présentes selon les langues qu'il gère.

1.5 Bureau virtuel

Un bureau virtuel permet à tout un chacun de mieux organiser les nombreuses fenêtres en démultipliant son environnement : ainsi, vous pouvez créer un bureau pour les recherches Internet, un autre pour les tâches bureautiques (Word, Excel) et un autre pour les jeux. De cette manière, chaque application d'un type différent ne sera plus mélangée avec les autres.

La notion de bureau virtuel est intégrée de manière intuitive à Windows 10 car l'icône **Affichage des tâches** est présente dans la barre des tâches. En cliquant sur cette icône, le centre de l'écran affiche alors les applications en cours d'utilisation du bureau virtuel courant.

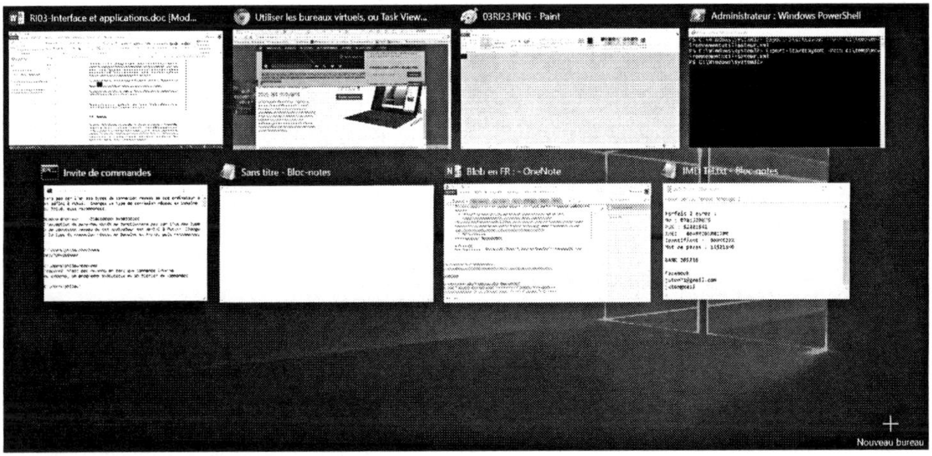

Dans la partie basse, les vignettes des autres bureaux virtuels s'affichent. Un clic sur l'une d'entre elles permet d'y accéder directement.

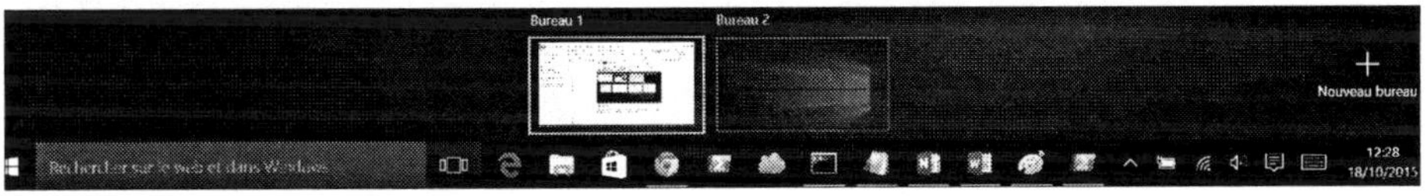

En cliquant sur **Nouveau bureau**, un utilisateur peut créer un nouveau bureau virtuel. Le raccourci-clavier + [Ctrl] + **D** effectue la même action.

Naviguer d'un bureau virtuel à un autre s'effectue en cliquant/pointant sur l'icône **Affichage des tâches**, en pressant les touches + [Tab] ou bien en utilisant les raccourcis-clavier + [Ctrl] + [Flèche à gauche] ou + [Ctrl] + [Flèche à droite].

Il est possible de fermer le bureau virtuel en cours de deux manières : avec la combinaison de touches + [Ctrl] + [F4] ou bien en cliquant/pointant sur l'icône **Affichage des tâches** puis sur le bouton **Fermer** () du bureau virtuel cible :

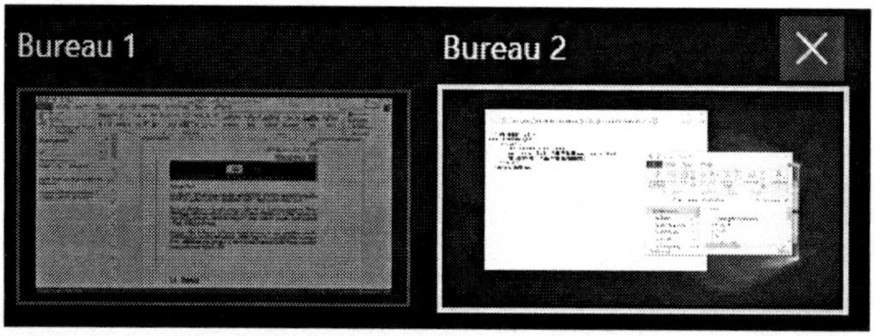

À noter que les applications qui composent ce bureau virtuel (Bureau 2 dans notre exemple) ne seront pas fermées mais transférées dans le bureau virtuel de départ.

1.6 Barre des tâches

La barre des tâches de Windows 10 est semblable à celle intégrée aux systèmes d'exploitation plus anciens, comme Windows 7 ou Windows XP, mais contient, comme nous l'avons vu précédemment, un champ de recherche intégré, un bureau virtuel et le centre de notifications. En cliquant sur le coin inférieur droit de l'interface, à droite de l'heure (12:46 18/10/2015), l'utilisateur peut réduire toutes les fenêtres du bureau afin de n'afficher que ce dernier. Cette action est équivalente au raccourci-clavier + **M**.

La configuration de la barre des tâches est accessible en effectuant un clic avec le bouton droit sur une zone vierge de la barre des tâches, puis **Propriétés**.

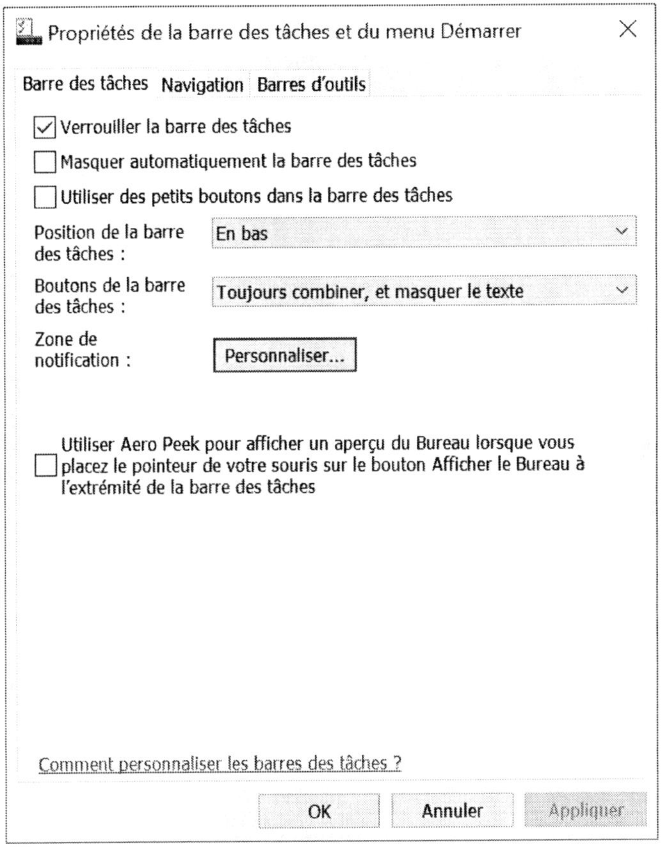

Il est ainsi possible de verrouiller la barre des tâches, de la masquer automatiquement au profit de l'exécution d'une application, d'afficher des petits boutons dans celle-ci ou de définir sa position dans le bureau (en bas, à gauche, à droite ou en haut).

Le bouton **Personnaliser** permet d'ajouter des applications en accès rapide sur la barre des tâches.

Par exemple, pour ajouter l'icône du Gestionnaire des tâches dans la barre des tâches :

- Cliquez sur **Sélectionner les icônes à afficher dans la barre des tâches** puis, sous le choix **Gestionnaire des tâches**, mettez l'interrupteur en position **Activé** en cliquant dessus.

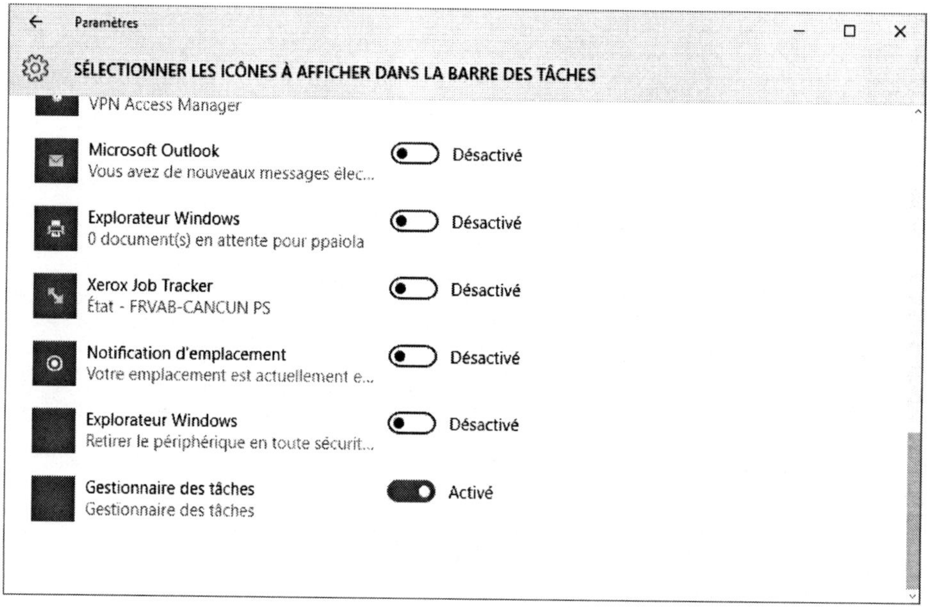

Il est aussi possible d'activer ou de désactiver les icônes système :

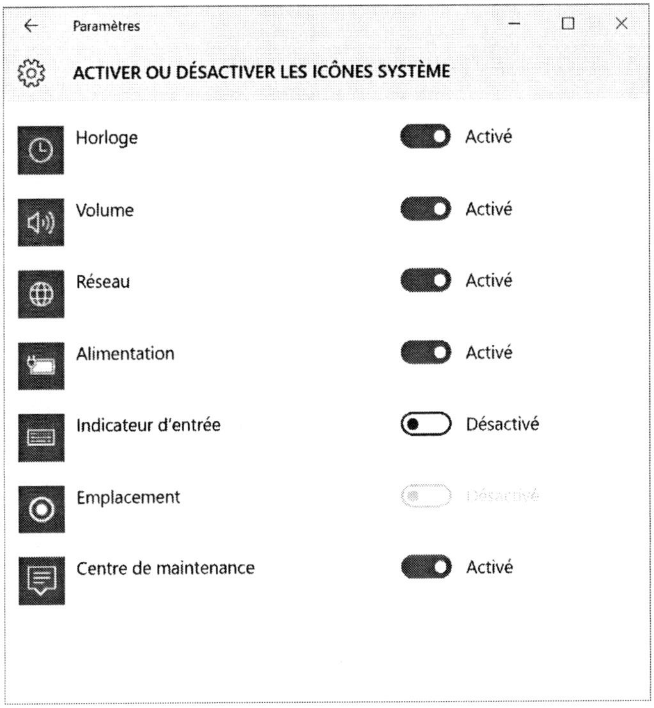

- Depuis les propriétés de la barre des tâches, sélectionnez l'onglet **Navigation**. L'utilisateur peut préférer une invite PowerShell à une invite de commandes, en cochant la case **Remplacer Invite de commandes par Windows PowerShell dans le menu, lorsque je clique avec le bouton droit sur le coin inférieur gauche ou que j'appuie sur Windows + X**.

L'onglet **Barre d'outils** permet d'insérer des raccourcis additionnels dans la barre des tâches (**Adresse**, **Liens**, **Bureau**).

Nous l'avons vu précédemment, l'exécution d'une application s'effectue depuis le menu **Démarrer**. Néanmoins, la boîte de dialogue **Exécuter** reste accessible en pressant les touches + **R** ou bien en cliquant avec le bouton droit sur le menu **Démarrer** puis **Exécuter**.

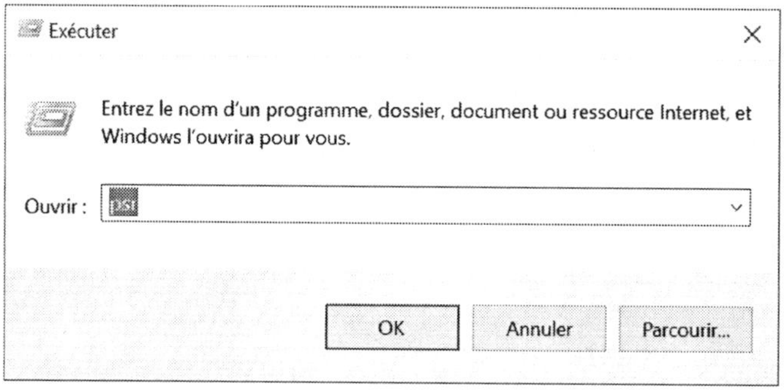

Microsoft simplifie l'accès de l'utilisateur à ses ressources en lui donnant la possibilité d'épingler tout fichier ou dossier sur la barre des tâches. Par exemple, depuis le bureau, effectuez un clic avec le bouton droit sur le dossier **Documents** (accessible depuis l'icône **Explorateur** attachée à la barre des tâches) puis choisissez **Épingler à l'écran de démarrage**.

La vignette **Documents** apparaît dans le menu **Démarrer** :

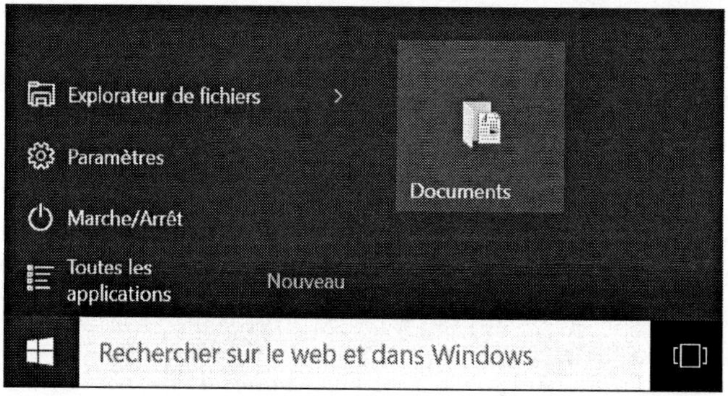

1.6.1 Gestion d'un écran connecté

Utiliser un second écran permet de visualiser simultanément plusieurs applications. La connexion d'un projecteur affichera une présentation à toutes les personnes présentes dans une pièce.

Windows 10 gère les ports VGA (*Video Graphics Array*), DVI (*Digital Visual Interface*) et HDMI (*High-Definition Multimedia Interface*) et les écrans connectés via un réseau.

Si l'utilisateur utilise deux écrans, la barre des tâches peut être étendue sur toute la superficie du bureau et les applications de chaque écran peuvent être positionnées au choix.

Pour modifier les paramètres d'affichage lors du branchement d'un écran supplémentaire, effectuez les opérations suivantes :

- Cliquez avec le bouton droit sur le bureau et sélectionnez **Paramètres d'affichage**.

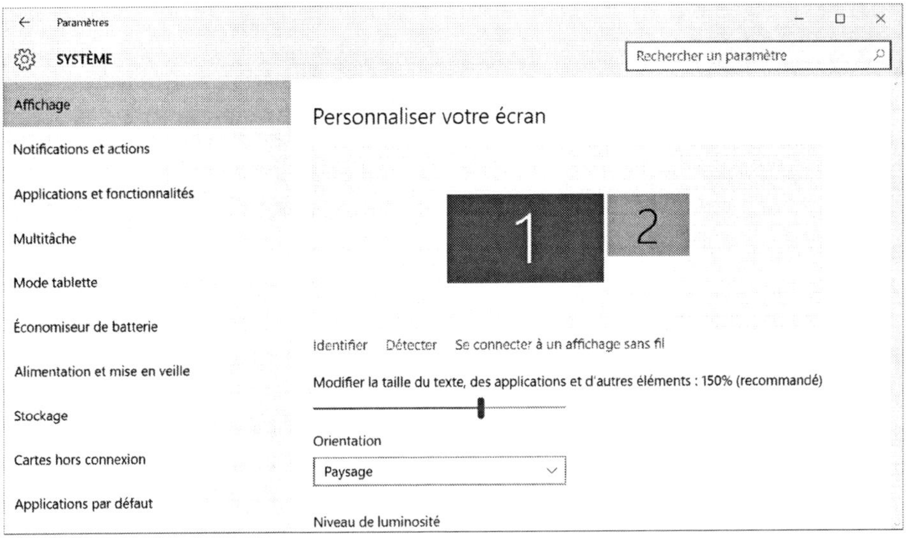

En cliquant sur l'option **Identifier**, un numéro d'écran est affiché sur l'écran principal et sur celui raccordé à l'ordinateur Windows 10. L'utilisateur peut aussi détecter le branchement d'un nouvel écran ou encore se connecter à un affichage sans fil compatible.

La commande **DisplaySwitch.exe**, disponible dans le dossier **%windir%\System32**, permet de changer les paramètres d'affichage dans une invite de commandes. Par exemple, le paramètre **/extend** étend le bureau de l'utilisateur au deuxième écran connecté, alors que **/clone** affiche l'interface Windows 10 de manière identique sur les deux écrans.

À l'utilisation de cette commande une barre apparaît sur le côté droit de l'interface :

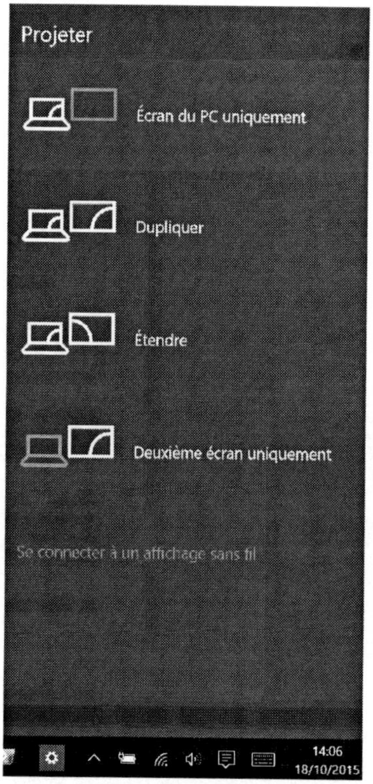

L'affichage de chaque périphérique peut donc être indépendant des autres.

La manière d'afficher la barre des tâches du bureau sur les différents écrans peut être configurée en effectuant un clic avec le bouton droit sur celle-ci, puis en cliquant sur **Propriétés**. Par défaut, la barre des tâches est positionnée sur tous les écrans. En cliquant sur le menu déroulant **Afficher les boutons de la barre des tâches sur**, l'utilisateur peut afficher les boutons sur **Toutes les barres des tâches**, sur la **Barre des tâches principale et où la fenêtre est ouverte**, ou bien uniquement sur la **Barre des tâches où la fenêtre est ouverte**.

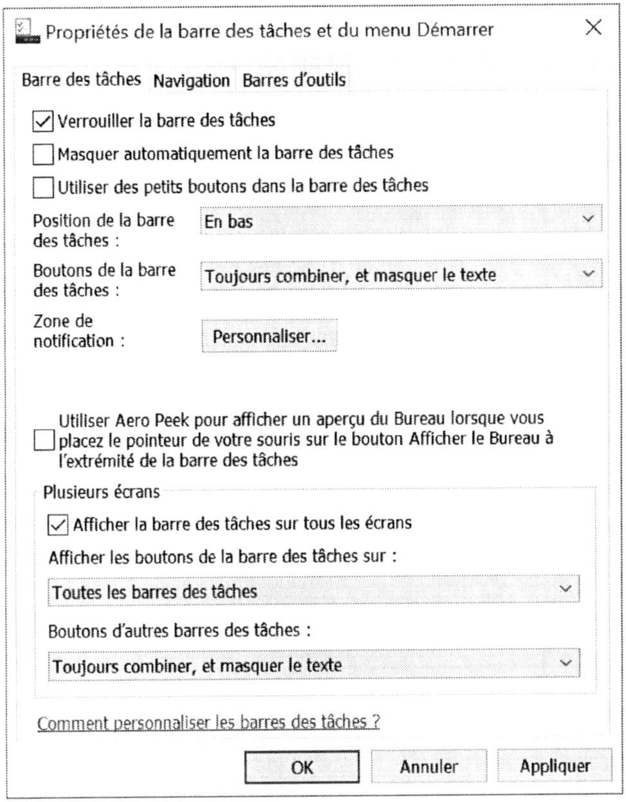

1.6.2 Gestion des langues

Dans les anciennes versions de Microsoft Windows, le changement de la langue de l'interface s'effectuait lors de l'installation des mises à jour facultatives, et ceci uniquement pour des versions spécifiques du système d'exploitation (par exemple Windows 7 Entreprise ou Windows 7 Intégrale).

La grande majorité des utilisateurs utilisaient la langue sélectionnée lors de la phase d'installation de l'ordinateur.

Désormais, il est très simple d'ajouter ou de supprimer des langues une fois Windows 10 installé.

Pour installer la langue allemande (Suisse), réalisez les opérations suivantes :

▶ Dans la zone de recherche située dans la barre des tâches, saisissez **Ajouter une langue** et sélectionnez **Ajouter une langue à cet appareil**. Cliquez sur le bouton **Ajouter une langue**.

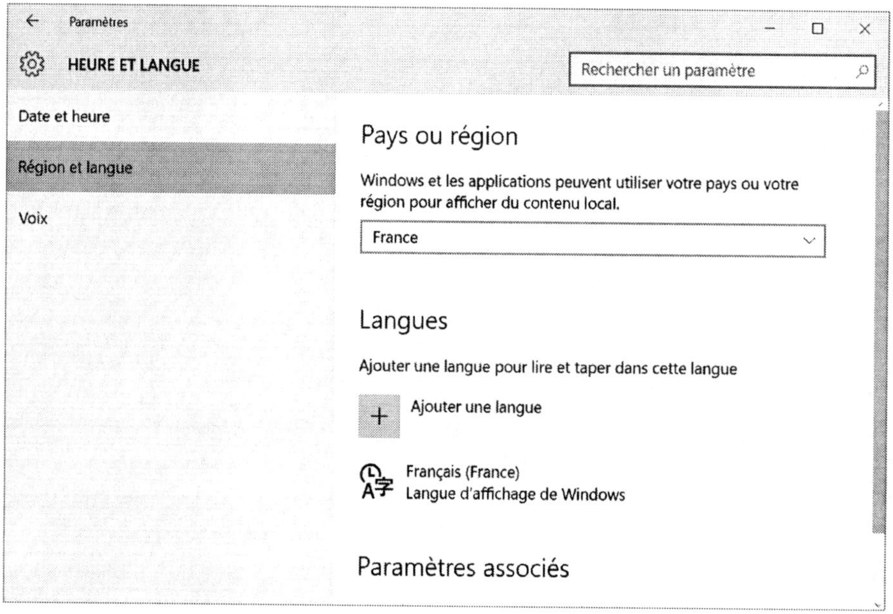

La vue principale affiche les langues activées sur votre système ainsi que la **Disposition du clavier** et le **Format de date, d'heure et de nombre**.

▶ Cliquez sur **Deutsch (Allemand)** puis **Deutsch (Schweiz)**. La langue est désormais visible dans la vue principale, mais elle n'est pas téléchargée ou installée tant que vous ne cliquez pas sur le bouton **Options**. Cliquez ensuite sur le bouton **Télécharger**.

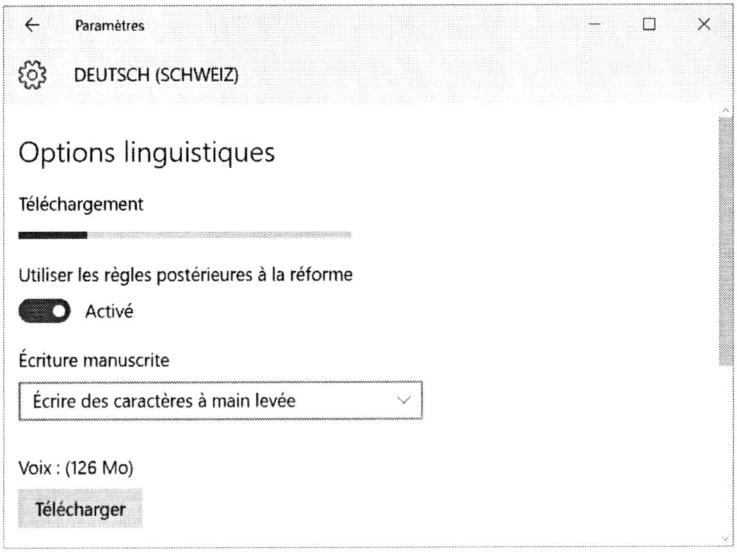

La langue est téléchargée sous la forme d'une mise à jour puis installée. L'utilisateur peut ensuite cliquer sur le bouton **Définir comme langue par défaut**.

1.7 Mouvements tactiles

Même si Windows 10 est dédié aux PC, les quatre versions de Windows 10 supportent les interfaces tactiles. Les principales actions ne nécessitent que deux doigts ; néanmoins, le matériel qui embarquera le nouveau système de Microsoft devra supporter au minimum cinq doigts grâce à une gestion multipoint.

La majorité des utilisateurs d'une tablette sont droitiers et la tiennent donc de la main gauche. Les applications Windows 10 placent les actions principales du côté gauche de l'écran, au travers du menu **Démarrer**.

Comme nous allons le voir, le balayage depuis le bord gauche ou droit de l'écran joue un rôle prépondérant dans l'utilisation du système.

Pour vérifier les paramètres tactiles de votre matériel, suivez la procédure ci-dessous :

- Cliquez sur le menu **Démarrer** puis sur **Paramètres** et sur **Système**. Pointez sur **Informations système**. Vérifiez le champ **Stylet et fonction tactile**.

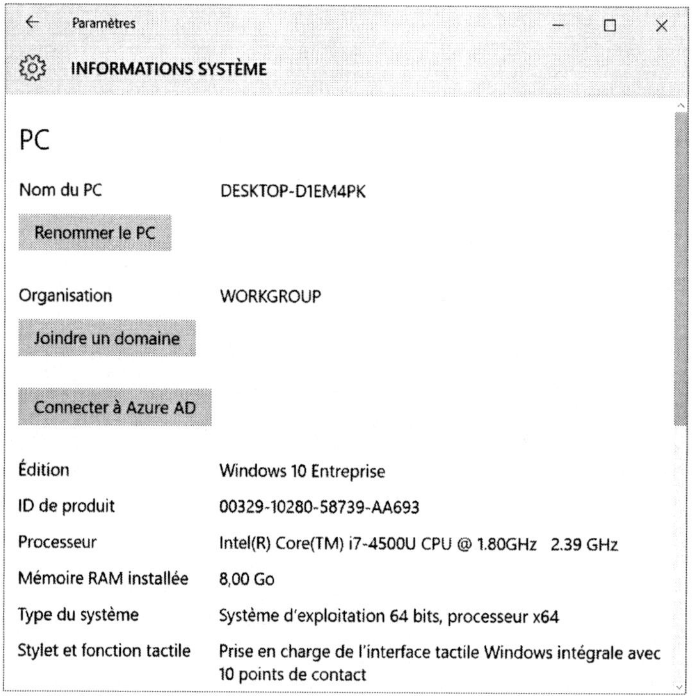

La liste des actions réalisables avec les doigts est affichée dans le tableau ci-dessous :

Manipulation	**Résultat**	**Aperçu**
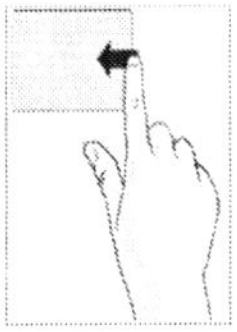	En partant du bord droit de l'écran, le balayage affiche le Centre de notifications.	
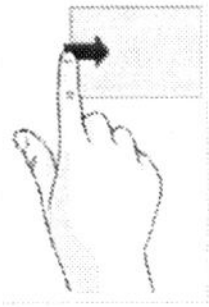	En partant du bord gauche de l'écran, le balayage affiche les applications en cours d'exécution.	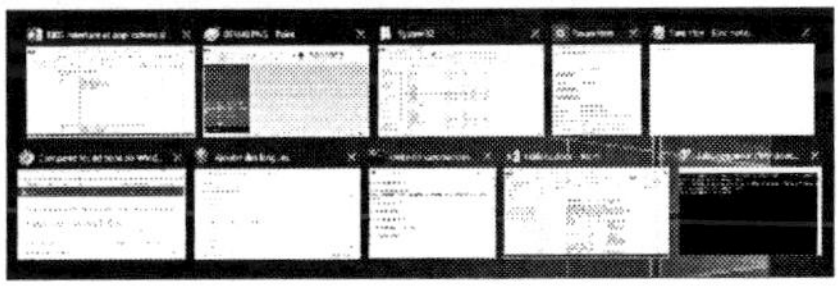
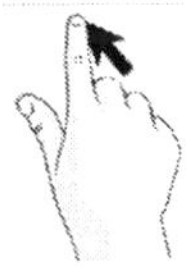	L'appui sur un élément déclenche son action principale (exécution d'une application).	

Manipulation	Résultat	Aperçu
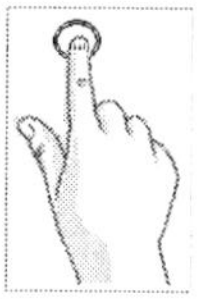	L'appui prolongé affiche des informations didactiques (menu contextuel).	
	Pincer puis écarter les doigts pour effectuer un zoom avant. Équivalent du maintien de la touche [Ctrl] du clavier, tout en utilisant la molette de défilement de sa souris. Un zoom dans une application telle que Microsoft Edge ou Microsoft Word est donc possible.	
	Pincer puis rapprocher les doigts pour effectuer un zoom arrière. Équivalent du maintien de la touche [Ctrl] du clavier, tout en utilisant la molette de défilement de sa souris.	
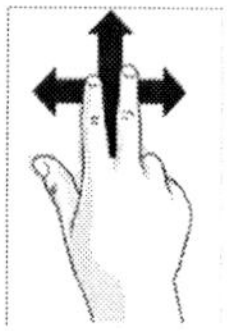	Déplacement horizontal ou vertical sur l'écran. Équivalent de l'utilisation du maintien du bouton gauche de la souris puis d'un déplacement.	

Manipulation	Résultat	Aperçu
	Effectuer un mouvement de rotation avec deux doigts pour faire pivoter l'écran.	
	Glisser un doigt sur l'écran pour faire défiler son contenu.	

1.8 Raccourcis-clavier

Windows 10 est un système d'exploitation hybride : il convient aussi bien aux ordinateurs pourvus d'un clavier et d'une souris qu'aux tablettes tactiles. Connaître les raccourcis-clavier permet de gagner un temps précieux : une combinaison de touches qui, une fois enfoncées, exécutent un logiciel ou une fonctionnalité.

La touche est systématiquement utilisée.

Voici le tableau résumant les principaux raccourcis-clavier utiles à l'utilisateur, classés par ordre alphabétique :

Combinaison	Description de l'action réalisée
	Bascule entre l'écran d'accueil du menu **Démarrer** et l'affichage de l'interface.
[Tab]	Affiche le bureau virtuel courant et les applications exécutées sur celui-ci.
[Entrée]	Exécute le narrateur.
[Espace]	Change la langue et la disposition du clavier en cours.
[Impr écran]	Enregistre une capture d'écran dans un fichier stocké dans le dossier Images.
D	Affiche le bureau.

Combinaison	Description de l'action réalisée
⊞ E	Affiche l'Ordinateur de l'Explorateur de fichiers.
⊞ I	Affiche la fonction Paramètres.
⊞ K	Ouvre l'interface de recherche des périphériques sans fil.
⊞ L	Verrouille la session en cours.
⊞ M	Réduit toutes les fenêtres affichées sur le bureau.
⊞ P	Affiche les fonctions de gestion d'écran multiples (dupliquer, étendre...).
⊞ Q	Affiche la fonction Recherche d'applications et d'accès à Cortana.
⊞ R	Affiche la fenêtre Exécuter sur le bureau.
⊞ U	Exécute les options d'ergonomie du panneau de configuration.
⊞ X	Affiche le menu des fonctions système en cliquant avec le bouton droit sur le menu **Démarrer**.

1.9 Continuum

Windows 10 a été conçu comme un système d'exploitation à la fois universel et flexible. Grâce à Continuum, l'utilisateur peut retrouver son environnement de travail sur tous ses périphériques (PC, tablette tactile ou même smartphone).

De nos jours, sur les équipements actuels, les utilisateurs peuvent passer d'un PC à une tablette simplement en décrochant le clavier de l'écran. Bien conscient de l'ampleur de ces nouvelles façons de travailler, Microsoft avait donc créé une interface adaptée à ces nouveaux usages, avec Windows 8.

Windows 10 continue dans cette lignée, mais en proposant de s'adapter automatiquement à la manière dont nous utilisons l'ordinateur. Travaillant en arrière-plan, Continuum analyse vos habitudes pour personnaliser votre environnement.

Si vous utilisez une machine hybride et que vous la connectez à un clavier, alors Continuum déploiera un bureau traditionnel, avec son menu **Démarrer**.

Lorsque vous décrochez le clavier pour utiliser l'appareil en tant que tablette tactile, Continuum va afficher un message vous proposant de changer d'interface :

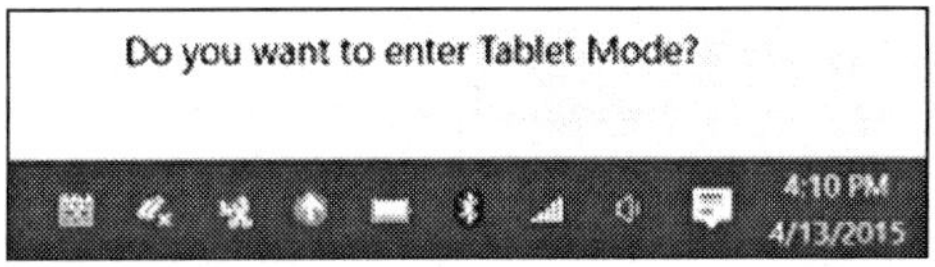

Le menu **Démarrer** sera substitué par un écran d'accueil ressemblant à celui proposé par Windows 8 et les applications seront toutes affichées en plein écran.

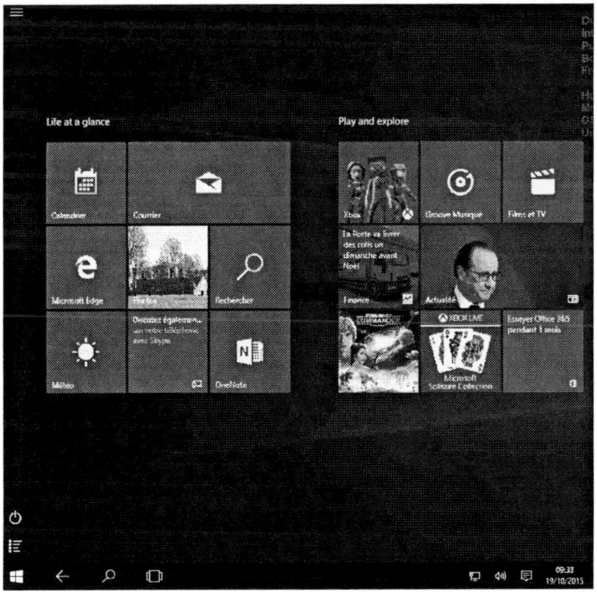

Lors du nouveau branchement du clavier, le bureau reviendra à sa place :

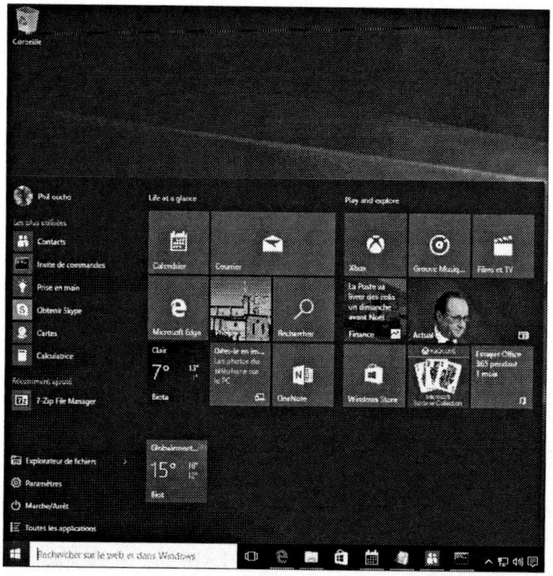

Ces actions peuvent être automatisées par l'utilisateur.

2. Apps

Windows 10 est proposé avec des applications préinstallées, couvrant l'essentiel des besoins de l'utilisateur, comme la gestion du courrier électronique, la lecture de flux RSS (*Rich Site Summary*), l'achat de musique... Bien entendu, celles et ceux qui utilisent le système peuvent télécharger de nouvelles applications (ou apps) au travers du magasin Windows Store. Ces applications sont développées avec la plateforme Windows Runtime et permettent à l'utilisateur de rester dans le même style graphique Windows 10.

Les utilisateurs de smartphones éteignent rarement leurs téléphones, car ceux-ci entrent dans un mode de très basse consommation pendant qu'ils ne sont pas utilisés, afin de continuer à recevoir des notifications (courriels, SMS...). Auparavant, quand l'ordinateur était en mode veille ou en mode veille prolongée, les applications bureautiques ne pouvaient pas accéder aux ressources du système.

Un des principaux changements apportés par Microsoft est le fait que les applications sont accessibles par le menu **Démarrer**. Ce dernier propose l'accès au Windows Store, un magasin qui regroupe dans différentes catégories des applications à télécharger, gratuites ou payantes.

2.1 Windows Store

Les concurrents de Microsoft proposent le téléchargement d'applications gratuites et payantes, communément nommées **apps** : Apple et son magasin App Store, Google et Play Store. Ainsi, des développeurs et sociétés indépendants vendent un contenu, comme des apps, de la musique, des films, des jeux ou encore des livres numériques. Grâce au service Cloud Computing, l'utilisateur peut télécharger une application depuis son téléphone portable (smartphone) et y accéder depuis son ordinateur ou sa tablette tactile.

Les apps livrées avec Windows 10, ainsi que celles téléchargées depuis le magasin Windows Store, sont accessibles à l'aide d'un compte Microsoft ou d'un compte utilisateur local.

Couplées à ce type de compte (cf. chapitre Installation du client Windows 10 - Authentification), les applications restent accessibles depuis dix ordinateurs et peuvent être téléchargées depuis le magasin Windows Store.

Depuis le menu **Démarrer**, pointez ou cliquez sur la vignette **Windows Store** :

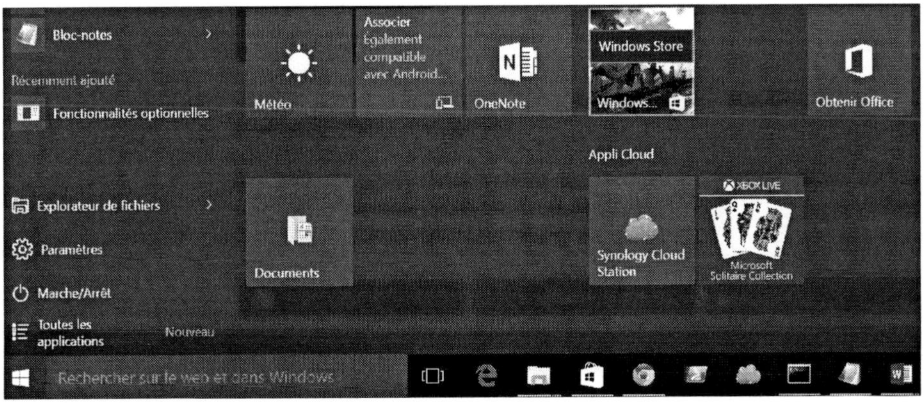

Un autre moyen est d'y accéder depuis l'icône  située sur la barre des tâches.

Un grand nombre de catégories sont disponibles : **Applications**, **Jeux**, **Musique** et **Films et TV**.

En cliquant sur votre avatar puis sur **Ma bibliothèque**, la liste de vos applications, musiques et films apparaissent.

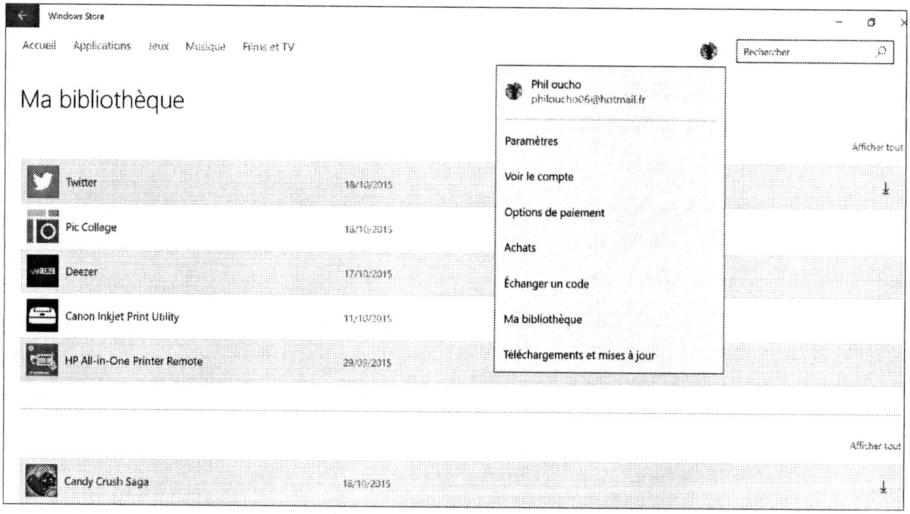

Depuis l'avatar, le nœud **Options de paiement** permet d'ajouter des informations de paiement supplémentaires.

La mise à jour des applications s'effectue depuis le nœud **Téléchargements et mises à jour**. Cliquez ensuite sur le bouton **Rechercher les mises à jour**.

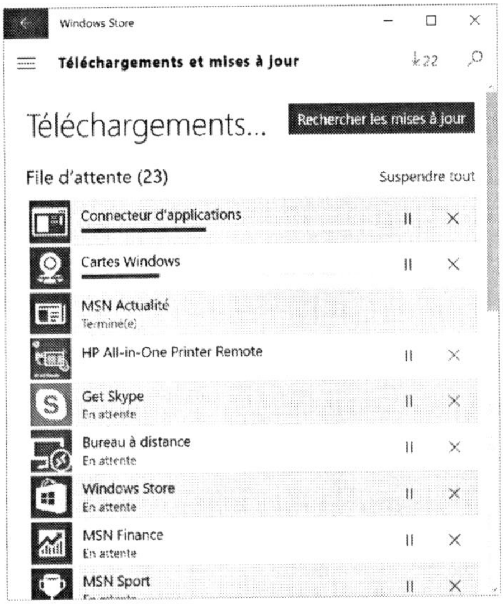

Vous pouvez également chercher des applications grâce au champ de recherche situé en haut à droite du Windows Store puis valider en cliquant sur la loupe. Saisissez le nom de l'app que vous recherchez, dans notre exemple **le monde** ; le résultat s'affiche en fonction des catégories.

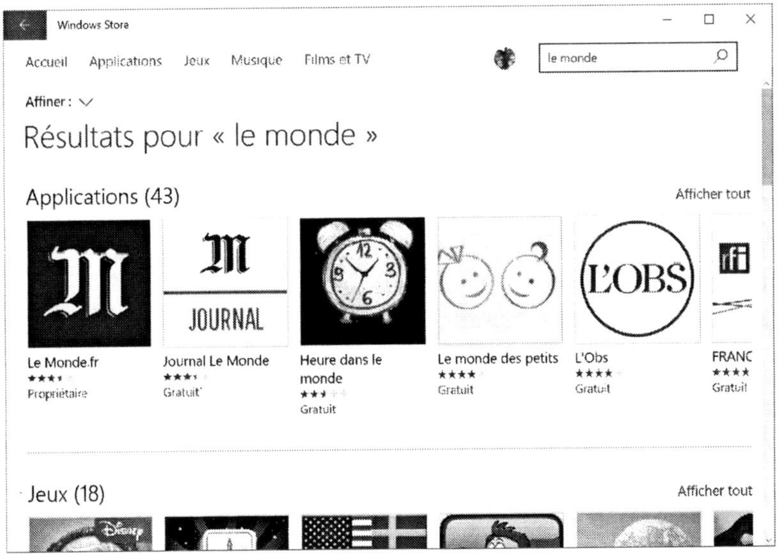

2.1.1 Installation d'une app

Tout comme ses concurrents, Microsoft simplifie au maximum le processus d'installation d'une application. Il suffit de pointer ou de cliquer sur l'App visée pour qu'une vue d'ensemble de celle-ci soit affichée.

Dans la vue d'ensemble, vous trouverez les informations suivantes :

- Les conditions d'utilisation : par exemple la nécessité d'une connexion Internet active.
- La catégorie d'appartenance.
- Les processeurs pris en charge : x86, x64, ARM.
- La classification par âge : couplée avec la fonctionnalité de contrôle parental, l'utilisateur pourra interdire un contenu inapproprié à un enfant.
- La description de l'application.

En cliquant sur le bouton **Installer** (ou **Gratuit**), la phase d'installation s'effectue en arrière-plan, l'utilisateur peut ainsi continuer à travailler.

La vignette de l'application téléchargée, dans notre cas celle du journal Le Monde, est désormais visible dans le menu **Démarrer**. Le service utilisé pour installer les applications est **Windows Installer**, qui gère le déploiement automatisé d'applications au format MSI (*Microsoft Software Installer*).

Notez que la commande **msiexec** permet d'installer des apps packagées. Par exemple, pour déployer une app nommée skype.msi sans interaction de l'utilisateur, utilisez la commande **msiexec /i skype.msi**. Le paramètre **/qn** spécifie que l'interface d'installation n'est pas utilisée.

Un autre paramètre important est **/qb**, qui affiche une barre de progression de l'installation de l'App.

Remarque

En cas de réinstallation du poste Windows 10, les applications téléchargées depuis le Windows Store sont automatiquement réinstallées si le type de compte utilisateur est Microsoft.

Afin de garantir une sécurité et une stabilité efficaces, Windows Store affiche automatiquement sur sa vignette la disponibilité de mises à jour pour les applications installées.

2.1.2 Gérer les mises à jour

Une application a un cycle de vie ; elle évolue en ayant des nouvelles fonctionnalités, et elle s'améliore quand un développeur corrige des bugs. Ensuite elle n'est plus maintenue si elle devient obsolète. Windows 10 propose une gestion simplifiée des mises à jour des logiciels en provenance du magasin Windows Store.

Pour vérifier que les applications sont automatiquement mises à jour :

- Cliquez sur l'icône du **Windows Store** disponible dans la barre des tâches, puis pointez dans le coin supérieur droit sur votre avatar, et cliquez sur **Paramètres** et sur **Mises à jour de l'application**. Vérifier que la mise à jour des applications est automatique.

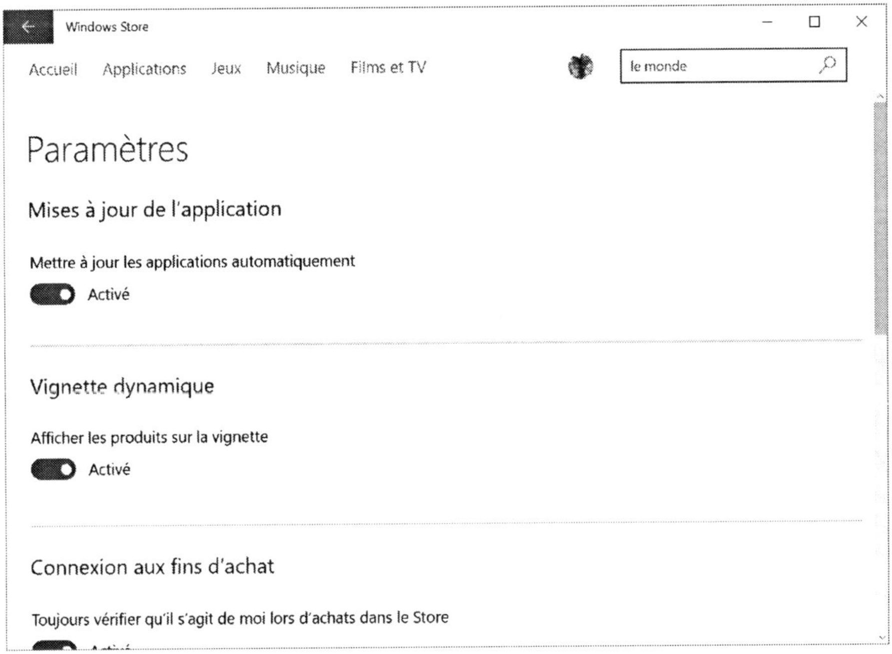

Une méthode permet de contrôler l'installation et l'exécution d'applications, grâce à la fonctionnalité **AppLocker** (cf. chapitre Configuration de la sécurité Windows - Contrôle des applications avec AppLocker).

2.1.3 Déploiement SideLoading

Les applications peuvent être installées depuis le Windows Store, mais celles-ci doivent être obligatoirement signées par Microsoft car elles sont testées par l'éditeur. Une entreprise ne peut attendre cette validation, et va donc déployer ses propres applications directement auprès de ses postes de travail, à condition que ceux-ci soient membres d'un domaine. Dans le cas contraire, une clé d'activation dédiée sera nécessaire.

SideLoading est le nom de cette fonctionnalité qui nécessite néanmoins que l'application soit signée par une autorité de certification reconnue par les clients et que la version du système soit Windows 10 Entreprise.

Avant d'installer des applications développées par une société, l'administrateur doit activer la fonctionnalité SideLoading sur les ordinateurs du domaine, grâce à un objet de stratégie de groupe :

- Utilisez la combinaison de touches [Windows] + **C** du clavier ou effectuez un balayage avec les doigts à partir du bord droit de votre écran, puis appuyez sur **Rechercher**. Saisissez **gpedit.msc** et sélectionnez **Gpedit**. Dans la fenêtre **Éditeur de stratégie de groupe locale**, développez **Configuration ordinateur - Modèles d'administration - Composants Windows** et **Déploiement de package Appx**. Double cliquez sur le paramètre **Autoriser l'installation des applications approuvées**. Sélectionnez l'option **Activé**.

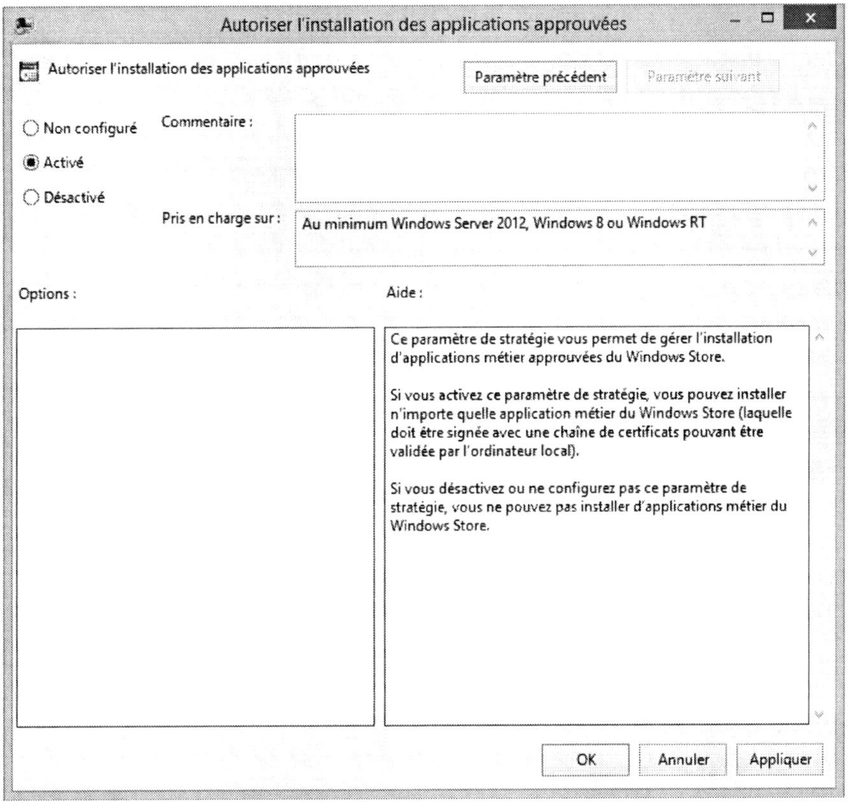

Validez par le bouton **OK**.

Une application propriétaire possède une extension .appx et peut être installée de deux manières, à l'aide du langage PowerShell ou de la commande **DISM** (cf. chapitre Conception d'une image de déploiement - Création d'une installation de référence). Utilisez la commande PowerShell afin d'installer l'application pour l'utilisateur courant. Si l'objectif est de déployer l'application pour tous les utilisateurs d'un ordinateur, préférez la commande DISM.

- PowerShell : cliquez sur le menu **Démarrer**, **Toutes les applications**, puis **Windows PowerShell** et cliquez avec le bouton droit sur **Windows PowerShell** puis sur **Exécuter comme administrateur**. Validez en cliquant sur le bouton **Oui** lorsque la fenêtre de contrôle de compte d'utilisateur apparaît. Dans la fenêtre **Windows PowerShell**, saisissez les commandes suivantes : **import-module appx** puis **add-appxpackage C:\test.appx** (où test.appx est le nom du fichier d'installation de l'application que vous souhaitez installer).

Remarque

*La suppression d'une application est possible grâce à la commande PowerShell **Remove-AppxPackage**.*

- Commande DISM : il est possible d'ajouter des applications dans une image Windows 10. Cliquez avec le bouton droit sur le menu **Démarrer**, puis **Invite de commandes (admin)**. Validez en cliquant sur le bouton **Oui** lorsque la fenêtre de contrôle de compte d'utilisateur apparaît. Dans la fenêtre **Administrateur : Invite de commandes**, saisissez la commande suivante : **DISM /Online /Add-ProvisionedAppxPackage /PackagePath:C:\test.appx /SkipLicense**. Il est préférable de fermer la session des utilisateurs actifs avant d'exécuter cette commande.

Remarque

*Obtenir la liste des applications propriétaires déjà installées s'effectue avec le paramètre **Get-ProvisionedAppxPackages** de la commande DISM.*

Pour tester une application Windows 10 avant son déploiement, un développeur peut utiliser le kit de développement logiciel Windows, disponible en téléchargement depuis le site ci-dessous :
https://dev.windows.com/en-us/downloads

Windows 10 introduit l'offre groupée d'applications (ou package .appxbundle) afin d'optimiser la création de package et la distribution d'une app dans le Windows Store. Ainsi, l'expérience d'application est enrichie, et l'espace disque nécessaire à l'installation réduit. De plus, les packs de ressources proposent des suppléments, tels qu'une traduction ou la gestion des écrans haute résolution.

Le contrôle des applications Windows 10 qui peuvent être installées et exécutées s'effectue à l'aide de la fonctionnalité **AppLocker**.

2.2 Microsoft Edge

Le navigateur Internet devient une application gérée par les administrateurs au même titre que n'importe quel programme, afin de prémunir la société contre les attaques informatiques.

Microsoft Edge dispose du mode Lecture, intègre Cortana et prend en charge le mode d'entrée manuscrite intégrée. Ainsi, il est possible de prendre des notes, d'écrire ou encore de dessiner directement sur une page web en cours de lecture, via le bouton **Écrire une Note web**.

Microsoft limite l'utilisation des plug-ins de navigation (composants logiciels tiers compilés) sur Microsoft Edge ; ils utilisent généralement les ressources de l'ordinateur client et augmentent la surface d'attaque.

Microsoft Internet Explorer 11 est néanmoins intégré à Windows 10 afin de supporter des technologies d'ancienne génération telles qu'ActiveX.

- Pour ouvrir le navigateur Microsoft Edge, cliquez ou pointez sur la vignette **Microsoft Edge** représentée par un E dans la barre des tâches.

La barre d'adresses de Microsoft Edge est le point de départ pour effectuer un ensemble d'actions, comme naviguer, créer des recherches ou afficher des suggestions. Lors de l'accès à un site, elle disparaît pour offrir plus d'espace visible sur l'écran.

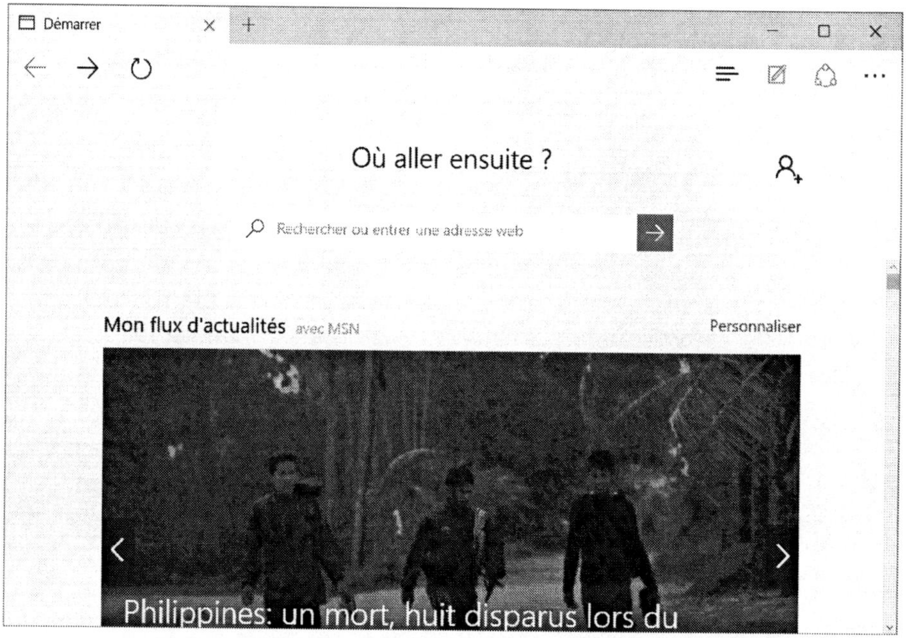

Grâce aux onglets, l'utilisateur peut ouvrir plusieurs sites Internet dans une seule fenêtre. Pour ouvrir un nouvel onglet, cliquez sur le bouton **+**. Pour fermer les onglets, les dupliquer ou les actualiser, cliquez avec le bouton droit sur l'un d'eux et cliquez sur l'option de votre choix.

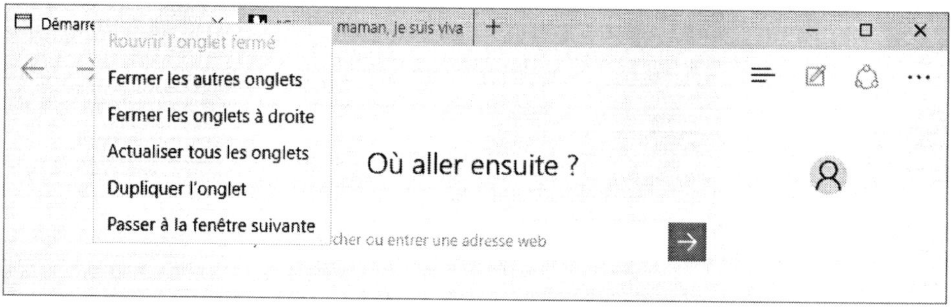

Les paramètres sont accessibles depuis le bouton [•••] en haut à droite. L'utilisateur peut y choisir un nouveau thème, afficher constamment le volet des Favoris, importer ces derniers d'un autre navigateur, configurer le contenu des nouveaux onglets, effacer les éléments de navigation afin de préserver sa vie privée ou encore définir le style du mode de lecture.

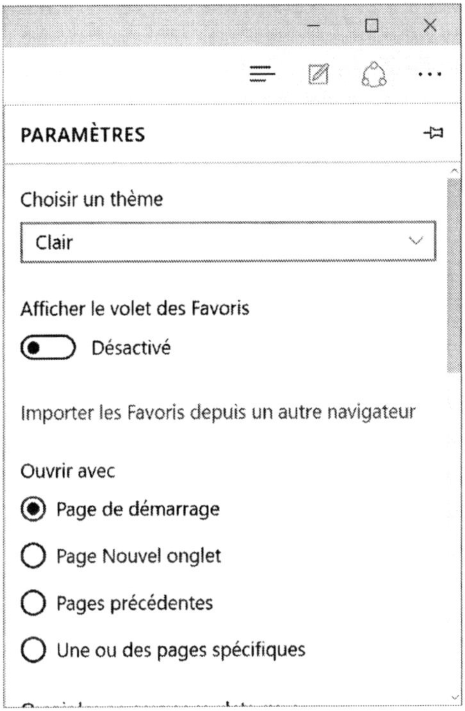

Pour ouvrir plusieurs sites Internet en page d'accueil lors de l'exécution de Microsoft Edge sur une tablette tactile ou sur un ordinateur, suivez la procédure ci-dessous :

- Depuis le navigateur, pointez sur **Paramètres** depuis le bouton [•••]. Dans la section **Ouvrir avec**, cochez la case **Une ou des pages spécifiques**. Saisissez le premier site à ouvrir lors de l'exécution d'Edge, puis renouvelez l'opération grâce au bouton **+**.

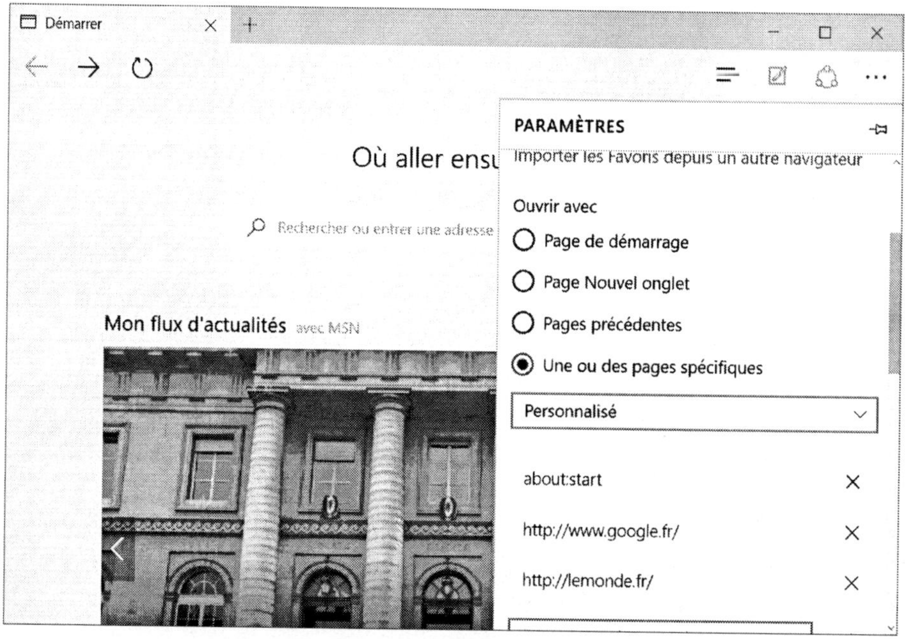

Lorsque vous naviguez sur un site proposant des articles, Edge propose le mode Lecture. Ainsi, les publicités sont supprimées, et la page est affichée pour procurer un confort de lecture optimal à l'utilisateur. Quand le mode Lecture est compatible avec le site Internet visité, l'icône est activée dans la barre d'adresses.

Voici le contenu d'un article avant et après l'utilisation de la fonctionnalité :

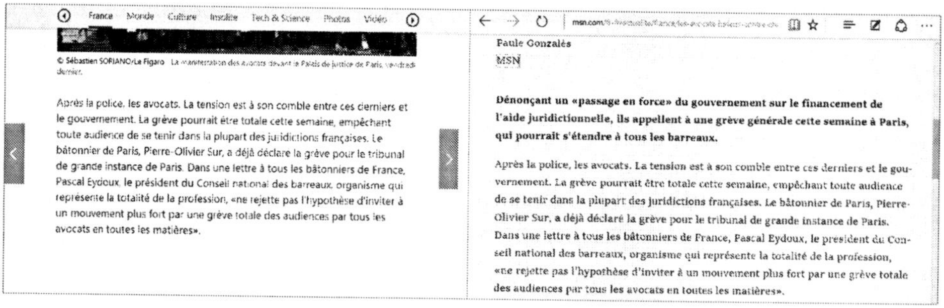

Pour personnaliser le mode Lecture, et définir un style ainsi qu'une taille de police adéquate :

- Depuis le navigateur, pointez sur **Paramètres** depuis le bouton [•••]. Dans la section **Lecture**, sélectionnez le style de mode Lecture (**Léger**, **Moyen**, **Foncé**) ainsi que la taille de la police.

2.2.1 Affichage de compatibilité

Les sites Internet anciens peuvent être affichés de manière dénaturée ; des applications développées pour des versions spécifiques d'Internet Explorer peuvent ne pas fonctionner avec Edge. Dans ce cas, l'administrateur a la possibilité d'exécuter Internet Explorer 11, disponible depuis le menu [•••] :

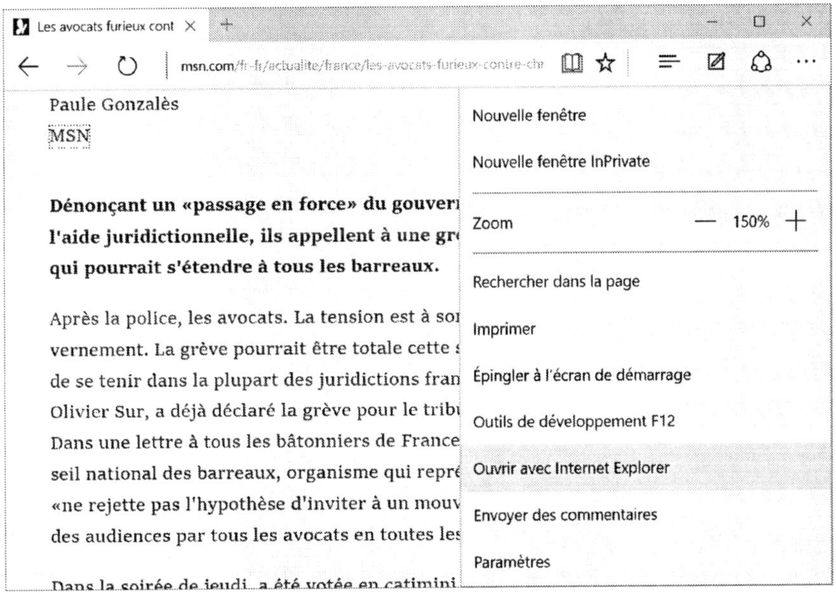

La page Internet sera chargée une nouvelle fois dans Internet Explorer 11. Le site sera affiché comme si l'utilisateur y accédait depuis une ancienne version d'Internet Explorer. La majorité des problèmes d'affichage (images, zones de texte pas à leur place) seront ainsi résolus.

La liste des sites présentant un problème de compatibilité avec Edge est régulièrement mise à jour par Microsoft. L'administrateur peut diffuser sa propre liste interne à l'entreprise par l'intermédiaire d'un objet de stratégie de groupe.

Enfin, sachez que par défaut, les sites intranet de l'entreprise sont affichés en mode **Affichage de compatibilité** dans Internet Explorer 11.

2.2.2 Épingler un site

Les Favoris sont disponibles depuis Internet Explorer et bien entendu aussi dans Edge, où ils sont représentés par une étoile . L'utilisateur peut épingler le site dans les Favoris pour y accéder rapidement :

- Saisissez par exemple l'URL suivante dans Microsoft Edge http://www.microsoft.com/fr-fr/download/details.aspx?id=39296 et cliquez sur l'icône  puis sur **Favoris** ou **Volet des Favoris**. Notez la possibilité d'insérer la page dans la liste de lectures, afin qu'Edge télécharge localement l'article pour une lecture déconnectée.

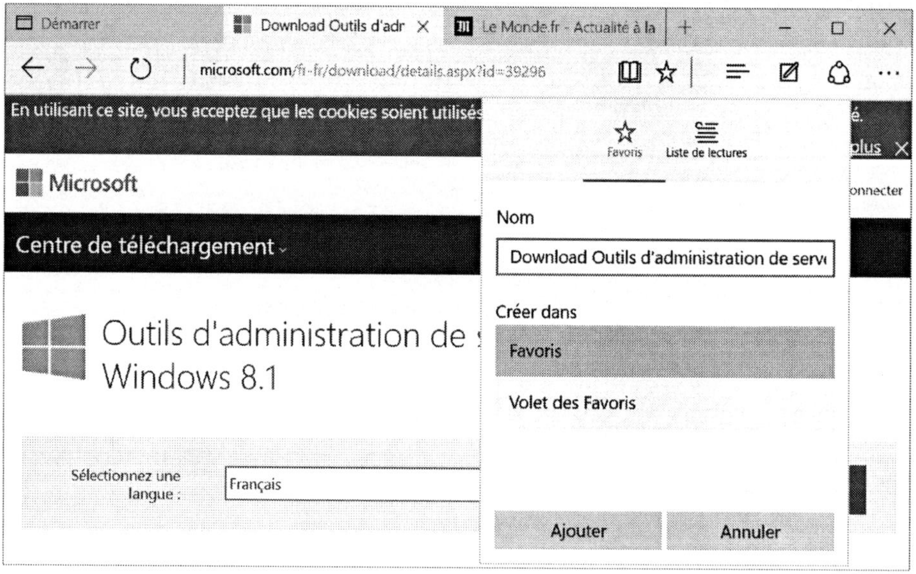

Le site est désormais disponible dans les Favoris, accessibles en cliquant sur l'icône **Hub** .

La liste de lectures sur le navigateur Edge offre la possibilité d'enregistrer des articles ou tout contenu que vous souhaitez lire ultérieurement, tandis que vous êtes en déplacement, ou à n'importe quel moment de votre temps libre.

- Après vous être rendu sur la page proposant l'article visé, cliquez sur l'étoile **Favoris** en haut à droite de l'écran, puis sélectionnez **Liste de lectures** et **Ajouter**. Pour visualiser l'article, cliquez sur l'icône **Hub** , puis choisissez **Liste de lectures**.

Le Hub centralise les accès aux Favoris, à la liste de lecture, à l'historique et aux téléchargements effectués.

2.2.3 Outils de développement F12

Avec Microsoft Edge, un développeur peut visualiser le code du site Internet visité, afin de détecter et corriger les problèmes qui peuvent survenir : il lui suffit de presser la touche [F12] du clavier ou bien depuis le bouton ..., **Outils de développement F12**.

L'interface s'exécute dans une fenêtre distincte et est divisée en deux zones, l'une contenant la page Internet, l'autre affichant le code, via des onglets (**Explorateur DOM**, **Console**, **Débogueur**, **Réseau**, **Performances**, **Mémoire**, **Emulation**, **Essai**) :

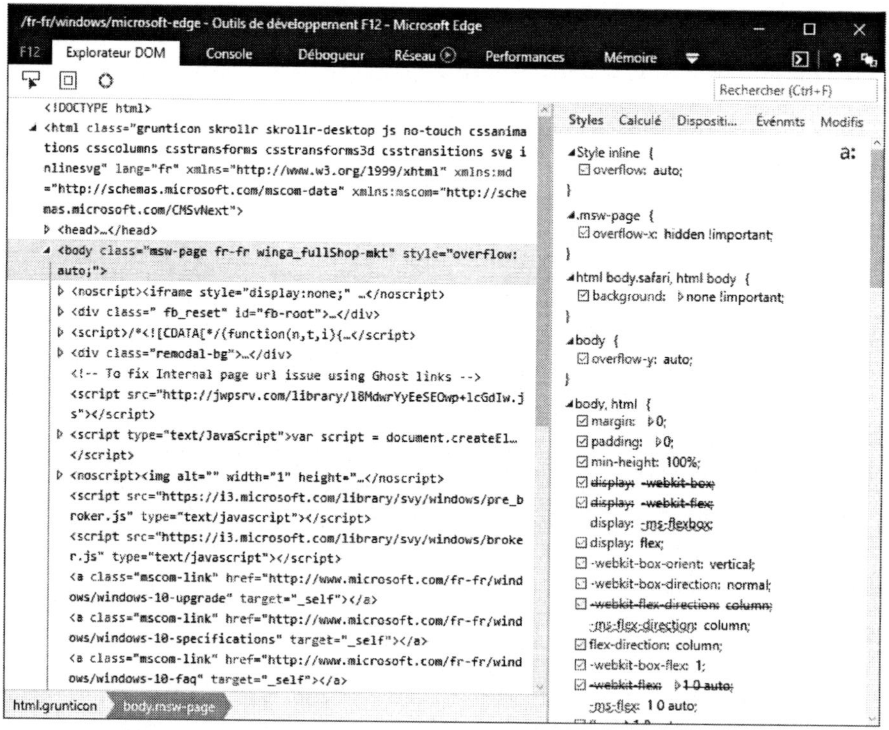

En cliquant sur le menu **Rechercher** puis **Sélectionner l'élément** ([Ctrl] + **B**), la personne en charge du développement visualisera le code HTML interprété en le sélectionnant dans une page web.

Les fonctionnalités liées à la sécurité du navigateur Microsoft Edge sont détaillées dans le chapitre Configuration de la sécurité Windows - Sécurité dans Microsoft Edge.

2.3 Photos

Windows 10 est fourni avec plus d'une quinzaine d'Apps gratuites, couvrant des domaines variés, comme la presse électronique, la gestion des courriels et du contenu multimédia, la météo... Nous allons détailler ensemble les principales, qui nécessitent généralement un compte Microsoft pour fonctionner.

Grâce aux téléphones portables dotés d'appareils photos numériques intégrés, il devient aisé de prendre un grand nombre de photos, de les partager et de les stocker dans divers endroits : ordinateur portable, services en ligne comme Facebook ou OneDrive, smartphone...

L'app **Photos** regroupe les différentes sources dans une même interface, grâce au compte Microsoft. L'arrière-plan de la vignette **Photos** située dans le menu **Démarrer** affiche de manière aléatoire les images stockées.

À l'aide d'un geste de pincement ou bien en maintenant la touche [Ctrl] enfoncée, tout en utilisant la molette de défilement de sa souris, l'utilisateur peut effectuer un zoom avant ou arrière et ainsi afficher plus de photos ou bien une seule en plein écran. Cette action peut aussi s'effectuer en cliquant sur les boutons **+** ou **-** () situés en bas à droite de chaque photo en cours de visualisation.

En effectuant un clic avec le bouton droit sur une photo, il est possible d'effectuer un grand nombre d'actions, comme la partager (par exemple via l'envoi d'un courrier électronique), l'afficher dans un diaporama, la faire pivoter, la modifier ou encore la supprimer.

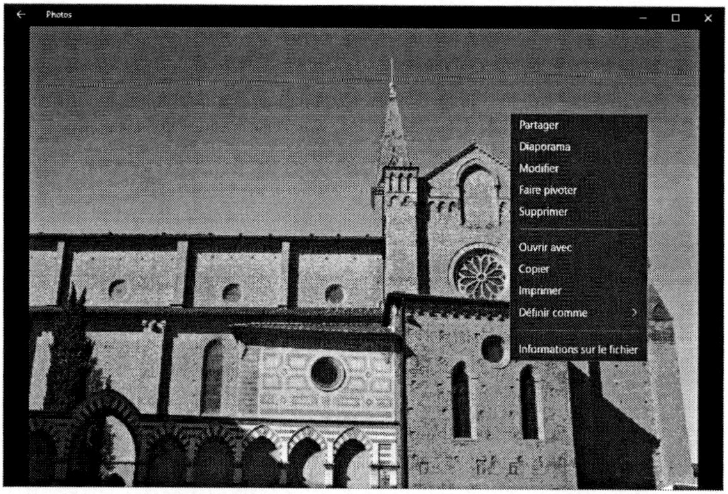

Un menu représentant ces actions est aussi affiché sur chaque image :

Le service de cloud computing **OneDrive** peut enregistrer automatiquement les photos et les rendre ainsi disponibles sur tous les périphériques utilisant cette application.

2.4 Calendrier

L'app **Calendrier**, accessible depuis le menu **Démarrer**, affiche dans une vue sobre les rendez-vous de l'utilisateur, sous forme de grille. Elle nécessite un compte Microsoft pour synchroniser l'agenda lié. Au premier démarrage, l'utilisateur doit choisir le compte hébergeant l'agenda.

Par défaut, une vue mensuelle du calendrier est proposée. L'utilisateur peut afficher les rendez-vous par **Semaine** ou par **Jour** en cliquant sur le bouton .

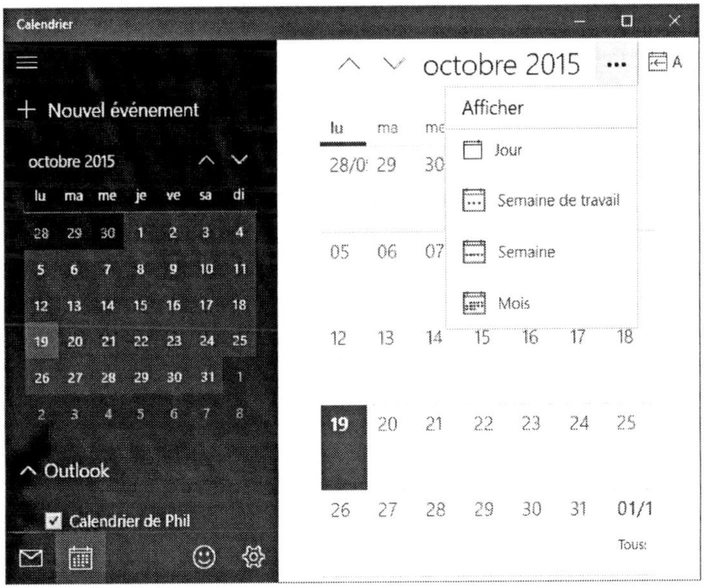

La création d'une entrée dans l'agenda s'effectue grâce au bouton **Nouvel élément** ou en pointant/cliquant sur le jour ou l'heure souhaitée. Renseignez ensuite les champs suivants :

- La description de l'entrée (médecin, sport...).
- La localisation géographique (lieu).
- La date, la fréquence, le moment du rappel, la durée...
- Les personnes invitées grâce à l'envoi d'un courrier électronique via le bouton **Détails**.

Les calendriers de plusieurs comptes Microsoft peuvent être synchronisés en définissant une couleur pour chacun d'eux.

Le bouton **Paramètres**, situé en bas à gauche de l'interface du Calendrier, permet d'ajouter des comptes Microsoft, de gérer la personnalisation (couleurs, fond d'écran), de définir les heures de travail, etc.

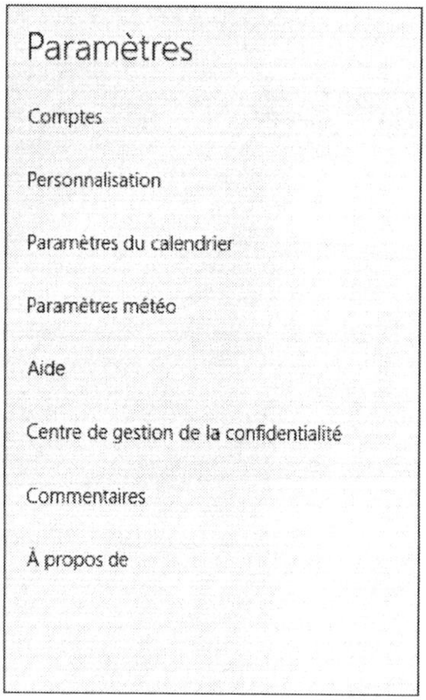

Lorsqu'un rappel a été défini, les notifications des événements sont affichées dans l'interface Windows 10 ou sur la vignette **Calendrier**. Grâce au partage d'écran, l'utilisateur peut à tout moment gérer son agenda tout en continuant ses activités :

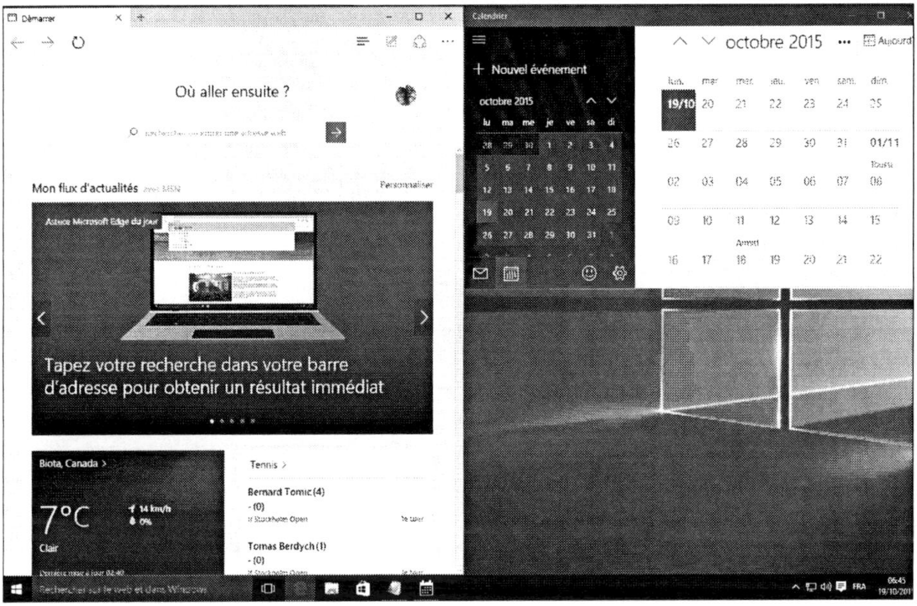

2.5 Courrier

De nos jours, un utilisateur possède plusieurs comptes de messagerie, couvrant les domaines professionnel et personnel, et reçoit ainsi un nombre conséquent de courriels, parfois indésirables. Ce moyen de communication devient extrêmement addictif, car nous souhaitons de plus en plus recevoir des notifications sur notre ordinateur, mais aussi sur notre téléphone portable.

Dès l'instant où l'utilisateur a configuré son compte Microsoft sur sa session Windows 10, l'application **Courrier** est paramétrée. Au premier démarrage, l'App propose d'ajouter un autre compte.

L'interface se divise en trois volets, celui de gauche contenant les dossiers, celui du milieu, les courriels reçus et celui de droite, le volet de lecture, affiche un aperçu du contenu de ces derniers :

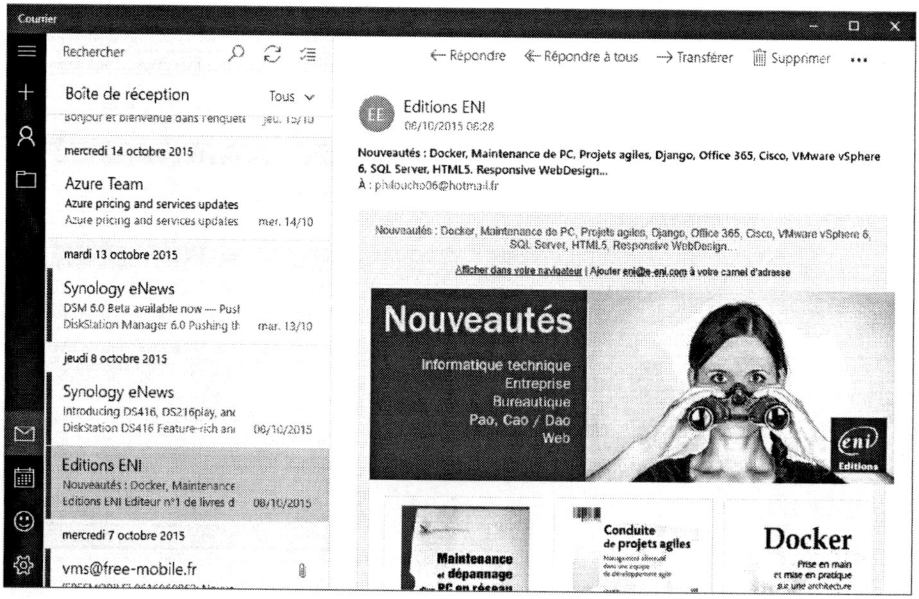

En cliquant sur le nom d'un expéditeur connu, son profil est affiché dans l'application **Contacts**.

Certains boutons sont constamment visibles dans l'interface Courrier et assurent les principales fonctions de gestion de la messagerie électronique :

- **Nouveau message** : création d'un courriel en spécifiant les destinataires, la priorité et les pièces jointes éventuelles. La sélection d'un texte affiche des options de mises en forme supplémentaires (gras, italique, police utilisée...).
- **Répondre** : permet de répondre à l'émetteur.
- **Répondre à tous** : permet de répondre à tous les destinataires.
- **Transférer** : transfère le courriel sélectionné.
- **Supprimer** : déplace le courriel dans le dossier **Éléments supprimés** afin que l'utilisateur puisse choisir ou non de le supprimer définitivement.

Il est possible d'accéder à des options supplémentaires, comme **Déplacer un message**, le **Marquer comme non lu**, en cliquant avec le bouton droit sur un message.

L'impression d'un courriel s'effectue en le sélectionnant puis en cliquant sur l'icône ••• et sur **Imprimer**.

En passant la souris sur le nom d'une personne vous ayant écrit, il est possible d'accéder à des actions rapides, comme envoyer un courriel, appeler, ou bien communiquer grâce à une messagerie instantanée.

Les paramètres des comptes de messagerie sont accessibles depuis l'icône **Paramètres** . L'utilisateur peut ajouter un compte de messagerie, la fréquence de téléchargement du contenu, les dossiers à synchroniser, les notifications, sa signature ou son message d'absence...

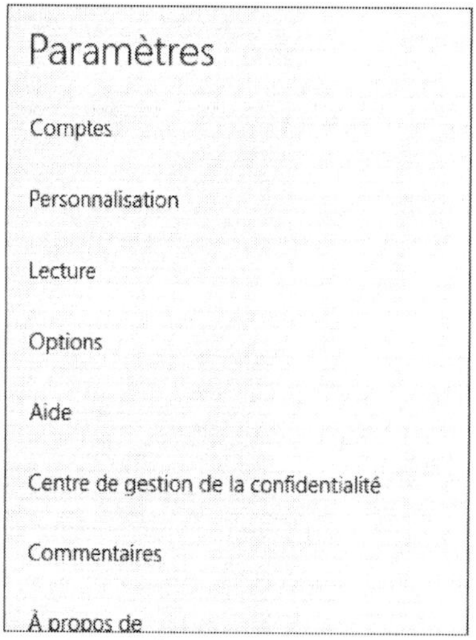

Par défaut, l'application Courrier télécharge les nouveaux courriels lors de leur arrivée dans le ou les comptes de messagerie. L'utilisateur peut néanmoins définir la fréquence d'interrogation (15 minutes, 30 minutes, toutes les heures ou manuellement) des nouveaux messages, afin de préserver la batterie de son ordinateur, depuis **Paramètres** et **Comptes**.

Dans le cas où la bande passante de l'utilisateur serait limitée et facturée, l'application Courrier téléchargera les 20 premiers Ko d'un courriel, en excluant les pièces jointes.

2.6 Contacts

Quotidiennement, l'utilisateur utilise des technologies de communication comme les SMS (*Short Message Service*), les réseaux sociaux, les courriers électroniques ou encore les appels vocaux pour interagir avec son entourage. L'application **Contacts** agrège le contenu de ces communications dans une interface unique, tout en le rendant disponible sur les différents périphériques, grâce au service de cloud computing. Des contacts professionnels et personnels provenant de sites Internet comme Facebook ou LinkedIn peuvent être synchronisés dans l'application.

Une fois les coordonnées d'une personne ajoutées dans Contacts, des notifications sur ses photos et activités seront affichées, l'utilisateur peut ainsi les commenter et les partager.

L'interface permet de visualiser les contacts importés à partir du compte Microsoft.

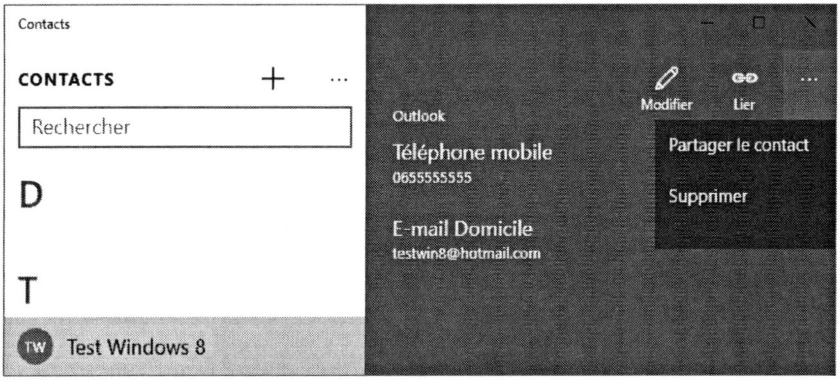

Dans le cas où plusieurs entrées de contacts désigneraient la même personne, comme une connexion à une personne ayant un compte Facebook et un compte LinkedIn avec le même nom, Windows 10 les regroupe dans un seul contact et procure une vue unique de ses informations.

En cliquant avec le bouton droit sur un contact précédemment sélectionné, l'utilisateur peut modifier ou supprimer un contact.

3. Compatibilité des applications

De nombreux problèmes peuvent survenir durant l'installation d'une application : celle-ci peut par exemple essayer de copier des fichiers dans un répertoire appartenant à une ancienne version d'un système d'exploitation Microsoft, mais absent de Windows 10.

Lors du développement du programme, le concepteur peut avoir fait appel à une fonction désormais inexistante.

Le contrôle de compte utilisateur, qui encadre les manipulations sensibles, peut interférer avec le bon fonctionnement du processus d'installation.

Comme la version du noyau du système d'exploitation Windows 10 est 10.0.10240, une application recherchant un ancien numéro de version pour s'exécuter (par exemple version 6 pour Windows Vista) sera dans l'incapacité d'effectuer cette opération.

Lorsque le programme est déjà installé, par exemple suite à une mise à niveau de Windows 7 vers Windows 10, quelques méthodes permettent de corriger les problèmes de compatibilité lors de son exécution :

- Utiliser les technologies de virtualisation : dans certains cas, il sera impossible d'exécuter une application sur Windows 10. Le Client Hyper-V peut pallier cette contrainte.
- Configurer le programme : l'administrateur peut modifier les paramètres de l'application, comme les droits définis sur les fichiers et dossiers nécessaires à son fonctionnement.
- Appliquer les mises à jour : les éditeurs de logiciels proposent aux utilisateurs de télécharger les mises à jour assurant ainsi la compatibilité de leurs produits.
- Désactiver le contrôle de compte utilisateur : en diminuant la sécurité apportée par le contrôle de compte utilisateur, un programme peut devenir pleinement fonctionnel. Néanmoins, cette méthode est à éviter vu les problèmes de sécurité qu'elle engendre.
- Exécuter **Microsoft Application Compatibility Toolkit** : ce logiciel regroupe différents outils pour résoudre les problèmes de compatibilité.

Qu'advient-il lorsque l'utilisateur souhaite installer une ancienne application Windows XP ou Windows 95, sur un ordinateur déjà installé avec Windows 10 ? Microsoft propose quelques outils pour pallier les nombreux problèmes de compatibilité, que nous allons détailler ci-après.

3.1 Assistant Compatibilité des programmes

Les programmes développés pour Windows XP, Windows Vista et Windows 7 devraient fonctionner avec la nouvelle mouture de Microsoft. Dans le cas contraire, l'utilisateur a la possibilité d'exécuter le fichier d'installation (extension .exe ou .msi) en simulant son système d'exploitation de référence, à l'aide de l'**Assistant Compatibilité des programmes**. Pour y accéder, il suffit d'effectuer un clic avec le bouton droit sur le fichier exécutable incriminé depuis l'**Explorateur Windows**, puis de choisir **Propriétés** et de sélectionner l'onglet **Compatibilité**.

La première étape est de choisir le système d'exploitation à simuler parmi un large choix : Windows 95, 98, Millenium, XP (SP2 ou SP3), Vista (SP1 ou SP2), Windows 7 ou Windows 8.

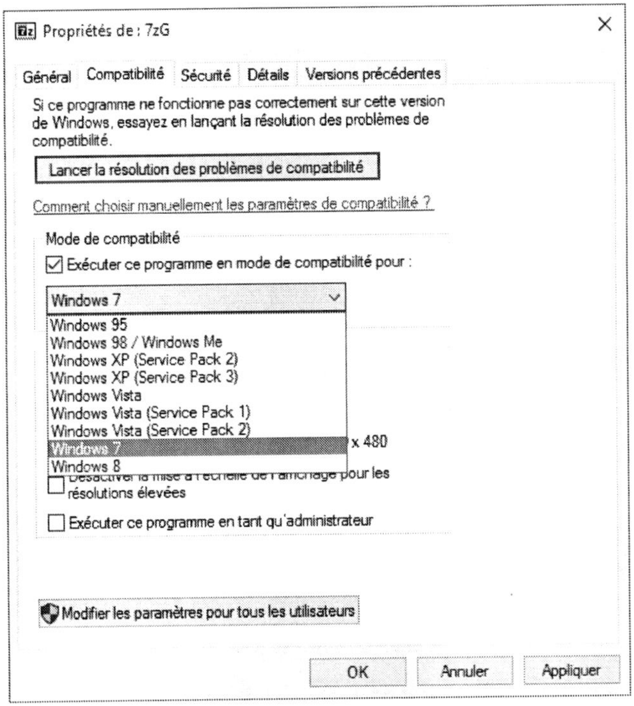

La seconde étape est de définir les paramètres d'exécution : nombre de couleurs, résolution d'écran et l'exécution du programme en tant qu'administrateur.

En cliquant sur le bouton **Lancer la résolution des problèmes de compatibilité**, l'administrateur exécute un assistant qui va vérifier les paramètres pouvant bloquer le bon fonctionnement de l'application et proposer des solutions.

Bien entendu, l'utilisation de cet outil nécessite de s'assurer que la simulation du système cible ne va pas entraîner des problèmes de sécurité sur Windows 10.

3.2 Application Compatibility Toolkit

ACT est un ensemble d'outils de gestion des applications permettant de créer un inventaire des logiciels installés et de créer des rapports de compatibilité en vue d'une mise à niveau vers Windows 10. Il est fourni avec le Kit d'évaluation et de déploiement Windows ADK.

La console **Microsoft Application Compatibility Manager** nécessite une base de données SQL Server, ainsi qu'un dossier partagé pour stocker les journaux liés aux applications.

ACT utilise le composant Framework Microsoft .NET.

L'outil suit un processus d'atténuation des problèmes de compatibilité applicative en cinq étapes :

1. Identification des applications installées sur les ordinateurs du parc informatique.
2. Choix des applications à tester.
3. Test des programmes sélectionnés précédemment.
4. Analyse des résultats.
5. Atténuation des problèmes à l'aide des méthodes de résolution fournies avec ACT.

L'outil propose aussi de corriger une application à l'aide d'un shim. Un shim est une portion de code injectée qui intercepte l'appel à une API (*Application Programming Interface*) et renvoie les réponses attendues par l'application cible.

C'est donc un correctif généré par ACT pour rendre compatible une application jusque-là incompatible avec Windows 10. Il modifie au choix les paramètres transmis par une application à une fonction spécifique ou intercepte le retour d'exécution d'une fonction pour rendre l'application compatible.

L'outil **Compatibility Administrator** génère les shims pour des applications répertoriées ou non. Utilisez le nœud **Compatibility Fixes** pour les visualiser.

En cliquant sur le bouton **Search**, l'administrateur sélectionne le programme qu'il souhaite analyser.

Le bouton **Fix** sert à choisir les shims à appliquer à l'application préalablement sélectionnée.

La base de données du produit contient une liste d'applications connues comme ayant des problèmes de compatibilité avec Windows 10. Utile aux services de développement, un outil comme **SUA** (*Standard User Analyzer*) teste une application en cours d'exécution avec des privilèges élevés afin que l'administrateur puisse savoir si elle nécessite un haut niveau d'élévation. Ainsi, les logiciels auparavant non compatibles avec la sécurité proposée par le **Contrôle de compte utilisateur** pourront fonctionner.

3.3 Prise en charge des applications 16 bits

Windows 10 fournit un module prenant en charge l'exécution des anciennes applications 16 bits, depuis une version 32 bits du système. Par défaut, cette fonctionnalité est désactivée. Par exemple, en utilisant une ancienne commande, comme **edit.com**, l'utilisateur est invité à activer la prise en charge des applications 16 bits. Cette action est à exécuter sous une version 32 bits de Windows 10 :

- Saisissez **cmd** dans le champ de recherche situé dans la barre des tâches, puis cliquez sur **Invite de commandes**. Saisissez **edit.com** puis validez par la touche [Entrée]. La fenêtre de prise en charge des applications 16 bits apparaît.

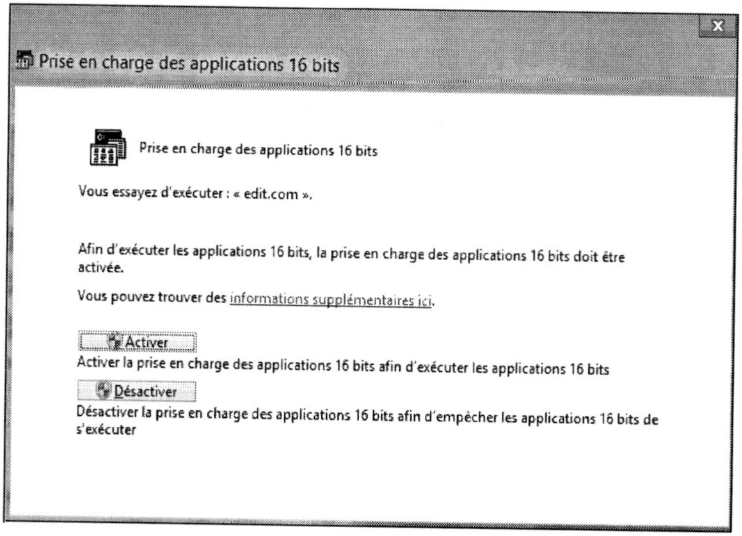

- Cliquez ensuite sur le bouton **Activer** pour exécuter la commande **edit**. Validez en cliquant sur le bouton **Oui** lorsque la fenêtre de contrôle de compte d'utilisateur apparaît.

4. Panneau de configuration et Paramètres

Les utilisateurs visualisent et modifient les paramétrages du système d'exploitation Windows 10 par l'intermédiaire du **Panneau de configuration**.

Cette interface permet de gérer des périphériques, d'ajouter et de supprimer des logiciels, d'améliorer la sécurité du poste ou encore de configurer les connexions réseau... Des composants peuvent y être ajoutés lors de l'installation de logiciels tiers.

Les paramètres du Panneau de configuration sont stockés au format **.cpl**, accessibles en exécutant le fichier correspondant. Par exemple, l'écran de réglage de la date et de l'heure est configurable depuis le fichier **timedate.cpl** contenu dans le dossier **windows\system32** :

- Pressez les touches + **R** et saisissez **timedate.cpl** puis validez par la touche [Entrée] ou le bouton **OK**. L'écran **Date et heure** apparaît.

Des modules du Panneau de configuration peuvent être exécutés d'une manière différente ; le réglage de la résolution d'écran est par exemple accessible en cliquant avec le bouton droit sur une zone vide du bureau et en choisissant **Paramètres d'affichage**.

Microsoft propose deux façons de paramétrer un ordinateur, l'une simplifiée, nommée **Paramètres**, l'autre, plus complète, utilisant l'essentiel des paramétrages fournis avec Windows 7 : le **Panneau de configuration**.

Le Panneau de configuration est accessible depuis le menu **Démarrer** :

- Cliquez avec le bouton droit sur le menu **Démarrer** et sélectionnez **Panneau de configuration**.

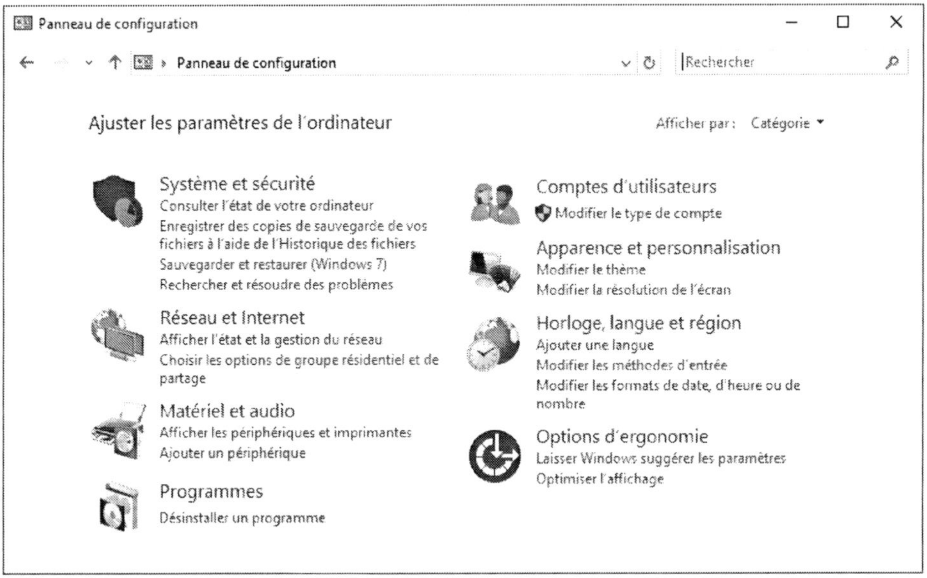

L'affichage des paramètres est défini par catégories, mais l'utilisateur peut aussi les visualiser par petites ou grandes icônes en sélectionnant l'affichage de son choix dans la liste **Afficher par**.

Huit catégories composent le Panneau de configuration :

- **Système et sécurité** : gère toutes les fonctionnalités liées à la sécurité, telles que la sauvegarde, la restauration, l'antivirus, le pare-feu...
- **Réseau et Internet** : permet de configurer l'adresse IP, les profils réseau, le navigateur Internet Explorer ou un groupe résidentiel.
- **Matériel et audio** : propose une interface de gestion des périphériques, comme une imprimante, un scanner, mais aussi les options visuelles ou de sons.
- **Programmes** : permet à l'utilisateur d'ajouter/supprimer/modifier un programme ou d'attribuer une extension à un logiciel.
- **Comptes d'utilisateurs** : définit les paramètres de contrôle parental, de compte Microsoft ou local, et met à disposition le gestionnaire d'identification.
- **Apparence et personnalisation** : permet de définir le thème, le fond d'écran, la résolution du moniteur, la barre des tâches ou l'affichage des dossiers et polices.
- **Horloge, langue et région** : gère le fuseau horaire, les langues de l'interface.
- **Options d'ergonomie** : gère les méthodes d'accessibilité à destination des personnes présentant un handicap.

Remarque

Dans le cadre des démonstrations proposées dans ce livre, l'auteur utilisera l'affichage par petites icônes, afin d'accéder plus rapidement à l'ensemble des fonctionnalités proposées par le panneau de configuration.

L'autre panneau de configuration livré avec Windows 10, **Paramètres**, simplifie la gestion des paramètres propres à l'ordinateur. Pour y accéder :

▶ Cliquez sur le menu **Démarrer** puis **Paramètres**.

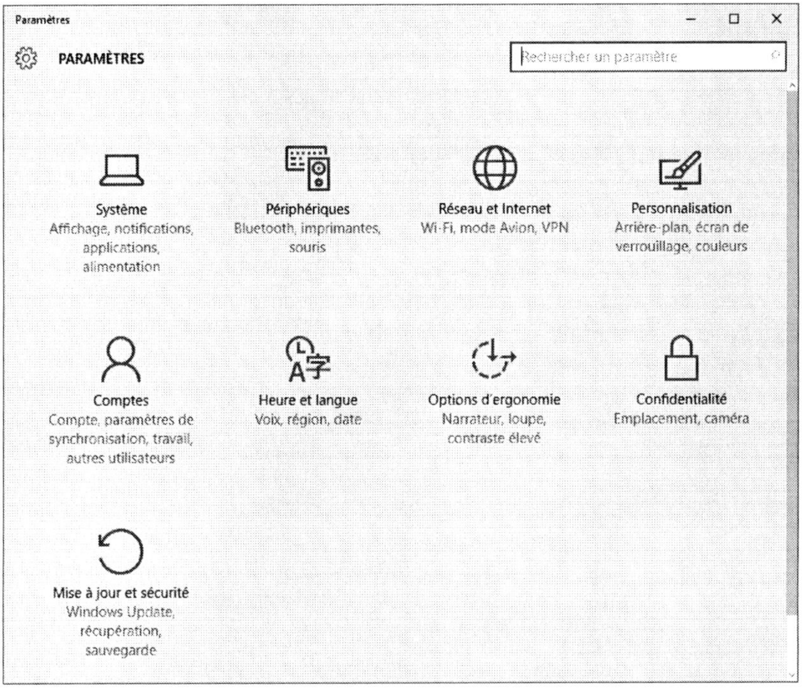

Un ensemble de paramétrages est proposé :

- **Système** : en cliquant sur le bouton **Système**, l'administrateur est invité à gérer les notifications, les paramètres d'affichage, etc.
- **Périphériques** : permet l'installation de périphériques, la configuration du pavé tactile ou de la souris...
- **Réseau et Internet** : contient les connexions VPN ainsi que la configuration d'un proxy ou encore l'Assistant Données qui affiche dans une vue synthétique la consommation des données réseau de l'utilisateur.
- **Personnalisation** : définit l'arrière-plan, les couleurs de l'interface, l'écran de verrouillage, etc.
- **Comptes** : permet la gestion d'un compte d'utilisateur et le paramétrage des options de connexion (cf. chapitre Installation du client Windows 10 - Authentification).

– **Heure et langue** : ajuste les paramètres de langue, de fuseaux horaires, de date et d'heure.

– **Options d'ergonomie** : permet de configurer les programmes et paramètres d'accessibilité disponibles dans Windows 10.

– **Confidentialité** : spécifie le comportement des applications vis-à-vis des données privées de l'utilisateur, comme l'accès à sa localisation géographique.

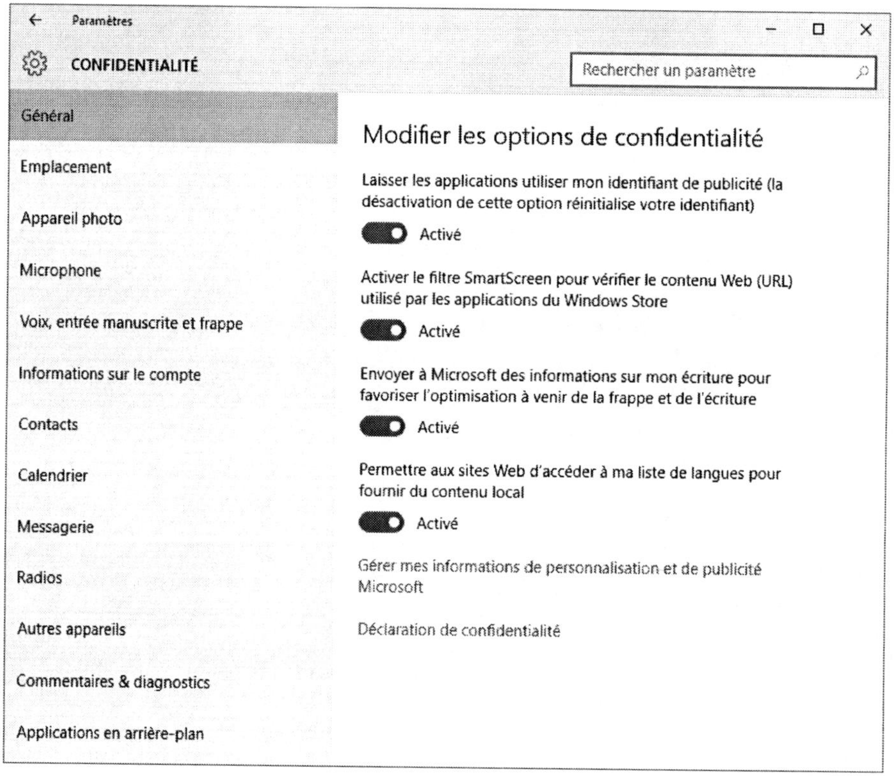

– **Mise à jour et sécurité** : gère le téléchargement et l'application des mises à jour de sécurité, ainsi que les fonctions de récupération du système d'exploitation, telles que **Réinitialiser ce PC**.

5. Gestion du contenu multimédia

Visionner des films et en créer, écouter une musique, jouer en ligne, sont autant de fonctionnalités multimédias utilisées quotidiennement par les utilisateurs. Windows 10 a été conçu avec l'objectif d'optimiser la batterie tout en offrant une lecture réactive des scénarios multimédia, en réduisant la latence réseau.

5.1 Lecteur Windows Media

Le logiciel de gestion du contenu multimédia, Windows Media Center, n'est plus préinstallé avec le système. Le Lecteur Windows Media pallie partiellement ce manque, car même s'il est fourni dans toutes les éditions de Windows 10, il ne permet pas de lire les films disponibles sur DVD ou Blu-ray. L'installation d'un logiciel tiers est dans ce cas requise.

- Saisissez **Windows media** dans le champ de recherche situé sur la barre des tâches, et sélectionnez le résultat **Lecteur Windows Media**. À la première exécution, il est nécessaire de configurer le lecteur, au travers d'une configuration recommandée ou personnalisée. Validez en cliquant sur le bouton **Terminer**.

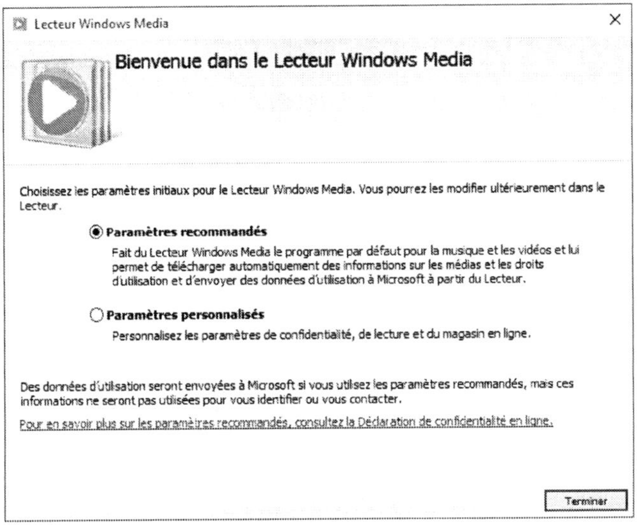

- Créez une playlist via le bouton du même nom, nommez-la puis glissez-déposez des fichiers audio ou vidéo dans l'interface, afin de pouvoir les lire.

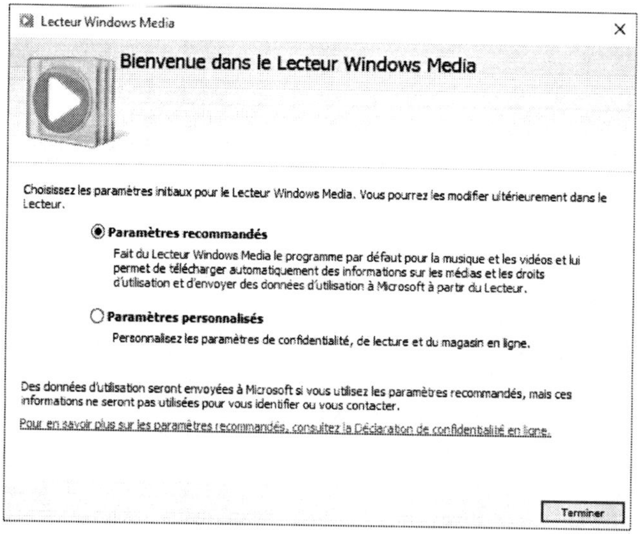

5.2 Lire sur

Devant l'avènement des réseaux sans fil et la place prépondérante qu'ils occupent dans nos foyers, de plus en plus de périphériques sont interconnectés, telles que la télévision, la chaine hi-fi ou une console de jeux vidéo. Windows 10 peut diffuser en continu vers ces périphériques de la musique, des vidéos ou des images. Cette fonctionnalité, connue sous le nom de **Lire sur**, peut être utilisée sur le lecteur Windows Media ou en effectuant un clic avec le bouton droit sur toutes ressources multimédia, puis **Lire sur**.

Avant de pouvoir utiliser cette fonctionnalité, il est nécessaire d'activer la diffusion multimédia en continu sur le poste Windows 10, grâce au Lecteur Windows Media :

- Depuis le Lecteur Windows Media, cliquez sur **Diffuser en continu** puis sur **Activer la diffusion multimédia en continu** dans la fenêtre **Lecteur Windows Media**.
- Cliquez sur le bouton **Activer la diffusion multimédia en continu**.

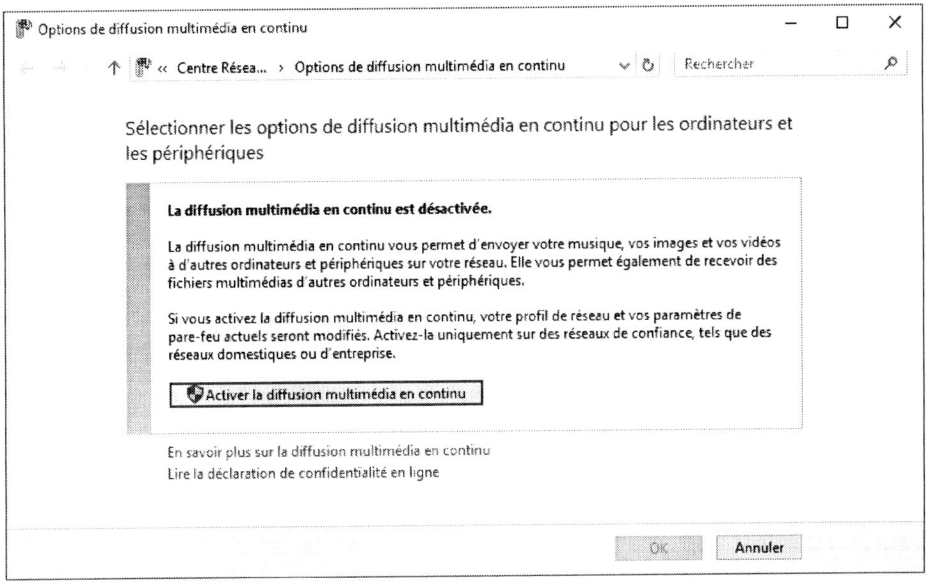

- **Nommez votre bibliothèque multimédia** et sélectionnez le réseau qui affichera les périphériques.

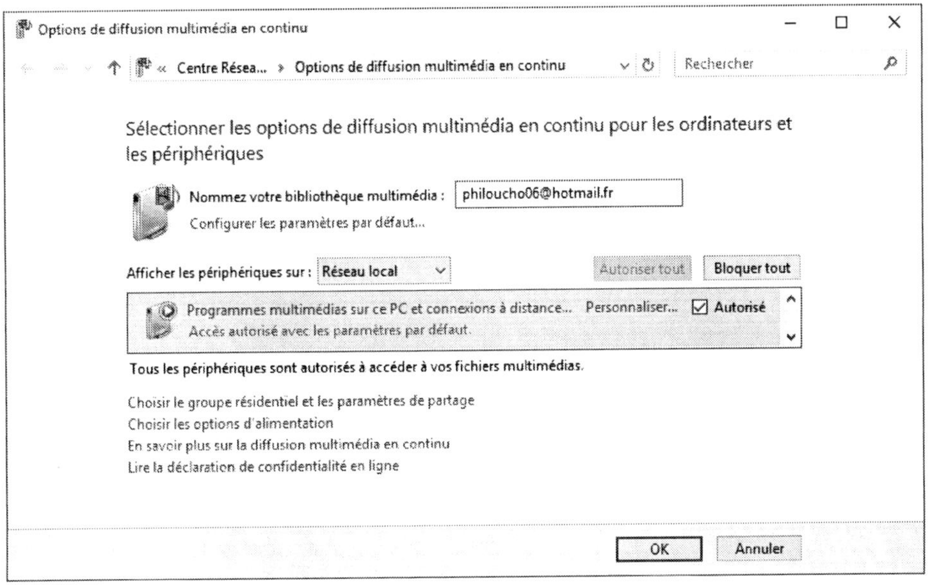

▶ Validez en cliquant sur le bouton **OK**.

Recherchez maintenant sur le poste de travail Windows 10 un fichier multimédia que vous souhaitez diffuser sur un périphérique de votre réseau :

▶ Cliquez avec le bouton droit sur la ressource puis sélectionnez **Lire sur** et cliquez sur le périphérique de votre réseau devant recevoir le fichier. Dans la boîte de dialogue **Lire sur**, vous pouvez lire, mettre en pause ou annuler la diffusion du contenu multimédia.

L'utilisateur peut aussi utiliser la fonctionnalité **Lire sur** depuis le Lecteur Windows Media :

▶ Sélectionnez l'onglet **Lecture** et glissez/déposez le fichier multimédia à lire.

▶ Cliquez sur le bouton **Lire sur**  situé en haut à droite du volet **Liste**, puis sélectionnez le périphérique réseau qui lira le fichier.

Remarque

*La fonctionnalité **Lire sur** est disponible sur les quatre éditions de Windows 10.*

6. Résumé du chapitre

Windows 10 offre une nouvelle interface utilisateur, privilégiant les fonctionnalités tactiles. Le menu **Démarrer** perdure, et contient un grand nombre de fonctions, contrairement à son prédécesseur Windows 8.1. Des vignettes, qui sont des applications pouvant présenter des informations mises à jour et qui s'exécutent en plein écran, sont affichées dans le menu **Démarrer**.

L'interface offre de nouvelles fonctionnalités avec Windows 10 : diaporama affiché sur l'écran de verrouillage et le fond d'écran du bureau, recherche améliorée depuis la barre des tâches, quatre tailles de vignettes.

Grâce à Continuum, l'utilisateur peut retrouver son environnement de travail sur tous ses périphériques (PC, tablette tactile ou même smartphone).

Jusqu'à huit apps exécutées avec Windows 10 peuvent être disposées sur deux écrans.

Grâce à la fonctionnalité Start Screen Control, l'utilisateur, en ouvrant une session sur un poste de travail Windows 10 Entreprise d'un domaine, ne pourra pas modifier la disposition du menu **Démarrer** généré par l'administrateur de l'entreprise.

Windows Store est un magasin qui regroupe dans différentes catégories des apps à télécharger. De nombreuses applications sont livrées avec Windows 10, comme Contacts, Courrier, Photos... La mise à jour des apps est automatisée.

Pour naviguer sur Internet, Microsoft conseille d'utiliser son nouveau navigateur nommé Edge, même si Internet Explorer 11 est toujours disponible pour assurer la compatibilité.

Les programmes développés pour Windows XP, Windows Vista, Windows 7 ou Windows 8 devraient fonctionner avec la nouvelle mouture de Microsoft. Dans le cas contraire, l'utilisateur a la possibilité d'utiliser l'Assistant Compatibilité des programmes, les outils ACT ou encore la technologie de virtualisation Client Hyper-V.

Le logiciel de gestion du contenu multimédia, Windows Media Center, n'est plus disponible avec la nouvelle version du système. L'utilisateur doit utiliser le Lecteur Windows Media.

Chapitre 4
Gestion des disques et des pilotes

1. Partitionnement et gestion des fichiers

Toute nouvelle installation de Windows 10 implique que l'administrateur se soit posé les bonnes questions : mon matériel est-il adapté ? Mes logiciels sont-ils compatibles ? De quel espace disque ai-je besoin pour stocker les données utilisateur et les programmes ?

Partitionner un disque dur signifie le diviser en sections distinctes, afin par exemple de disposer d'une partie pour stocker le système d'exploitation, et d'une autre pour stocker ses données personnelles, les journaux d'événements...

En général, un ordinateur équipé du système d'exploitation Windows 10 est livré avec un seul disque physique, configuré comme un volume unique. Nous allons voir qu'il est possible de réduire ou d'augmenter la taille d'une partition, ou encore d'améliorer la disponibilité en utilisant des technologies éprouvées.

Des logiciels livrés avec Windows 10 permettent d'optimiser les performances du système de fichiers, comme le défragmenteur de disque ou les quotas.

Dans le cas où les différentes opérations effectuées sur le disque dur n'améliorent pas ses performances de manière significative, il peut être intéressant d'acquérir un disque SSD (*Solid-State Drive*), plus rapide et robuste car constitué de mémoire à semi-conducteurs à l'état solide. Un disque SSD diminue l'électricité nécessaire à son fonctionnement. Malheureusement, le coût au Mo de cette technologie reste relativement élevé.

1.1 Partitions MBR et GPT

L'installation de Windows 10 est possible sur un disque dur respectant l'une des deux structures suivantes :

- **MBR** (*Master Boot Record*) : créé lors du partitionnement du disque et positionné sur le premier secteur de celui-ci, cet emplacement supporte quatre partitions principales, mais l'ordinateur ne démarrera que sur celle définie comme active (partition système) et contenant le gestionnaire de démarrage. Il est possible de définir plus de quatre partitions, en désignant une (ou plusieurs) des partitions principales comme une étendue, et lui attribuer ainsi des partitions logiques pour stocker les données. Le BIOS de l'ordinateur requiert cette technologie pour démarrer Windows 10. En cas de corruption de la table MBR, le système ne pourra pas démarrer.

Remarque

La taille maximale des partitions MBR est de 2 To.

- **GPT** (*GUID Partition Table*) : disponible sur un ordinateur UEFI, la table de partition GPT résout les restrictions liées au disque MBR. Contrairement à ce dernier qui contient des références LBA (*Logical Block Address*) codées sur 32 bits, une partition GPT a des références définies sur 64 bits. De plus, une partition système ESP (*Extensible Firmware Interface System Partition*) est stockée sur chaque disque démarrable, ainsi qu'une partition MSR (*Microsoft Reserved Partition*). La technologie GPT est disponible avec Windows Vista, Windows 7, Windows Server 2008, Windows Server 2012, Windows 8.1 et Windows 10.

Un BIOS sur un système 32 ou 64 bits prend en charge la lecture des données d'une partition GPT. Sur une architecture 64 bits ayant un système UEFI, une partition GPT peut être utilisée pour démarrer Windows 10.

Un disque GPT prend en charge jusqu'à 128 partitions principales et offre une redondance pour une taille de volume maximale de 18 Eo (Exaoctets).

Lors de l'installation de Windows 10 sur un disque GPT de démarrage, ce dernier crée trois partitions :

- ESP : d'une taille variable, cette partition contient le gestionnaire de démarrage nécessaire à l'exécution de Windows 10.
- Système d'exploitation.
- MSR : partition cachée ne possédant aucune lettre de lecteur, celle-ci est réservée pour le fonctionnement de Windows 10. Elle ne doit pas être chiffrée.

Trois outils permettent de gérer les partitions utilisées par Windows 10 : **Console gestion des disques**, **PowerShell** et **DiskPart**.

Par exemple, il est possible de convertir simplement une partition MBR vers une partition GPT, et inversement, à l'aide de l'outil DiskPart.

1.1.1 Utilitaire DiskPart

L'exécution de DiskPart nécessite que l'utilisateur soit membre du groupe Opérateur de sauvegarde ou Administrateurs. L'outil peut être intégré à un fichier de réponses pour automatiser le partitionnement du disque dur de l'utilisateur lors de l'installation de Windows 10.

DiskPart déclenche uniquement des actions sur l'ordinateur local, ce qui limite sa portée.

La plupart des commandes DiskPart fonctionnent sur un disque spécifique, une partition ou un volume, ce qui signifie que c'est à l'utilisateur de définir la portée de ses modifications.

Voici par exemple la procédure permettant de réduire un disque de 50 Mo en ligne de commande :

- Cliquez avec le bouton droit sur le menu **Démarrer** puis sur **Invite de commandes (admin)**. Validez en cliquant sur le bouton **Oui** lorsque la fenêtre de contrôle de compte d'utilisateur apparaît. Dans la fenêtre **Administrateur : Invite de commandes**, saisissez **diskpart** et validez par la touche [Entrée].

- Listez les disques en tapant **list disk** puis validez par [Entrée]. Sélectionnez ensuite un disque à réduire en tapant la commande **select disk NUMERODUDISQUE**.
- Listez les volumes disponibles en tapant la commande **list volume**. Puis, sélectionnez le volume à réduire :
  select volume NUMERODUVOLUME

  Diminuez la partition de 50 Mo en tapant **shrink desired=50** et quittez l'invite avec **exit**.

  L'image suivante montre le résultat de ces commandes :

```
Administrateur : Invite de commandes - diskpart
C:\Windows\system32>diskpart

Microsoft DiskPart version 10.0.10240

Copyright (C) 1999-2013 Microsoft Corporation.
Sur l'ordinateur : DESKTOP-D1EM4PK

DISKPART> list disk

  N° disque  Statut         Taille   Libre    Dyn  GPT
  ---------  -------------  -------  -------  ---  ---
  Disque 0    En ligne        119 G octets  1024 K octets

DISKPART> select disk 0

Le disque 0 est maintenant le disque sélectionné.

DISKPART> list volume

  N° volume   Ltr  Nom          Fs     Type        Taille   Statut     Info
  ----------  ---  -----------  -----  ----------  -------  ---------  --------
  Volume 0         Réservé au   NTFS   Partition    500 M   Sain       Système
  Volume 1     C                NTFS   Partition     87 G   Sain       Démarrag
  Volume 2     D   Nouveau nom  NTFS   Partition     31 G   Sain

DISKPART> select volume 2

Le volume 2 est le volume sélectionné.

DISKPART> shrink desired=50

DiskPart a réduit la taille du volume de :   50 M octets

DISKPART>
```

D'autres options sont disponibles, comme la possibilité d'attacher (**attach**) un fichier de disque virtuel, de fusionner un disque enfant avec son parent (**merge**) ou encore de définir un disque hors connexion (**offline**).

Pour étendre une partition, utilisez l'option **EXTEND**.
Exemple : **extend size=50 Disk=3**.

Vous pouvez convertir un disque MBR en disque GPT grâce à la commande DiskPart **convert GPT**. Néanmoins, avant d'effectuer cette opération, il est conseillé de sauvegarder les données présentes et de s'assurer que le disque est actif. Si votre ordinateur contient plusieurs systèmes d'exploitation installés sur un disque MBR, la conversion en disque GPT supprimera la possibilité de démarrer ces anciens systèmes.

Remarque

La conversion d'une partition GPT en une partition MBR n'est possible que si le disque ne contient aucun volume ou partition.

DiskPart prend aussi en charge l'exécution d'un script à l'aide du commutateur **/s**.

Exemple : **diskpart /s monscript.txt**.

1.1.2 Console Gestion des disques

Le composant logiciel enfichable **Gestion des disques** permet d'effectuer toutes les actions courantes sur les disques Windows 10 : l'initialisation, la conversion et la création des volumes ou du style de partition et, bien entendu, le formatage du système de fichiers.

La majorité des tâches associées aux disques peuvent être effectuée sans nécessiter le redémarrage de l'ordinateur.

Remarque

Partitionner un disque peut engendrer dans certains cas la perte de données, il est donc fortement recommandé de sauvegarder celles-ci avant toute modification majeure de vos partitions.

- Pour exécuter la console **Gestion des disques**, cliquez avec le bouton droit sur le menu **Démarrer** et sélectionnez **Gestion du disque**.

  Une autre solution est de presser les touches ⊞ + **R** depuis l'écran d'accueil puis de saisir **diskmgmt.msc** dans la fenêtre de recherche.

Notez la conversion automatique en GPT d'un disque MBR lorsque l'utilisateur ajoute plus de quatre partitions à un disque de base.

La console permet aussi de démarrer un disque dur virtuel Windows (extension VHD ou VHDX) sur le matériel désigné sans aucun autre système d'exploitation parent (cf. chapitre Installation du client Windows 10 - Disque virtuel avec démarrage natif).

Remarque

Étendre ou réduire un volume nécessite de respecter quelques règles en amont : défragmentez le disque et vérifiez qu'aucun fichier d'échange n'y est stocké, et idéalement, sauvegardez vos données.

Pour réduire un volume, il suffit d'effectuer la procédure suivante :

- Cliquez avec le bouton droit sur la partition que vous souhaitez réduire, puis choisissez l'option **Réduire le volume**.

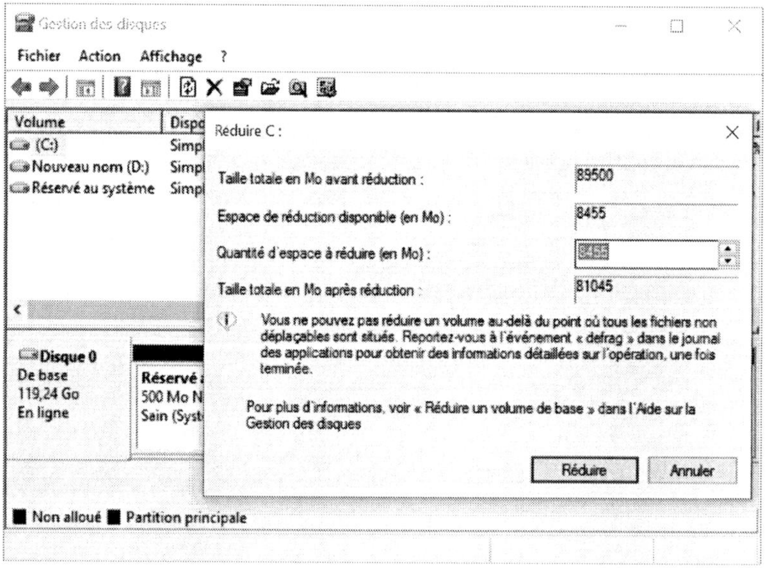

- Dans la boîte de dialogue, entrez la quantité d'espace à réduire et validez par le bouton **Réduire**.

Remarque

*La console **Gestion des disques** peut administrer les partitions d'un ordinateur distant, à condition que celui-ci soit membre d'un domaine Active Directory.*

1.1.3 Commandes PowerShell

Le langage de script PowerShell, successeur de l'interface en ligne de commande et du logiciel **Windows Scripting Host**, permet d'effectuer nativement des opérations complexes sur le disque dur de l'ordinateur.

- Pour exécuter l'invite PowerShell, saisissez **Windows PowerShell** dans la zone de recherche située dans la barre des tâches, puis effectuez un clic avec le bouton droit et **Exécuter en tant qu'administrateur**. Validez en cliquant sur le bouton **Oui** lorsque la fenêtre de contrôle de compte d'utilisateur apparaît.

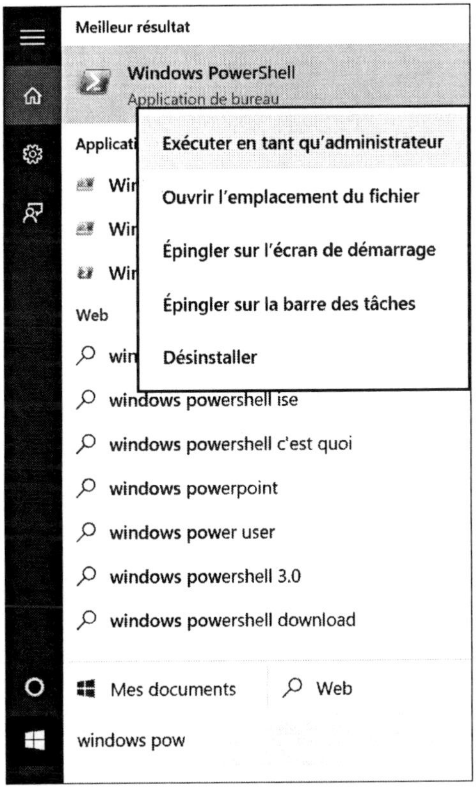

- Pour obtenir la liste de toutes les commandes liées aux opérations sur les disques, saisissez depuis la fenêtre **Administrateur : Windows PowerShell** : **get-command -module storage | more**

▶ Pour visualiser l'historique des commandes tapées, saisissez **history**. La commande **clear-disk** efface quant à elle toutes les données présentes sur les partitions d'un disque dur. Pour afficher la liste de tous les disques durs d'un ordinateur, saisissez : **get-disk**.

▶ Pour formater une partition E: en utilisant le système de fichiers **NTFS** (*New Technology File System*) et en la nommant "Donnees" : **format-volume -DriveLetter E -NewFileSystemLabel Donnees -FileSystem NTFS**

▶ Pour défragmenter la partition D: :
Optimize-Volume -DriveLetter D -Defrag -Verbose

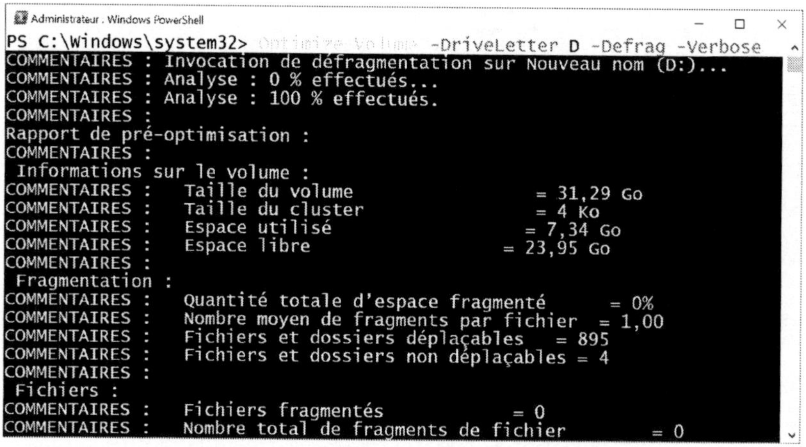

▶ Pour optimiser un disque SSD possédant la lettre de lecteur X :
Optimize-Volume -DriveLetter X -ReTrim -Verbose

1.1.4 Commandes courantes d'opérations sur les disques

Windows 10 propose un ensemble de commandes pour effectuer des opérations sur les disques de l'ordinateur. Le système ne peut être installé que sur une partition NTFS. Néanmoins, si l'utilisateur possède un disque formaté en volume FAT (*File Allocation Table*), la commande **convert.exe** permettra de la convertir en volume NTFS, sans perte de données. L'inverse n'est pas possible. L'utilitaire fonctionne aussi avec les périphériques de stockage amovibles USB. Pour convertir un volume C: en FAT32 vers le format NTFS, en démontant le volume si nécessaire, saisissez **convert c: /FS:NTFS /X** dans une invite de commandes.

La commande **format.exe** permet de formater un disque en spécifiant le système de fichiers parmi FAT, FAT32, EXFAT, NTFS ou UDF (*Universal Disk Format*). Pour formater le volume D: en système de fichiers NTFS rapidement, et en s'assurant qu'il sera au préalable démonté, saisissez la commande suivante en tant qu'administrateur dans une invite de commandes :
Format D: /FS:NTFS /Q /X

L'outil de nettoyage de disque **cleanmgr.exe** supprime les fichiers inutiles (corbeille, fichiers temporaires, rapports d'erreurs, clichés instantanés, programmes inutilisés, fichiers non critiques Windows Defender, etc.) de l'ordinateur après l'avoir analysé. Il fonctionne depuis une interface graphique.

- Pressez les touches ⊞ + **R** puis saisissez **cleanmgr.exe** et validez en pressant la touche [Entrée]. Sélectionnez le lecteur sur lequel vous souhaitez libérer de l'espace disque et cliquez sur le bouton **OK**.

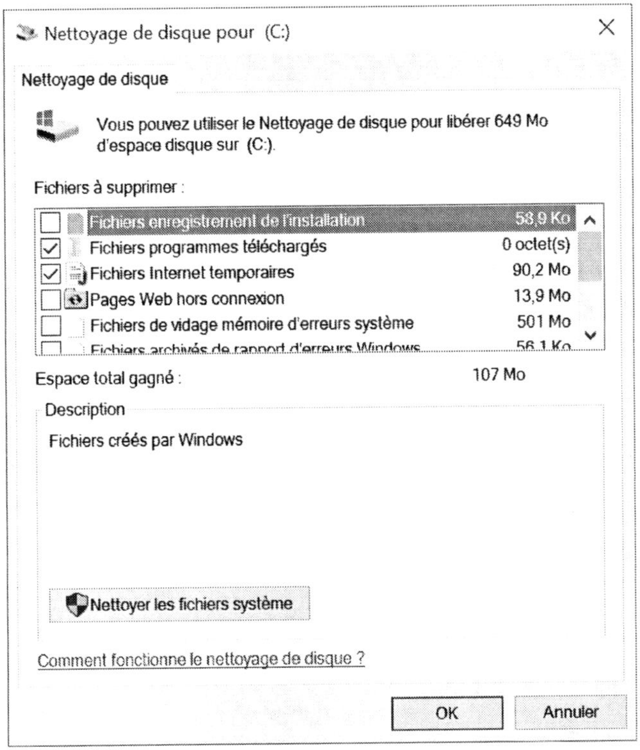

Windows 10 propose la commande **chkdsk.exe**. Celle-ci permet de vérifier un disque, de corriger les problèmes rencontrés et d'afficher un rapport général. Par exemple, lors d'une coupure de courant imprévue, les métadonnées du système de fichiers peuvent être endommagées.

Le système détecte une erreur dans les métadonnées NTFS, puis tente de les corriger sans positionner le disque en mode hors connexion. Si l'erreur est sérieuse, l'utilisateur est prévenu des actions à entreprendre pour corriger le problème.

En mode hors connexion, le temps nécessaire à l'exécution de chkdsk est désormais proportionnel au nombre d'endommagements et non plus au nombre de fichiers présents. À l'aide du paramètre **/spotfix** (dédié aux partitions NTFS), les corrections sur les volumes nécessitent quelques secondes, contre plusieurs heures auparavant.

L'état des lecteurs est affiché dans le **Centre de notifications**.

Chkdsk ne fonctionnant que localement, l'applet de commande PowerShell **Repair-volume** permet de gérer l'intégrité des disques sur des ordinateurs distants.

Si l'utilisateur ne souhaite pas redémarrer son système pour que Chkdsk corrige les erreurs, il peut utiliser l'onglet **Outils** des propriétés du volume NTFS :

- Cliquez sur l'**Explorateur de fichiers** situé dans la barre des tâches puis développez **Ce PC**. Cliquez avec le bouton droit sur la lettre de lecteur de votre disque dur défectueux, puis choisissez **Propriétés**. Sélectionnez l'onglet **Outils**.

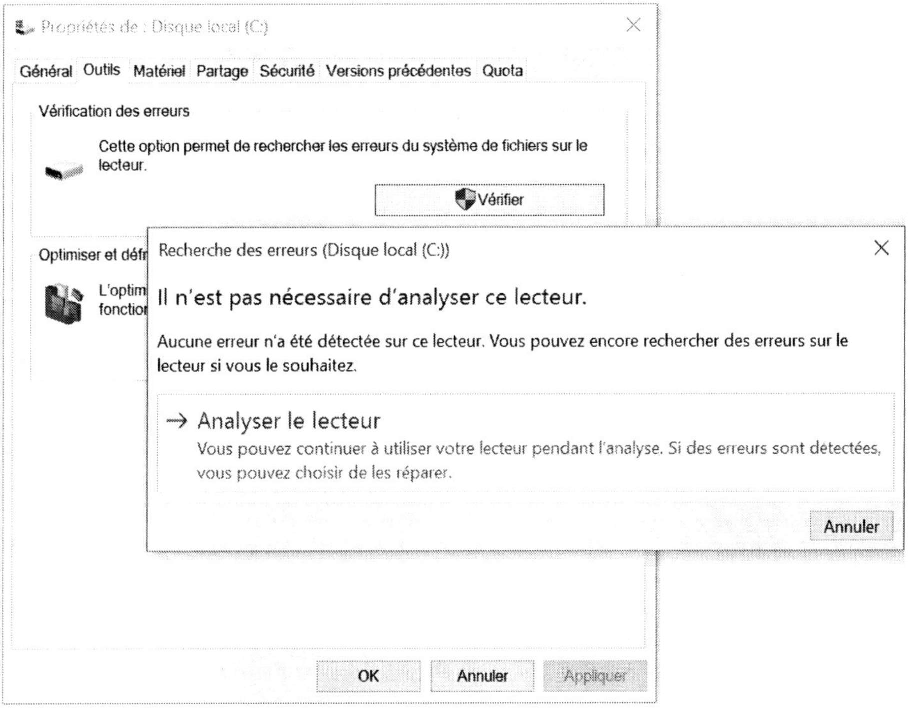

- Cliquez sur le bouton **Vérifier**. L'analyse du disque est exécutée et les éventuelles erreurs sont corrigées.

Remarque

Si le disque impacté contient le système Windows, l'utilisateur devra probablement redémarrer son ordinateur pour résoudre les problèmes détectés.

1.2 Espaces de stockage

Grâce à Windows 10, l'utilisateur peut accéder à des technologies de redondance afin de se protéger contre un disque défaillant ou d'ajouter de l'espace disque supplémentaire en cas de capacité insuffisante : c'est la fonctionnalité **Espaces de stockage**.

Cette fonctionnalité procure aux disques NTFS une meilleure fiabilité et surtout des fonctionnalités de récupération.

Windows 10 permet donc de répartir les données sur plusieurs disques afin de créer une tolérance aux pannes ou d'améliorer les performances en lecture et en écriture : c'est un système **RAID logiciel**, moins performant qu'un **RAID matériel** s'appuyant sur un contrôleur dédié, mais toutefois utile pour renforcer la sécurité des données, tout en augmentant leur disponibilité.

Six niveaux de RAID existent, chacun utilisant un algorithme propre. Nous allons en détailler quelques-uns avant de décrire plus précisément la fonctionnalité **Espaces de stockage** :

- **Volume simple** : ce type de volume dynamique permet de stocker des données dans une partie d'un disque physique mais peut être étendu sur le même disque. Aucune tolérance de panne n'est proposée, car toute défaillance du disque physique entraînera la perte des volumes simples rattachés. Les performances des entrées/sorties sont équivalentes à celles du disque physique hôte.

  Avec Windows 10, il est possible de créer plus de 26 volumes simples, mais seules 26 lettres de lecteur (l'alphabet) sont disponibles pour accéder à ces volumes. Dans ce cas, vous pourrez monter les partitions sans lettre de lecteur dans des dossiers.

  Pour créer un volume simple :

  ▶ Ouvrez la console **Gestion des disques** (console MMC **diskmgmt.msc**). Sélectionnez un espace libre, cliquez dessus avec le bouton droit et sélectionnez **Nouveau volume simple**.

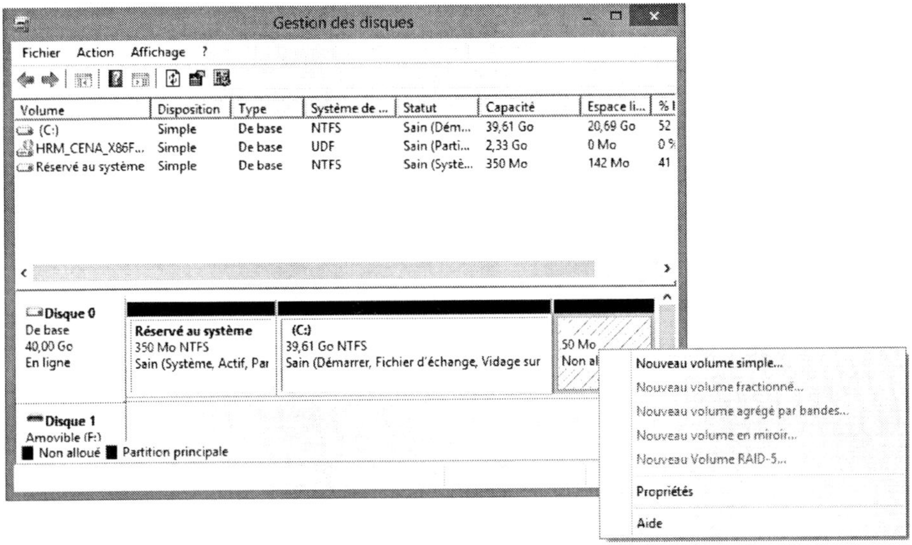

- Définissez ensuite la taille en **Mo** du volume, sa **lettre de lecteur** ou son **dossier NTFS vide**.

- **Volume fractionné** : permet de joindre l'espace disque disponible sur au moins deux disques physiques (et au plus 32) dans un seul volume. Malgré l'absence de tolérance de panne, un volume fractionné peut être réduit ou étendu. Lors de sa création, il faut définir la quantité d'espace à allouer à partir de chaque disque physique. De même lors de sa réduction, il n'est pas possible de réduire un espace du volume fractionné sur un disque, mais l'intégralité des espaces qui le composent. Depuis la console Gestion des disques, sélectionnez l'action **Nouveau volume fractionné**.
- **Volume agrégé par bandes (RAID0)** : équivalent au volume fractionné sur le nombre de disques minimum (deux) et maximum (32) à utiliser, le volume agrégé par bandes nécessite quant à lui un espace identique sur chaque disque. Vous ne pouvez pas étendre ou réduire un volume RAID0 mais les performances d'entrées/sorties sont meilleures qu'un volume simple ou fractionné. Enfin, aucune tolérance de panne n'est fournie, la perte d'un disque entraînant la perte de l'intégralité du volume agrégé par bandes. RAID0 est souvent utilisé pour isoler le fichier d'échange. Depuis la console Gestion des disques, sélectionnez l'action **Nouveau volume agrégé par bandes**.

- **Volume en miroir (RAID1)** : deux disques physiques sont nécessaires, chacun contenant exactement les mêmes données que l'autre, d'où l'utilisation du mot "miroir" pour décrire cette redondance. RAID1 permet d'effectuer une tolérance de panne : la capacité utilisée pour créer ce type de volume est de 50 % de l'espace disque total disponible. Ainsi, si deux disques de 100 Go étaient utilisés pour créer un volume en miroir, seuls 100 Go seraient utilisables par l'utilisateur. Le coût de l'octet est donc relativement important. En cas de disque défaillant, Windows 10 est capable de continuer à fonctionner normalement, en attendant le remplacement du disque défectueux et la reconstruction du RAID1. Depuis la console Gestion des disques, sélectionnez l'action **Nouveau volume en miroir**.
- **Volume agrégé par bandes avec parité (RAID5)** : il faut au minimum trois disques physiques pour créer un volume RAID5, et jusqu'à 32 disques. Ce système fournit une tolérance de panne mais reste moins performant que RAID1 : sa reprise est plus rapide en cas de défaillance. Un volume RAID5 utilise la parité, information indiquant sur quel disque a été stocké tel ou tel fragment des données. Ainsi, si un fragment d'une donnée devenait manquant, la comparaison entre les informations de parité et les autres fragments de la donnée permettrait de reconstituer le fragment perdu. Le RAID5 gère la défaillance d'un disque dur, et l'espace disque disponible est calculable à l'aide de la formule suivante :

  Espace disponible = (espace disque total de l'un des disques) x (nombre de disques du RAID5 - 1)

  Si l'utilisateur possède trois disques ayant chacun une capacité de 10 Go, l'espace disque disponible sera donc de 20 Go.

Remarque

Les volumes RAID5 ne peuvent être étendus.

La fonctionnalité Espaces de stockage utilise ces technologies de redondance en réunissant les disques internes et externes de l'utilisateur dans une réserve (ou pool) de stockage unique, représentée par un disque virtuel.

Celui-ci est utilisé comme n'importe quel disque physique, il peut être partitionné, formaté, supprimé, chiffré avec **BitLocker**... Cette réserve de stockage n'est pas figée, mais évolutive en fonction du besoin de redondance ou d'espace disque.

Remarque

Windows 10 ne peut pas démarrer à partir d'un espace de stockage.

Espaces de stockage gère les disques SSD, SATA (*Serial Advanced Technology Attachment*), USB et SAS (*Serial Attached SCSI*). Si le disque physique prend en charge le protocole SCSI Enclosure Services, un témoin lumineux rouge sera affiché en cas de défaillance de celui-ci. Sinon, les messages d'avertissement seront affichés dans le Centre de notifications. L'administrateur devra changer le disque et recréer le pool depuis l'interface Espaces de stockage ou grâce aux commandes PowerShell.

La réserve de stockage peut être composée de disques physiques de capacités et de connexions différentes.

Remarque

Un stockage amovible clé USB, même formaté en NTFS et ayant une grande capacité d'espace disque, n'est pas supporté par Espaces de stockage.

L'allocation des ressources est dynamique ; par exemple, l'utilisateur crée un espace fixe de 20 To et y ajoute deux disques physiques de 3 To dans la réserve de stockage. Et les 14 To manquants ? Le système effectuera une requête depuis le Centre de notifications, pour ajouter de la capacité uniquement si celle des deux disques physiques était atteinte. Si nécessaire, la taille maximale de l'espace (20 To dans notre exemple) peut être accrue.

Lorsqu'un disque physique est ajouté à la réserve de stockage, ses données sont effacées et inaccessibles, même depuis la corbeille.

En résumé, l'espace de stockage contient la quantité de mémoire disponible théorique, la réserve de stockage gère au moins un (ou plusieurs) disque physique réel en fonction des besoins de l'utilisateur.

Pour créer un espace de stockage, branchez d'abord le deuxième disque que vous utiliserez avec cette fonctionnalité :

- Cliquez avec le bouton droit sur le menu **Démarrer**, puis **Panneau de configuration**. Double cliquez sur **Espaces de stockage**.

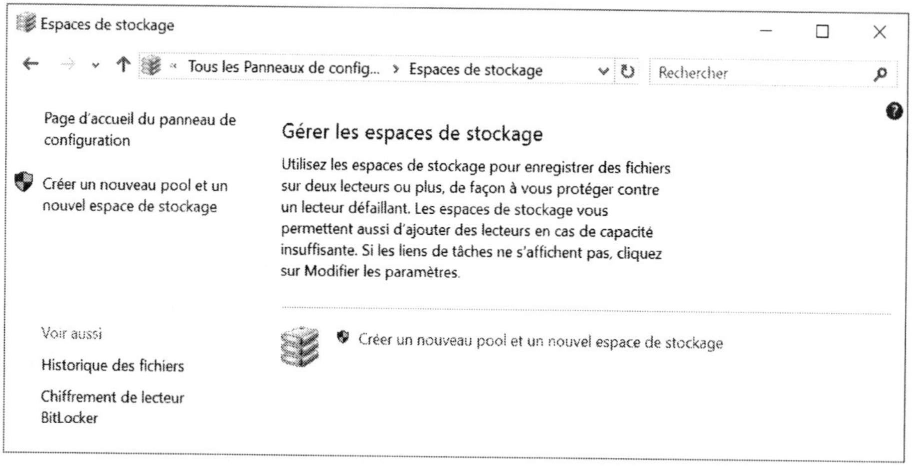

▶ Cliquez sur **Créer un nouveau pool et un nouvel espace de stockage**. Validez en cliquant sur le bouton **Oui** lorsque la fenêtre de contrôle de compte d'utilisateur apparaît.

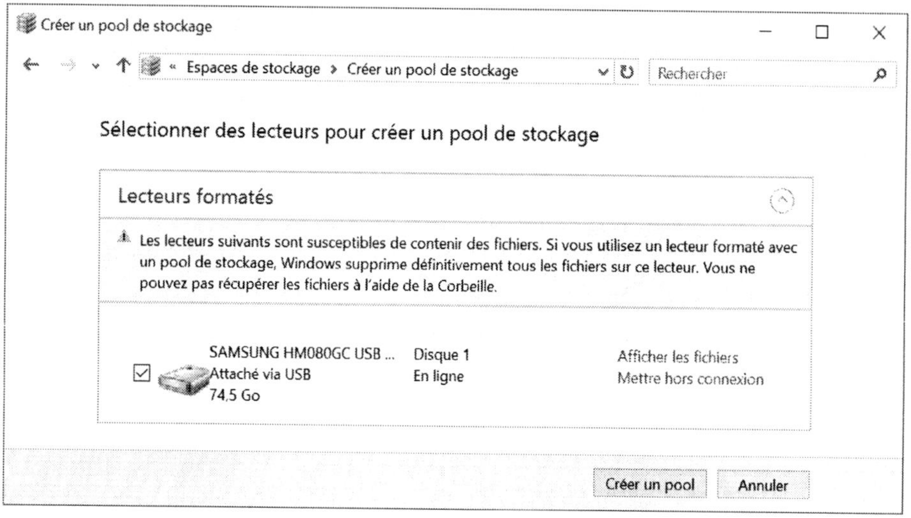

- Sélectionnez le disque cible en cochant la case correspondante puis cliquez sur le bouton **Créer un pool**. Notez que toutes les données présentes sur celui-ci seront supprimées. Pour vérifier son contenu, cliquez sur **Afficher les fichiers**.

- Définissez le **Nom** de votre espace de stockage, puis la **Lettre de lecteur** utilisée par le disque externe. Sélectionnez le système de fichiers **REFS**.

- Choisissez ensuite le type de résilience parmi les quatre choix suivants :
  - **Simple (sans résilience)** : requiert un disque et copie les données sur celui-ci. Aucune tolérance de panne n'est assurée. C'est le choix que vous allez prendre pour cet exemple.
  - **Miroir double** : copie les données sur deux disques, assurant une redondance. Équivalent au RAID 1.
  - **Miroir triple** : requiert trois disques. Si deux disques étaient défectueux simultanément, les données seraient encore accessibles.
  - **Parité** : les données sont copiées sur au moins trois disques grâce au système de parité. Un disque défaillant maintiendra la redondance. Ce type de résilience est équivalent au RAID 5.

La fonctionnalité **Espaces de stockage** gère le nombre de défaillances de disques qui peuvent être tolérées avant que les données soient inaccessibles : c'est le **quorum**. L'accès aux données reste opérationnel si le nombre de disques sains dépasse celui du nombre de disques défaillants. Néanmoins, si l'espace est défini en miroir triple et peut utiliser tous les disques du pool, l'administrateur accédera toujours aux données même si deux disques tombaient en panne.

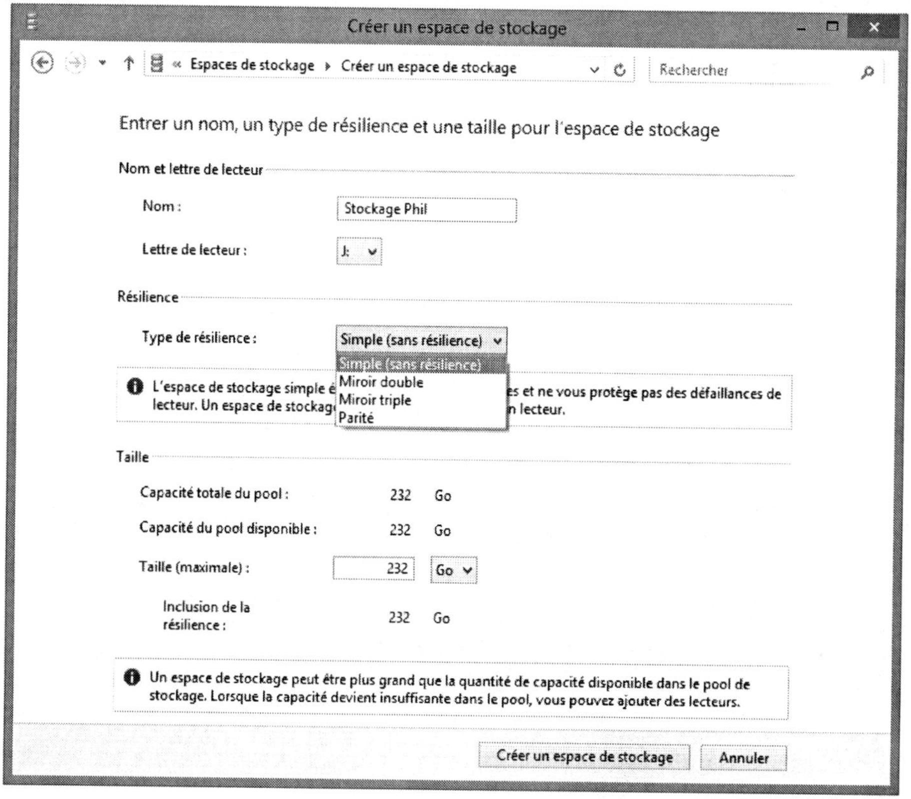

▶ Définissez ensuite la taille maximale du pool de stockage créé en Go ou To. La taille proposée par défaut est celle du disque externe inséré. Validez en cliquant sur le bouton **Créer un espace de stockage**.

Le disque externe est formaté. Dans la fenêtre **Espaces de stockage**, l'utilisateur peut visualiser son pool de stockage, le renommer, le supprimer, y afficher les fichiers ou ajouter des lecteurs supplémentaires.

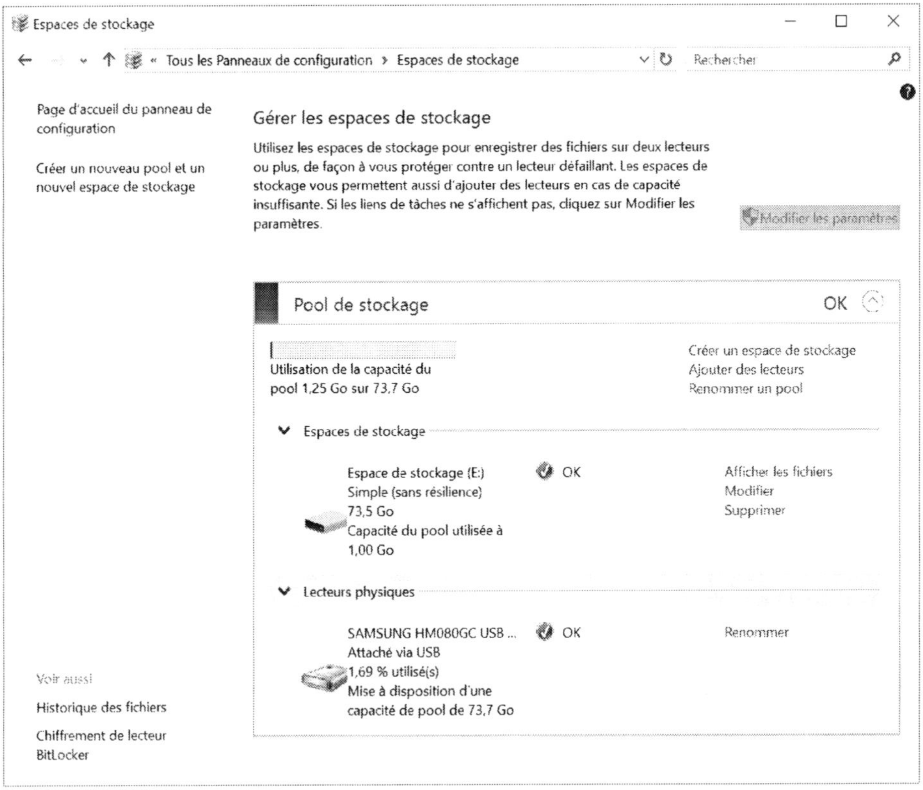

Pour créer un pool de sauvegarde à l'aide du langage PowerShell, saisissez les commandes suivantes :

$a = (get-physicaldisk -CanPool $True)

Nous venons de définir une variable $a contenant les disques physiques éligibles à Espaces de stockage puis :

**New-StoragePool -FriendlyName "Stockage Phil"
-StorageSubSystemFriendlyName "Storage Spaces*"
-PhysicalDisks $a**

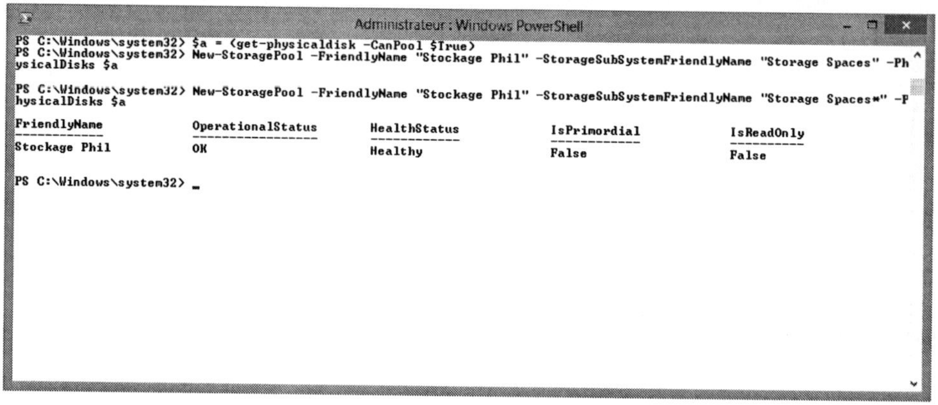

Remarque

Lors du branchement d'un disque physique Espaces de stockage dans le système d'exploitation Windows 7, celui-ci ne pourra gérer le schéma de partitionnement du lecteur.

1.3 Autorisations NTFS

Tout administrateur doit savoir définir des autorisations NTFS sur des dossiers ou fichiers et les rendre accessibles au plus grand nombre grâce au partage. Une autorisation définit le droit d'effectuer une opération sur une ressource.

La définition précise des droits permet d'éviter la fuite de données et les écueils de sécurité. Par défaut, le propriétaire d'une ressource est seul habilité à définir des autorisations, dont celle de pouvoir en donner, à un utilisateur ou à un groupe. Un administrateur peut prendre possession d'un fichier à l'aide de la commande **takeown.exe**.

Les autorisations NTFS protègent les données contre les accès non autorisés effectués localement et depuis le réseau, en conjonction avec celles du partage. L'administrateur peut définir des autorisations standard (lecture, modification...) ou spéciales (appropriation, lecture d'attributs...) plus précises.

Ces autorisations peuvent être définies en cliquant avec le bouton droit sur un dossier ou fichier, puis en sélectionnant **Propriétés**. Cliquez ensuite sur l'onglet **Sécurité** puis sur le bouton **Modifier** pour attribuer les autorisations adéquates.

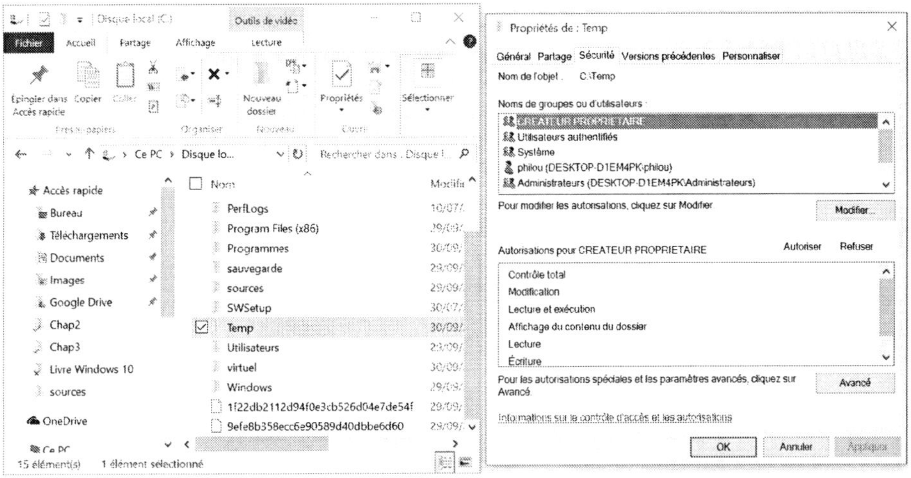

La commande **icacls.exe** modifie et sauvegarde les autorisations NTFS : **icacls c:\windows* /save ACLWINDOWS.txt /t** sauvegarde les listes de contrôle d'accès du dossier Windows et de ses sous-dossiers dans le fichier ACLWINDOWS.txt.

Un dossier (parent) peut contenir un ou plusieurs sous-dossiers (enfants). Une autorisation définie explicitement sur le dossier parent sera propagée sur ses sous-dossiers. Ainsi en cas de modification sur le plus haut niveau hiérarchique, celle-ci sera déployée sur les niveaux inférieurs.

Remarque

Une autorisation définie explicitement est toujours prioritaire sur une autorisation héritée. Néanmoins, si l'accès à un objet est refusé par héritage et que vous définissez explicitement l'autorisation Autoriser, cette dernière sera retenue.

L'héritage sur un dossier enfant peut être bloqué, élevant ce dossier au rang de parent. Lors de ce processus, l'utilisateur doit choisir entre copier les autorisations existantes ou recommencer sur une base vierge.

Pour bloquer l'héritage sur un dossier stocké sur une partition NTFS :

- En tant qu'administrateur, depuis l'**Explorateur Windows**, cliquez avec le bouton droit sur un dossier, puis choisissez **Propriétés**. Cliquez sur l'onglet **Sécurité** puis sur le bouton **Avancé**. Dans l'onglet **Autorisations**, cliquez sur **Modifier les autorisations**.
- Cliquez sur le bouton **Désactiver l'héritage**. Choisissez de convertir les autorisations héritées en autorisations explicites ou de supprimer toutes les autorisations héritées.

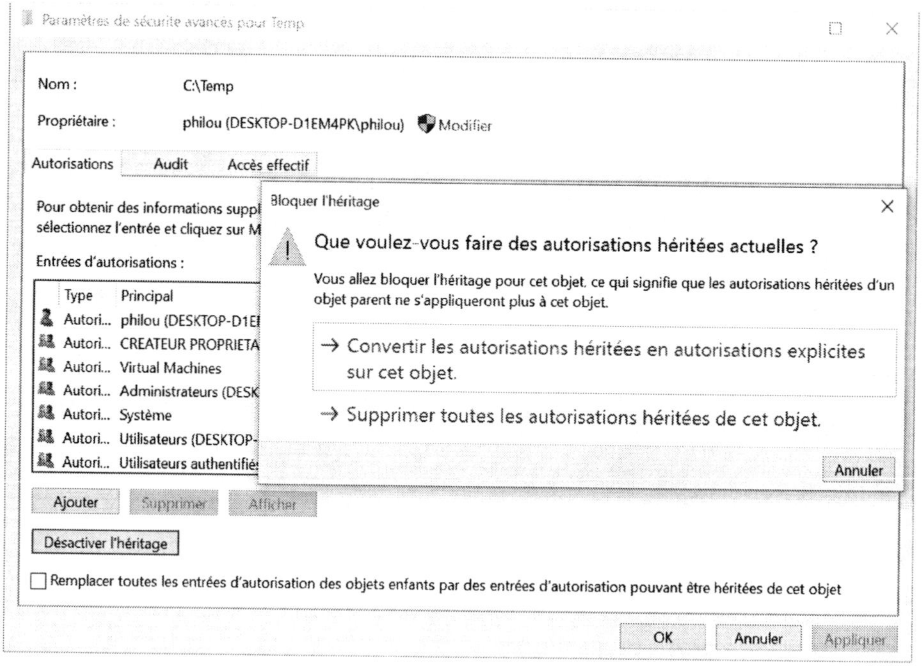

Lorsqu'un utilisateur copie un dossier dans une autre partition ou sur la même partition NTFS, celui-ci hérite des autorisations définies sur la partition de destination.

Lorsqu'un utilisateur déplace un dossier dans une autre partition NTFS, celui-ci hérite des autorisations définies sur le dossier de destination. S'il déplace un dossier dans la même partition, il héritera toujours des autorisations du dossier de destination, mais gardera celles qui lui ont été explicitement attribuées.

En cas de copie ou de déplacement sur une partition autre que NTFS, telle que FAT, le dossier perd toutes ses autorisations.

Remarque

*La commande **robocopy.exe** permet de maintenir les autorisations sur les dossiers ou fichiers lors d'actions de copie ou de déplacement.*

Les autorisations effectives sont la combinaison des autorisations détenues par l'utilisateur et par tous ses groupes d'appartenance.

Pour les visualiser, Microsoft met à disposition l'onglet **Accès effectif**, disponible dans les **Propriétés** d'un dossier :

- Cliquez sur l'onglet **Sécurité** puis sur le bouton **Avancé** et sélectionnez l'onglet **Accès effectif**.

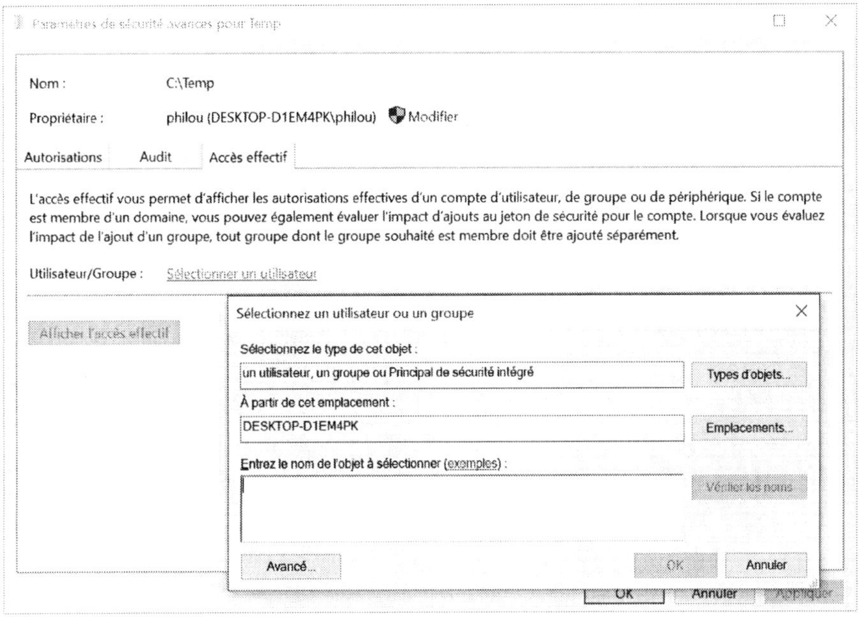

- Cliquez sur **Sélectionner un utilisateur** puis entrez le nom de l'utilisateur, du groupe ou du périphérique (bouton **Types d'objets**) dont vous souhaitez connaître les autorisations effectives. Validez par le bouton **OK**. Cliquez ensuite sur le bouton **Afficher l'accès effectif**.

1.4 Partage de fichiers

Une autorisation de partage définie sur un dossier permet quant à elle de le rendre accessible, ainsi que son contenu (fichiers ou sous-dossiers) au travers du réseau. Il est impossible de partager un fichier. Seuls les membres des groupes Administrateurs, Utilisateurs avec pouvoir et Opérateurs de serveur peuvent partager des dossiers.

Windows 10 permet de simplement partager des ressources avec des ordinateurs du même réseau, grâce au dossier **Public**, accessible par toute personne ayant un compte sur l'ordinateur cible.

Pour activer ce type de partage :

- Effectuez un clic droit sur l'icône représentant un réseau Wi-Fi  ou une prise RJ45, en bas à droite de votre écran, puis choisissez **Centre Réseau et partage**. Cliquez sur **Modifier les paramètres de partage avancés** et développez **Tous les réseaux**. Cochez la case **Activer le partage afin que toute personne avec un accès réseau puisse lire et écrire des fichiers dans les dossiers Public**. En cochant la case **Activer le partage protégé par mot de passe**, seules les personnes possédant un compte utilisateur sur l'ordinateur Windows 10 pourront accéder aux dossiers publics.

La hiérarchie mise en place pour le dossier Public permet de partager le contenu en fonction de son type : **Documents publics**, **Images publiques**, **Musique publique**, **Téléchargements publics** et **Vidéos publiques**. Pour y accéder, exécutez l'**Explorateur Windows** et développez le dossier **C:\Users\Public**, puis copiez les données à partager dans le type de dossier public prévu à cet effet.

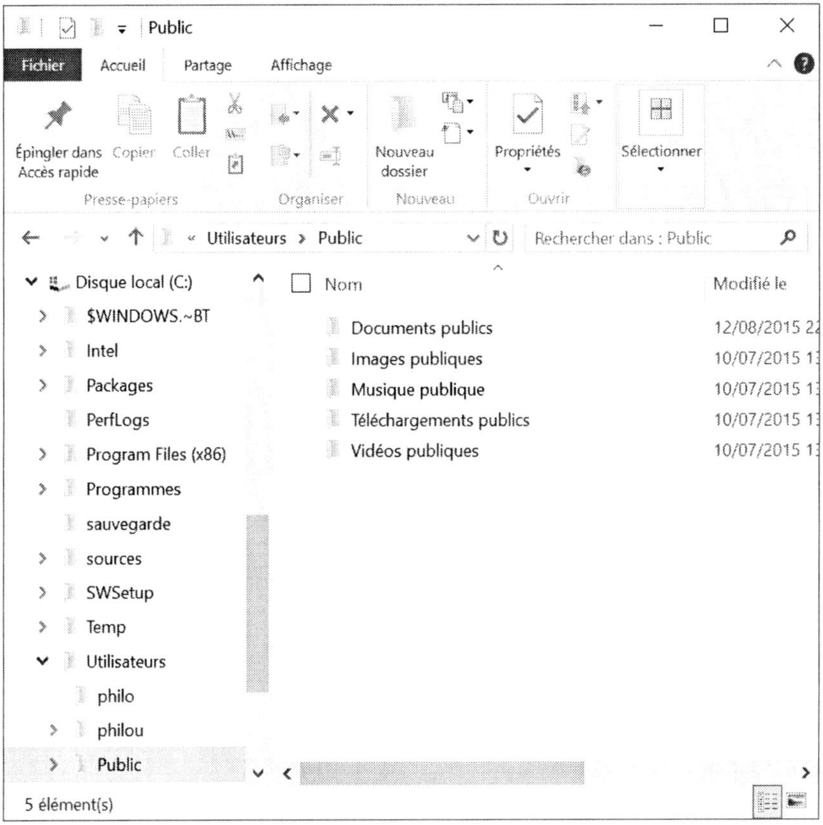

Les paramètres avancés de partage sont définis dans le **Centre Réseau et partage**, et permettent, en fonction de chaque profil (Privé, Public ou Tous les réseaux), d'appliquer des règles de sécurité : par exemple, lorsqu'elle est activée, la découverte du réseau offre la possibilité à Windows 10 d'être détecté par les ordinateurs du réseau. Dans le **Centre Réseau et partage**, cliquez sur **Modifier les paramètres de partage avancés** et configurez les options en fonction du profil.

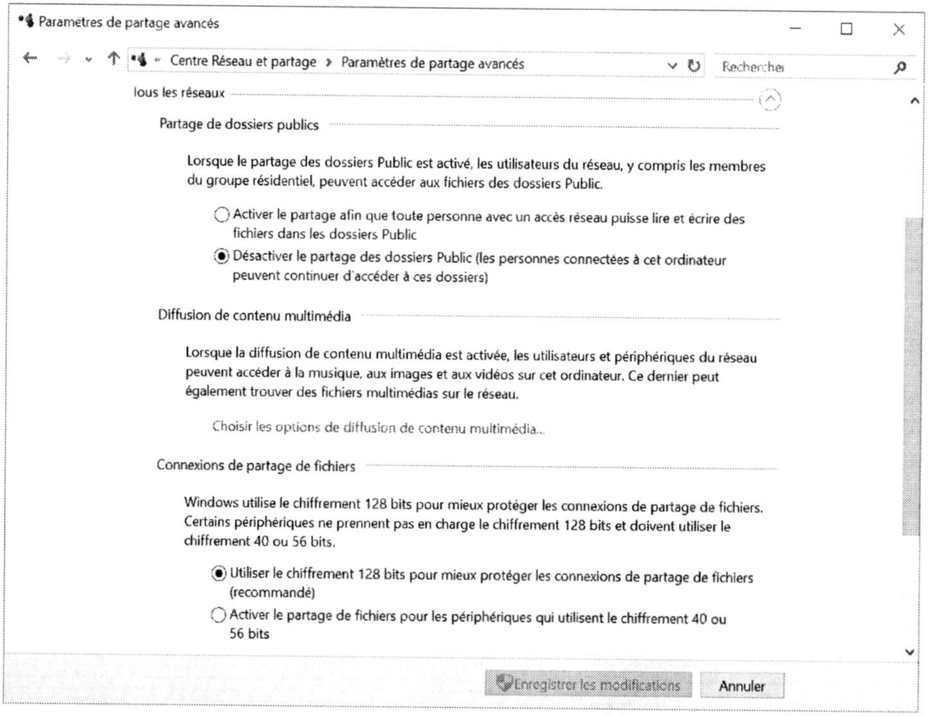

Windows 10 propose le menu rapide **Partager avec**, pour cesser de partager une ressource ou la partager avec des droits simples. Pour partager un dossier :

- Depuis l'**Explorateur Windows**, cliquez avec le bouton droit sur un dossier, puis choisissez **Partager avec** et **Des personnes spécifiques**. Vous pouvez aussi **Cesser de partager** le dossier, le partager avec le **Groupe Résidentiel** (**affichage** et **modification**) ou avec un utilisateur. Saisissez un nom d'utilisateur ou nom de groupe local (ou de domaine) puis cliquez sur les boutons **Ajouter** et **Partager**. Le dossier est partagé. Notez que vous pouvez envoyer par courrier électronique le lien du partage ou bien le copier à destination d'un programme.

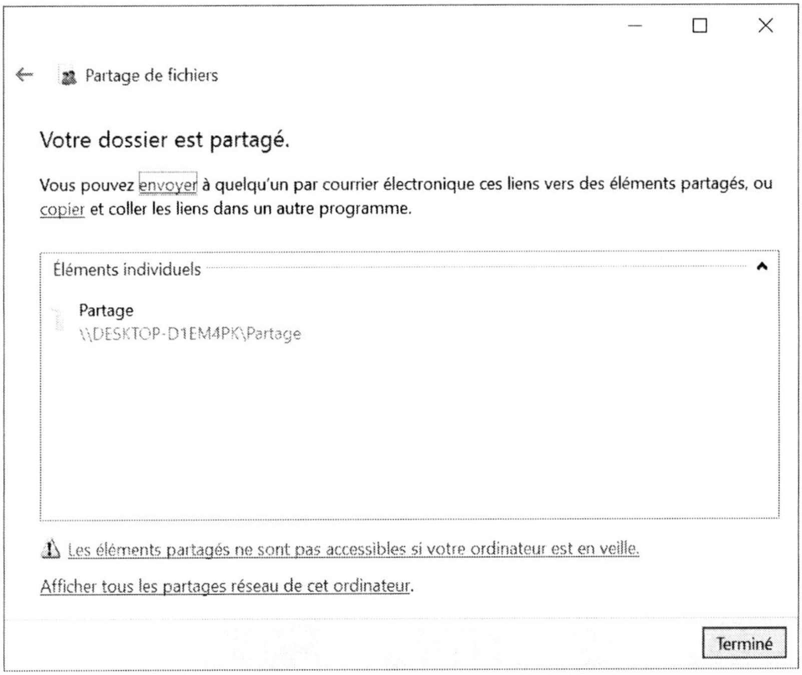

Cette méthode simple répond à des besoins de base. Il est néanmoins possible de définir des autorisations plus précises :

- Cliquez sur le bouton **Partage avancé** depuis l'onglet **Partage** des **Propriétés** d'un dossier. Cochez la case **Partager ce dossier**, puis définissez le ou les noms du partage, en cliquant sur le bouton **Ajouter**. Éventuellement, vous pouvez cacher un partage en ajoutant un **$** au nom de partage. L'utilisateur devra donc connaître son chemin complet pour y accéder : \\NOMSERVEUR\NOMPARTAGE$

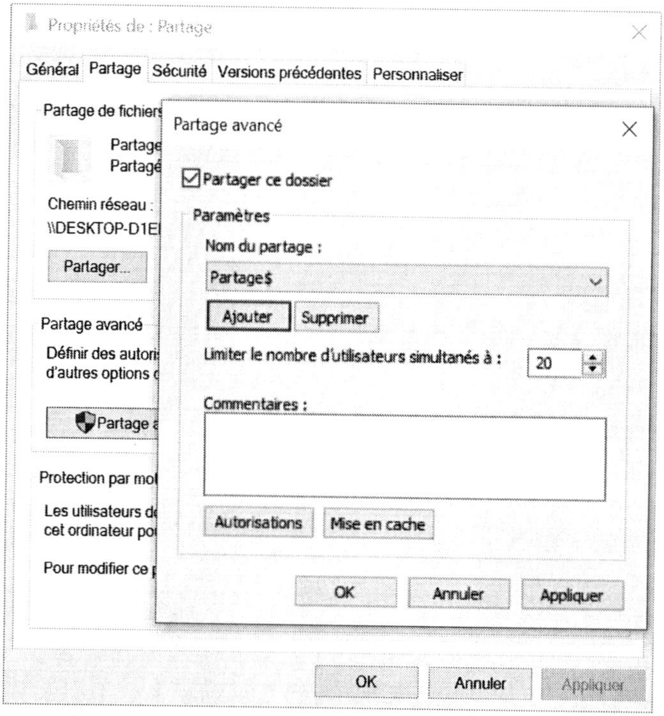

- Définissez le nombre maximum d'utilisateurs pouvant accéder au partage simultanément (20 par défaut) et cliquez sur le bouton **Autorisations** pour créer les accès **Contrôle total**, **Modifier**, **Lecture** (**Autoriser** ou **Refuser**) pour des groupes ou utilisateurs. Validez par le bouton **OK**.
- Le bouton **Mise en cache** permet de définir l'accès du client au contenu du dossier en mode hors connexion (sans connexion réseau).

Il est possible de partager un dossier à l'aide de la commande **net share** si l'utilisateur possède au moins l'autorisation de lecture sur la ressource.

Grâce à la commande **New-SmbShare** du langage **PowerShell**, un partage peut être défini.

Exemple : **New-SmbShare -Name Partage1 -Path c:\temp**

La commande PowerShell **Remove-SmbShare** supprime un partage existant. **Grant-SmbShareAccess** définit les permissions de partage.

Un dossier peut se voir attribuer une lettre de lecteur (mappage) pour un accès plus rapide, à l'aide de la commande **net use**. Exemple : **net use Y: \\mytraining\partage** mappera le lecteur **Y:** sur le dossier partagé **Partage** stocké sur l'ordinateur nommé **mytraining**.

Par défaut, le groupe **Tout le monde** possède l'autorisation de lecture sur une ressource partagée. Idéalement, l'administrateur doit supprimer ce groupe et le remplacer par **Utilisateurs authentifiés**, afin d'améliorer la sécurité lors de l'accès aux ressources du poste Windows 10.

La console **Dossiers partagés** affiche les sessions en cours, les fichiers ouverts et donne la possibilité de créer des dossiers partagés au travers d'un assistant :

- Pressez les touches + **R** et saisissez **mmc** puis validez via la touche [Entrée]. Validez en cliquant sur le bouton **Oui** lorsque la fenêtre de contrôle de compte d'utilisateur apparaît. Cliquez sur le menu **Fichier** puis sur **Ajouter/Supprimer un composant logiciel enfichable**.
- Dans la liste de gauche **Composants logiciels enfichables disponibles**, sélectionnez **Dossiers partagés**, puis cliquez sur le bouton **Ajouter**. Dans la fenêtre **Dossiers partagés**, sélectionnez la case **L'ordinateur local (l'ordinateur sur lequel cette console s'exécute)**, puis cliquez sur **Terminer**. Validez par **OK**. Développez **Dossiers partagés (local)** :

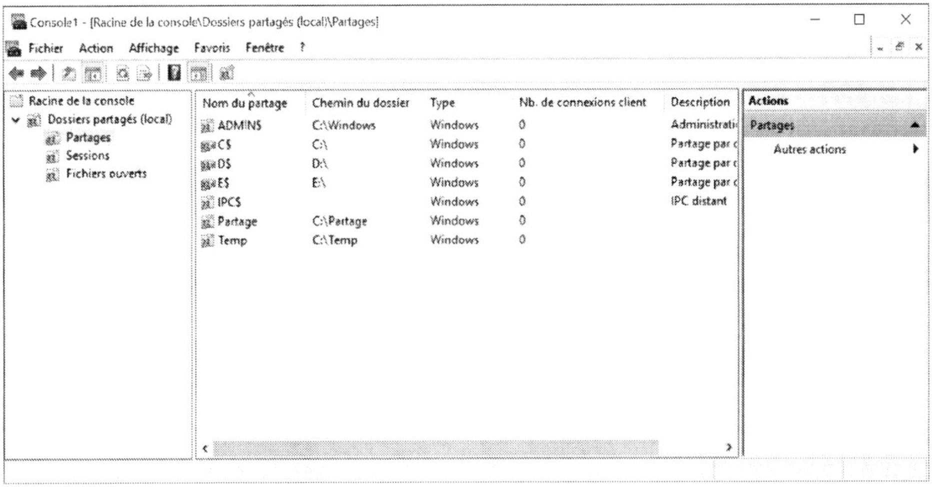

Un dossier partagé sur une partition NTFS combine les autorisations NTFS et de partage afin d'être protégé : les permissions les plus restrictives s'appliquent. Par exemple, si un utilisateur PP possède l'autorisation NTFS **Modifier** et l'autorisation de partage **Lecture** sur le dossier Training, son accès effectif est **Lecture** à ce dossier.

Les permissions NTFS s'appliquent lors d'une ouverture de session locale sur Windows 10, mais aussi depuis un accès distant à un partage.

1.5 Emplacements d'enregistrement

Windows 10 offre une nouvelle fonctionnalité à ses utilisateurs : la redirection des emplacements d'enregistrement pour les documents, images, vidéos, musiques et applications. Ainsi, lorsque le disque C: devient saturé, il est possible d'enregistrer les données suivantes dans une autre partition. Cela s'effectue simplement en cliquant sur **Paramètres** du menu **Démarrer** puis en sélectionnant **Système** et **Stockage**.

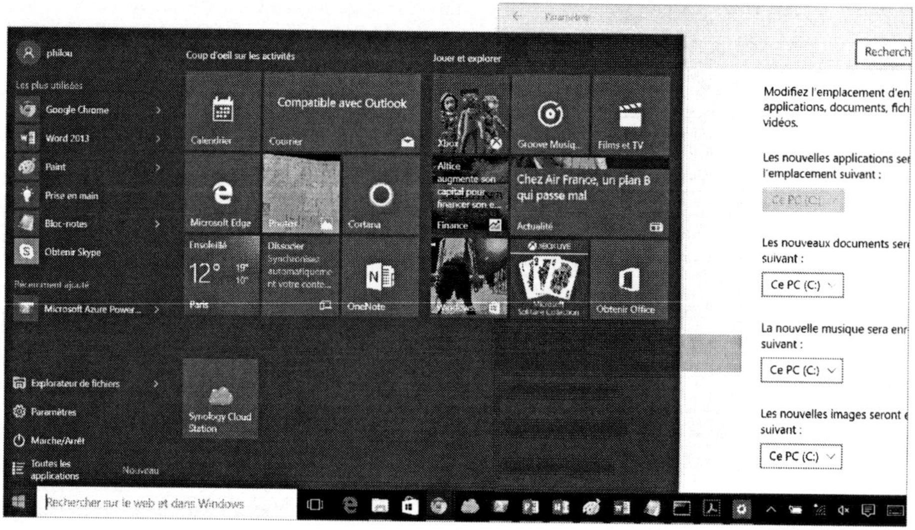

◘ Choisissez en fonction du type de données (documents, images, etc.) le dossier cible d'enregistrement :

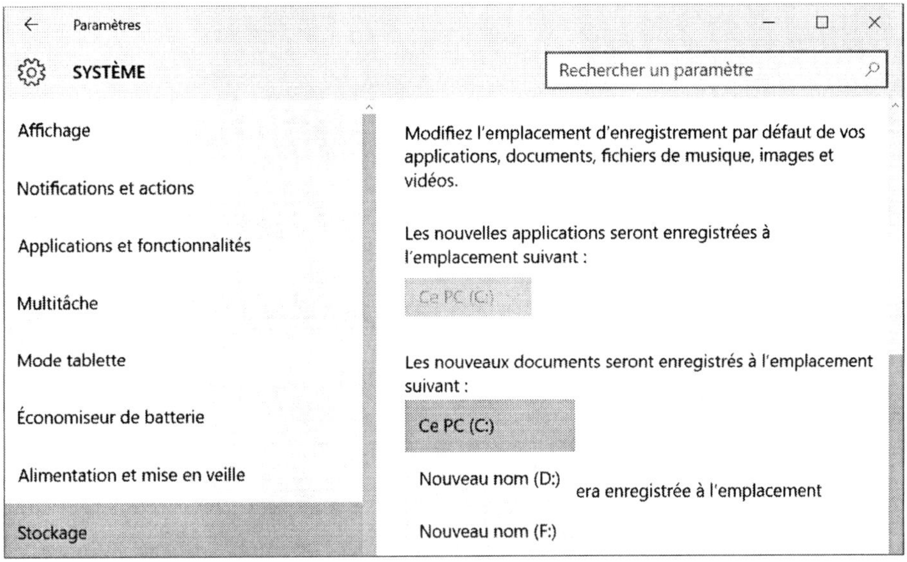

Dans notre exemple, nous pouvons choisir les partitions **D:** ou **F:**.

Cette méthode ne déplace malheureusement pas les anciens dossiers stockés dans Documents, Images, etc. avant l'application de cette procédure. Elle ne déplacera que les prochaines données créées.

◘ Pour pallier ce problème, il suffit d'effectuer un clic droit sur un de ces dossiers dans l'**Explorateur Windows**, puis sélectionnez **Propriétés** et l'onglet **Emplacements**. Spécifiez un nouveau dossier cible grâce au bouton **Déplacer** puis cliquez sur le bouton **Appliquer**. Un message vous proposant de déplacer les données situées dans l'ancien emplacement vers le nouveau apparaît. Cliquez sur le bouton **Oui** pour confirmer le déplacement.

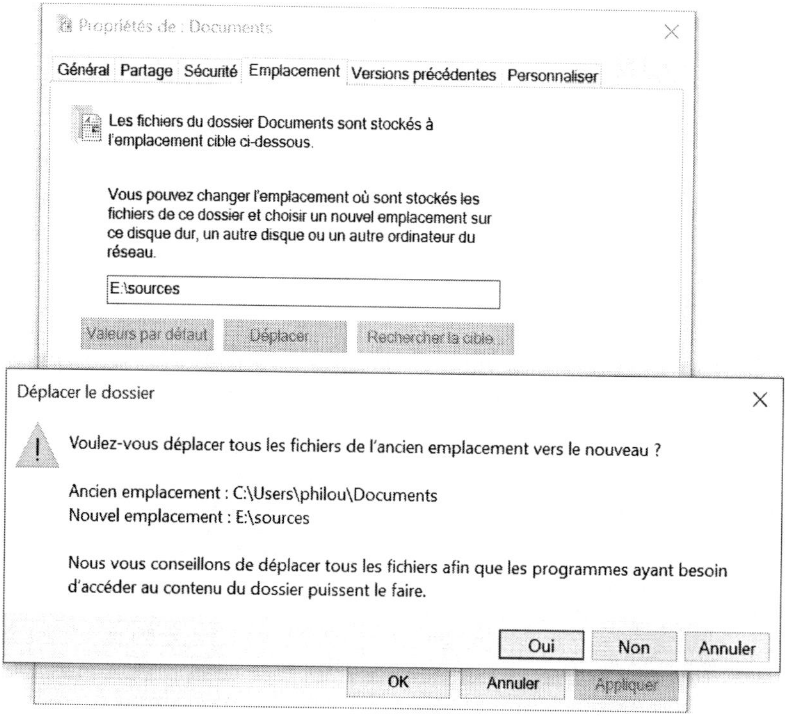

Notez que s'il advenait que le support de destination ne soit plus disponible, le système basculerait automatiquement sur le disque C:.

1.6 Explorateur Windows

Un des outils les plus utilisés sur les postes de travail Windows est sans conteste l'**Explorateur Windows** (accessible depuis la barre des tâches ou en pressant les touches + **E**), qui gère les opérations courantes sur les fichiers : copie, déplacement, suppression, affichage des propriétés... mais aussi, l'affichage de photos ou l'exécution de logiciels.

Une amélioration notable est le menu **Accès rapide**, qui contient les dossiers accédés fréquemment par l'utilisateur. Ajouter un dossier à ce menu est simple, il suffit d'effectuer un clic avec le bouton droit sur la cible puis de sélectionner **Épingler dans Accès rapide**.

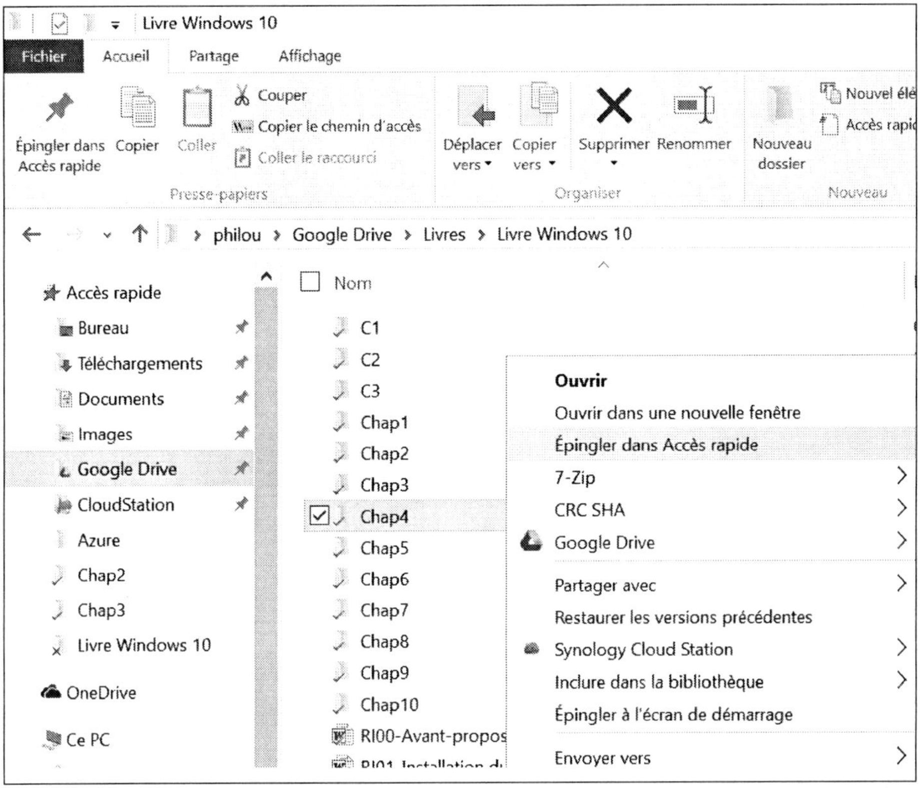

L'utilisateur peut aussi partager un fichier auprès d'une application en sélectionnant le fichier puis en cliquant sur l'onglet **Partage** et le bouton **Partager** de l'Explorateur Windows.

Un ruban bleu apparaît sur la droite de l'écran vous montrant les applications éligibles à ce partage.

Dans l'exemple ci-dessous, nous avons partagé le fichier "Windows 10 TDM RI PPAIOLA.docx" auprès de l'application **Courrier**. Cela aura pour effet de proposer l'envoi d'un courriel avec le fichier mentionné en pièce jointe.

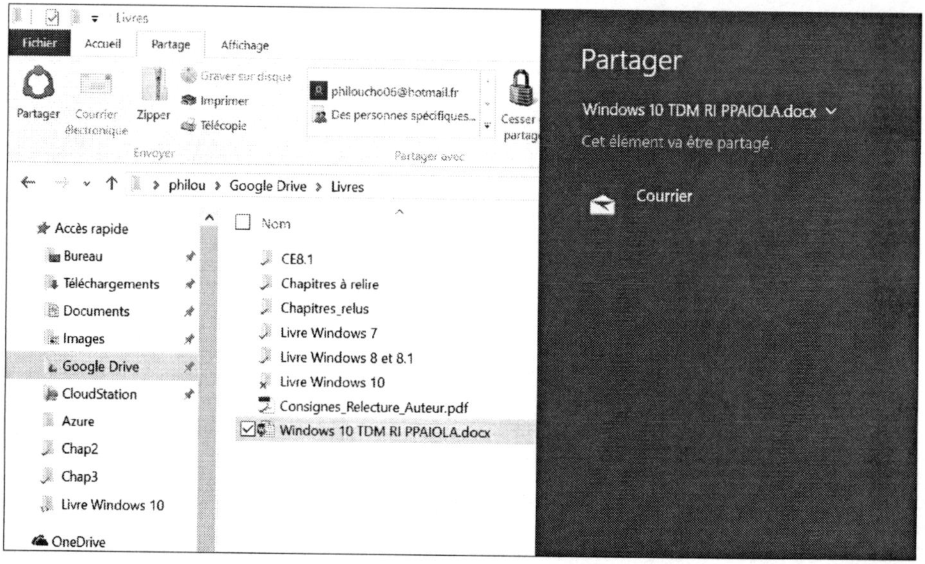

Le menu **Fichier** permet d'exécuter une invite de commandes ou un interpréteur PowerShell, de supprimer l'historique des emplacements récents et de la barre d'adresses ou encore de fermer l'Explorateur Windows.

L'ergonomie a été repensée, grâce au système de ruban, afin d'optimiser le confort d'utilisation :

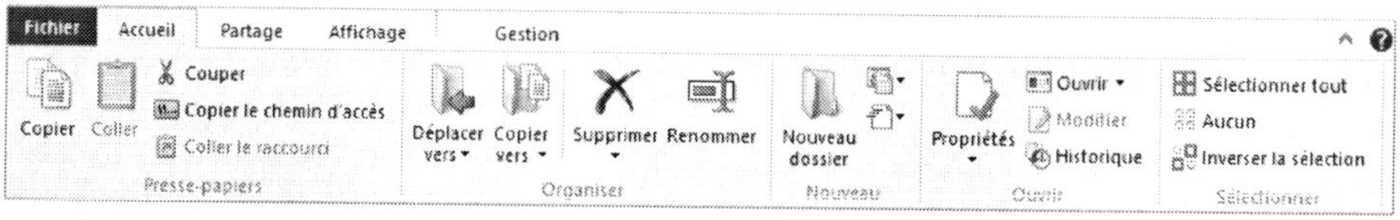

Sur chaque onglet, des catégories sont définies, comme celle du **Presse-papiers** qui regroupe les actions **Copier**, **Couper**, **Coller**.

Trois onglets composent le ruban, offrant un large panel de commandes :

- **Accueil** (raccourci-clavier [Alt] **H**) : les actions les plus souvent exécutées sont affichées, comme la copie, la suppression, le déplacement, la création d'un nouveau dossier ou la fonction de restauration **Historique des fichiers**.
- **Partage** (raccourci-clavier [Alt] **S**) : l'utilisateur peut graver, envoyer par courrier électronique, compresser, imprimer, partager ou faxer un dossier ou un fichier. Le bouton **Sécurité avancée** affiche les permissions NTFS et de partage, ainsi que les entrées d'audit :

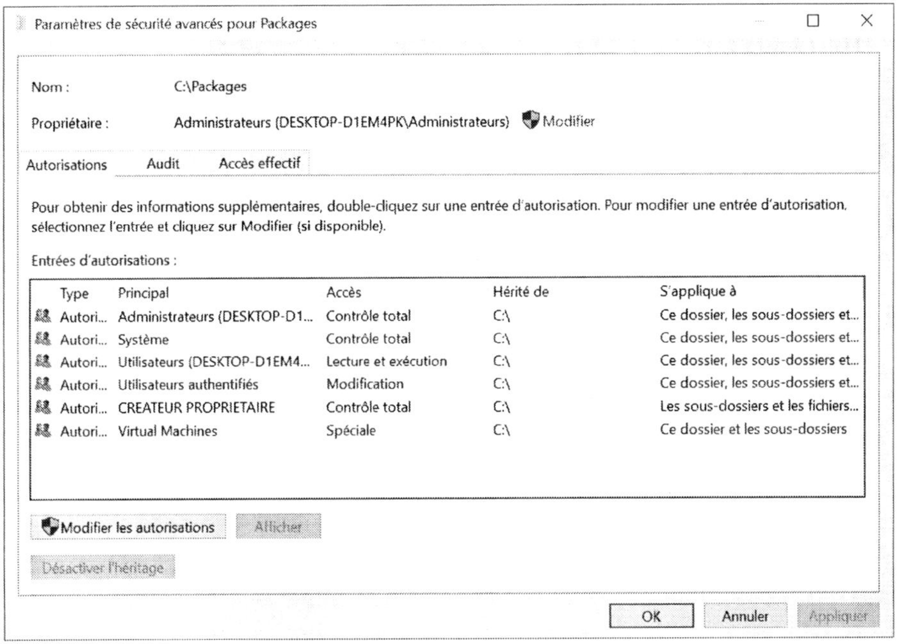

- **Affichage** (raccourci-clavier [Alt] **V**) : définit la manière dont les informations vont être visualisées, ainsi que les différents volets de navigation.

L'Explorateur Windows crée dynamiquement des onglets en fonction de la ressource sélectionnée. Ainsi, si l'utilisateur sélectionne le dossier Musique de la Bibliothèque, un onglet **Lecture** apparaîtra en proposant les actions les plus courantes sur ce type de données : **Lire**, **Lire tout**, **Diffuser sur un appareil** ou **Ajouter à la playlist** :

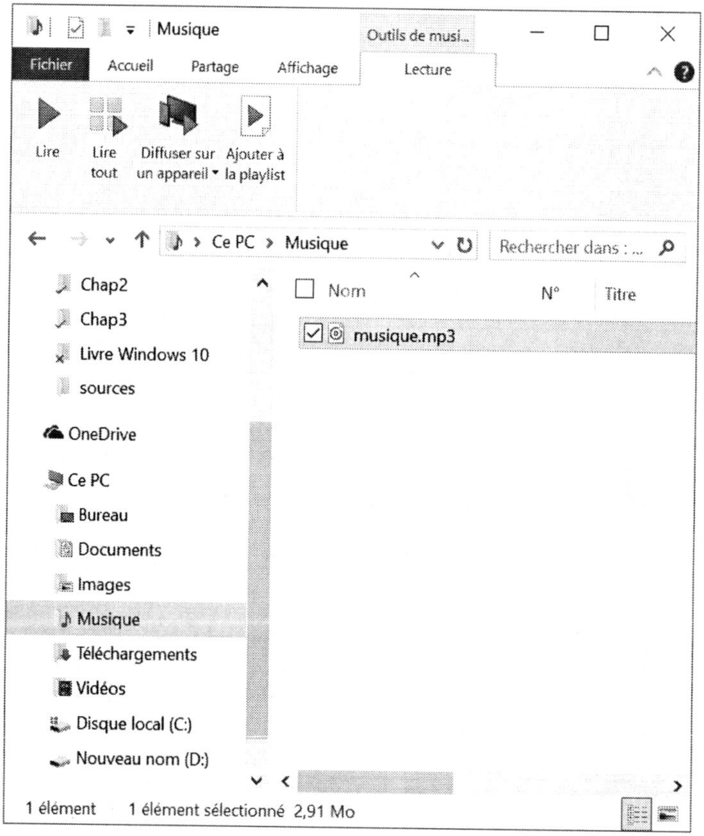

Remarque

Pour connaître les raccourcis-clavier attribués à chaque commande, pressez sans relâcher les touches du clavier [Alt] et celle de la lettre correspondant à l'onglet visé.

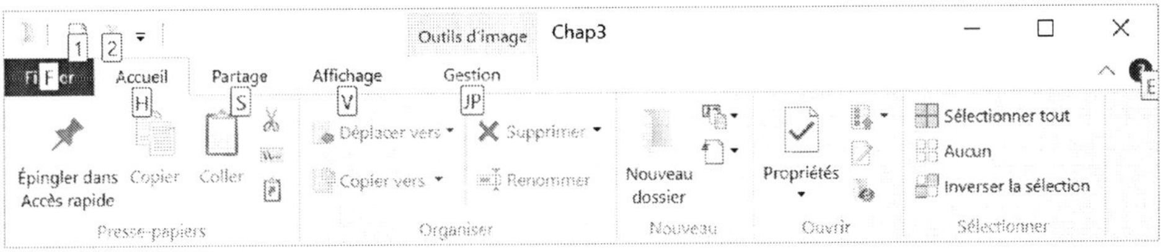

La barre d'outils **Accès rapide** , située en haut à gauche de la fenêtre **Explorateur Windows**, peut accueillir n'importe quel bouton, en faisant simplement un clic droit sur le bouton cible puis en choisissant **Ajouter à la barre d'outils Accès rapide** :

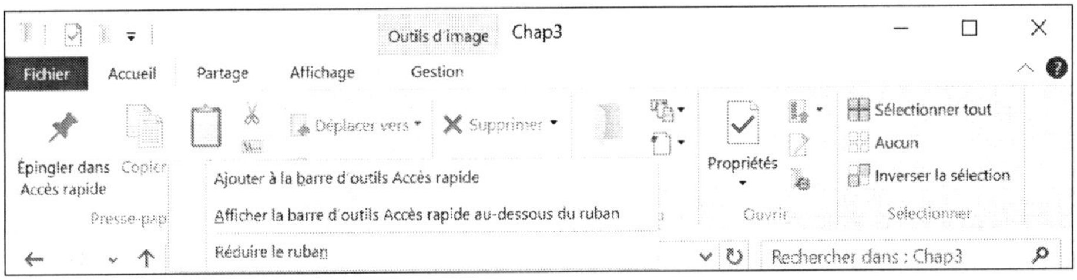

De plus, cette barre d'outils Accès rapide peut être affichée au-dessous du ruban, afin d'accéder rapidement aux opérations les plus courantes :

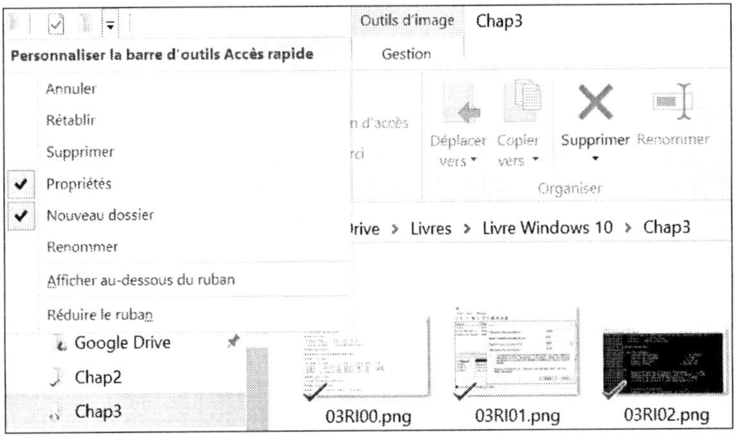

Enfin, le bouton **Dossier parent** permet à l'utilisateur de remonter d'un rang dans l'arborescence du dossier courant. Il est représenté par une flèche pointée vers le haut, située à gauche de la barre d'adresses :

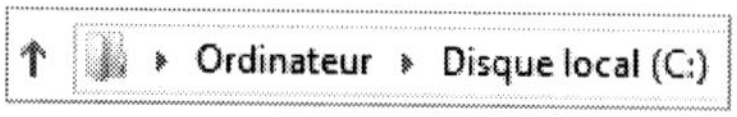

Remarque

La combinaison des touches du clavier [Alt] et [Flèche en haut] effectue la même opération qu'en pressant le bouton ***Dossier parent****.*

Les anciens systèmes d'exploitation Microsoft affichaient une fenêtre par tâche de copie. Toutes les opérations sont désormais regroupées dans une seule interface : chaque copie peut être suspendue puis reprise.

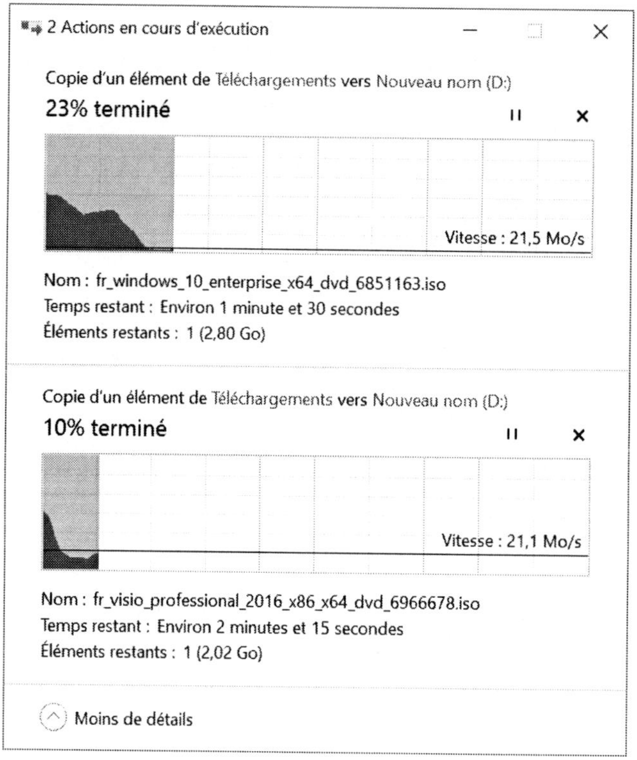

Lorsque l'emplacement de destination contient déjà un fichier en cours de copie, l'utilisateur peut comparer le fichier source et celui de destination pour choisir lequel garder en cliquant sur **Comparer les informations relatives aux deux fichiers** dans la boîte de dialogue **Remplacer ou ignorer les fichiers** :

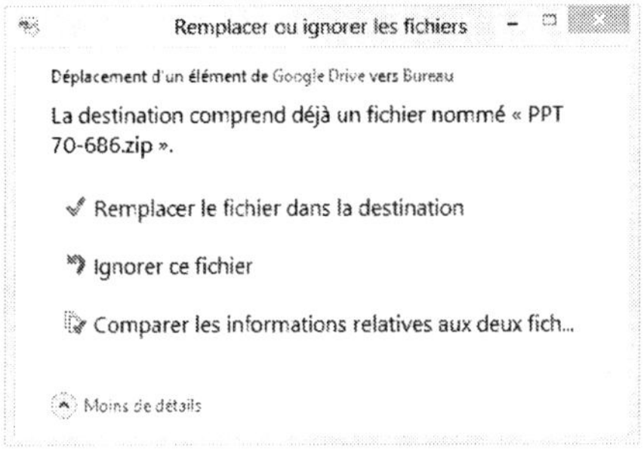

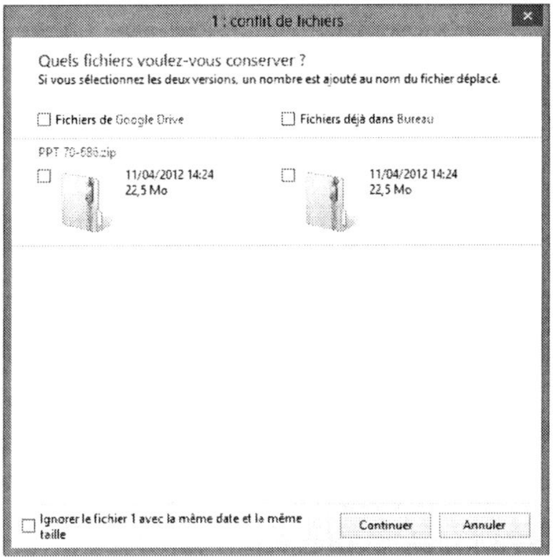

Les bibliothèques, présentes dans les anciennes versions de Windows, ne sont plus affichées par défaut. Pour y remédier, il suffit de cliquer sur l'onglet **Affichage**, puis **Volet de navigation** et **Afficher les bibliothèques**.

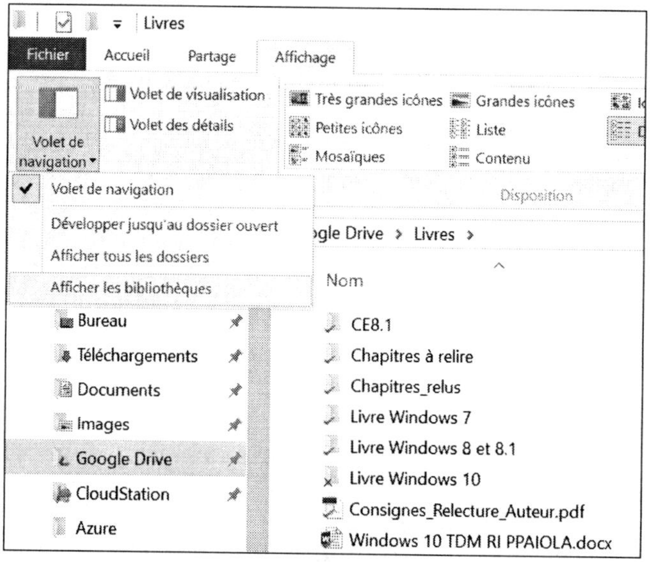

Une autre amélioration appréciable est la disparition de la boîte de dialogue de confirmation de suppression lorsque l'utilisateur souhaite envoyer un fichier à la corbeille.

1.7 OneDrive

OneDrive est le service de cloud computing proposé par Microsoft aux utilisateurs possédant un compte **Windows Live**. Implémentée avec Windows 10 et totalement intégrée à l'**Explorateur Windows**, la fonctionnalité permet de stocker ses données personnelles gratuitement dans un espace de 15 Go, et nécessite de payer un abonnement annuel pour augmenter cette capacité. Ainsi, plusieurs périphériques, tels qu'un iPhone, iPad, Mac OS, Windows Phone ou un ordinateur pourvu d'une version supérieure à Windows Vista SP2, peuvent accéder aux fichiers stockés sur Internet.

OneDrive est désormais un composant principal de Windows 10, ainsi qu'à d'autres logiciels, comme Microsoft Office ou le moteur de recherche Bing.

Après avoir tapé **Onedrive** dans le champ de recherche situé sur la barre des tâches, l'utilisateur est invité à entrer ses informations de connexion (compte Microsoft) et à sélectionner les dossiers à synchroniser sur le poste de travail Windows 10.

Le service peut être utilisé de trois manières :

- Depuis un navigateur Internet en se connectant au site https://onedrive.live.com/ et en s'authentifiant à l'aide d'un compte Windows Live. La taille maximale d'un fichier pouvant être mis en ligne est de 10 Go.
- Depuis l'application OneDrive, disponible avec un compte Microsoft Passeport, mais aussi en téléchargement pour des systèmes d'exploitation concurrents de Microsoft, tels que Mac OS X 10.7 (Lion) et Google Android. La taille maximale d'un fichier pouvant être mis en ligne par l'application est de 10 Go.
- Depuis l'Explorateur Windows et le nœud **OneDrive**, les documents sont affichés comme s'ils étaient stockés uniquement sur l'ordinateur et non dans le cloud.

Un simple clic avec le bouton droit sur ceux-ci et l'utilisateur peut les rendre disponibles en ligne avec l'option **Partager un lien OneDrive**.

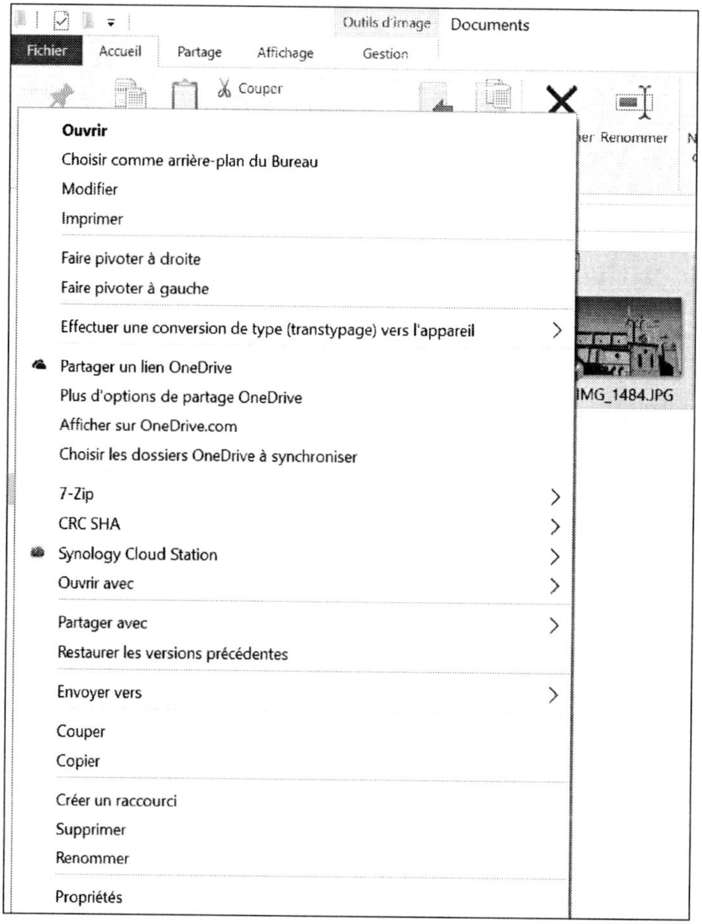

Par défaut, un dossier **Documents** est créé pour y stocker des fichiers en ligne. En cliquant avec le bouton droit sur ces fichiers ou dossiers, un menu standard apparaît, afin de pouvoir supprimer la sélection, la renommer...

Les dossiers OneDrive sont automatiquement synchronisés. Un simple glisser/déposer d'un dossier ou fichier dans le nœud **OneDrive** permet de synchroniser celui-ci dans le cloud de Microsoft.

Un dossier ou fichier OneDrive peut passer par trois états :

–  : ressource synchronisée avec sa version en ligne dans le cloud OneDrive.

–  : ressource en cours de synchronisation.

–  : ressource non synchronisée.

Enfin, la version intégrée à Windows 10 affiche dans la barre des tâches une icône **OneDrive** représentée par deux nuages blancs, qui permet à l'utilisateur de visualiser l'état de la synchronisation en cours ainsi que les problèmes de connectivité éventuels.

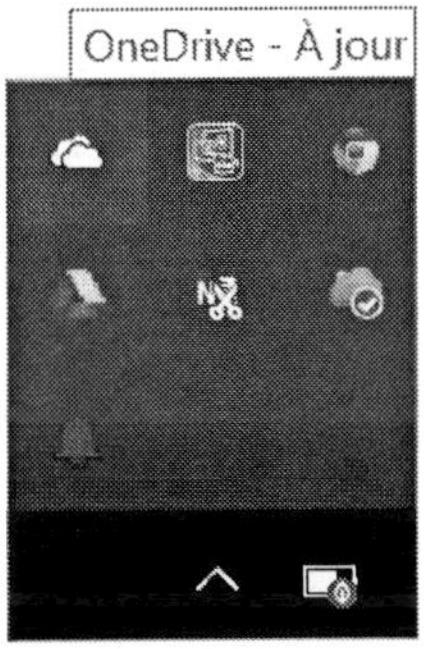

Depuis un navigateur Internet, en vous authentifiant sur le site https://onedrive.live.com/, vous pouvez accéder à vos données de manière sécurisée, et les rendre disponibles à d'autres personnes simplement.

En cliquant avec le bouton droit sur un dossier, puis sur **Partager**, il est possible de le partager de deux manières : en l'envoyant par courrier électronique ou bien en fournissant un lien HTML. Les données sont accessibles en consultation ou en modification, auprès de n'importe qui ou de personnes désignées.

Toutes les opérations de base sur un fichier sont possibles : **Télécharger**, **Partager**, **Incorporer**, **Copier**, **Supprimer**... Il suffit d'effectuer un clic avec le bouton droit sur la ressource cible.

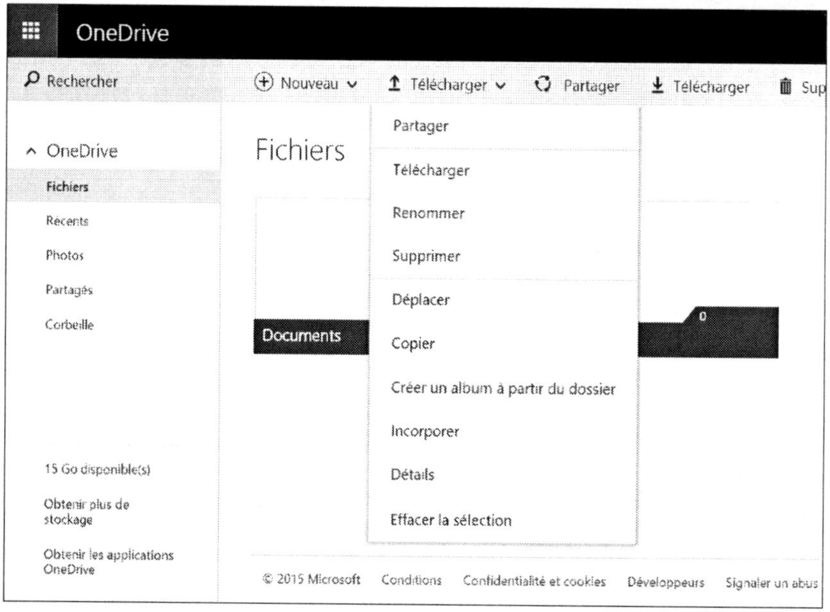

Le site permet en outre de créer des documents **Microsoft Office** (**Word**, **Excel**, **PowerPoint** et **OneNote**) depuis le navigateur, sans posséder la suite bureautique, en cliquant sur l'icône associée. Lorsqu'un fichier est supprimé, il est envoyé à la corbeille de OneDrive, située en bas à gauche de l'interface.

1.8 Amélioration des performances

Sécurité, fiabilité et prise en charge de disques de grande capacité sont autant d'éléments à prendre en compte lors du choix du système de fichiers.

L'utilisation du système de fichiers NTFS est recommandée pour gérer efficacement les données stockées sur le disque dur de l'ordinateur Windows 10, grâce aux fonctionnalités d'Espaces de stockage, de quota et de compression des données. En outre, NTFS peut appliquer des permissions précises sur les fichiers et dossiers.

1.8.1 Compression

Compresser un fichier ou un dossier permet de libérer de l'espace disque pour stocker de nouvelles données. Un disque saturé peut rendre le système Windows 10 lent et instable s'il devient impossible d'utiliser le fichier de pagination.

La fonctionnalité de compression est un processus invisible pour l'utilisateur et est disponible sur les partitions NTFS uniquement. Lorsque vous copiez ou déplacez un fichier ou un dossier compressé, sachez que le système calcule la taille nécessaire sur la destination comme si les données étaient décompressées. Il en est de même pour les quotas : la taille allouée aux utilisateurs est calculée en fonction de l'espace utilisé par ses données décompressées.

Un dossier compressé a une couleur bleue. Un fichier ne peut être chiffré et compressé en même temps. Dans les deux cas, lors de l'ouverture, sa décompression ou son déchiffrement sont invisibles pour l'utilisateur.

Pour compresser un fichier :

- Depuis l'Explorateur Windows, cliquez avec le bouton droit sur le fichier, puis choisissez **Propriétés**. Cliquez sur le bouton **Avancé** de l'onglet **Général** puis cochez la case **Compresser le contenu pour libérer de l'espace disque**. Notez que cocher la case **Chiffrer le contenu pour sécuriser les données** décoche celle liée à la compression, et inversement.

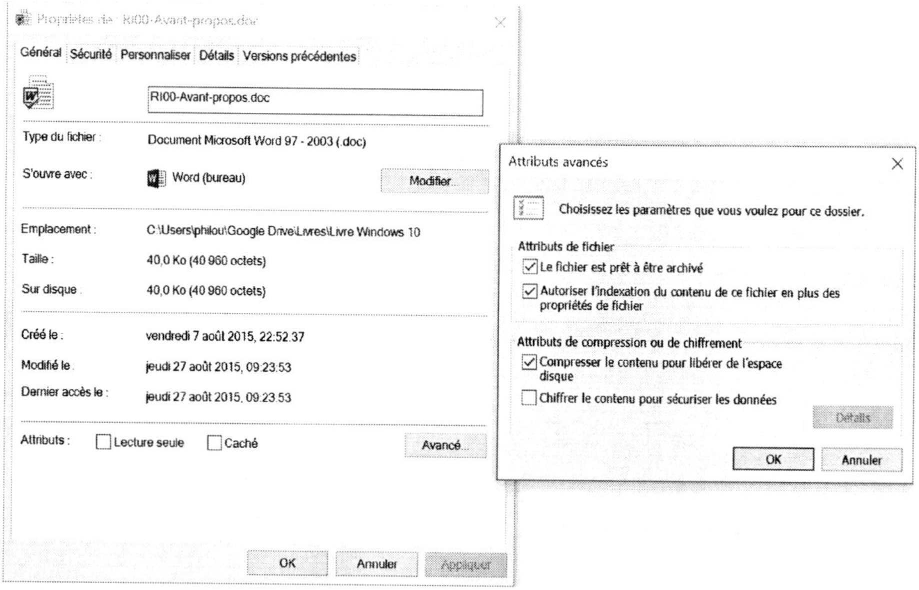

L'utilisateur peut aussi créer un fichier zippé (extension .zip) contenant des dossiers et fichiers compressés. Aucun code couleur ne définit cette méthode de compression.

Par exemple, pour compresser un fichier, cliquez dessus avec le bouton droit, puis cliquez sur **Envoyer vers** et sur **Dossier compressé**. Un dossier compressé portant le même nom que le fichier original est créé, avec l'extension .zip.

La commande **compact.exe** peut être utilisée pour réaliser des opérations de compression sur les données. Sans argument, compact affiche l'état de compression du dossier en cours, et de tous les fichiers qu'il stocke.

1.8.2 Quota de disque

Un autre moyen d'optimiser les performances des disques d'un ordinateur est de limiter la quantité d'espace disque disponible pour les utilisateurs de celui-ci.

L'activation des quotas est possible sur les serveurs de fichiers, les volumes locaux NTFS mais aussi sur les périphériques de stockage amovibles.

Un quota peut superviser l'espace disque que consomme un utilisateur en alertant l'administrateur, sans forcément en limiter l'écriture.

Les quotas sont configurables, au travers d'un objet stratégie de groupe, pour uniformiser la gestion de l'espace disque dans un environnement d'entreprise.

Une fois un quota créé sur un volume, vous pouvez exporter ses paramètres pour les importer sur d'autres volumes.

Pour activer un quota sur une partition NTFS :

- Cliquez sur l'Explorateur de fichiers situé dans la barre des tâches puis développez **Ce PC** et **C:**. Cliquez avec le bouton droit sur la lettre de lecteur de votre disque dur, puis choisissez **Propriétés**.
- Sélectionnez l'onglet **Quota**, et cliquez sur le bouton **Afficher les paramètres de quota**. En premier lieu, cochez la case **Activer la gestion de quota**.
- Vous pouvez créer une règle globale sur le volume en sélectionnant la case **Limiter l'espace disque à** et en spécifiant une valeur de référence ainsi qu'un niveau d'avertissement.

▶ L'enregistrement de dépassement d'un quota dans les journaux d'événements s'effectue en cochant la case **Enregistrer l'événement lorsqu'un utilisateur excède sa limite de quota**.

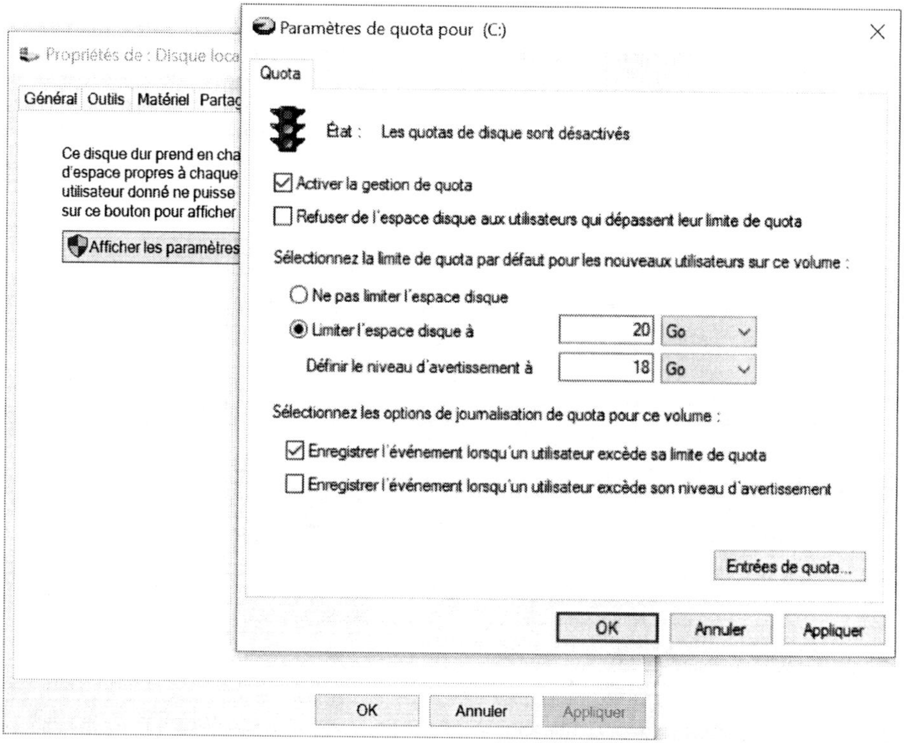

- Définissez ensuite des quotas spécifiques par utilisateur en cliquant sur le bouton **Entrées de quota**. Dans la fenêtre **Entrées de quota**, il est également possible d'importer ou d'exporter des règles de quota, comme le montre l'image suivante :

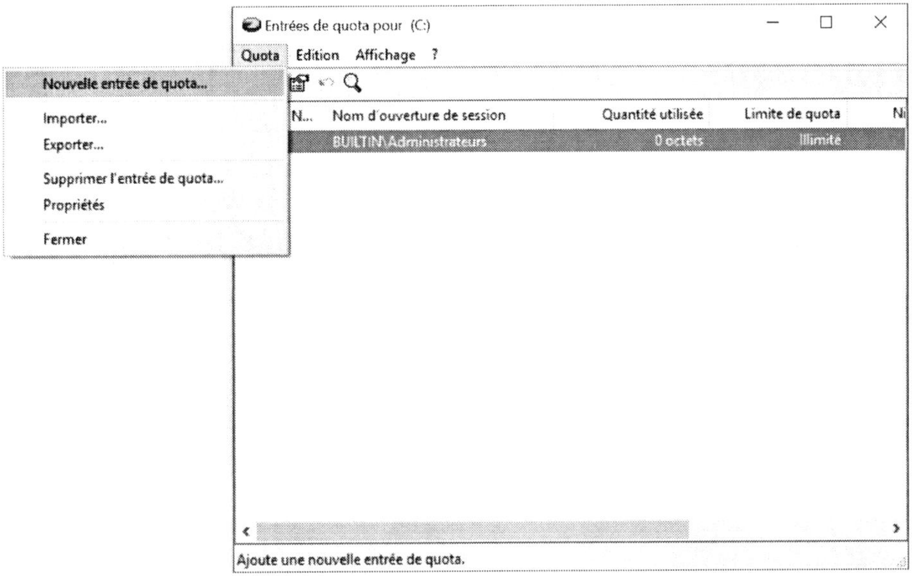

Toutes ces opérations sont également possibles à l'aide de la commande MS-DOS **fsutil quota**, exécutée en tant qu'administrateur de l'ordinateur.

Remarque

Une entrée de quota n'est disponible que par utilisateur, pas par groupe.

1.8.3 Défragmentation du disque

Lors d'une nouvelle installation de Windows 10, le système classe les blocs de fichiers de façon contiguë dans l'espace disque disponible, optimisant ainsi les performances d'accès.

Un disque fragmenté contient donc des fichiers éparpillés dans un espace non contigu, car l'utilisateur et Windows 10 manipulent régulièrement les fichiers (modification, suppression et création).

Défragmenter un disque permet aux têtes de lecture/écriture du disque dur d'accéder plus rapidement aux données.

Windows 10 exécute de manière hebdomadaire la défragmentation du disque au travers du planificateur de tâches.

La défragmentation manuelle s'effectue comme suit :

- Cliquez avec le bouton droit sur le volume à défragmenter dans le nœud **Ce PC** de l'Explorateur de fichiers puis choisissez l'option **Propriétés**.
- Sélectionnez l'onglet **Outils**, et cliquez sur le bouton **Optimiser**.

Ci-dessous la fenêtre de configuration du **Défragmenteur de disque** :

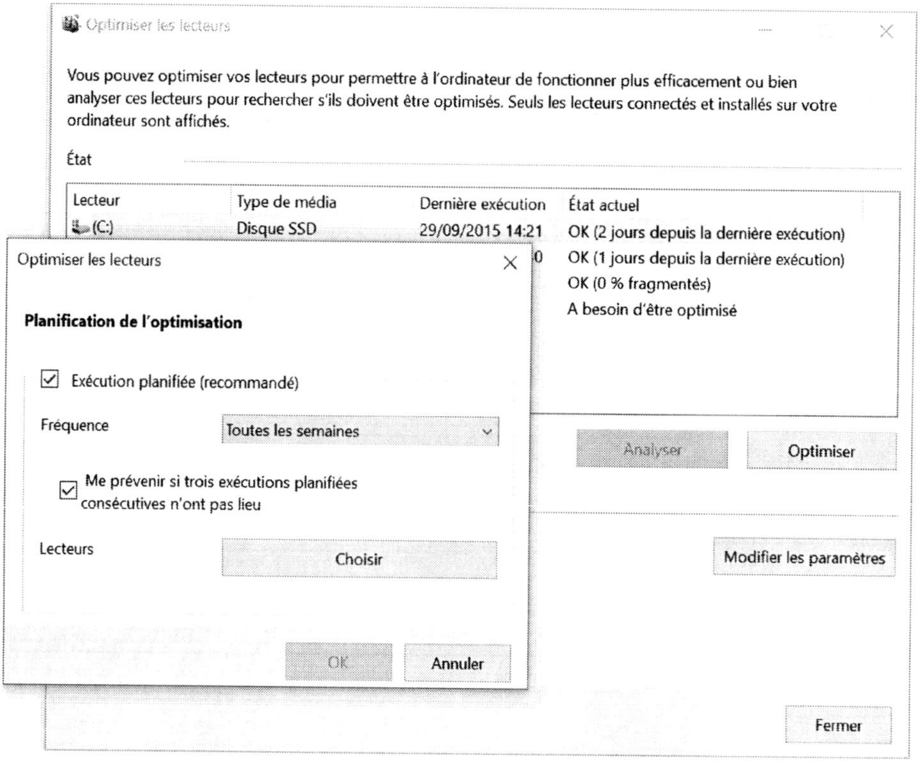

- Si nécessaire, cliquez sur **Analyser** puis sur **Optimiser** pour exécuter la défragmentation.

Vous pourrez aussi modifier/désactiver la date de défragmentation planifiée, grâce au bouton **Modifier les paramètres**. Après l'impossibilité de défragmenter un disque trois fois consécutives, Windows 10 affiche un message à l'utilisateur.

Plus le pourcentage de fragmentation est élevé, plus la défragmentation prend son sens. Un périphérique USB peut être défragmenté, mais bien entendu, la vitesse d'exécution du processus dépendra du débit de l'interface USB.

En tant qu'administrateur de l'ordinateur, vous pouvez exécuter une défragmentation à l'aide de la commande **defrag**.

Par exemple, la commande **defrag /c /m** effectue une défragmentation de tous les volumes en arrière-plan. Néanmoins, cette commande ne permet pas de défragmenter un disque à distance.

2. Pilotes de périphériques

Un pilote (ou driver en anglais) est un programme permettant à d'autres programmes d'interagir avec des composants matériels, comme un clavier, une souris ou encore une imprimante ; ce sont des périphériques qui ajoutent des fonctionnalités à l'ordinateur.

Il existe deux types de périphériques : ceux d'entrée qui servent à fournir des données à l'ordinateur (clavier, scanneur...), et ceux de sortie, permettant d'exporter l'information (écran, haut-parleur...).

Le pilote est souvent fourni par le constructeur du matériel acheté. S'il était absent, le matériel serait difficilement utilisable ou du moins limité en termes d'exploitation des fonctionnalités. Toutefois, Windows 10 intègre en standard des pilotes correspondant aux matériels informatiques les plus usités, même s'il reste possible de télécharger les pilotes manquants par l'intermédiaire du site Internet du constructeur, ou simplement depuis www.windowsupdate.com.

Un serveur **WSUS** (*Windows Server Update Services*) peut également déployer les pilotes signés par Microsoft sur les postes de travail de l'entreprise.

L'utilisation d'un pilote développé spécifiquement pour un périphérique assure à l'utilisateur l'exploitation maximale des fonctionnalités du matériel acheté. Ainsi, le nombre d'appels au support technique de l'entreprise est diminué et la satisfaction du client final plus importante.

Un pilote est dépendant de l'architecture sur lequel il est installé : un pilote 32 bits développé pour un périphérique ne peut être installé sur la version 64 bits de Windows 10, et inversement. Si un pilote était manquant ou défectueux, le système générerait un rapport d'erreurs contenant des informations aidant à la résolution du problème rencontré.

Un pilote à jour corrige généralement des failles de sécurité et des bugs. Le site Internet de mise à jour Windows Update propose aux clients de télécharger les derniers pilotes fournis par les fabricants. Il est aussi possible de mettre à jour manuellement le logiciel pour un périphérique précis :

- Cliquez avec le bouton droit sur le menu **Démarrer** puis sélectionnez **Gestionnaire de périphériques**.
- Cliquez sur le périphérique cible avec le bouton droit puis choisissez **Mettre à jour le pilote**. Choisissez la méthode de recherche du pilote : sur Internet ou sur votre poste de travail. Sélectionnez ensuite l'emplacement de stockage du pilote : localement ou par Internet.

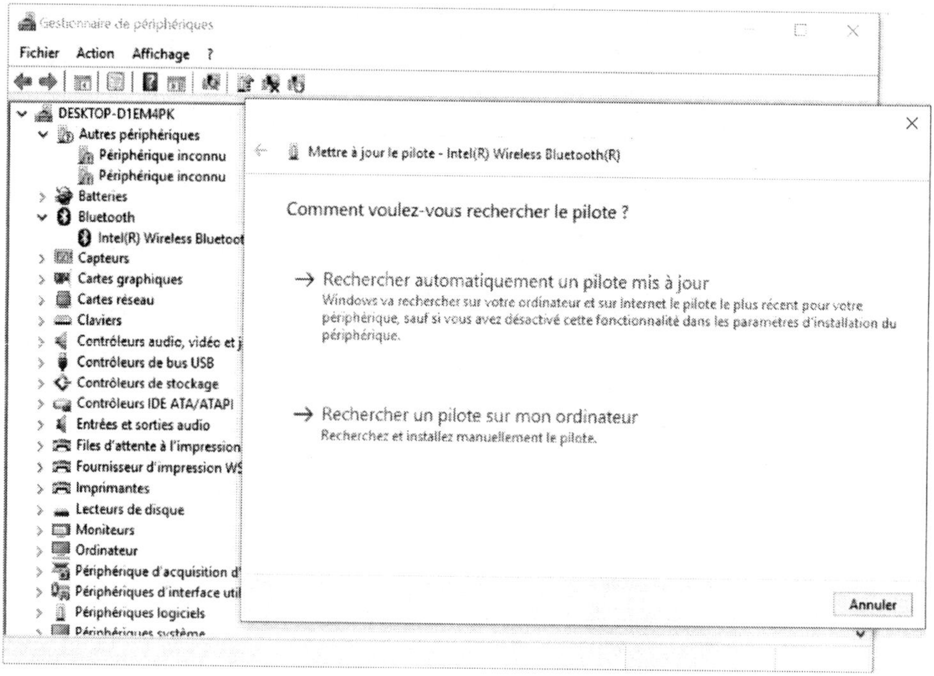

Notez que seul un compte administrateur peut supprimer des pilotes du système ou en réinstaller une ancienne version.

Les pilotes fournis avec Windows 10 sont signés par Microsoft, assurant une compatibilité parfaite avec le système d'exploitation. Ils sont stockés dans un référentiel, nommé le magasin central.

2.1 Pilotes signés et non signés

Un pilote signé est un pilote validé numériquement par son concepteur (signature numérique), ce qui signifie qu'il n'a pas été modifié par une personne malveillante, et qu'il provient donc d'une source de confiance.

Microsoft Update ou un serveur WSUS permettent de télécharger sur les postes les pilotes signés de constructeurs connus.

Privilégier les pilotes signés contribue à renforcer la sécurité, diminuant ainsi les coûts liés à l'utilisation d'un support technique. Les fichiers de signature portent l'extension .CAT et sont stockés dans le même dossier que les pilotes qu'ils signent.

Pour visualiser les pilotes non signés sur un ordinateur, Windows 10 propose la commande **sigverif**.

Voici la procédure :

- Dans le champ **Rechercher** de la barre des tâches, saisissez **sigverif** et sélectionnez **sigverif**.

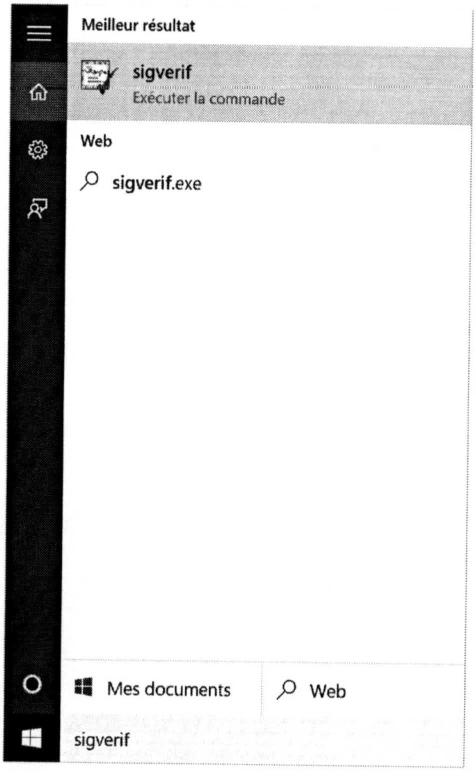

▶ Dans la fenêtre **Vérification des signatures de fichiers**, cliquez sur le bouton **Démarrer**.

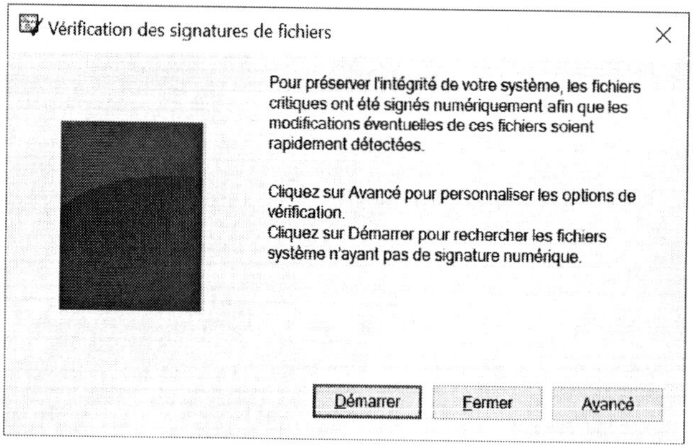

À la fin de l'analyse, la liste des pilotes non signés sera affichée depuis le bouton **Avancé** et en cliquant sur **Afficher le journal**.

Pour obtenir la liste des pilotes de périphériques signés et non signés, utilisez la commande **driverquery** avec les options **/si** et **| more**. L'avantage de cette commande est qu'elle permet d'interroger des systèmes distants, au contraire de **sigverif**.

Voici le résultat de la commande **driverquery** :

```
Invite de commandes

C:\Users\philou>driverquery /si | more

DeviceName                     InfName        IsSigned Manufacturer
============================== ============= ======== =========================
WAN Miniport (SSTP)            netsstpa.inf  TRUE     Microsoft
Generic software device        c_swdevice.in TRUE     N/A
VMware VMCI Host Device        oem14.inf     TRUE     VMware, Inc.
VMware Virtual Ethernet Adapte oem13.inf     TRUE     VMware, Inc.
VMware Virtual Ethernet Adapte oem13.inf     TRUE     VMware, Inc.
Local Print Queue              printqueue.in TRUE     Microsoft
Local Print Queue              printqueue.in TRUE     Microsoft
Local Print Queue              printqueue.in TRUE     Microsoft
Local Print Queue              printqueue.in TRUE     Microsoft
Local Print Queue              printqueue.in TRUE     Microsoft
Microsoft ISATAP Adapter       nettun.inf    TRUE     Microsoft
Microsoft Teredo Tunneling Ada nettun.inf    TRUE     Microsoft
Generic software device        c_swdevice.in TRUE     Microsoft
Local Print Queue              printqueue.in TRUE     HP
HP Deskjet 3050 J610 series Cl prnhpcl1.inf  TRUE     HP
WSD Print Device               wsdprint.inf  TRUE     HP
Generic software device        c_swdevice.in TRUE     N/A
Generic software device        c_swdevice.in TRUE     N/A
Generic software device        c_swdevice.in TRUE     N/A
Generic software device        c_swdevice.in TRUE     N/A
Generic software device        c_swdevice.in TRUE     N/A
Generic software device        c_swdevice.in TRUE     N/A
Generic software device        c_swdevice.in TRUE     N/A
Remote Desktop Device Redirect rdpbus.inf    TRUE     Microsoft
Plug and Play Software Device  swenum.inf    TRUE     (Standard system devices)
```

Windows 10 maintient un magasin des certificats de confiance. L'administrateur peut ajouter des certificats provenant d'éditeurs de confiance afin de s'assurer de l'installation des périphériques. Les pilotes signés numériquement par une autorité de certification contiennent un fichier catalogue. Ce fichier contient le hachage des fichiers présents dans le fichier .inf du pilote à installer.

La console MMC **Certificats** permet d'ajouter les certificats externes pour des pilotes tiers dans les magasins **Autorités de certification racines de confiance** et **Éditeurs approuvés** :

- Pressez les touches [Windows] + **R**, saisissez **mmc** dans le champ **Ouvrir** puis validez par la touche [Entrée]. Validez en cliquant sur le bouton **Oui** lorsque la fenêtre de contrôle de compte d'utilisateur apparaît. Cliquez sur le menu **Fichier** puis sur **Ajouter/Supprimer un composant logiciel enfichable**.
- Dans la liste de gauche **Composants logiciels enfichables disponibles**, sélectionnez **Certificats**, puis cliquez sur le bouton **Ajouter**. Dans la fenêtre **Composant logiciel enfichable Certificats**, sélectionnez la case **Un compte d'ordinateur**, puis cliquez sur **Suivant** et **Terminer**. Validez par **OK**.
- Développez dans la zone de gauche **Certificats (ordinateur local)**, puis le nœud **Autorités de certification racines de confiance**. Effectuez un clic avec le bouton droit sur **Certificats** puis choisissez **Toutes les tâches** et **Importer**. Sélectionnez ensuite le certificat fourni avec le pilote à installer. Renouvelez l'opération depuis le nœud **Éditeurs approuvés**.

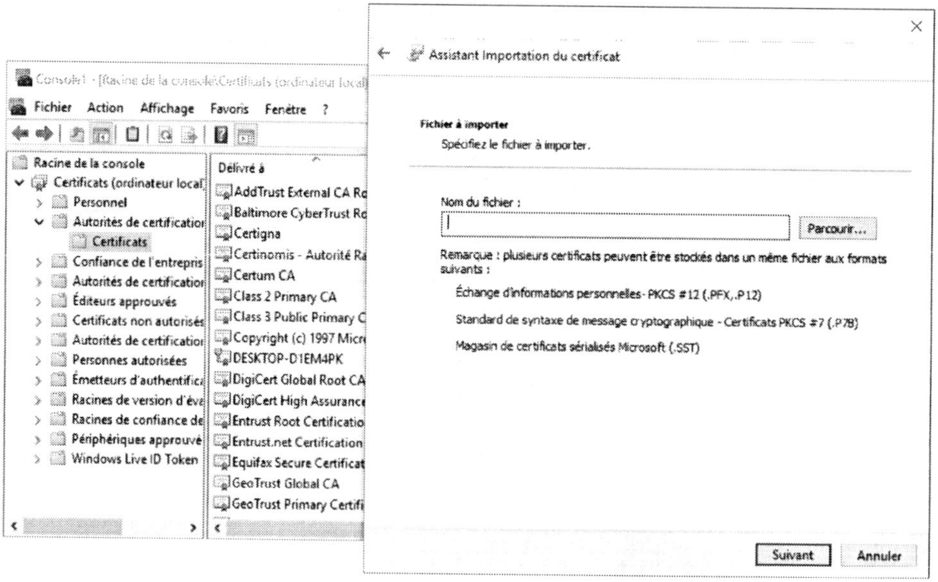

Notez que l'ajout de certificats sur un ensemble d'ordinateurs peut être effectué à l'aide d'un objet de stratégie de groupe.

2.2 Magasin central de pilotes

Le magasin central de pilotes est le référentiel des pilotes approuvés pour l'installation sur un ordinateur. Il est stocké sur une zone sécurisée dans le dossier **%systemroot%\System32\DriverStore**.

L'utilité du magasin de pilotes est d'inclure des packages propres au matériel sur chaque poste de l'entreprise, afin d'éviter les interventions manuelles avec le support du fabricant.

La suppression d'un package de pilotes de périphériques du magasin ne désinstalle pas un périphérique actif qui utiliserait ce pilote. Les copies des fichiers pilotes installées ne sont donc pas supprimées mais la copie stockée dans le magasin de pilotes oui. Si un nouveau périphérique utilisant le pilote supprimé était branché, Windows 10 cherchera une nouvelle fois le package de pilotes en utilisant les emplacements par défaut.

2.2.1 Utilitaire Pnputil

Pour supprimer un pilote du magasin de pilotes, utilisez en tant qu'administrateur la commande **pnputil.exe** :

- Pressez les touches ⊞ + **R** et saisissez **cmd** dans la fenêtre **Exécuter**. Saisissez la commande **pnputil -e**. Dans la liste des pilotes affichée, notez le nom publié du fichier (OEM et son numéro) avec l'extension .inf. Pour supprimer un pilote même s'il est en cours d'utilisation, saisissez la commande **pnputil.exe -f -d oemnomfichier.inf**. Le paramètre **-a** permet d'ajouter un pilote au magasin de pilotes.

2.2.2 Commande DISM

Il est possible d'ajouter ou de supprimer des pilotes du magasin de pilotes dans une image WIM montée hors connexion : pour effectuer cette action, nous utiliserons la commande **DISM** (cf. chapitre Conception d'une image de déploiement - Création d'une installation de référence).

Avant d'effectuer la procédure, il est nécessaire de copier le fichier image **install.wim** (répertoire **Sources** du DVD d'installation) dans un dossier de travail, dans notre exemple **c:\temp**. De plus, l'image doit être montée dans un sous-dossier vide, que nous nommerons **Offline** dans le répertoire de travail **c:\temp**.

Les actions suivantes ajouteront des pilotes au magasin de pilotes :

- Depuis une invite de commandes executée en tant qu'administrateur, l'option **get-wiminfo** permet de lister les versions et ainsi récupérer l'index utilisé : **dism /get-wiminfo /wimfile:c:\temp\install.wim**. Nous utiliserons le numéro d'index correspondant à Windows 10 Entreprise.

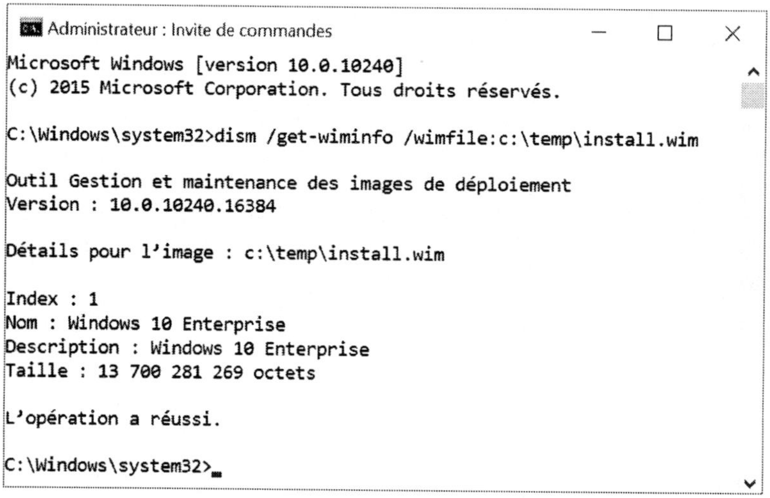

- Montez l'image dans le dossier c:\temp\offline : **Dism /Mount-Wim /WimFile:C:\temp\install.wim /index:1 /MountDir:C:\temp\offline**
- Ajoutez maintenant un pilote stocké dans le répertoire c:\windows\inf au magasin de pilotes : **Dism /Image:c:\temp\offline /Add-Driver /Driver:C:\windows\inf\cdrom.inf**.
  Notez que si le pilote n'est pas signé, vous pourrez forcer son ajout à l'aide de l'option **/ForceUnsigned**.

Remarque

Vous pouvez ajouter à une image tous les fichiers portant l'extension .inf stockés dans un dossier, en utilisant l'option ***/recurse****.*

- Une fois que l'image WIM a été personnalisée, il est nécessaire d'enregistrer les modifications en démontant l'image :

  dism /unmount-wim /mountdir:c:\temp\offline /commit

La suppression d'un pilote spécifique dans l'image montée nécessite l'utilisation du paramètre **/Remove-Driver** :

- Pour supprimer un pilote précis de l'image montée hors connexion :
  Dism /Image:C:\temp\offline /Remove-Driver /Driver:oemfichierpilote.inf

2.3 Device Stage

Parmi les fonctionnalités livrées avec Windows 7, **Device Stage** était une avancée liée à l'utilisation des périphériques. Windows 10 utilise aussi Device Stage, dont le principe est simple : l'utilisateur peut administrer son imprimante, son appareil photo, son téléphone portable ou encore son lecteur MP3 en ayant une interface personnalisée contenant les tâches courantes, aux couleurs du produit branché sur son ordinateur.

Par exemple, un appareil photo Device Stage affichera le nombre de photos prises depuis celui-ci dans l'écran **Périphériques et imprimantes** du **Panneau de configuration**.

Pour utiliser un périphérique Device Stage, il suffit de le connecter à l'ordinateur (réseau filaire, sans fil, câble USB), Windows 10 se chargera de télécharger les pilotes nécessaires à son fonctionnement et d'afficher son icône personnalisée dans la barre des tâches du bureau.

Exemple de périphérique imprimante HP 3050 J610 series :

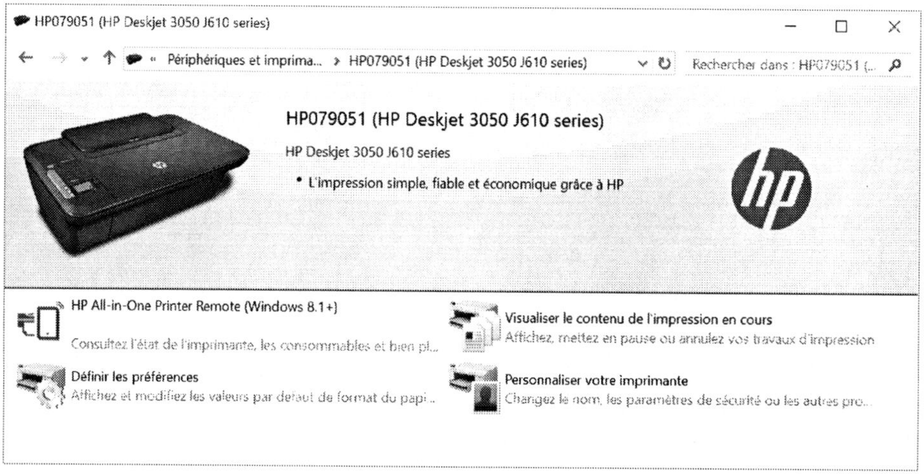

2.4 Gestionnaire de périphériques

La console **Gestionnaire de périphériques** aide l'utilisateur à installer et à mettre à jour les pilotes de périphériques matériels locaux, tout en proposant des outils de résolution des problèmes.

L'état d'un périphérique est affiché dans cette console, par exemple un point d'interrogation noir sur fond jaune signifie que le système n'a pas trouvé le pilote pour son utilisation, une flèche noire pointée vers le bas indique que le périphérique est désactivé.

Par l'intermédiaire du Gestionnaire de périphériques, il est possible d'installer des périphériques non "Plug-and-Play", comme par exemple une imprimante fonctionnant sur le port parallèle. Depuis le menu **Action** de la console Gestionnaire de périphériques, cliquez sur **Ajouter un matériel d'ancienne génération**.

En outre, les opérations sur les pilotes sont centralisées : désinstallation, mise à jour ou restauration.

Pour accéder à la console, depuis le bureau, effectuez un clic avec le bouton droit sur le menu **Démarrer** situé en bas à gauche de la barre des tâches, puis sélectionnez **Gestionnaire de périphériques** :

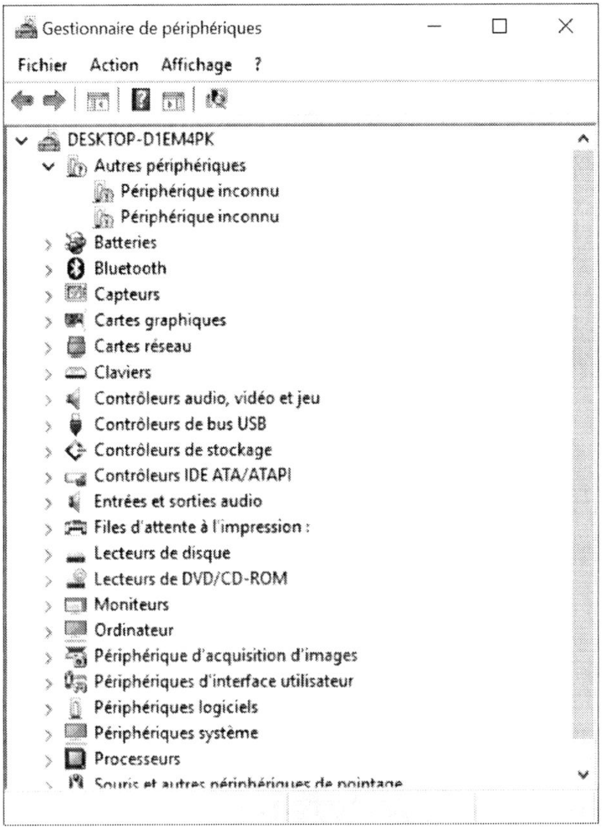

Enfin, en sélectionnant le menu **Affichage** puis l'option **Afficher les périphériques cachés**, la console affichera les périphériques non "Plug-and-Play" (périphériques avec des versions antérieures de pilotes de périphériques Windows).

Remarque

Le Gestionnaire de périphériques peut se connecter à distance à un ordinateur afin de visualiser sa configuration matérielle, mais ne peut pas la modifier.

Une autre méthode de gestion des périphériques s'effectue par le biais des Paramètres :

- Cliquez sur le menu **Démarrer** puis choisissez **Paramètres** et **Périphériques**. Dans le menu de gauche, vous pouvez ainsi ajouter un périphérique, visualiser les imprimantes ou encore les appareils connectés (souris, Bluetooth...).

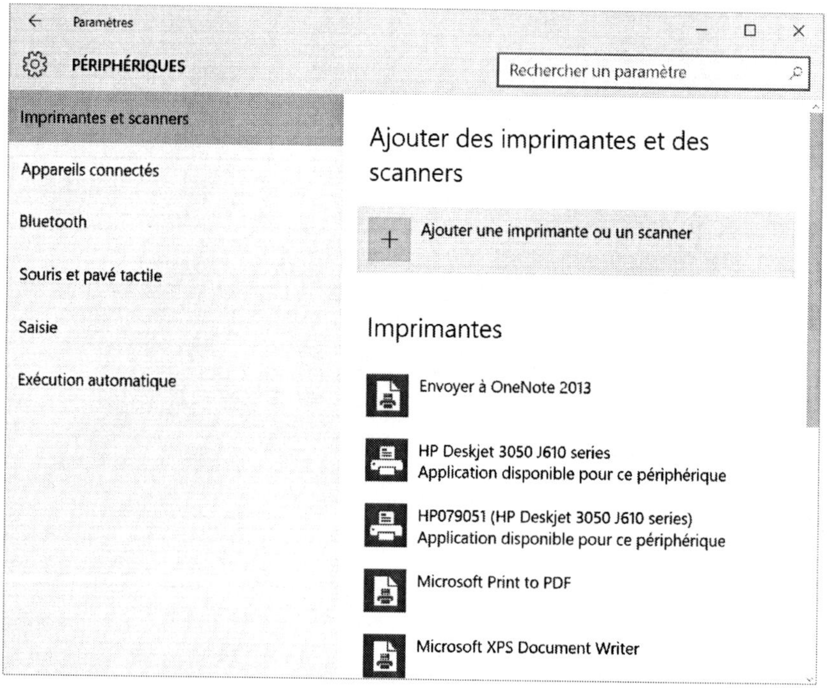

3. Résumé du chapitre

Windows 10 offre différents outils permettant de gérer les disques de l'ordinateur avec les données qu'ils contiennent, et d'autres facilitant la gestion et par conséquent l'utilisation de périphériques.

Windows 10 peut être installé sur un disque respectant l'une des deux structures MBR ou GPT.

La console Gestion des disques permet d'effectuer les actions courantes sur les disques : initialisation des disques, conversion et création des volumes ou du style de partition. Diskpart et le langage Powershell sont le complément en ligne de commandes.

La commande Chkdsk est améliorée : en mode hors connexion, le temps nécessaire au dépannage d'un disque dur est désormais proportionnel au nombre d'endommagements et non plus au nombre de fichiers présents.

La fonctionnalité Espaces de stockage réunit les disques internes et externes de l'utilisateur dans une réserve (ou pool) de stockage unique, représentée par un disque virtuel, ceci afin de se protéger contre un disque défaillant ou d'ajouter de l'espace disque supplémentaire en cas de capacité insuffisante.

Les autorisations NTFS protègent les données contre les accès non autorisés effectués localement et depuis le réseau, en conjonction de celles du partage.

OneDrive est le service de cloud computing proposé par Microsoft qui permet de stocker ses données personnelles gratuitement dans un espace de 15 Go. Il est désormais une fonctionnalité complétement intégrée à Windows 10.

Des outils offrent des fonctions d'optimisation des performances d'un disque : quota, compression ou défragmentation.

Concernant les pilotes de périphériques, Windows 10 propose la commande sigverif afin de visualiser les pilotes non signés sur un ordinateur.

Le magasin central de pilotes est le référentiel des pilotes approuvés pour l'installation sur un ordinateur.

Avec Device Stage, l'utilisateur peut administrer son imprimante, son appareil photo, son téléphone portable ou encore son baladeur MP3 en ayant une interface personnalisée contenant les tâches courantes.

Chapitre 5
Gestion des clients Windows

1. Accès à distance

La gestion à distance des clients Windows 10 est une tâche majeure pour tout administrateur d'entreprise, car elle contribue à la disponibilité du système d'information.

Le poste de travail est au cœur du fonctionnement de l'entreprise, le service de support aux utilisateurs doit donc être efficace et réactif. L'évolution du parc est prise en compte par les directions informatiques qui doivent maîtriser les coûts des environnements de travail utilisateur.

Le cycle de vie d'un système d'exploitation pourrait être résumé ainsi : planification, déploiement, utilisation, maintenance et transition.

Windows 10 propose un vaste panel de fonctionnalités pour réaliser ces tâches, au travers par exemple de la virtualisation des postes, du dépannage à distance ou d'outils de centralisation comme la console de gestion **MMC** (*Microsoft Management Console*).

1.1 Microsoft Management Console

La console **MMC** fournit des outils d’administration afin de gérer des composants réseau (DHCP, DNS), des ordinateurs (comptes, sessions) ou des services (NAP, BITS), localement et à distance.

La console est accessible en exécutant la commande **mmc.exe** depuis le bureau. Chaque composant à administrer doit être ajouté manuellement à la console, leur appellation est **composant logiciel enfichable**.

Pour ajouter ou supprimer un composant logiciel enfichable, voici la procédure :

- Pressez les touches + **R**, et saisissez **mmc** dans la fenêtre **Exécuter**. Validez en cliquant sur le bouton **Oui** lorsque la fenêtre de contrôle de compte d'utilisateur apparaît.
- Cliquez sur le menu **Fichier**, puis **Ajouter/Supprimer un composant logiciel enfichable**. Sélectionnez le ou les (mais à la suite) composants logiciels enfichables disponibles et cliquez sur le bouton **Ajouter**. Par exemple, pour configurer le pare-feu d'un ordinateur distant, sélectionnez **Pare-feu Windows avec fonctionnalités avancées**. Si une boîte de dialogue apparaît (voir image ci-après) vous invitant à sélectionner quel ordinateur local ou distant le composant devra gérer, sélectionnez l'option adéquate et validez par le bouton **Terminer**.

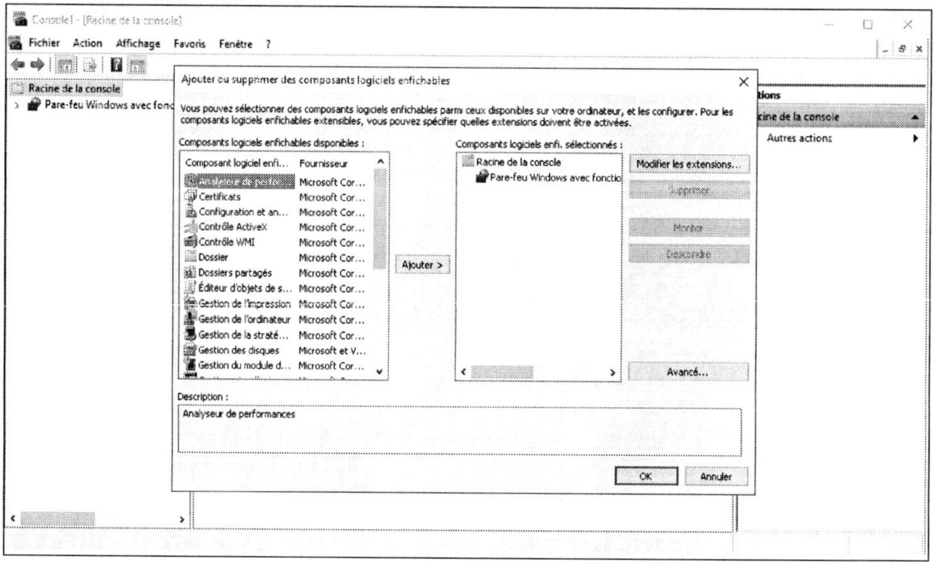

Remarque

*Tous les composants logiciels enfichables ne permettent pas d'administrer des ordinateurs à distance, comme par exemple **Modèles de sécurité**.*

- Pour supprimer un composant logiciel enfichable, sélectionnez-le dans **Composants logiciels enfichables sélectionnés**, puis cliquez sur le bouton **Supprimer**.

Vous pouvez, après avoir constitué la liste des composants logiciels enfichables, sauvegarder dans un dossier partagé (ou un périphérique amovible) la console dans un fichier portant l'extension .msc, et ainsi la réutiliser pour administrer d'autres clients Windows 10 ou serveurs de votre réseau d'entreprise.

Dans le menu **Fichier** - **Options**, l'administrateur peut restreindre l'accès aux composants logiciels enfichables en sélectionnant un **Mode de console** :

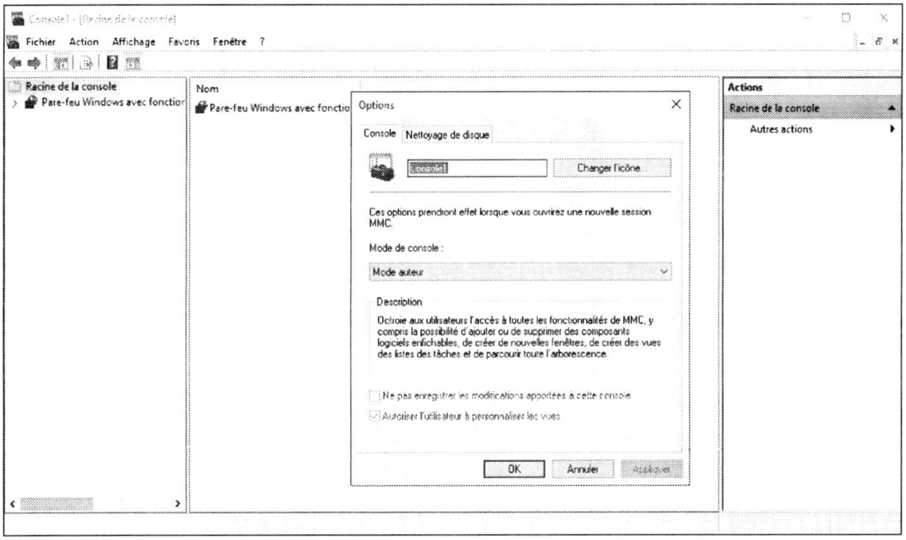

Quatre modes sont à votre disposition :

- **Mode auteur** : accès à toutes les fonctionnalités de la console, y compris l'ajout ou la suppression de composants logiciels enfichables.
- **Mode utilisateur - accès total** : visualisation complète de l'arborescence sans possibilité d'ajouter ou supprimer des composants.
- **Mode utilisateur - accès limité, fenêtre multiple** : les zones de l'arborescence non visibles dans l'interface de composants logiciels enfichables ne seront pas accessibles.
- **Mode utilisateur - accès limité, fenêtre unique** : la console est exécutée dans une seule fenêtre, l'utilisateur ne peut accéder aux zones non visibles affichées dans celle-ci.

Comme les consoles enregistrées sur le profil de l'utilisateur utilisent de l'espace disque, l'onglet **Nettoyage de disque** permet de supprimer les fichiers contenant les modifications de l'affichage d'un fichier console.

1.2 Outils d'administration RSAT

Un administrateur doit pouvoir accéder à toutes les fonctionnalités et tous les rôles des serveurs de son entreprise, tels que Windows Server 2008, Windows Server 2008 R2, Windows Server 2012 et Windows Server 2012 R2, et ce où qu'il soit, le but étant de dépanner ou de configurer les services critiques, tels que Active Directory et DNS. Nous avons vu précédemment que la console MMC permettait d'ajouter des composants à administrer, mais l'outil est limité : il ne permet d'ajouter que les composants logiciels enfichables pouvant être administrés sur le poste local, non ceux d'un serveur distant. Pour pallier cette lacune, Microsoft propose aux administrateurs de télécharger gratuitement les composants logiciels enfichables correspondant aux rôles et fonctionnalités d'un serveur Windows, à l'adresse suivante :
https://www.microsoft.com/en-us/download/details.aspx?id=45520

L'outil est disponible pour les deux architectures 32 et 64 bits de Windows 10 Pro, Entreprise et Education, mais pas ARM. Le fichier d'installation est packagé sous forme de mise à jour, avec l'extension .msu (*Microsoft Windows Update Stand-alone Installer*). Aucune intervention de l'utilisateur n'est requise mais un redémarrage du poste de travail peut être nécessaire.

En termes de sécurité, il est préférable d'éviter d'ouvrir une session à distance sur un serveur pour l'administrer, mais plutôt de privilégier l'utilisation d'une méthode sécurisée, au travers des outils RSAT.

En effet, RSAT est sécurisé par défaut : seuls les ports et les exceptions de services requis pour la gestion à distance sont définis dans le pare-feu avec les fonctionnalités avancées de sécurité.

Vous pouvez administrer la version Core (minimale) de Windows Server 2012 R2 depuis les outils RSAT. Après avoir installé ces outils en tant qu'administrateur du poste Windows 10, tous les outils d'administration sont activés, contrairement aux anciennes versions RSAT.

Pour désactiver un composant RSAT, l'administrateur doit utiliser l'interface **Programmes et fonctionnalités** :

- Cliquez avec le bouton droit sur le menu **Démarrer**, puis cliquez sur **Programmes et fonctionnalités**.
- Développez **Remote Server Administration Tools** et sélectionnez les outils de gestion à distance à supprimer.

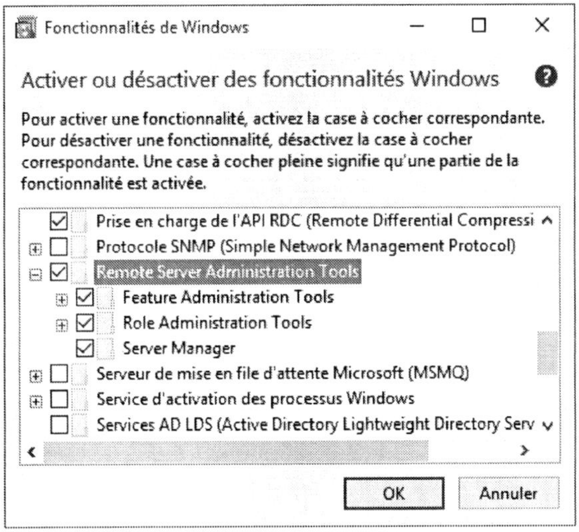

- Validez par le bouton **OK**.

L'accès aux outils d'administration de serveur distant s'effectue via différents biais, notamment en choisissant **Toutes les applications** dans le menu **Démarrer** puis en cliquant sur **Outils d'administration**

Remarque

Les outils RSAT ne peuvent administrer que des ressources distantes, mais aucune locale.

Quand des outils d'administration RSAT installent les consoles de gestion des rôles et des fonctionnalités, ils installent également les commandes PowerShell permettant de les administrer. La commande **Get-Command -Module NOMMODULE** (par exemple **RDManagement** pour Remote Desktop Services) permet de lister ces nouvelles commandes.

Désormais, l'administration des rôles et des fonctionnalités, tels que DHCP, les services Active Directory ou encore l'équilibrage de la charge, est grandement facilitée depuis un ordinateur équipé de Windows 10 Entreprise ou Windows 10 Pro.

1.3 PowerShell

PowerShell version 5.0 combine un langage de script et un interpréteur de ligne de commande permettant de gérer et automatiser les actions d'administration sur les systèmes Microsoft. Le langage est inclus dans Windows 10 et est exécutable sur des ordinateurs distants en arrière-plan. Les applets de commande permettent de gérer efficacement le registre, les processus, les journaux, etc.

PowerShell, qui nécessite .NET Framework 5.0, propose un environnement graphique (*PowerShell Integrated Scripting Environment* ou ISE) incluant un débogueur. Il permet l'exécution de scripts planifiés, l'exécution sélective de code et la modification multiligne.

Concrètement, l'administrateur peut ainsi gérer grâce à des commandes un domaine Active Directory, incluant la sauvegarde, les services d'accès distants, mais aussi des ordinateurs membres d'un groupe de travail (base de registre, système de fichiers, etc.) et des fonctionnalités telles qu'Hyper-V ou BitLocker.

La version de PowerShell livrée avec Windows 10 apporte de nouvelles améliorations, parmi lesquelles :

- **Gestion des raccourcis-clavier** : les fonctions copier ([Ctrl] + C), coller ([Ctrl] + V) ou tout sélectionner ([Ctrl] + A) sont supportées.
- **Gestion des liens symboliques** : la création ou suppression des raccourcis symboliques est possible via la commande **New-Item**.

- **Journal dédié dans l'Observateur d'événements** : le journal **Windows PowerShell** est disponible depuis le nœud **Journaux des applications et des services**.
- **Commande PSEDIT** : il est désormais possible d'éditer des fichiers à distance via une session PowerShell.
- **OneGet** : permet d'importer des packages tiers pour mieux gérer les applicatifs et le système d'exploitation.
- **PowerShellGet** : import via Internet de nouveaux modules PowerShell.
- **Gestion des archives** : gestion des archives comme ZIP via les commandes **compress-archive** ou **expand-archive**.

Avec Windows 10, Microsoft supporte la fonctionnalité dans PowerShell, nommée *Windows PowerShell Desired State Configuration* (DSC). L'administrateur peut désormais gérer le déploiement et la configuration de plusieurs environnements de manière automatisée :

- Activation ou désactivation de rôles ou services.
- Gestion des paramètres de la base de registre.
- Gestion des fichiers et répertoires.
- Démarrage, arrêt de services ou processus.
- Déploiement de logiciels.
- Gestion des groupes et des utilisateurs.

DSC procure donc de nouvelles commandes et ressources PowerShell.

Les applets de commande PowerShell ont une syntaxe précise : un verbe puis un nom séparés par un tiret (-).

Le langage permet d'imbriquer des applets entre eux pour réaliser une série d'actions, en les séparant par un pipe ("|"). Des conditions peuvent aussi être créées.

L'administrateur utilise souvent les verbes Get (obtenir), Set (fixer) ou Format lors de l'exécution de commandes.

PowerShell gère la définition de variables, qu'il suffit de déclarer en les précédant du caractère "$" et d'instancier après "=".

Exemple : la commande **$d=get-process | where-object {$_.WorkingSet -gt 5000000}** enregistre dans la variable "d" les processus locaux dont la plage de travail est supérieure à 5 Mo. Pour afficher la valeur de la variable, donc le résultat, il suffit ensuite de taper **echo $d** ou simplement **$d**.

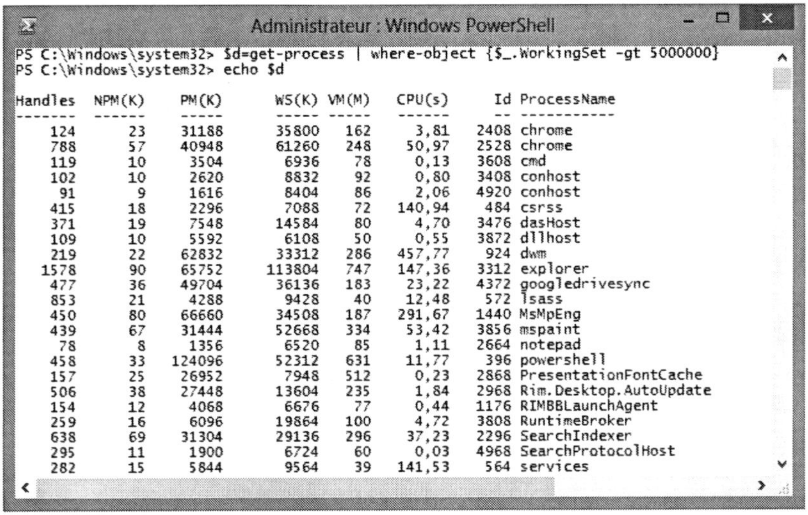


```
PS C:\Windows\system32> $d=get-process | where-object {$_.WorkingSet -gt 5000000}
PS C:\Windows\system32> echo $d

Handles  NPM(K)    PM(K)      WS(K) VM(M)   CPU(s)     Id ProcessName
-------  ------    -----      ----- -----   ------     -- -----------
    124      23    31188      35800   162     3,81   2408 chrome
    788      57    40948      61260   248    50,97   2528 chrome
    119      10     3504       6936    78     0,13   3608 cmd
    102      10     2620       8832    92     0,80   3408 conhost
     91       9     1616       8404    86     2,06   4920 conhost
    415      18     2296       7088    72   140,94    484 csrss
    371      19     7548      14584    80     4,70   3476 dasHost
    109      10     5592       6108    50     0,55   3872 dllhost
    219      22    62832      33312   286   457,77    924 dwm
   1578      90    65752     113804   747   147,36   3312 explorer
    477      36    49704      36136   183    23,22   4372 googledrivesync
    853      21     4288       9428    40    12,48    572 lsass
    450      80    66660      34508   187   291,67   1440 MsMpEng
    439      67    31444      52668   334    53,42   3856 mspaint
     78       8     1356       6520    85     1,11   2664 notepad
    458      33   124096      52312   631    11,77    396 powershell
    157      25    26952       7948   512     0,23   2868 PresentationFontCache
    506      38    27448      13604   235     1,84   2968 Rim.Desktop.AutoUpdate
    154      12     4068       6676    77     0,44   1176 RIMBBLaunchAgent
    259      16     6096      19864   100     4,72   3808 RuntimeBroker
    638      69    31304      29136   296    37,23   2296 SearchIndexer
    295      11     1900       6724    60     0,03   4968 SearchProtocolHost
    282      15     5844       9564    39   141,53    564 services
```

Pour accéder au fichier d'aide d'un applet, utilisez la commande **get-help** suivi du nom de l'applet. Pour connaître la liste des applets, utilisez la commande **get-command**.

L'interpréteur de ligne de commande PowerShell est accessible dans Windows 10 depuis le bureau :

- Saisissez **powershell** dans le champ de recherche situé sur la barre des tâches, cliquez avec le bouton droit sur **Windows PowerShell** puis choisissez **Exécuter en tant qu'administrateur**. Validez en cliquant sur le bouton **Oui** lorsque la fenêtre de contrôle de compte d'utilisateur apparaît.

L'invite de commandes Windows PowerShell exécute par défaut les commandes mais pas les scripts (extension .ps1) : c'est le mode **Restricted**. Pour connaître le mode courant, saisissez la commande **get-executionpolicy** dans une invite PowerShell.

Trois autres modes d'exécution des scripts sont proposés :

- **AllSigned** : les scripts signés par un fournisseur approuvé sont exécutés.
- **RemoteSigned** : exécution possible d'un script créé par l'administrateur mais pas d'un script non signé en provenance d'Internet.
- **Bypass** : tous les scripts signés et non signés seront exécutés, quelle que soit leur provenance.

Pour définir le mode d'exécution des scripts à **RemoteSigned**, saisissez la commande **set-executionpolicy remotesigned** dans une invite de commandes PowerShell exécutée avec des privilèges administrateur.

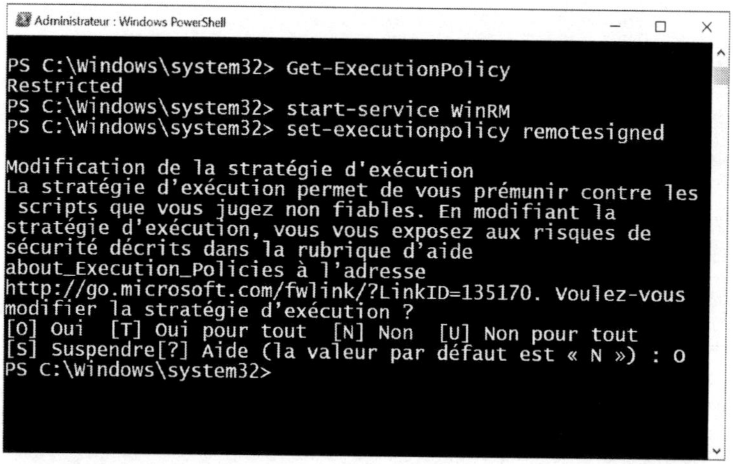

PowerShell propose une interface graphique nommée **Windows PowerShell ISE** disponible en tapant la commande **powershell_ise.exe** depuis une fenêtre PowerShell ou une invite de commandes.

Il est ainsi possible d'exécuter un script ligne par ligne, de définir des points d'arrêt et de visualiser le résultat directement dans une fenêtre. Le script généré peut être enregistré avec l'extension .ps1. L'interface ISE comprend trois volets dans un onglet représentant le script courant : le volet de commandes situé en haut, le volet de sortie en bas et le volet d'exécution des modules additionnels sur la droite. L'administrateur est aidé dans la saisie des commandes par une méthode de complétion.

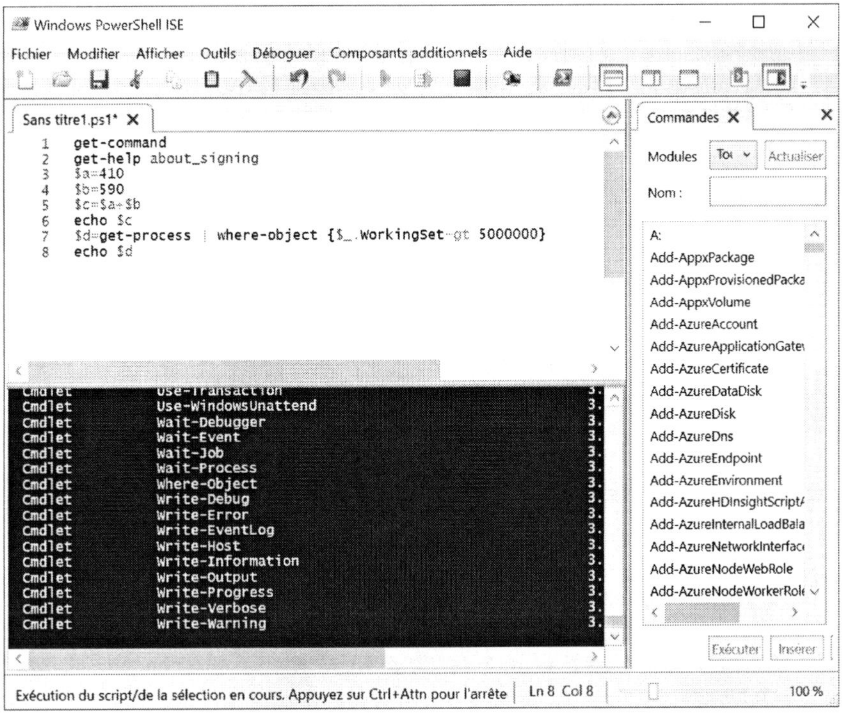

Concernant l'exécution de scripts sur des machines distantes, PowerShell nécessite le protocole WinRM (*Windows Remote Management*) et .NET Framework 5.0, tous deux installés sur l'ordinateur source et les ordinateurs de destination.

Windows 10 n'active pas par défaut l'exécution de scripts distants, contrairement à Windows Server 2012.

Pour l'activer, depuis une fenêtre PowerShell exécutée en tant qu'administrateur d'un poste Windows 10, suivez la procédure :

- Démarrez le service WinRM en tapant **start-service WinRM**. Activez l'exécution de scripts à distance : **enable-psremoting -force**. Notez que la commande **winrs** permet d'exécuter une commande sur un poste distant, en affichant le résultat sur l'ordinateur local.

Remarque

Pour que l'activation de l'exécution des scripts soit opérationnelle, il ne faut pas qu'une carte réseau de l'ordinateur soit définie dans le profil Public.

Trois modes de communication sont proposés :

- **Communication directe** : permet d'exécuter un script sur un ordinateur précis.
- **Communication à distribution ramifiée** : établit une communication vers plusieurs ordinateurs puis exécute des commandes dont le résultat sera affiché sur l'ordinateur source.
- **Communication "plusieurs à un"** : plusieurs administrateurs créent des connexions avec des privilèges différents vers un ordinateur unique.

Lors de la création d'une connexion, celle-ci peut être temporaire ou permanente.

Une connexion temporaire est fermée lorsque l'exécution de la commande sur l'ordinateur distant se termine. L'administrateur utilisera l'applet de commande **invoke-command** en spécifiant le ou les noms DNS ou NetBIOS des ordinateurs distants.

Une connexion permanente s'initie au moyen de l'applet **new-pssession** et s'exploite à l'aide de la commande **enter-pssession**. La déconnexion d'une session active s'effectue grâce à **disconnect-pssession**. La liste des sessions persistantes s'affiche avec la commande **get-pssession**.

Remarque

*Vous pouvez utiliser le paramètre **UseSSL** pour chiffrer les communications lors de l'utilisation des applets de commande invoke-command, new-pssession et enter-pssession.*

La commande est exécutée sur l'ordinateur distant, son résultat est affiché sur l'ordinateur local.

Dans un domaine Active Directory, les scripts PowerShell peuvent aussi effectuer un grand nombre d'opérations sur les objets de stratégie de groupe, comme les lier à des UO (Unité d'Organisation), les modifier ou les supprimer, définir des autorisations, etc., grâce au module d'importation nommé **import-module grouppolicy**.

Pour connaître la liste des commandes PowerShell liées aux stratégies de groupe, utilisez la commande **get-help**.

Les commandes courantes d'administration dans une invite de commandes ont leur équivalent en langage PowerShell, par exemple **Ipconfig** correspond à **Get-NetIPConfiguration**, **Net Start** à **Start-Service** ou encore **Shutdown** à **Restart-Computer**.

Visualiser l'historique des 30 dernières commandes tapées est simple, il suffit d'utiliser la commande **history** ou de presser la touche [F7] du clavier.

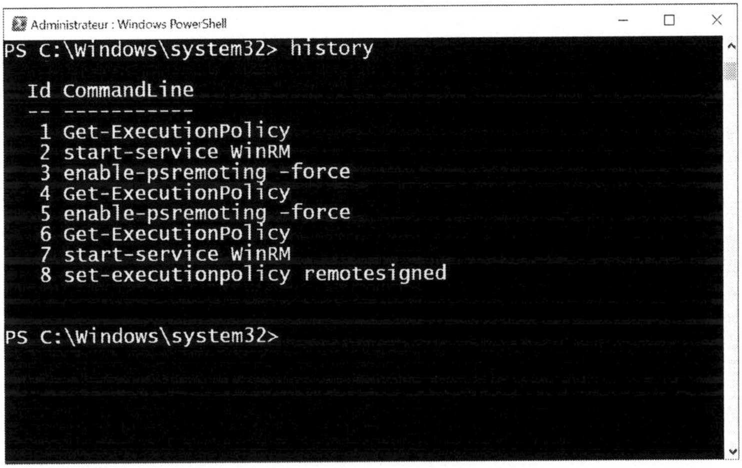

Invoquer une commande avec un **ID** spécifique s'effectue via la commande **invoke-history ID**.

1.4 Dépannage à distance

Un administrateur a souvent besoin de se déplacer jusqu'à un serveur, afin de le configurer et d'en assurer la disponibilité. Le **Bureau à distance** permet de s'affranchir de cette distance en permettant une connexion par le réseau. Mais un utilisateur peut aussi demander de l'aide, en lançant un appel d'**Assistance à distance** : dans un cas, c'est l'administrateur qui se connecte de son propre chef à une ressource (Bureau à distance), dans l'autre cas, il y est invité (Assistance à distance).

1.4.1 Bureau à distance

Le Bureau à distance connecte deux ordinateurs, un client et un serveur, sur un réseau ou depuis Internet au travers, par exemple, d'une connexion VPN. Lorsque l'administrateur est connecté, il visualise le bureau de l'ordinateur distant comme s'il était assis devant, en ayant accès à tous les programmes et documents stockés, ainsi qu'aux périphériques connectés.

La fonctionnalité Bureau à distance est basée sur une architecture client/serveur :

- **Le serveur** : permettre une connexion à un ordinateur au travers de la méthode de Bureau à distance implique l'ouverture du port TCP 3389 entrant et donc la possibilité offerte à un attaquant de se connecter à distance sur un poste du réseau de l'entreprise. Il convient donc d'être prudent lors de l'activation de cette fonctionnalité et de bien mesurer ses conséquences en termes de sécurité.
- **Le client** : c'est un logiciel fourni avec les quatre éditions de Windows 10, qui permet de se connecter à un serveur ou à un autre poste de travail Microsoft Windows, depuis un réseau (filaire, sans fil, 3G...). Les éditions **Poste de travail** suivantes supportent une connexion Bureau à distance : Windows 7 (Professionnel, Entreprise et Intégrale), Windows Vista (Professionnel, Entreprise et Intégrale), Windows XP Professionnel, Windows 8.1 Professionnel et Entreprise et bien entendu Windows 10.

Pour exécuter le client Bureau à distance :

- Depuis le champ de recherche situé dans la barre des tâches, saisissez **Connexion bureau à distance**.

  Une autre méthode à exécuter depuis le bureau de l'utilisateur : pointez la souris en bas à gauche de l'écran, effectuez un clic avec le bouton droit sur le menu **Démarrer** puis **Exécuter**. Saisissez **mstsc** puis validez par la touche [Entrée].

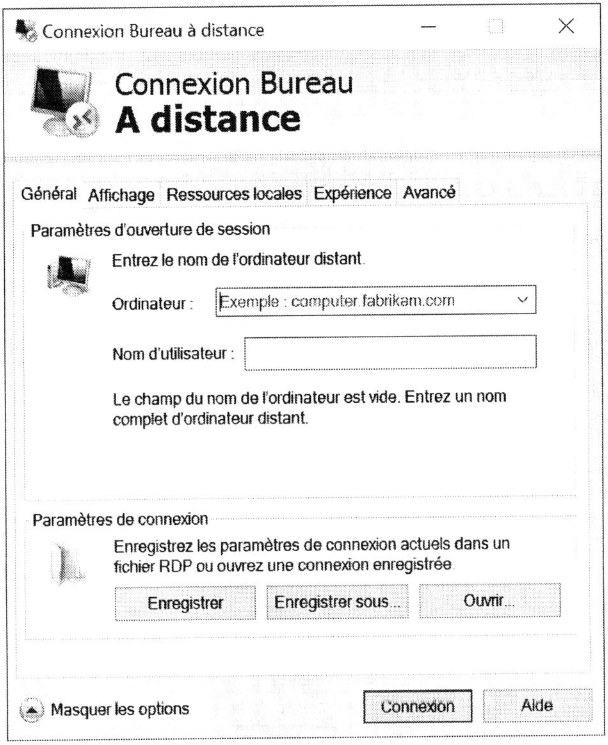

Remarque

Notez que le client Bureau à distance permet aussi de se connecter à la technologie Microsoft RDS (Remote Desktop Services).

Il est ainsi possible d'afficher le bureau distant de l'ordinateur sur lequel nous sommes connectés, de manière sécurisée au travers du protocole RDP. Les options ci-dessous sont accessibles grâce aux différents onglets du logiciel client, en cliquant sur la flèche pointant vers le bas **Afficher les options** :

- L'onglet **Général** gère les informations d'identification d'ouverture de session (**Nom d'utilisateur** et mot de passe), ainsi que le nom DNS ou l'adresse IP de l'**Ordinateur** distant. L'utilisateur peut enregistrer la configuration des **Paramètres de connexion** dans un fichier portant l'extension .rdp.
- L'onglet **Affichage** permet de définir la résolution du Bureau à distance, ainsi que la qualité des couleurs.
- L'onglet **Ressources locales** offre à l'administrateur de configurer la redirection des ressources du poste Windows 10 vers le serveur (son, imprimantes, clavier...).

Remarque

Avec cette nouvelle version du client Bureau à distance, il est maintenant possible de rediriger un périphérique USB, tel qu'une mémoire flash. Dans l'onglet ***Ressources locales****, cliquez sur le bouton* ***Autres****, développez le nœud* ***Lecteurs*** *et si le périphérique USB n'est pas branché, cochez la case* ***Lecteurs que je branche plus tard****.*

- L'onglet **Expérience** permet de définir la bande passante utilisée lors de la connexion Bureau à distance, afin d'optimiser l'affichage des fonctionnalités telles que le lissage des polices, le style visuel...
- L'onglet **Avancé** définit le comportement du client en cas d'échec lors de l'authentification au serveur ou encore les paramètres de connexion via la passerelle Bureau à distance.

Une fois la connexion à l'ordinateur distant initiée, l'utilisateur peut redimensionner automatiquement la fenêtre **Connexion Bureau à distance** en cliquant avec le bouton droit sur le bandeau, puis en sélectionnant **Dimensionnement intelligent**.

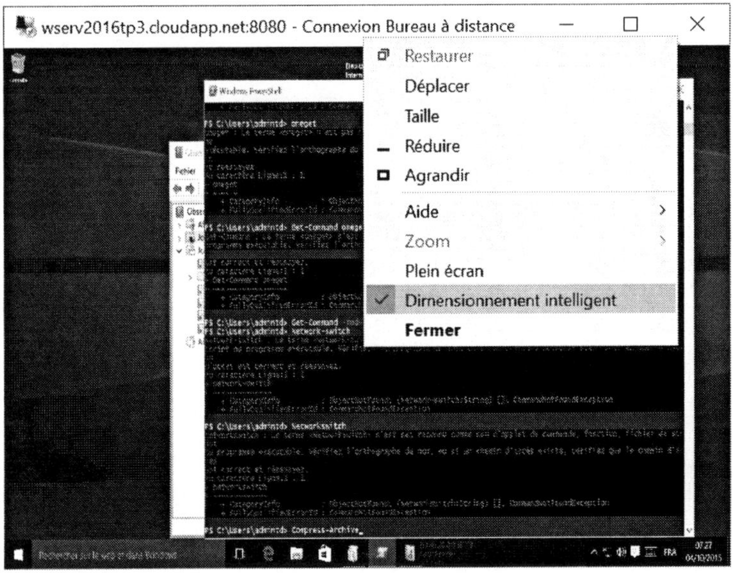

Le Bureau à distance verrouille le système cible, empêchant ainsi temporairement une ouverture de session interactive.

Enfin, le client prend en charge le fractionnement sur plusieurs écrans positionnés horizontalement, dans le but de former un bureau unique de plus grande taille, à l'aide de la commande **mstsc /span**.

Pour activer le Bureau à distance côté serveur, dans notre cas un poste de travail Windows 10, suivez la procédure ci-dessous :

- En tant qu'administrateur local, effectuez un clic avec le bouton droit sur le menu **Démarrer** puis cliquez sur **Système**. Cliquez sur **Paramètres d'utilisation à distancc**, puis dans l'onglet **Utilisation à distance**, cochez la case **Autoriser les connexions à distance à cet ordinateur**.

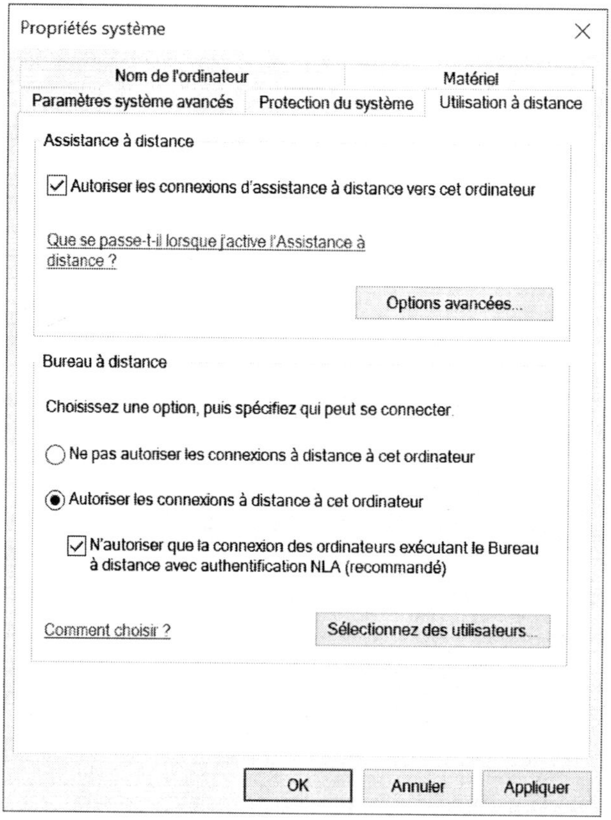

Pour améliorer la sécurité de la connexion, la case **N'autoriser que la connexion des ordinateurs exécutant le Bureau à distance avec authentification NLA** est cochée par le système. Le port TCP 3389 sera automatiquement ouvert en flux entrant dans le pare-feu Windows 10, pour les profils **Privé** et **Public** de la carte réseau. Pour changer le port d'écoute par défaut et ainsi améliorer la sécurité du serveur, modifiez la valeur de la clé **PortNumber** accessible depuis le nœud : **HKEY_LOCAL_MACHINE\System\CurrentControlSet\Control\TerminalServer\WinStations\RDP-Tcp** dans la base de registre.

- Cliquez sur le bouton **Sélectionnez des utilisateurs** pour ajouter au groupe local **Utilisateurs du Bureau à distance** les comptes ou groupes pouvant accéder à distance au serveur RDP Windows 10.

Notez que seules les éditions Professionnel et Entreprise de Windows 10 supportent l'activation du Bureau à distance côté serveur.

1.4.2 Application Bureau à distance du Windows Store

Microsoft propose en téléchargement depuis le Windows Store l'application gratuite **Bureau à distance**. Le principal avantage est la possibilité de regrouper dans un emplacement centralisé les connexions actives.

Grâce au partage d'écran, l'administrateur peut à tout moment surveiller un ordinateur distant tout en continuant ses tâches courantes. Orientée tablette tactile, l'application gère le zoom par écartement des doigts ou le clavier visuel. De nouvelles fonctionnalités sont supportées, offrant une utilisation plus fluide d'une session à distance : **RemoteFX Multi-Touch Remoting** (gestion des 10 doigts des mains), **RemoteFX Multimedia and Sound** et **RemoteFX EasyPrint** (impression simplifiée sur l'hôte distant).

Pour télécharger et installer l'application Bureau à distance :

- Depuis l'icône du **Windows Store** située dans la barre des tâches, saisissez **bureau à distance** dans la zone de recherche prévue à cet effet (en haut à droite) puis validez en pointant sur la loupe. Sélectionnez l'application **Bureau à distance** dans les résultats de la recherche puis pointez sur le bouton **Gratuit**.

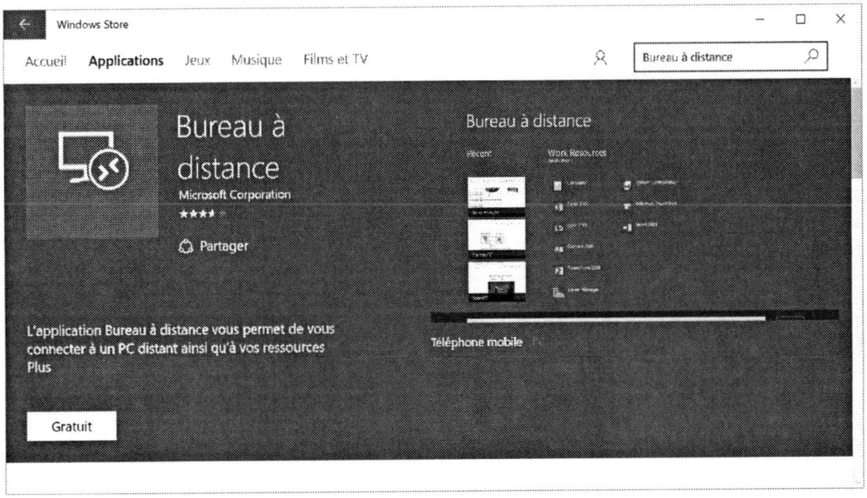

Une fois l'application installée, l'icône **Bureau à distance** est disponible depuis le menu **Démarrer** dans la section **Récemment ajouté**.

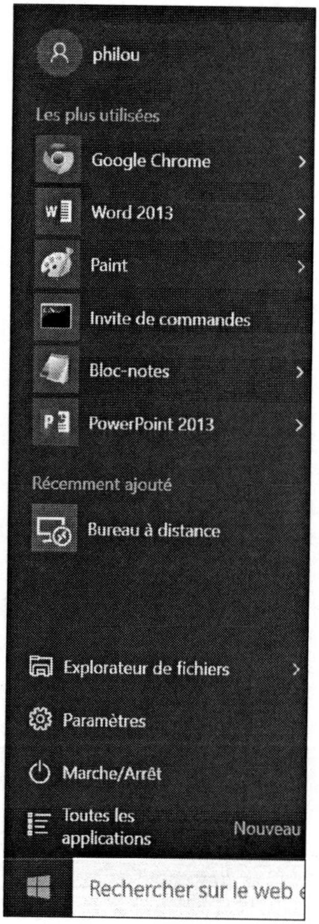

◘ Lors de l'exécution de l'application, l'administrateur est invité à taper le nom de la machine distante ou son adresse IP puis de cliquer sur le bouton **Connexion**. Un nom d'utilisateur et un mot de passe sont obligatoirement requis. Le nom de domaine est facultatif et peut être défini en respectant la méthode suivante : **NOMDOMAINE\Nom d'utilisateur**. Si l'ordinateur distant fait partie d'un groupe de travail, il faut ajouter **localhost\nom d'utilisateur**. L'application tente ensuite d'authentifier l'ordinateur distant.

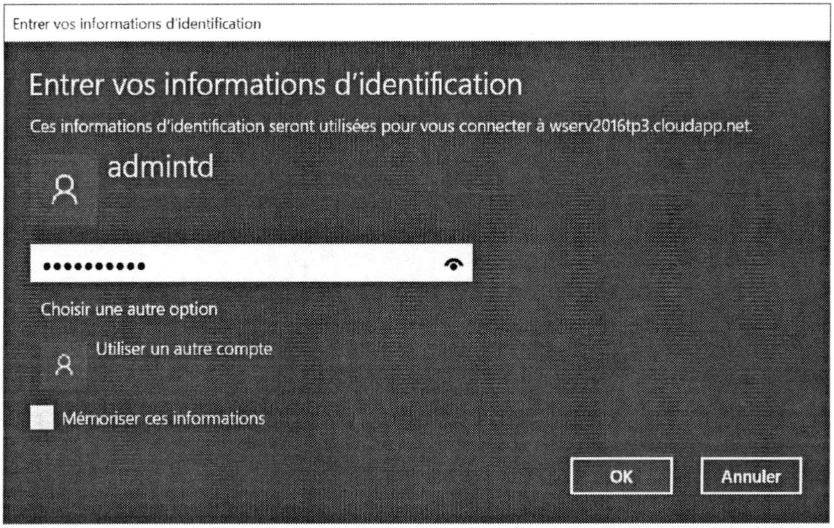

◘ Si l'authentification de l'ordinateur distant ne fonctionne pas, un message d'avertissement apparaît. Cochez la case **Ne pas me redemander pour les connexions à cet ordinateur** puis cliquez sur le bouton **Connecter quand même**. La connexion est établie, l'administrateur a désormais un accès complet aux ressources (dossiers, fichiers, imprimantes...) du poste connecté.

Il est possible de positionner l'application Bureau à distance dans une moitié de l'écran. Dans notre exemple, l'application Bureau à distance, affichant un poste de travail distant Windows 10, est affichée à gauche de l'écran, et le navigateur Edge est positionné à droite :

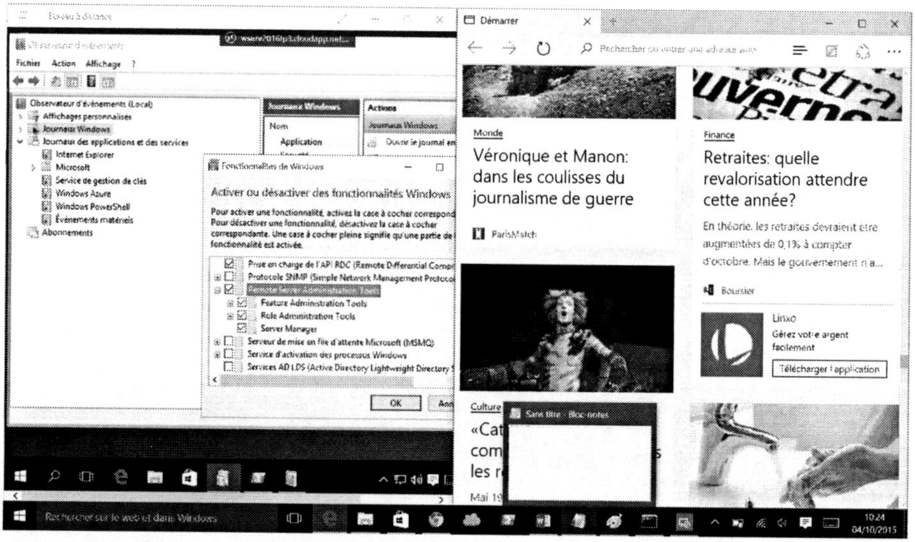

Des paramètres de connexion peuvent être définis, équivalents au client Bureau à distance accessible depuis le bureau :

▶Pointez le coin supérieur gauche de l'écran (trois barres horizontales) de l'application **Bureau à distance**, puis cliquez sur **Paramètres**.

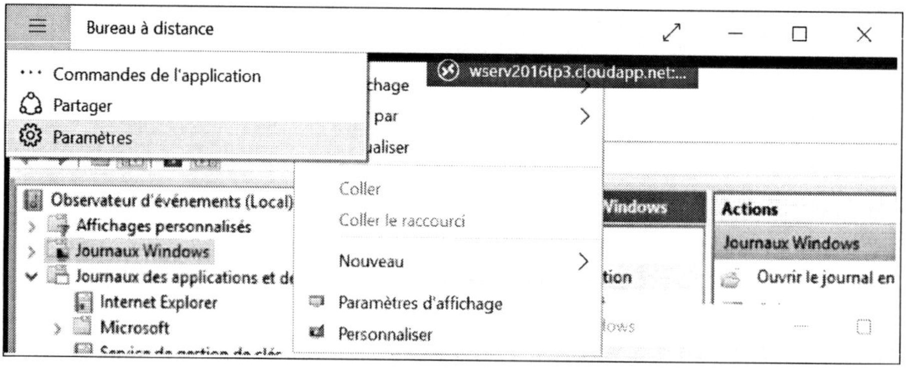

▶ L'administrateur peut configurer les effets visuels, définir quels périphériques (imprimante, microphone...) de l'ordinateur local sont redirigés vers l'ordinateur distant ou encore entrer l'adresse de la passerelle des services Bureau à distance.

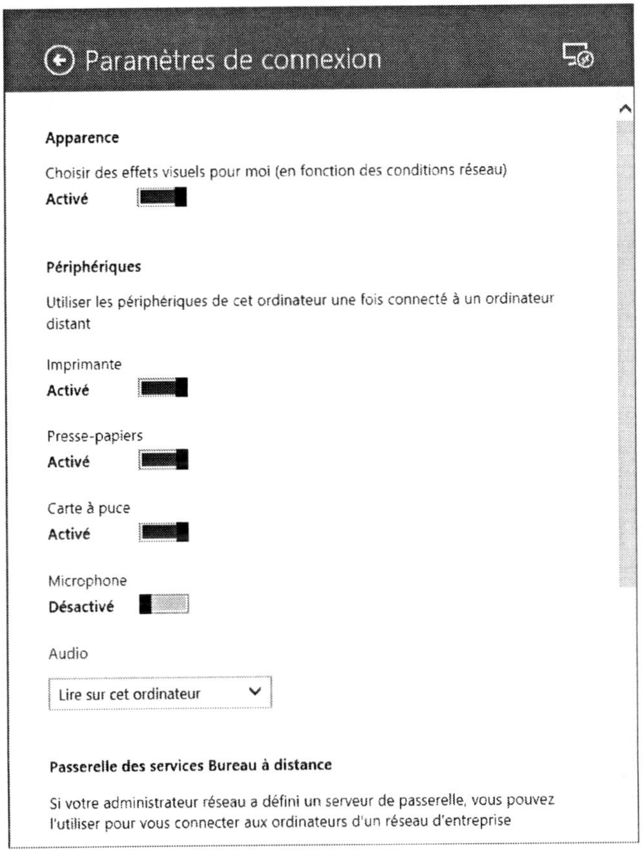

Dans **Paramètres**, il est aussi possible d'entrer l'adresse d'un serveur RemoteApp, technologie qui diffère d'une session RDS : l'application distante apparaît comme si elle était exécutée sur l'ordinateur local. La seule différence visible est la bordure de la fenêtre conservant l'apparence de Windows Server 2008 et non de celle de Windows 10.

Un programme RemoteApp peut être exécuté de trois façons :

- Avec un fichier ayant l'extension RDP distribué par l'administrateur.
- Avec un fichier Windows Installer (.msi) déployé grâce à un objet de stratégie de groupe.
- Avec un lien vers le programme RemoteApp disponible depuis un site Internet géré par les services RDS.

1.4.3 RemoteFX

Apparu avec Windows Server 2008 R2 Service Pack 1, RemoteFX s'appuie sur le protocole RDP (*Remote Desktop Protocol*) pour offrir une expérience utilisateur améliorée dans le cas d'une connexion distante : prise en compte de l'affichage de vidéos, redirection des périphériques (imprimante, caméra) ou écoute de musique.

Grâce à la virtualisation d'un poste de travail VDI (*Virtual Desktop Infrastructure*) hébergé sur un serveur Hyper-V ou RDS, les ressources matérielles d'accélération graphique de celui-ci seront partagées entre les utilisateurs.

Disponible avec Windows 10 Entreprise, cette technologie peut aussi utiliser le matériel du client pour fournir le contenu multimédia, plutôt que les ressources du serveur distant, réduisant ainsi l'utilisation de la bande passante.

RemoteFX USB Redirection permet à un périphérique USB (scanner, imprimante multifonction...), branché sur un serveur, d'être redirigé sur le poste Windows 10, sans avoir besoin d'installer le pilote adéquat. Pour configurer la prise en charge de cette technologie, il est nécessaire d'utiliser l'**Éditeur de stratégie de groupe locale** :

▶ Pressez les touches [Windows] + **R** du clavier puis saisissez **gpedit.msc** et validez via le bouton **OK**. Dans la fenêtre **Éditeur de stratégie de groupe locale**, développez le nœud **Configuration ordinateur - Modèles d'administration - Composants Windows - Services Bureau à distance - Client Connexion Bureau à distance** et **Redirection du périphérique USB RemoteFX**. Double cliquez par exemple sur le paramètre **Autoriser la redirection RDP d'autres périphériques USB RemoteFX pris en charge à partir de cet ordinateur**. Sélectionnez l'option **Activé**.

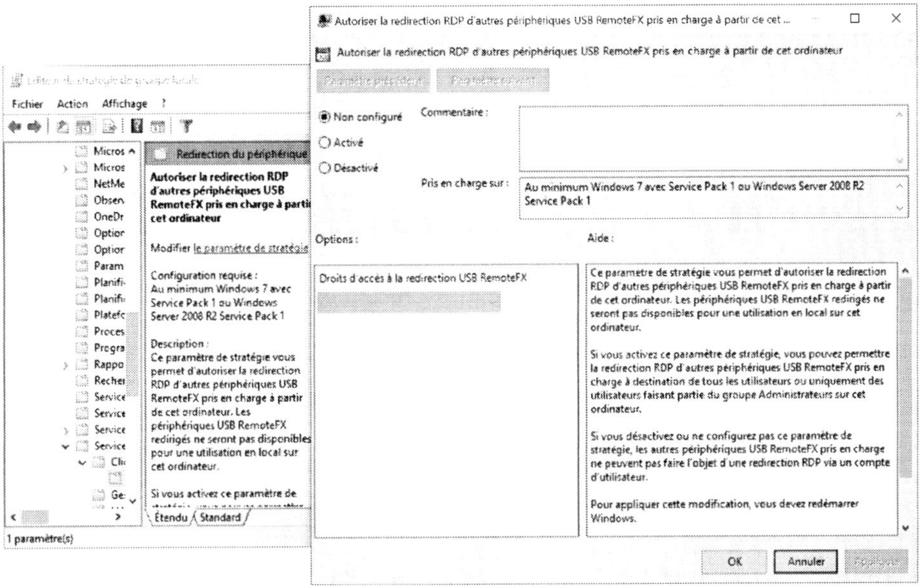

▶Validez par le bouton **OK**.

1.4.4 Assistance à distance

La fonctionnalité d'**Assistance à distance** offre à l'utilisateur le choix de demander de l'aide à un administrateur, sans déconnexion de sa session courante, tout en voyant ce qu'effectue le technicien, au contraire du Bureau à distance. Il est également possible de converser par écrit avec l'utilisateur distant ou encore de lui envoyer des fichiers, comme **Microsoft Fix it** (cf. chapitre Protection et récupération du système - Dépannage du système), pour résoudre ses problèmes.

L'Assistance à distance est activée par défaut sur Windows 10. Pour désactiver la fonctionnalité :

▶ Depuis le bureau de l'utilisateur, cliquez avec le bouton droit de la souris sur le menu **Démarrer** puis sélectionnez **Système**. Cliquez sur **Paramètres d'utilisation à distance**, puis dans l'onglet **Utilisation à distance**, décochez la case **Autoriser les connexions d'assistance à distance vers cet ordinateur**. Notez qu'en cliquant sur le bouton **Options avancées**, l'utilisateur peut définir la durée maximale de la validité des invitations, ainsi que la version minimale du système d'exploitation pouvant se connecter à son ordinateur.

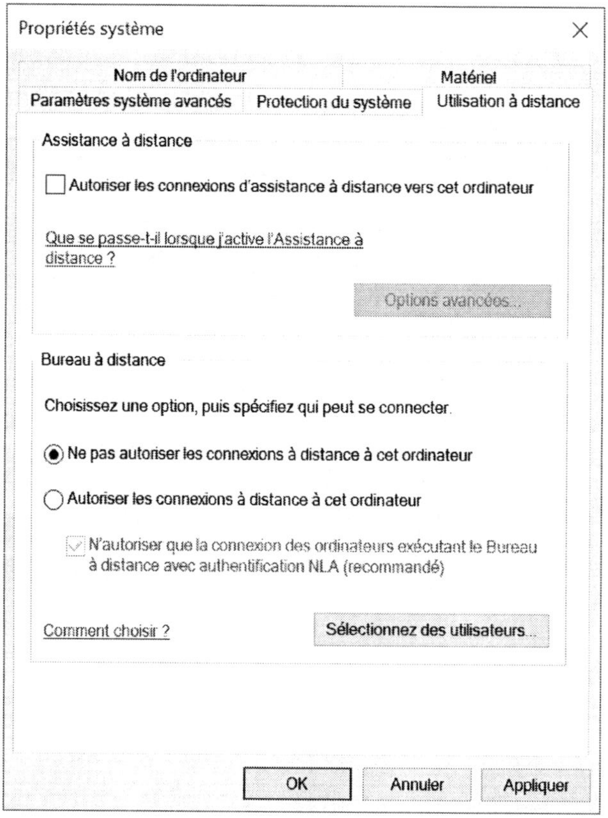

Avec Windows 10, trois méthodes permettent de demander de l'aide depuis l'ordinateur cible, comme le montre l'image ci-dessous :

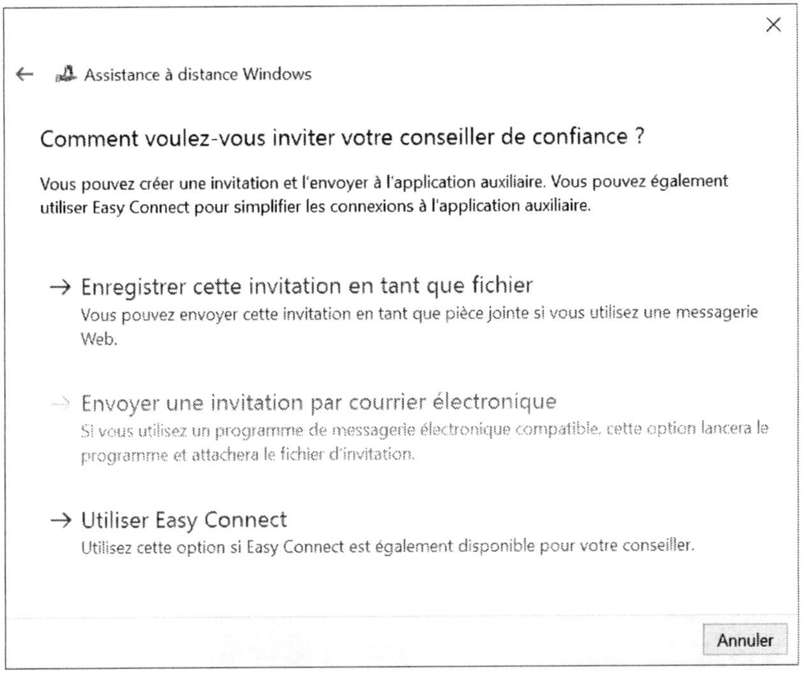

- **Enregistrer cette invitation en tant que fichier** : crée un fichier avec une extension .msrcIncident. Ce fichier doit être transmis au technicien, au travers d'un partage réseau, d'un stockage amovible ou encore par courrier électronique.
- **Envoyer une invitation par courrier électronique** : le processus est le même que précédemment, à ceci près que le fichier d'invitation est directement intégré dans le programme de messagerie par défaut.
- **Utiliser Easy Connect** : cette fonctionnalité permet à l'utilisateur de demander de l'aide en rendant disponible son poste de travail depuis Internet, sans envoyer de fichier d'invitation. L'initiation de la demande peut s'effectuer au travers de la liste des contacts de l'utilisateur en difficulté.

Lorsqu'Easy Connect est utilisé, l'Assistance à distance génère un mot de passe aléatoire à fournir à la personne chargée de l'expertise. Une fois la connexion établie, des informations de contact sont échangées entre les deux ordinateurs. Par la suite, l'utilisation de mot de passe ne sera plus obligatoire.

Remarque

Easy Connect utilise le protocole PNRP (Peer Name Resolution Protocol) pour envoyer une invitation d'Assistance à distance par le biais d'Internet : votre routeur doit donc le prendre en charge.

Pour démarrer l'Assistance à distance et par exemple, demander de l'aide grâce à la fonctionnalité Easy Connect, suivez la procédure ci-dessous :

- Depuis la barre de recherche située dans la barre des tâches, saisissez **msra** et sélectionnez **msra**.
- Cliquez ensuite sur **Inviter une personne de confiance à vous aider**.
- Sélectionnez **Utiliser Easy Connect** puis suivez les instructions à l'écran.

L'Assistance à distance peut être configurée précisément grâce à la ligne de commande **msra.exe** :

- **/novice** : l'Assistance à distance est exécutée pour demander de l'aide.
- **/openfile** : ouvre un fichier d'invitation spécifique.
- **/offereasyhelp** : utilise la fonctionnalité EasyConnect en exécutant l'Assistance à distance.
- **/expert** : l'administrateur propose de l'aide, grâce à un fichier d'invitation ou Easy Connect.

1.5 Liaison distante sécurisée

L'accès distant d'un poste Windows 10 désigne le fait d'atteindre des données stockées sur des ordinateurs connectés à un réseau, comme Internet ou un extranet.

Un utilisateur nomade, comme un commercial, a besoin d'accéder aux ressources de l'entreprise (dossiers, courriers électroniques...) en dehors du réseau de celle-ci.

Windows 10 propose des fonctionnalités utiles pour rendre le système d'information disponible et sécurisé auprès des utilisateurs itinérants. Par exemple avec **DirectAccess**, l'administrateur pourra facilement accéder aux serveurs critiques de l'entreprise, tout en étant physiquement en dehors de celles-ci, sans aucune intervention de sa part.

1.5.1 Client VPN

Windows 10 propose aux utilisateurs itinérants d'installer des plug-ins VPN compatibles avec les principales solutions du marché : Check Point, F5, Juniper Networks et SonicWALL. De plus, il y a deux manières de créer une connexion VPN : l'une par l'intermédiaire du Centre Réseau et partage, l'autre par le biais de la nouvelle interface. Nous allons détailler cette dernière :

- Depuis la zone de recherche située sur la barre des tâches, saisissez **VPN** puis cliquez sur **Modifier les réseaux privés virtuels (VPN)**. Cliquez ensuite sur **Ajouter une connexion VPN**. Dans le champ **Fournisseur VPN**, sélectionnez **Windows (intégré)**. Nommez la connexion dans le champ **Nom de la connexion**. Saisissez ensuite l'adresse du serveur distant, un nom d'utilisateur et un mot de passe. Assurez-vous que la case **Mémoriser mes informations d'identification** est cochée.

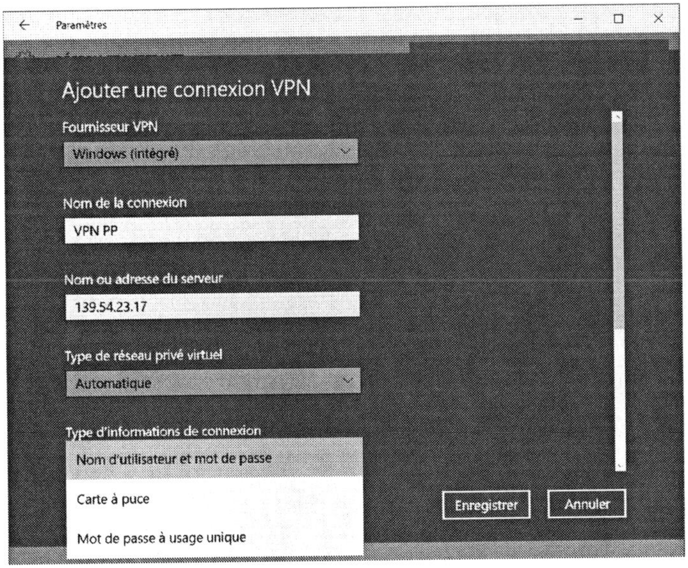

La connexion à un réseau privé virtuel est désormais effective :

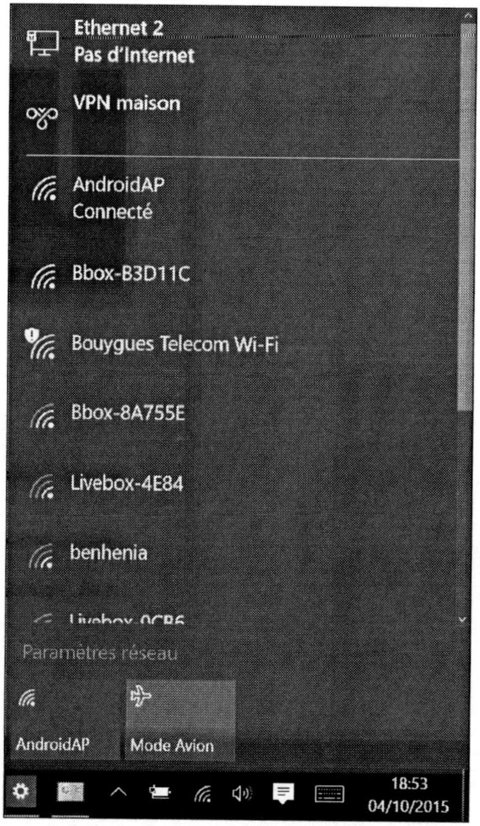

Notez que Windows 10 supporte l'authentification à l'aide d'une carte à puce ou d'un OTP (*One Time Password*).

Pour exécuter la connexion VPN précédemment créée, depuis le bureau, cliquez avec le bouton gauche sur l'icône  présente en bas à droite de l'écran, dans la barre des tâches, puis sélectionnez votre connexion VPN.

Si vous souhaitez uniquement utiliser le client VPN pour vous connecter à un serveur d'accès distant Microsoft, suivez la procédure ci-dessous :

- Cliquez avec le bouton droit sur l'icône  puis sélectionnez **Ouvrir le Centre Réseau et partage**. Cliquez sur **Configurer une nouvelle connexion ou un nouveau réseau**. Entrez l'adresse Internet du serveur VPN (dans notre exemple, mytraining.fr) et nommez la connexion **VPN Maison**. Assurez-vous que la case **Mémoriser mes informations d'identification** est cochée. Cliquez sur le bouton **Créer**.

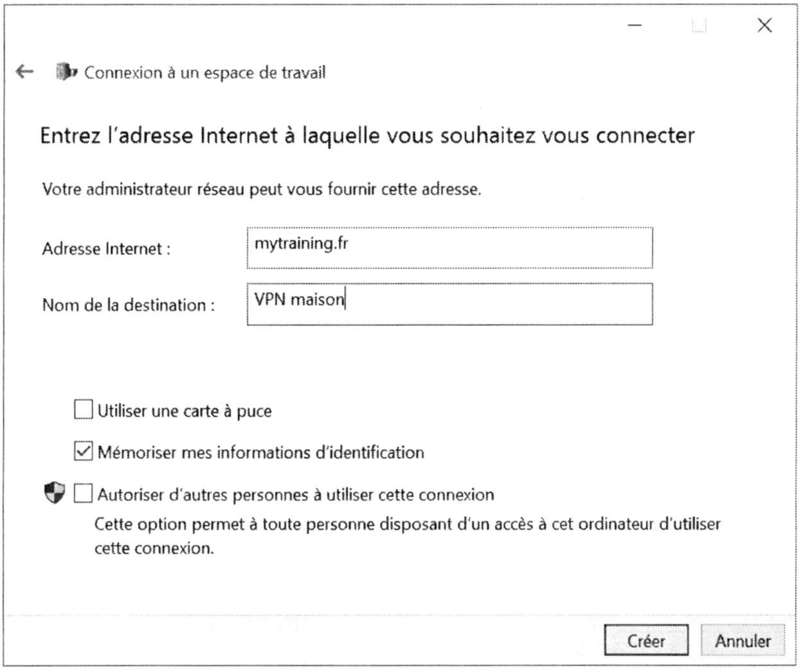

Votre connexion VPN avec le client Microsoft est créée.

1.5.2 VPN Connect

Le BYOD (*Bring Your Own Device*) est une pratique consistant à ce qu'un utilisateur se serve de son ordinateur personnel dans un contexte professionnel. Cette tendance, de plus en plus répandue au sein des entreprises, amène des questions sociales, comme le fait qu'un salarié puisse désormais travailler partout, mais aussi tout le temps. De plus, les données de l'entreprise sont désormais stockées sur des ordinateurs personnels non gérés par celle-ci. La sécurité devient donc un problème majeur dans ce type de pratique.

La fonctionnalité VPN Connect permet de créer une connexion VPN de manière automatisée lorsqu'une application Windows 10 est exécutée ou bien lorsque le poste de travail utilise un suffixe DNS défini.

VPN Connect ne fonctionne pas sur un client membre d'un domaine mais peut être mis en place avec le client VPN Windows 10. Le type de VPN supporté est obligatoirement *split tunneling*, afin de ne pas interrompre la connectivité des autres applications lorsque la connexion VPN Connect est établie.

Par exemple, pour créer une connexion VPN automatique lorsque l'application Skype est exécutée, il est dans un premier temps nécessaire de trouver son identifiant.

Partons du principe que l'utilisateur a déjà créé une connexion VPN nommée VPNConnect :

- Depuis la zone de recherche, saisissez **powershell** puis cliquez avec le bouton droit sur **Windows PowerShell** et choisissez **Exécuter comme administrateur**. Validez en cliquant sur le bouton **Oui** lorsque la fenêtre de contrôle de compte d'utilisateur apparaît.
- Définissez le type de VPN *split tunneling* en saisissant la commande **Set-VpnConnection -name VPNConnect -SplitTunneling $true** puis validez en pressant la touche [Entrée].

Recherchez maintenant l'identifiant de l'application Skype :

- Saisissez la commande **Get-AppxPackage | more** et validez en pressant la touche [Entrée]. Dans notre exemple, nous créerons la connexion VPN lorsque l'App Skype sera exécutée. Notez la valeur du champ PackageFamilyName : **Microsoft.SkypeApp_kzf8qxf38zg5c**.

  Exécutez la connexion VPNConnect au lancement de l'application Skype en saisissant la commande ci-dessous :
  Add-VPNConnectionTriggerApplication -name VPNConnect -ApplicationID Microsoft.SkypeApp_kzf8qxf38zg5c -PassThru puis validez par la touche [Entrée].

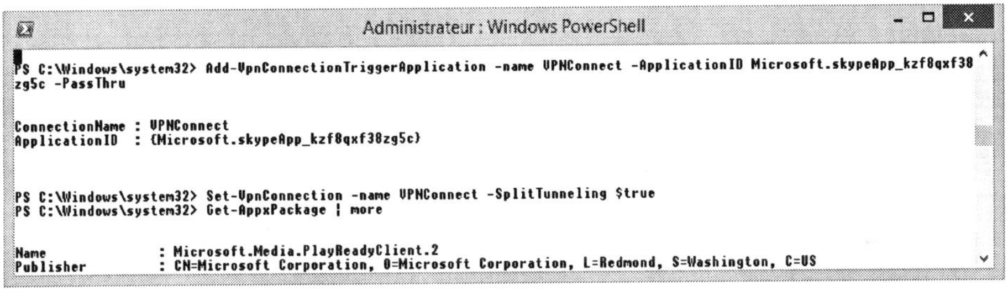

- Désormais, lorsque l'App Skype sera exécutée, une connexion VPN sera automatiquement initiée.

- Lorsque l'App Skype sera fermée, la connexion VPN le sera également.

1.5.3 Reconnexion automatique VPN

Windows 10 offre aux utilisateurs itinérants de rétablir automatiquement la connexion VPN (*Virtual Private Network*) au réseau de l'entreprise en cas de coupure Internet temporaire, et ce, sans aucune intervention de l'utilisateur.

Un tunnel VPN fournit à un utilisateur distant une connexion au réseau local de l'entreprise tout en préservant la sécurité des données qui transitent.

Internet est généralement utilisé comme support de transmission en utilisant un protocole de tunneling, chargé d'encapsuler les données. Une connexion VPN relie donc deux réseaux physiques par une liaison privée.

Il existe deux types de connexion VPN :

- **Accès distant VPN** (ou point à site VPN) : permet à un utilisateur d'initier une connexion VPN depuis son poste de travail Windows 10 vers le réseau de l'entreprise, généralement au travers du réseau Internet.
- **Site à site VPN** : deux routeurs relient deux sites distants au travers d'un lien WAN sécurisé par une connexion permanente VPN, par exemple le siège d'une entreprise situé à Paris et sa succursale basée à Sophia-Antipolis. Ainsi, les utilisateurs de Paris peuvent accéder aux ressources de Sophia (dossiers partagés, imprimantes...) et vice versa.

Windows 10 supporte quatre protocoles de tunneling :

- PPP (*Point-to-Point Tunneling Protocol*).
- L2TP/IPsec (*Layer 2 Tunneling Protocol with Internet Protocol Security*).
- SSTP (*Secure Socket Tunneling Protocol*).
- IKEv2 (*Internet Key Exchange*).

La fonctionnalité **Reconnexion automatique VPN** est particulièrement pratique pour les utilisateurs nomades. Ainsi, un utilisateur distant ayant une connexion Internet active pourra se reconnecter automatiquement aux ressources de son entreprise en cas de déconnexion.

Cette fonctionnalité utilise le mode de tunnel IPsec avec IKEv2 et l'extension **MOBIKE** (mobilité et multirésidence d'IKEv2).

L'infrastructure côté serveur gérant l'installation de la reconnexion automatique VPN est moins contraignante que celle de DirectAccess. Il est nécessaire d'avoir :

- Une infrastructure à clé publique (PKI) délivrant un certificat pour l'ordinateur client.
- Un serveur VPN (Windows Server 2008, Windows Server 2008 R2, Windows Server 2012 ou Windows Server 2012 R2) avec deux cartes réseau, l'une connectée au réseau Internet, l'autre au réseau local de l'entreprise. Les ports UDP 500 pour IKE et 4500 pour IPsec doivent être autorisés en flux entrant dans le pare-feu.
- Un poste de travail Windows 10 ayant la connectivité nécessaire pour accéder au réseau distant.

Remarque

Les systèmes d'exploitation Windows Server 2008 R2, Windows Server 2012 et Windows 7/Windows 8.1 prennent aussi en charge la reconnexion automatique VPN.

Pour que le client Windows 10 puisse se connecter au serveur VPN, il est nécessaire d'importer le certificat racine émis pour ce serveur.

Voici la procédure, automatisable au travers d'un objet stratégie de groupe :

- Pressez les touches [Windows] + **R** et saisissez **mmc** puis validez par la touche [Entrée]. Validez en cliquant sur le bouton **Oui** lorsque la fenêtre de contrôle de compte d'utilisateur apparaît. Cliquez sur le menu **Fichier** puis **Ajouter/Supprimer un composant logiciel enfichable**.
- Dans la liste de gauche **Composants logiciels enfichables disponibles**, sélectionnez **Certificats**, puis cliquez sur le bouton **Ajouter**. Dans la fenêtre **Composant logiciel enfichable Certificats**, sélectionnez la case **Un compte d'ordinateur**, puis cliquez sur **Suivant** et **Terminer**. Validez par **OK**.

▶ Développez dans la zone de gauche **Certificats (ordinateur local)**, puis le nœud **Autorités de certification racines de confiance**. Effectuez un clic avec le bouton droit sur **Certificats** puis choisissez **Toutes les tâches** et **Importer**. Cliquez sur le bouton **Suivant** puis sélectionnez le certificat racine émis grâce au bouton **Parcourir**.

Une fois le certificat importé, vous pouvez créer une connexion VPN :

▶ Cliquez avec le bouton droit sur l'icône puis sélectionnez **Ouvrir le Centre Réseau et partage**. Cliquez sur **Configurer une nouvelle connexion ou un nouveau réseau**. Entrez l'adresse Internet du serveur VPN (dans notre exemple, le serveur distant contenant le certificat importé) et nommez la connexion **VPN reconnexion auto**. Assurez-vous que la case **Mémoriser mes informations d'identification** est cochée. Cliquez sur le bouton **Créer**.

▶ Cliquez sur le bouton **Enregistrer**.

▶ Pour configurer les paramètres de sécurité permettant la reconnexion VPN, il est nécessaire de pointer sur la vignette Bureau. Cliquez ensuite avec le bouton droit sur l'icône située en bas à droite de votre écran puis sur **Ouvrir le Centre Réseau et partage**. Cliquez sur **Modifier les paramètres de la carte**. Cliquez avec le bouton droit sur **Reconnexion automatique VPN** puis sur **Propriétés**.

▶ Cliquez sur l'onglet **Sécurité** et sélectionnez **IKEv2** dans le champ **Type de réseau VPN**. En cliquant sur le bouton **Paramètres avancés**, vous pourrez configurer le temps d'indisponibilité du réseau avant déconnexion définitive du client Windows 10. Validez par le bouton **OK**.

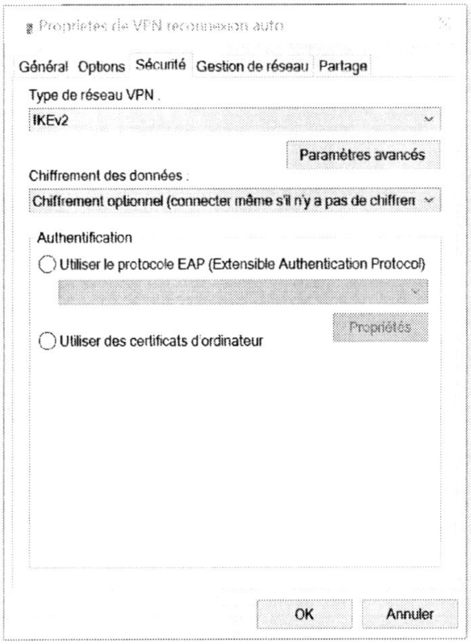

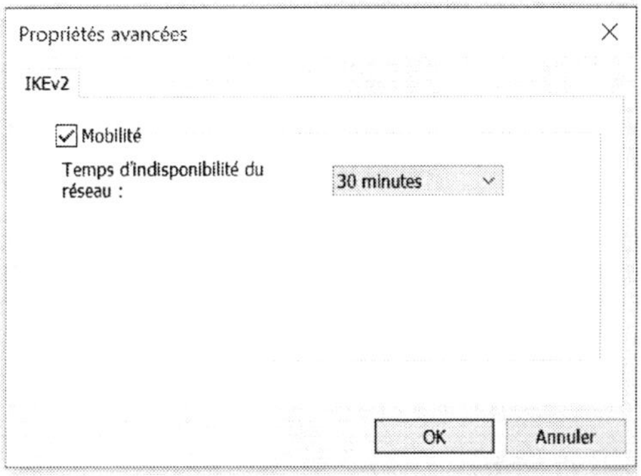

La reconnexion VPN est désormais effective du côté du client.

Remarque

Si l'ordinateur portable exécutant Windows 10 entrait en mode veille prolongée, l'utilisateur devrait manuellement entrer ses informations d'authentification à la sortie de veille : la connexion serait en effet perdue.

1.5.4 DirectAccess

Windows Server 2008 R2 introduisit la fonctionnalité DirectAccess similaire à la reconnexion automatique VPN, car elle propose de connecter automatiquement l'utilisateur itinérant au réseau de l'entreprise mais cette fois... sans connexion VPN.

Ainsi, les administrateurs peuvent déployer à distance les objets de stratégie de groupe, les mises à jour de sécurité et les logiciels sur les ordinateurs Windows 10 ; la connexion bidirectionnelle est transparente dès lors qu'un accès Internet est disponible, même si aucun utilisateur n'a ouvert de session sur l'ordinateur.

La sécurité est assurée par une authentification de l'utilisateur et de l'ordinateur membre du domaine, par un chiffrement des données échangées entre les parties et un contrôle des accès aux ressources de l'entreprise (facultatif).

DirectAccess s'intègre désormais avec le service RRAS (*Routing and Remote Access Server*) dans un unique rôle nommé **Remote Access** (accès à distance), disponible avec Windows Server 2012 R2.

Le déploiement de DirectAccess ne nécessite plus de PKI (*Public Key Infrastructure*) complexe à implémenter et apporte des fonctionnalités côté serveur :

- Support du protocole d'échange de route nommé BGP (*Border Gateway Protocol*).
- Prise en charge des fonctions de reverse proxy pour les applications Web hébergées dans le réseau interne.
- Gestion de passerelle VPN site à site.
- Distribution des tâches entre les différents serveurs d'un groupe grâce à la répartition de charge. Huit nœuds sont supportés, mais en cas de défaillance de l'un d'eux, les connexions actives ne seront pas transférées aux autres nœuds.
- Gestion de l'authentification par OTP (*One-Time Password*) en utilisant par exemple un module TPM (*Trusted Platform Module*) intégré à un client.
- Support de PowerShell et des versions Core de Windows Server 2012.
- Prise en charge de plusieurs domaines.
- Mise à disposition d'un assistant pour la configuration simplifiée de DirectAccess.

Au niveau du client, Windows 10 permet à des applications préconfigurées de se connecter automatiquement au réseau de l'entreprise en ouvrant une connexion VPN quand celles-ci sont démarrées.

Côté serveur, DirectAccess nécessite un domaine AD DS (*Active Directory Domain Services*) avec DNS, ainsi qu'un serveur Windows 2008 R2 ou Windows Server 2012 disposant de deux cartes réseau physiques, l'une connectée à Internet, l'autre au réseau local d'entreprise. Désormais, il n'est plus nécessaire de posséder deux adresses publiques IPv4 consécutives pour faire fonctionner DirectAccess, car le serveur peut être positionné derrière un routeur supportant la fonction NAT (*Network Address Translation*).

Un poste compatible DirectAccess possède une version client (Windows 7 Intégrale, Windows 7 Entreprise, Windows 8 Entreprise, Windows 8.1 Entreprise, Windows 10 Entreprise et Windows 10 Education) ou une version serveur (Windows Server 2008 R2, Windows Server 2012, Windows Server 2012 R2) d'un système d'exploitation Microsoft, et doit être membre du même domaine d'appartenance que le serveur DirectAccess.

Voici un schéma présentant la solution ainsi que les différents flux :

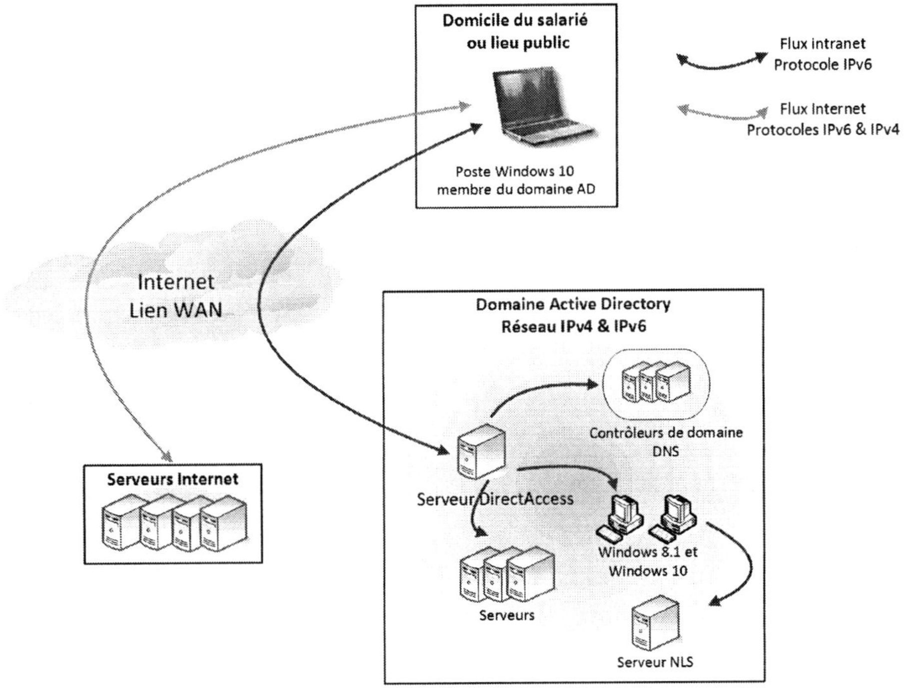

La fonctionnalité s'appuie sur le protocole IPv6 pour faire transiter les données. Néanmoins, un client DirectAccess peut accéder à des ressources du réseau interne possédant une adresse IPv4 grâce aux protocoles NAT64 et DNS64, mais la connexion s'effectuera de manière unidirectionnelle, du client DirectAccess vers la ressource visée.

Le service s'intègre avec NAP (*Network Access Protection*) afin de s'assurer que le client DirectAccess qui souhaite se connecter au réseau de l'entreprise a passé avec succès les tests d'intégrité prédéfinis.

Les paramètres et les certificats à appliquer sur les clients Windows 10 sont déployés à l'aide d'un objet stratégie de groupe, généré depuis l'assistant d'installation de DirectAccess.

Un serveur web IIS (*Internet Information Services*) nommé NLS (*Network Location Server*) est placé dans le réseau local de l'entreprise pour n'être accessible qu'aux clients Windows 10 connectés à l'intranet. Ainsi, si le poste de travail n'accède pas au serveur NLS à l'aide du protocole HTTPS, alors le client est considéré comme étant connecté à un réseau distant, tel qu'Internet.

Windows 10 apporte son lot de nouveautés vis-à-vis de la technologie DirectAccess :

- Gestion de la redondance géographique : les serveurs DirectAccess permettant au client de tester l'accès au réseau de l'entreprise peuvent être positionnés dans des zones géographiques distinctes.
- Affichage du statut d'une connexion DirectAccess dans la zone de notification.
- Intégration de commandes DirectAccess dans PowerShell afin de tester et configurer la solution.

À l'aide de la console DirectAccess, installée avec le rôle Accès à distance, il est possible de définir l'une des deux méthodes de connexion du client Windows 10 :

- Serveur sélectionné : la session sécurisée est établie entre le client et le serveur DirectAccess mais IPsec n'est pas utilisé pour les communications sur le réseau local de l'entreprise.
- Réseau d'entreprise : un chiffrement de bout en bout est requis pour accéder aux ressources internes, ainsi qu'une connectivité IPv6 et l'accès à des serveurs d'applications Windows Server 2012.

Pour établir une connexion au serveur DirectAccess, le client Windows 10 effectue au préalable une série d'étapes :

1. Détection d'une connexion à un réseau. S'il est connecté à l'Intranet, DirectAccess est désactivé. S'il est connecté à Internet, DirectAccess est activé.
2. Connexion au serveur DirectAccess avec authentification des deux parties à l'aide de certificats d'ordinateur.
3. Authentification auprès d'un contrôleur de domaine dont l'adresse IP a été obtenue auprès du serveur DNS référent.
4. Accès aux ressources de l'entreprise auquel l'utilisateur s'est vu accorder l'accès. Le serveur DirectAccess transfère le trafic.

Tout ce processus est transparent pour l'utilisateur.

Le langage PowerShell permet d'administrer un client Windows 10 DirectAccess, à l'aide de commandes telles que :

- **Reset-DAClientExperienceConfiguration** : restaure les paramètres de configuration DirectAccess à leurs valeurs par défaut.
- **New-DAEntryPointTableItem** : crée un point d'entrée pour un nouveau site.
- **Get-DAClientExperienceConfiguration** : affiche la configuration du client DirectAccess.

```
Administrateur : Windows PowerShell

PS C:\Windows\system32> Get-DAClientExperienceConfiguration


Description                          : DA Client Settings
CorporateResources                   :
IPsecTunnelEndpoints                 :
CustomCommands                       :
PreferLocalNamesAllowed              : False
UserInterface                        : False
PassiveMode                          : False
SupportEmail                         :
FriendlyName                         :
ManualEntryPointSelectionAllowed     : True
GslbFqdn                             :
ForceTunneling                       : Default


PS C:\Windows\system32>
```

1.5.5 VPN SSTP

SSTP (*Secure Socket Tunneling Protocol*) est un type de tunnel VPN disponible depuis Windows Server 2008. Il permet l'encapsulation de paquets PPP (*Point-to-Point Protocol*) sur le protocole HTTPS. Cette technologie permet par exemple d'utiliser des méthodes d'authentification robustes telles qu'EAP-TLS (cartes à puce).

Comme la grande majorité des pare-feu d'entreprise laissent passer le protocole HTTPS (port 443) en flux sortant, l'établissement de la connexion est donc facilité.

Le protocole SSTP est compatible avec les ordinateurs clients exécutant Windows Vista SP1, Windows 7, Windows Server 2008, Windows Server 2008 R2, Windows Server 2012, Windows Server 2012 R2, Windows 8, Windows 8.1 et Windows 10. Ces derniers doivent obligatoirement approuver l'autorité ayant émis le certificat du serveur SSTP.

Pour créer un tunnel SSTP depuis un client Windows 10, il faut d'abord importer le certificat du serveur VPN SSTP (cf. procédure d'import dans la section Reconnexion automatique VPN), puis créer la connexion VPN :

- Pressez les touches [Windows] et **R** et saisissez **rasphone** dans la fenêtre **Exécuter** puis validez par [Entrée]. Si vous n'avez pas créé de connexion distante, cliquez sur le bouton **OK** pour créer une liste d'entrée dans le répertoire des **Connexions réseau**.

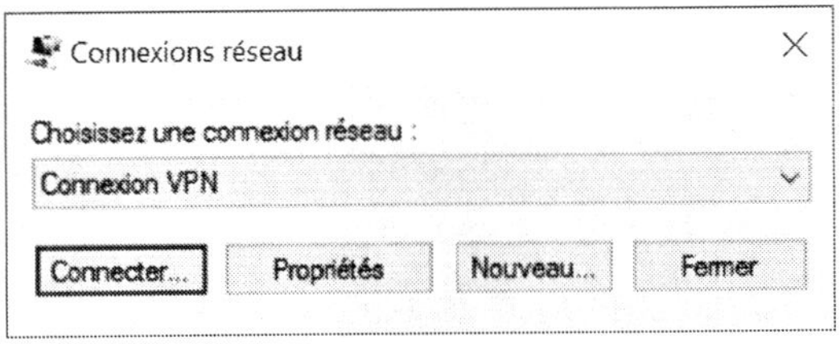

- Cliquez ensuite sur le bouton **Nouveau**.
- Cliquez sur **Réseau du lieu de travail** dans la fenêtre **Set up a new connection**. Entrez l'adresse Internet du serveur VPN et nommez la connexion **Connexion SSTP** puis cliquez sur le bouton **Créer**.
- Cliquez ensuite sur le bouton **Propriétés** de la fenêtre **Connexion réseau**, puis sur l'onglet **Sécurité**. Sélectionnez **Protocole SSTP (Secure Socket Tunneling Protocol)** dans le champ **Type de réseau VPN**. Configurez ensuite la méthode d'authentification : **EAP** (*Extensible Authentication Protocol*), **PAP** (peu sécurisé), **CHAP** (*Challenge Handshake Authentication Protocol*) ou **MS-CHAP V2**.

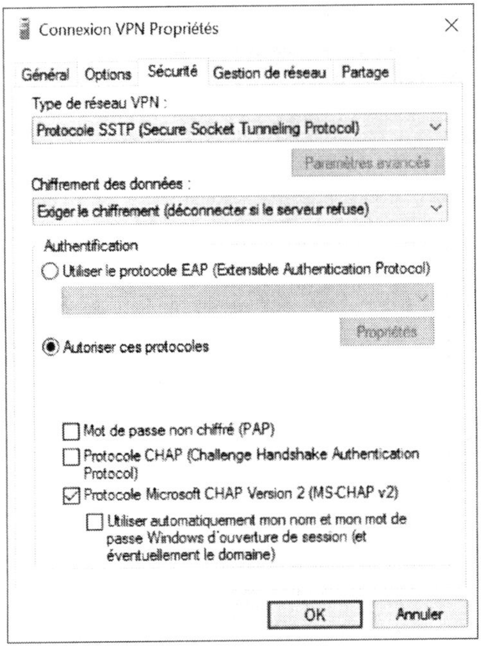

2. Imprimantes

Le développement de l'informatique, les économies escomptées par le « zéro papier », n'ont pas supprimé l'impression de documents comme support d'information.

Un administrateur doit pouvoir gérer efficacement plusieurs imprimantes et serveurs d'impression dans le réseau dont il a la charge, afin de se consacrer à des tâches moins chronophages.

Selon Microsoft, Windows 10 intègre plusieurs centaines de pilotes d'imprimantes dans le système, les anciens pilotes de périphériques d'impression sont quant à eux disponibles sur le site https://www.microsoft.com/fr-fr/windows/ ou sur celui du constructeur du matériel.

Windows 10 détecte automatiquement les imprimantes USB mais pas celles utilisant des ports série ou parallèle. Dans de tels cas, il est nécessaire de configurer manuellement le port dans l'interface **Périphériques et imprimantes**.

Le support d'XPS (*XML Paper Specifications*), langage de description de document, est implémenté en standard, sous réserve que le périphérique d'impression gère les langages PDL (*Page Description Language*) et XPS. Dans la grande majorité des cas, Windows 10 fournit le pilote d'impression nécessaire au bon fonctionnement de l'imprimante. Sinon, il peut être requis d'utiliser le disque fourni par le fabricant, ou bien de télécharger les pilotes sur son site Internet.

Quand l'utilisateur branche une imprimante à son ordinateur pourvu de Windows 10, celui-ci lui attribue un port et recherche le pilote adéquat. Un ordinateur ayant une imprimante avec un pilote 64 bits raccordée ne pourra pas traiter l'impression de documents si les clients distants veulent utiliser une version 32 bits du pilote. Dans ce cas, il faudra que l'administrateur installe manuellement le pilote 32 bits depuis les **Propriétés de l'imprimante** et l'onglet **Avancé**.

L'ajout d'une imprimante s'effectue depuis **Périphériques et imprimantes**, en suivant la procédure ci-dessous :

- Depuis le champ de recherche situé dans la barre des tâches, saisissez **périphériques et imprimantes** et sélectionnez **Périphériques et imprimantes**. Le bouton **Ajouter une imprimante** exécute l'assistant d'installation des imprimantes plug-and-play branchées localement ou sur le réseau. En cliquant sur **L'imprimante souhaitée n'est pas indiquée**, l'utilisateur est invité à définir manuellement les paramètres de l'imprimante.

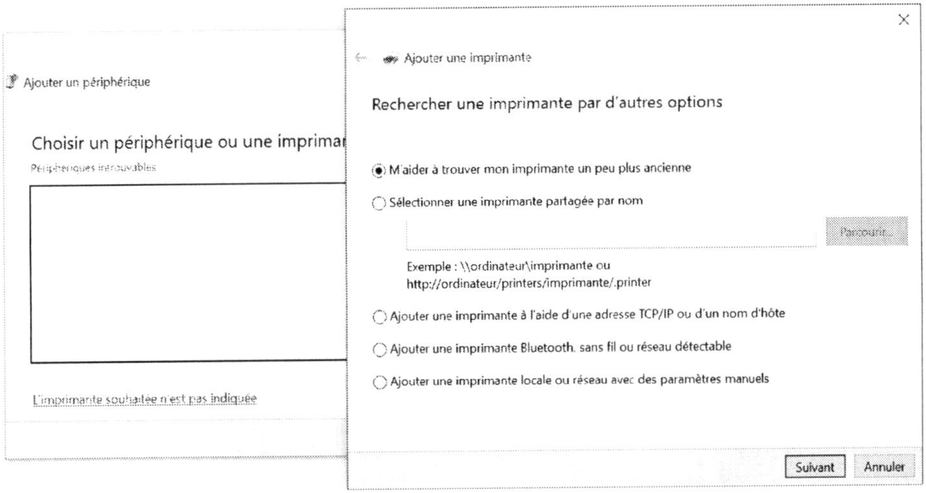

Ainsi, l'imprimante peut être recherchée par son nom de partage (\\Serveur\NomImprimante), son adresse IP, sa connectivité (Bluetooth, sans fil...) ou par son type de connexion (série, parallèle). La case à cocher **M'aider à trouver mon imprimante un peu plus ancienne** exécute un assistant.

Une fois la méthode d'ajout définie, Windows 10 recherche un pilote approprié dans le magasin de pilotes (commande **pnputil.exe**), puis, si celui-ci est introuvable, propose à l'utilisateur d'insérer le média fourni par le fabricant ou d'effectuer une recherche sur le site Windows Update.

Dans **Périphériques et imprimantes**, en sélectionnant une imprimante installée, l'utilisateur peut **Afficher les travaux d'impression en cours**, configurer les **Propriétés du serveur d'impression** ou encore **Supprimer le périphérique**.

En effectuant un clic avec le bouton droit sur l'icône de l'imprimante, celle-ci peut être définie comme imprimante par défaut et ses propriétés peuvent être affichées :

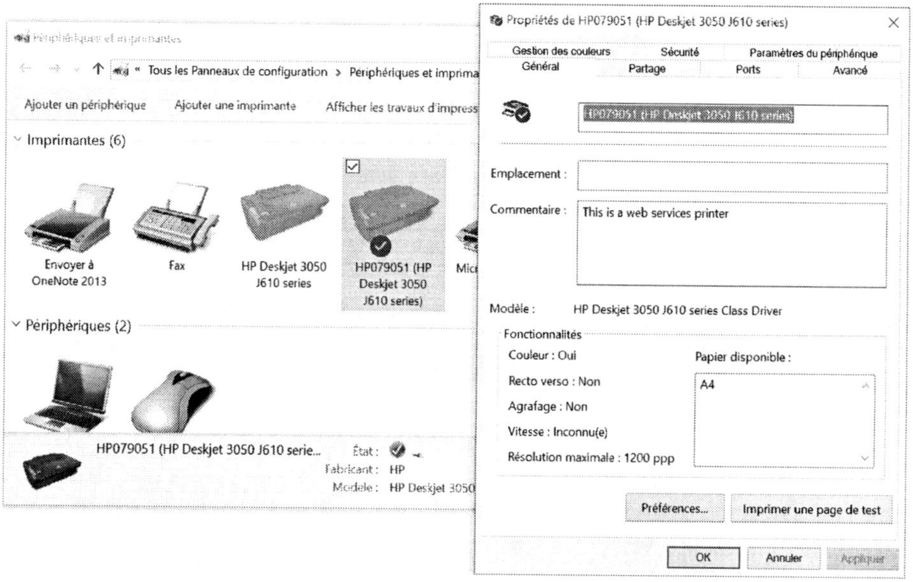

L'onglet **Partage** des propriétés de l'imprimante gère la mise à disposition de celle-ci aux autres utilisateurs du même réseau, ainsi que l'ajout de pilotes supplémentaires pour les ordinateurs ayant un ancien système d'exploitation Microsoft.

L'onglet **Sécurité** permet de définir précisément les comptes qui doivent avoir accès à l'imprimante, grâce aux autorisations **Imprimer** un document (gestion de ses propres impressions uniquement), **Gérer cette imprimante**, **Gestion des documents** (modification de l'ordre d'impression dans la file d'attente) et **Spéciales** (**lecture**, **modification des autorisations** et **appropriation**).

Remarque

Par défaut, le groupe Tout le monde possède l'autorisation d'imprimer sur une imprimante sélectionnée.

En double cliquant sur une imprimante, les documents en cours d'impression s'affichent.

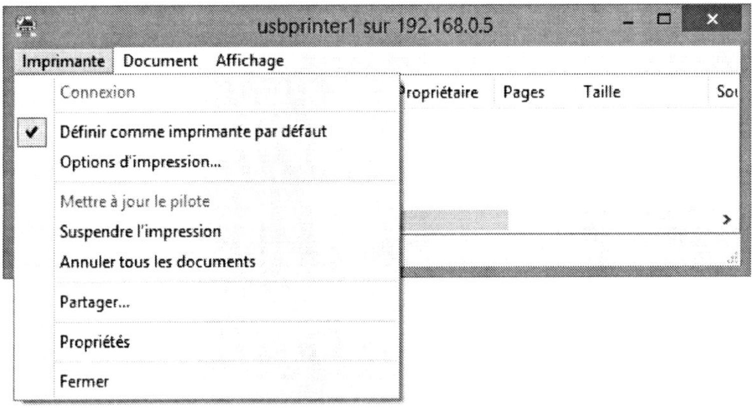

Il est possible de suspendre, d'annuler ou de reprendre l'impression de tout ou partie des documents, et de définir comme imprimante par défaut le périphérique.

Depuis la nouvelle interface Windows, l'utilisateur peut gérer ses imprimantes et appareils connectés, en cliquant sur le menu **Démarrer**, **Paramètres** et **Périphériques**. De nouvelles options sont disponibles, comme la possibilité de ne pas télécharger des pilotes lorsque l'ordinateur est connecté à un réseau limité.

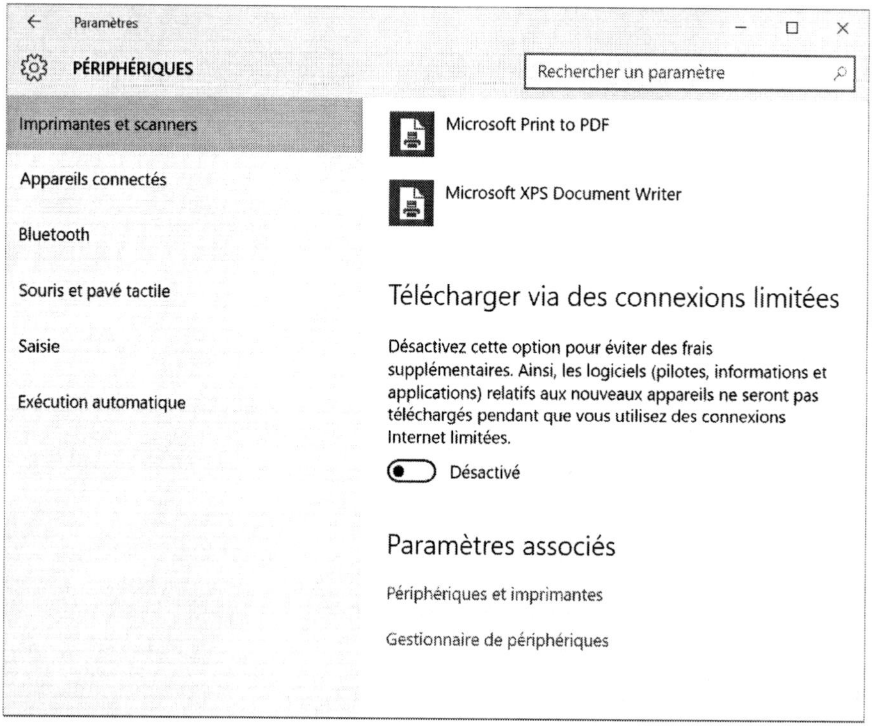

2.1 Imprimante 3D

L'impression 3D (tridimensionnelle) permet de créer un objet réel conçu depuis un logiciel CAO (conception assistée par ordinateur). Le fichier 3D obtenu est transféré vers une imprimante 3D qui dépose de la matière couche par couche pour obtenir la pièce précédemment créée. Ainsi un particulier ou une entreprise peut désormais créer ses propres objets personnalisés.

Windows 10 reconnaît automatiquement les principales imprimantes 3D du marché grâce à un partenariat créé avec des fabricants tels que 3D Systems ou Makerbot. Les pilotes étant inclus, Microsoft propose en téléchargement gratuit depuis le Windows Store l'App 3D Builder, afin que l'utilisateur puisse visualiser, concevoir et imprimer ses propres objets 3D. L'application est livrée avec une bibliothèque d'exemple d'objets.

De plus, Windows 10 supporte les formats STL (*STereoLithography*), OBJ ou 3MF nécessaires à l'impression d'objets 3D.

Une simple recherche dans le Windows Store sur le mot clé « 3D Builder » permet d'installer l'App :

Les principaux fabricants d'imprimantes 3D proposent aussi leurs propres apps dans le magasin Windows Store. Mais les développeurs peuvent aussi utiliser les API (*Application Programming Interface*) natives livrées avec Windows 10 pour fournir des fonctionnalités d'impression 3D à leurs apps.

2.2 Wi-Fi Direct Printing

La fonctionnalité Wi-Fi Direct Printing est une technologie permettant d'imprimer directement depuis un périphérique (smartphone, tablette tactile ou ordinateur) vers une imprimante, et ce sans point d'accès intermédiaire ou routeur sans fil.

L'ajout d'un pilote d'imprimante ou d'un logiciel dédié n'est pas requis, et toutes les fonctions de l'imprimante sont disponibles par l'intermédiaire de ce procédé.

De plus en plus de fabricants d'imprimantes supportent la connexion directe sans fil en sécurisant l'accès avec un mot de passe WPA/WPA2 (*Wi-Fi Protected Access*).

Wi-Fi Direct Printing nécessite une carte Wi-Fi qui prend en charge le Wi-Fi Direct, ainsi qu'une imprimante réseau qui prend en charge Wi-Fi Direct Printing.

Pour imprimer un document sur une imprimante prenant en charge cette fonctionnalité, il suffit de sélectionner le réseau sans fil portant le nom de l'imprimante depuis la barre des tâches de la vignette Bureau et de s'y connecter à l'aide du mot de passe requis.

2.3 Console Gestion de l'impression

Windows 10 simplifie le déploiement des imprimantes sur les clients membres d'un domaine Active Directory. Grâce au composant logiciel enfichable **Gestion de l'impression**, l'administrateur peut configurer le déploiement des imprimantes du réseau de l'entreprise. En outre, cette console permet de gérer de manière centralisée les files d'attente d'impression et de recevoir des notifications par courrier électronique lorsqu'un problème apparaît.

Pour accéder à la console Gestion de l'impression, suivez la procédure ci-dessous, en vous assurant au préalable que le poste Windows 10 est membre d'un domaine Active Directory :

▶ Dans le champ de recherche situé dans la barre des tâches, saisissez **outils** et sélectionnez **Outils d'administration**. Dans la fenêtre **Outils d'administration**, double cliquez sur **Gestion de l'impression**.

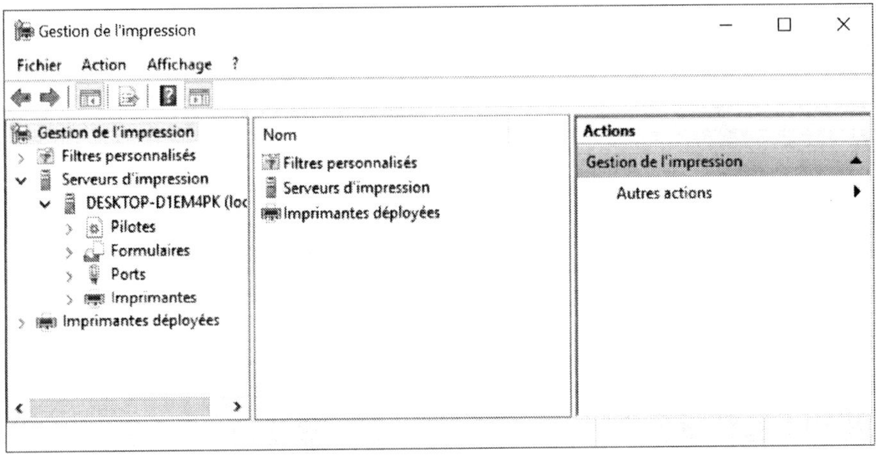

Pour déployer une imprimante sur les postes clients :

- Développez le nœud **Serveurs d'impression - NomDeVotreOrdinateur** puis **Imprimantes** de la console **Gestion de l'impression**. Cliquez avec le bouton droit sur le nom de l'imprimante à déployer puis choisissez **Déployer avec la stratégie de groupe**.

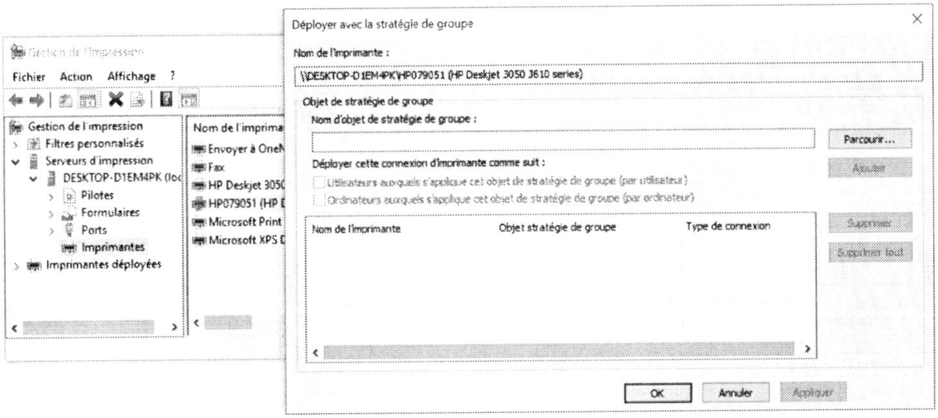

▶ Dans la fenêtre **Déployer avec la stratégie de groupe**, cliquez sur le bouton **Parcourir** et sélectionnez la stratégie de groupe utilisée pour le déploiement de l'imprimante puis validez par le bouton **OK**. Il convient maintenant de choisir le type de déploiement, soit par **Utilisateurs**, soit par **Ordinateurs**, ou bien les deux, en cochant les cases correspondantes. N'oubliez pas de valider le déploiement en cliquant sur le bouton **Ajouter**, puis sur le bouton **OK**.

Pour créer une notification (courriel ou exécution d'un script) liée aux travaux d'impression :

▶ Cliquez avec le bouton droit sur le nœud **NomDeVotreOrdinateur** puis **Définir des notifications**. Cochez la case **Envoyer une notification par courrier électronique** et entrez l'**Adresse de messagerie des destinataires, de l'expéditeur**, du **Serveur SMTP** et le **Message** à transmettre. La case **Exécuter le script** vous permet de définir le **Chemin d'accès** et les **Arguments supplémentaires** d'un script créé à cet effet.

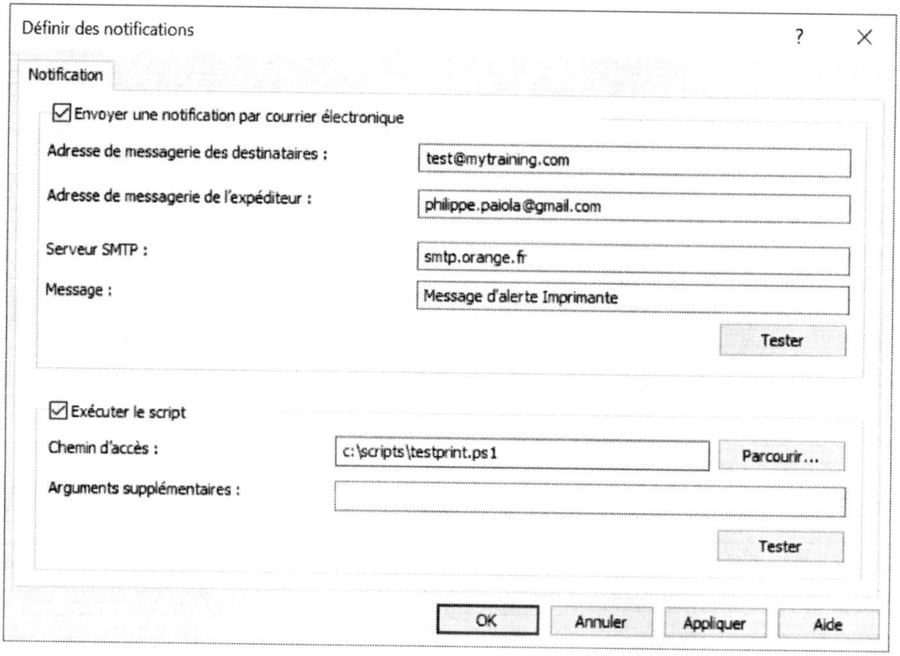

En sélectionnant le nœud **Imprimantes déployées** de la console **Gestion de l'impression**, l'administrateur pourra visualiser l'ensemble des imprimantes déployées à l'aide d'un objet de stratégie de groupe depuis l'ordinateur Windows 10.

L'affichage des travaux d'impression en cours s'effectue en cliquant avec le bouton droit sur le nœud **Imprimantes**, puis sur **Affichage étendu**.

Dans le délai d'actualisation de 90 minutes de l'objet de stratégie de groupe, les imprimantes seront déployées automatiquement sur les postes visés. Notez que les ordinateurs clients qui exécutent Windows 2000, Windows XP ou Windows Server 2003 devront exécuter le fichier **PushPrinterConnections.exe** grâce à un script de démarrage (pour un déploiement par ordinateur) ou d'ouverture de session (pour un déploiement par utilisateur).

2.4 Impression directe pour les filiales

L'**impression directe pour les filiales** réduit l'utilisation de la bande passante lorsqu'un utilisateur souhaite imprimer un document sur un périphérique d'impression placé dans une succursale et géré par un serveur Windows Server 2012 ou Windows Server 2012 R2 situé dans un bureau principal. Les données d'impression ne transitent plus du serveur d'impression central vers l'imprimante placée dans la succursale. Elles sont directement transmises du poste Windows 10 vers l'imprimante puis mises en cache dans la filiale, ainsi, lors d'une coupure du lien WAN (*Wide Area Network*) entre la succursale et le serveur d'impression, l'imprimante sera toujours disponible.

En résumé, le client Windows 10 n'envoie jamais le document à imprimer au serveur d'impression.

La fonctionnalité d'impression directe pour les filiales nécessite une imprimante réseau, un serveur Windows Server 2012 ou Windows Server 2012 R2, et des clients Windows 8, Windows 8.1, Windows 10 Entreprise et Windows 10 Education. Les fonctionnalités de quota, d'audit ou de pool d'impression seront inaccessibles durant l'utilisation de l'impression directe pour les filiales.

Les versions précédentes du système d'exploitation client (Windows XP, Windows Vista...) ne pourront pas utiliser la fonctionnalité et imprimeront donc directement sur le serveur placé dans le bureau principal.

Pour configurer l'Impression directe pour les filiales, utilisez la console **Gestion de l'impression** fournie avec Windows Server 2012, ou bien la commande PowerShell **Set-Printer** :

▶ Ouvrez une session en tant qu'administrateur sur un serveur Windows Server 2012, puis saisissez la commande PowerShell suivante : **Set-Printer -name NomImprimante -ComputerName NomOrdinateur -RenderingMode BranchOffice**

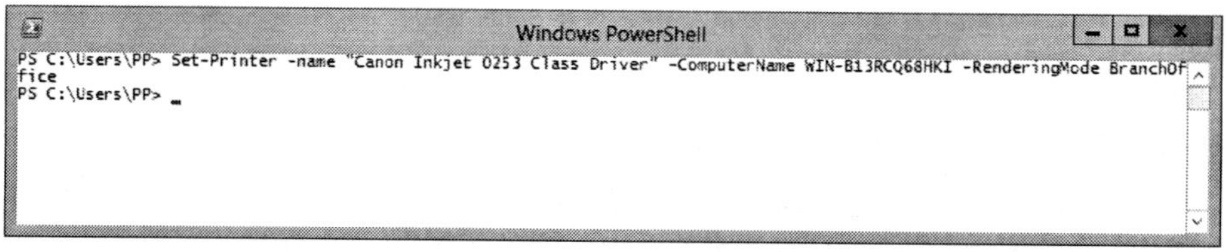

La commande ci-dessus permet d'activer l'impression directe pour les filiales, visible dans la console Gestion de l'impression d'un serveur Windows Server 2012 :

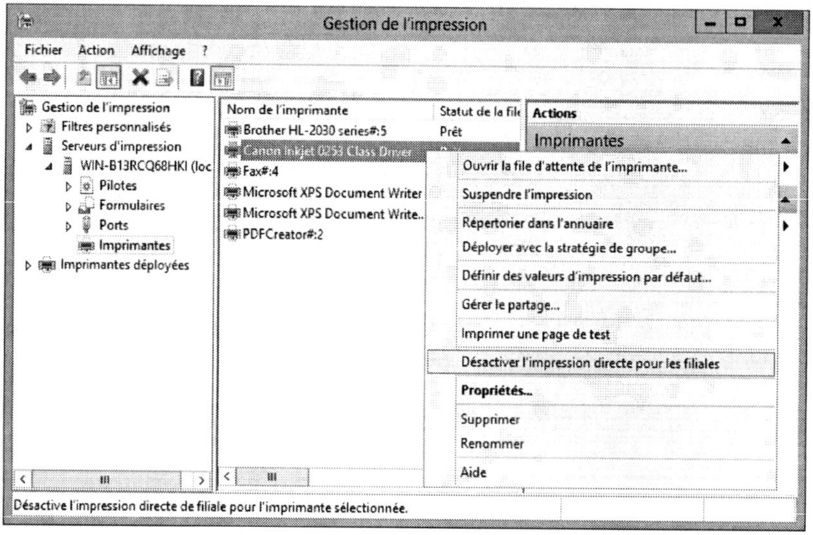

2.5 Migration d'une imprimante

Windows 10 fournit l'assistant **Migration d'imprimante** pour importer (ou exporter) les files d'attente, les ports et les pilotes d'imprimante vers un autre système d'exploitation Microsoft plus récent.

L'assistant de Migration d'imprimante est accessible depuis le fichier **Printbrmui.exe** stocké dans le dossier **c:\windows\system32**. Exécutez ce fichier depuis une **Invite de commandes** pour exporter les paramètres d'une imprimante :

- Depuis l'assistant Migration d'imprimante, cochez la case **Exporter les files d'attente d'impression et les pilotes d'imprimantes dans un fichier**.

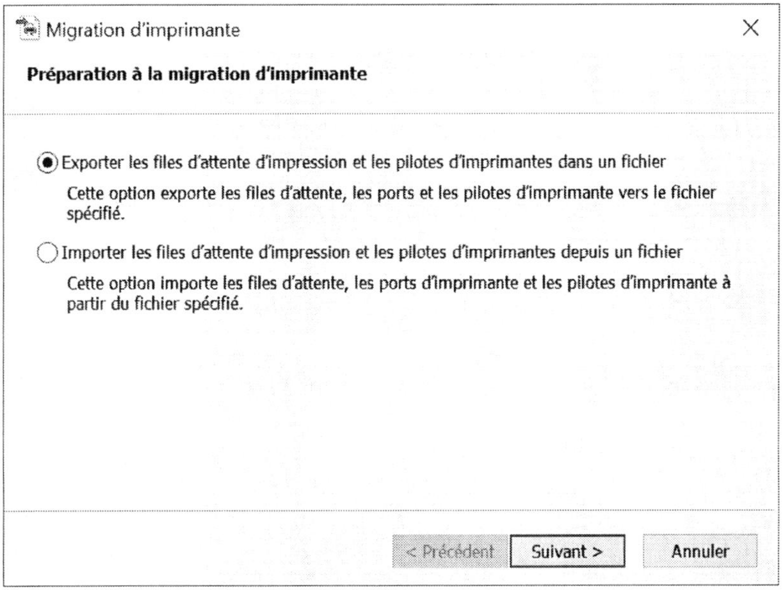

- Validez par **Suivant**. Sélectionnez la case **Ce serveur d'impression** puis cliquez sur le bouton **Suivant**, vérifiez la liste des éléments à exporter puis cliquez sur **Suivant**. Entrez un dossier de destination pour le fichier portant l'extension **printerExport**. Validez en cliquant sur les boutons **Suivant** et **Terminer**.

Remarque

L'assistant Migration d'imprimante est aussi accessible depuis la console Gestion de l'impression, en cliquant avec le bouton droit sur le nœud ***Nom du serveur d'impression****, puis en choisissant d'****Exporter les imprimantes vers un fichier*** *ou d'****Importer les imprimantes depuis un fichier****.*

2.6 Impression prenant en charge l'emplacement

Windows 10 permet de définir automatiquement l'imprimante par défaut lorsqu'il détecte que l'utilisateur a changé de réseau filaire ou sans fil.

Cette fonctionnalité est disponible avec les éditions Professionnel, Entreprise et Education du système et sur des ordinateurs portables uniquement (test de présence d'une batterie).

Pour l'utiliser, il suffit de définir une imprimante par défaut, elle sera automatiquement affectée au réseau courant. Et ainsi de suite avec les autres imprimantes.

Pour gérer les paramètres de l'impression prenant en charge l'emplacement, suivez la procédure ci-dessous :

- Cliquez avec le bouton droit sur le menu **Démarrer** puis sélectionnez **panneau de configuration**. Double cliquez sur **Périphériques et imprimantes**.
- Sélectionnez une imprimante, puis cliquez sur **Gérer les imprimantes par défaut** dans la barre d'outils.
- Cochez la case **Modifier l'imprimante par défaut lorsque je change de réseau**. Dans la liste **Sélectionner un réseau**, cliquez sur un réseau et cliquez sur l'imprimante par défaut correspondante puis validez par le bouton **Ajouter**.

Voici l'interface de l'impression prenant en charge l'emplacement :

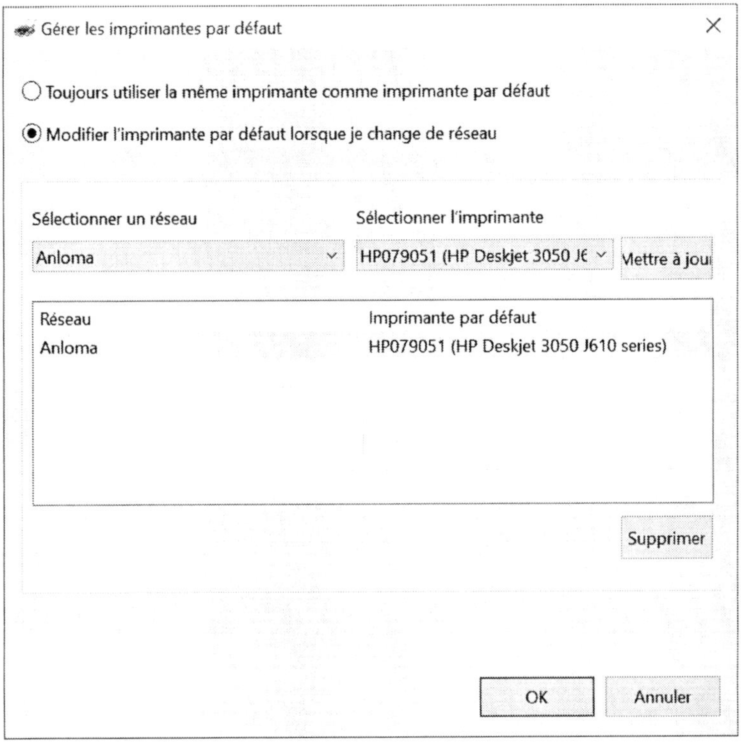

Si vous ne souhaitez plus utiliser cette fonctionnalité, il vous suffit de cocher l'option **Toujours utiliser la même imprimante comme imprimante par défaut** dans la boîte de dialogue **Gérer les imprimantes par défaut**.

Néanmoins, cette fonctionnalité est intéressante car les utilisateurs n'ayant pas de connaissances techniques particulières ne contacteront plus le support technique pour configurer leur imprimante lorsqu'ils changeront de réseau.

3. Gestion du contenu avec BranchCache

La mise à disposition du système d'information d'une entreprise à ses utilisateurs est un processus nécessitant la prise en compte de contraintes de sécurité et de disponibilité. La gestion de contenu a pour objectif la couverture du cycle de vie de l'information : la collecte, l'optimisation, la mise à disposition et l'archivage des données.

Bien souvent, la bande passante est fortement sollicitée lors de la mise à disposition des fichiers partagés. Windows 10 propose de mettre en cache des informations pour économiser la bande passante.

3.1 Présentation de BranchCache

Vos liens intersites sont surchargés ? **BranchCache** est une technologie de mise en cache disponible depuis Windows 7 (éditions Entreprise et Intégrale) et Windows 2008 R2 (64 bits). Windows 10 maintient cette fonctionnalité.

Particulièrement utile dans les réseaux séparés par des liens WAN (succursales), BranchCache permet à un client Windows 10 de mettre en cache les données auxquelles il a accédé (pages Internet ou dossiers partagés) auprès d'une succursale, pour les rendre disponibles plus rapidement aux ordinateurs de son propre réseau.

Les avantages sont multiples : optimisation de la bande passante et mise à disposition plus rapide des données en cache.

Le cache peut être **hébergé** sur un serveur Windows Server 2008 R2, Windows Server 2012 ou Windows Server 2012 R2, situé dans la succursale, ou bien **distribué** sur les ordinateurs Windows 10 des utilisateurs du réseau. Une succursale peut contenir des serveurs BranchCache configurés en mode hébergé, tandis qu'une autre succursale peut contenir des clients en mode distribué. Le bureau principal gère quant à lui le serveur BranchCache de **contenu**, répliqué dans les succursales suivant l'un des deux modes cités précédemment.

Un serveur BranchCache peut héberger un contenu accessible depuis les protocoles suivants :

- HTTP et HTTPS (rôle serveur web IIS) permettant l'accès à des sites intranet.
- SMB (*Server Message Block*) pour le partage des dossiers.
- BITS (*Background Intelligent Transfer Service*) pour l'accès à des applications hébergées sur des serveurs.

Pour activer BranchCache en mode hébergé sur un serveur Windows Server 2012 R2, il est nécessaire d'ajouter la fonctionnalité qui porte le même nom pour la gestion des protocoles HTTP/HTTPS et BITS, et le rôle Services de fichier pour la gestion du protocole SMB.

Voici un schéma d'implémentation de BranchCache :

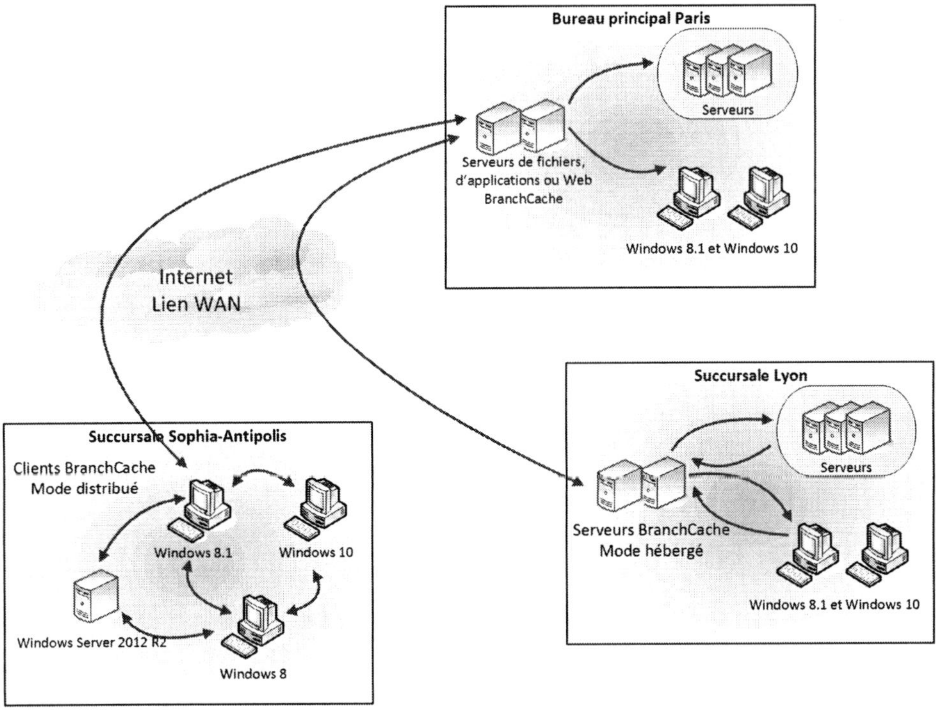

Le mode distribué est économe en termes de coût car il ne nécessite pas de serveur Windows Server 2008 R2, Windows Server 2012 ou Windows Server 2012 R2.

Remarque

Les ressources disponibles depuis Internet, telles que des mises à jour de sécurité ou un site visité ne seront pas mises en cache. Seules les données stockées sur les serveurs du réseau local de la société le seront.

3.2 Mode de cache distribué

Le mode de cache distribué est basé sur une architecture pair à pair : le contenu est mis en cache automatiquement sur les clients Windows 10 une fois qu'il a été téléchargé depuis un serveur Windows Server 2012 ou Windows Server 2012 R2 placé dans une succursale.

Côté sécurité, les protocoles réseau HTTP(S), SMB et BITS sont supportés et la gestion des accès au cache de la ressource s'effectue en fonction des droits de l'utilisateur. En outre, les transferts entre les clients en mode de cache distribué utilisent un schéma de chiffrement basé sur AES 128.

La procédure d'accès à une ressource BranchCache en mode distribué est simple :

1. Le client Windows 10 accède à une ressource située sur un serveur de fichiers Windows Server 2012 R2. Celui-ci, après avoir vérifié ses accès, lui renvoie un ensemble d'identificateurs contenant ce qu'il veut télécharger.
2. Le client vérifie ensuite dans son propre réseau local si un autre client possède déjà les données recherchées, à l'aide d'un protocole de multidiffusion en UDP. Dans la négative, il recontacte le serveur pour lui demander la ressource, et la stocke dans son cache local.
3. Si un autre ordinateur souhaite accéder à une ressource déjà stockée sur un client de son réseau, il contactera le serveur de fichiers puis trouvera ce client.

Notez que le service BranchCache n'est pas activé par défaut sur Windows 10 mais il est bien entendu possible d'automatiser son lancement grâce à un objet stratégie de groupe.

Il est nécessaire de respecter trois étapes pour configurer BranchCache sur un client Windows 10 :

1. Activer la fonctionnalité.
2. Choisir le mode de cache (distribué ou hébergé).
3. Créer des règles dans le pare-feu pour les protocoles BranchCache.

Procédez dans l'ordre, car le choix du mode de cache n'activera pas BranchCache.

L'activation de BranchCache sur un poste Windows 10 s'effectue au travers d'une stratégie de groupe locale grâce à la procédure ci-dessous :

- Depuis le bureau, pressez les touches et **R** et saisissez **gpedit.msc** dans la fenêtre **Exécuter** puis validez par la touche [Entrée]. Depuis l'arborescence de la console Éditeur de stratégie de groupe locale, développez les nœuds **Configuration ordinateur - Modèles d'administration - Réseau**, puis cliquez sur **BranchCache**.

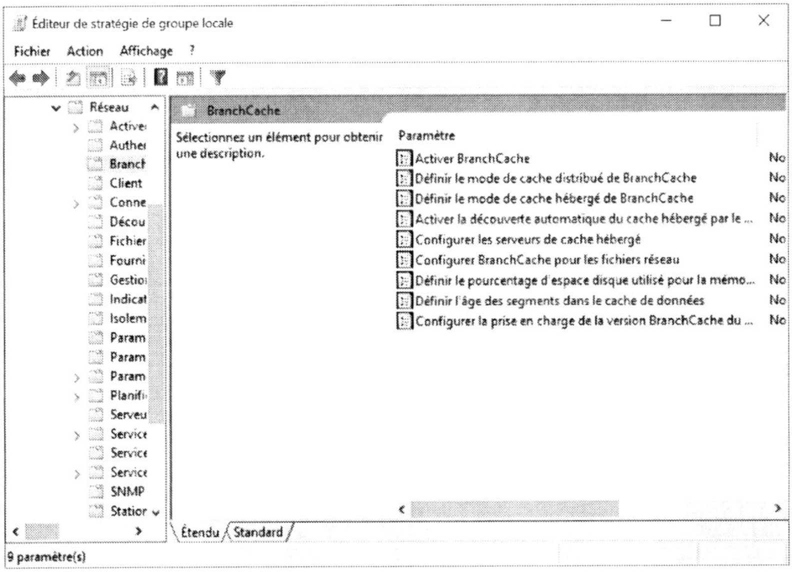

▶ Double cliquez sur **Activer BranchCache** et cliquez sur la case **Activé** puis validez par le bouton **OK**.

Pour activer le mode de cache distribué :

▶ Double cliquez sur le paramètre **Définir le mode de cache distribué de BranchCache**, sélectionnez l'option **Activé** puis cliquez sur **OK**.

Il est aussi possible d'activer BranchCache en mode de cache distribué à l'aide de la commande **netsh.exe** exécutée en tant qu'administrateur local :

Netsh branchcache set service mode=distributed

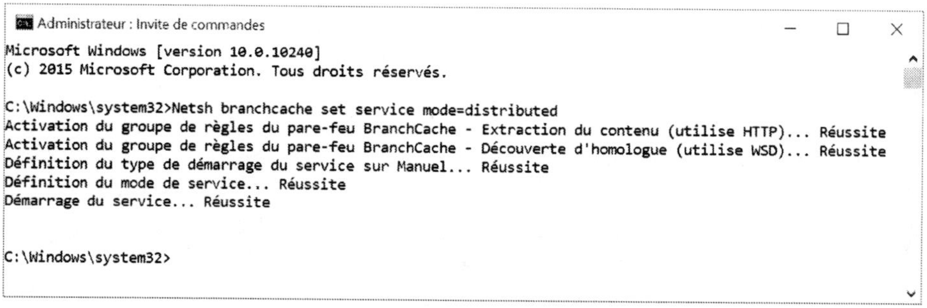

PowerShell propose les mêmes commandes, agrémentées de nouvelles, afin de configurer BranchCache. Pour visualiser ces commandes, tapez **Get-Command -Module BranchCache** dans une fenêtre PowerShell.

La création d'une règle de pare-feu ouvrant les flux nécessaires au fonctionnement de BranchCache a été effectuée.

Pour résoudre les problèmes liés à l'utilisation de BranchCache, un journal des opérations est disponible depuis l'**Observateur d'événements** :

▶ Dans la zone de recherche située sur la barre des tâches, saisissez **observateur** et sélectionnez **Observateur d'événements**. Développez **Journaux des applications et des services\ Microsoft\Windows\BranchCache\Opérationnel**.

Remarque

Notez qu'un client peut utiliser le mode de cache soit hébergé, soit distribué, mais pas les deux à la fois.

Bien implémenté, BranchCache est donc transparent pour l'utilisateur et optimise efficacement la bande passante.

4. Gestion des périphériques BYOD

Windows 10 apporte plusieurs solutions pour gérer les périphériques personnels des salariés de l'entreprise. La sécurité des accès aux ressources est un des problèmes majeurs de cette nouvelle tendance. La prolifération d'appareils tels que les tablettes tactiles Android ou les smartphones Apple engendre des problématiques de gestion.

L'utilisateur a besoin d'accéder à l'intranet, à sa messagerie électronique, aux données partagées ou encore aux bases de données de l'entreprise.

Le principal obstacle à la mise en place BYOD porte sur l'hétérogénéité des systèmes d'exploitation mobiles. Windows 10, grâce au support de l'Open MDM (*Mobile Device Management*), assure la gestion d'appareils mobiles.

Ainsi, les administrateurs pourront contrôler et inventorier le parc BYOD, en dépannant à distance les terminaux et en forçant le déploiement de logiciels de sécurité.

Windows 10 supporte le protocole OMA Device Management pour la gestion des appareils mobiles, ainsi, les produits tiers tels que Mobile Iron ou Air Watch pourront gérer les périphériques Windows 10.

4.1 Accès professionnel

Auparavant, un ordinateur était membre d'un domaine ou non. Si ce n'était pas le cas, il était difficile pour une personne étrangère à l'entreprise d'accéder aux ressources de celles-ci. Accès professionnel est une fonctionnalité qui abolit cette frontière en proposant à l'utilisateur qui apporte son propre matériel d'accéder aux ressources du domaine, tout en ayant son appareil partiellement géré par un administrateur.

L'enregistrement de son matériel ne peut être forcé et est donc obligatoirement à l'initiative de son propriétaire.

Grâce à une infrastructure gérée par un serveur Windows Server 2012 R2 pourvu du rôle ADFS (*Active Directory Federation Services*), un poste Windows 10 peut être partiellement joint à un domaine Active Directory. Il est bien entendu nécessaire que l'utilisateur possède un identifiant dans celui-ci.

Voici la procédure :

- Cliquez sur le menu **Démarrer** puis sur **Paramètres**. Sélectionnez ensuite **Comptes**. Cliquez sur la section **Lieu de travail**. Sélectionnez **Accès professionnel** puis cliquez sur le bouton **Connecter**. Entrez l'e-mail pré-inscrit par l'administrateur de l'entreprise et cliquez sur le bouton **Continuer**.

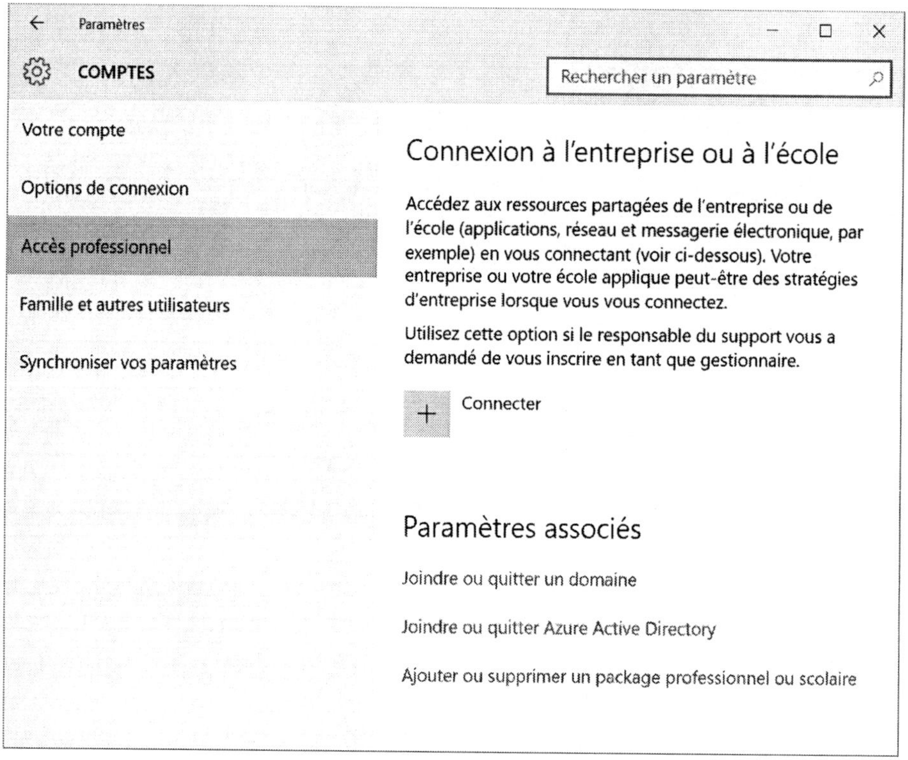

4.2 Dossiers de travail

La fonctionnalité Dossiers de travail (ou Work Folders) permet à un utilisateur disposant de son matériel personnel de synchroniser ses fichiers entre plusieurs PC ou appareils, qu'ils soient joints à un domaine Microsoft ou non.

Au contraire de l'App OneDrive dont les données sont stockées dans le cloud, celles gérées par Dossiers de travail le sont sur un serveur Windows Server 2012 R2. L'entreprise garde ainsi la maîtrise de l'emplacement et de la confidentialité des documents.

Windows 10 Pro, Entreprise et Education supportent cette fonctionnalité.

En cas d'absence de connectivité à l'intranet de l'entreprise ou au réseau Internet, l'utilisateur travaillera sur des données stockées localement. Dès la connexion rétablie, elles seront automatiquement synchronisées. Grâce au système de fichiers NTFS, l'administrateur peut attribuer des quotas afin d'empêcher que l'espace disque sur les serveurs soit rapidement surchargé. La bande passante est ainsi préservée. Les utilisateurs peuvent chiffrer leurs documents et profiter des fonctions de haute disponibilité fournies par Windows Server 2012 afin d'accéder à tout moment à leurs données.

Côté serveur, Windows Server 2012 nécessite l'installation des rôles AD DS (*Active Directory Domain Services*), DNS et Services de fichiers et de stockage.

Côté client Windows 10, les données synchronisées de l'utilisateur sont stockées par défaut dans le dossier **%USERPROFILE%\Work Folders**. Un espace disque libre suffisant pour héberger les documents est à prévoir, ainsi que 6 Go supplémentaires si le répertoire Dossiers de travail est stocké sur la partition système. Un périphérique USB formaté avec le système de fichiers NTFS peut être utilisé.

Enfin, sachez que, par défaut, la taille maximum d'un fichier individuel ne peut excéder 10 Go.

Pour configurer la fonctionnalité Dossiers de travail sur Windows 10, suivez la procédure ci-dessous :

- Cliquez avec le bouton droit sur le menu **Démarrer** puis **Panneau de configuration**. Double cliquez sur **Dossiers de travail** puis sur **Configurer Dossiers de travail**. Saisissez votre adresse de messagerie professionnelle puis vos identifiants et mot de passe Active Directory.

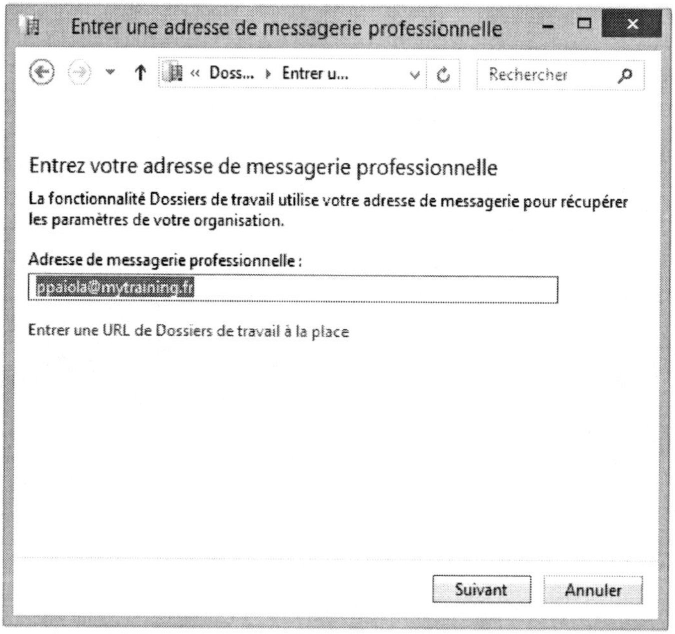

◘ Définissez le chemin d'accès vers votre dossier Dossiers de travail puis cliquez sur le bouton **Suivant**.

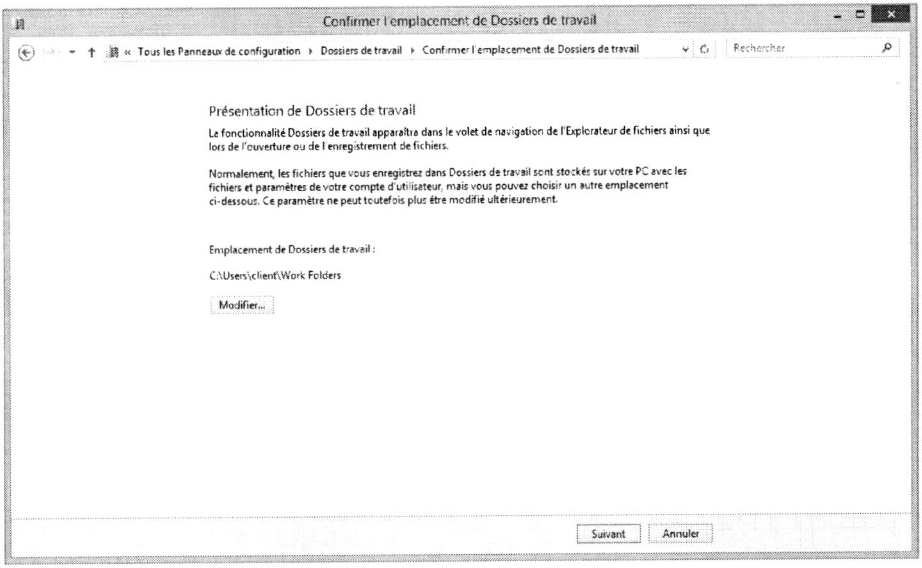

◘ En cochant l'option **J'accepte ces stratégies sur mon PC**, l'administrateur de l'entreprise peut forcer l'authentification par mot de passe lors d'une ouverture de session, chiffrer les données stockées dans le dossier Dossiers de travail ou encore les effacer à distance lors du vol de votre ordinateur. Cliquez sur les boutons **Configurer Dossiers de travail** puis **Fermer** pour terminer la configuration.

Depuis le panneau de configuration, en cliquant sur l'icône **Dossiers de travail**, l'utilisateur peut visualiser la date de la dernière synchronisation, synchroniser les fichiers sur des connexions limitées, communiquer avec le support technique au sein de l'organisation ou encore visualiser l'espace disque disponible sur le serveur :

Le menu situé à gauche de l'interface permet d'arrêter la synchronisation Work Folders, de gérer les informations d'identification en cas de changement de mot de passe de l'utilisateur, et enfin de pouvoir effectuer une synchronisation manuelle des données.

Pour accéder au dossier synchronisé Work Folders, depuis l'**Explorateur Windows**, cliquez sur **Ce PC** ; le dossier **Work Folders** apparaît parmi les dossiers Documents, Images, Téléchargements...

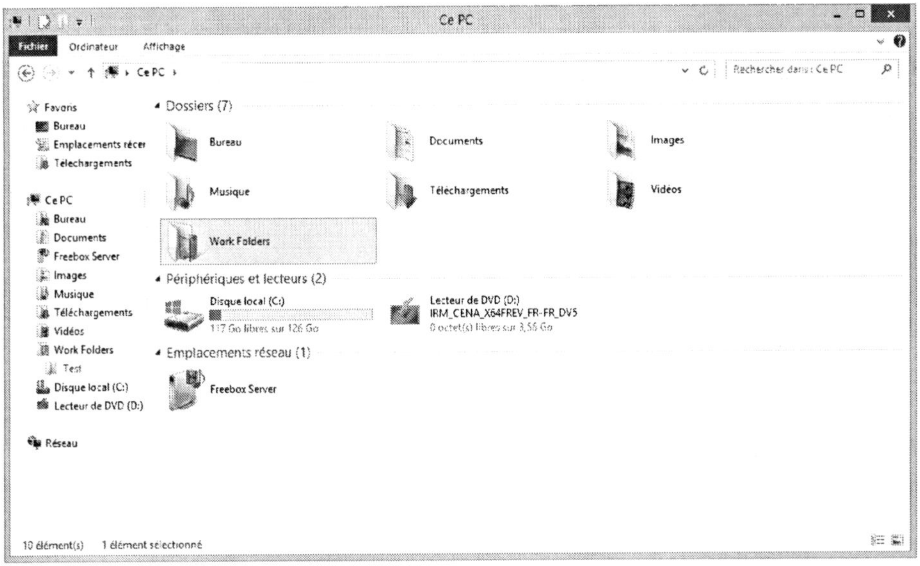

Combiné à la fonctionnalité Accès professionnel, Work Folders offre une gestion affinée des utilisateurs hors domaine et des périphériques qu'ils embarquent.

5. Résumé du chapitre

Windows 10 propose des outils permettant d'en faciliter la gestion, tels que l'accès au poste à distance, le contrôle d'intégrité, le déploiement et le partage d'imprimantes ou encore la gestion de contenu.

Windows 10 propose en effet d'utiliser une console MMC et des outils RSAT pour gérer l'accès à distance à des fonctionnalités et les rôles de serveurs.

La fonctionnalité de Bureau à distance permet également d'accéder à un ordinateur distant comme si l'utilisateur était en face, en le déconnectant, tandis que l'Assistance à distance offre à l'utilisateur le choix de demander de l'aide à un administrateur, sans perdre sa session courante.

PowerShell combine un langage de script et un interpréteur de ligne de commande permettant de gérer et automatiser les actions d'administration sur les systèmes Microsoft. Avec Windows 10, Microsoft développe une fonctionnalité dans PowerShell, nommée DSC : l'administrateur peut désormais gérer le déploiement et la configuration de plusieurs environnements de manière automatisée.

Microsoft propose en téléchargement depuis le Windows Store l'application gratuite Bureau à distance dont le principal avantage est de regrouper dans un emplacement centralisé les connexions actives.

RemoteFX s'appuie sur le protocole RDP pour offrir une expérience utilisateur améliorée dans le cas d'une connexion distante : prise en compte de l'affichage de vidéos, redirection des périphériques (imprimante, caméra) ou écoute de musiques.

Les utilisateurs itinérants peuvent rétablir automatiquement la connexion VPN au réseau de l'entreprise en cas de coupure temporaire Internet, et ce sans aucune interaction de l'utilisateur.

La fonctionnalité DirectAccess est similaire à la reconnexion automatique VPN, car elle propose de connecter automatiquement l'utilisateur itinérant au réseau de l'entreprise, sans intervention de celui-ci mais cette fois... sans connexion VPN.

Enfin, SSTP, qui est un type de tunnel VPN disponible depuis Windows Server 2008, permet l'encapsulation de paquets PPP sur le protocole HTTPS.

Windows 10 simplifie grandement le déploiement des imprimantes sur les clients membres d'un domaine Active Directory grâce à la console Gestion de l'impression. La fonctionnalité Impression directe pour les filiales réduit l'utilisation de la bande passante lorsqu'un utilisateur souhaite imprimer un document sur un périphérique d'impression placé dans une succursale et géré par un serveur situé dans un bureau principal : les données d'impression sont directement transmises du poste Windows 10 vers l'imprimante puis mises en cache dans la filiale.

Windows 10 permet de définir automatiquement l'imprimante par défaut lorsqu'il détecte que l'utilisateur a changé de réseau filaire ou sans fil : c'est l'impression prenant en charge l'emplacement.

La gestion des imprimantes 3D est fournie avec toutes les éditions de Windows 10, ainsi qu'une app de CAO nommée 3D Builder.

Windows 10 propose la fonctionnalité Wi-Fi Direct Printing permettant d'imprimer directement depuis un périphérique vers une imprimante, et ce sans point d'accès intermédiaire ou routeur sans fil.

BranchCache permet à un client Windows 10 de mettre en cache les données auxquelles il a accédé (pages Internet ou dossiers partagés) auprès d'une succursale, pour les rendre disponibles plus rapidement aux ordinateurs de son propre réseau.

Afin de répondre aux problématiques du BYOD, Microsoft propose deux fonctionnalités : Accès professionnel et Dossiers de travail.

Accès professionnel est une fonctionnalité qui propose à l'utilisateur d'apporter son propre matériel au sein de l'entreprise, afin d'accéder aux ressources du domaine, tout en ayant son appareil partiellement géré par un administrateur.

La fonctionnalité Work Folders (ou dossiers de travail) permet à un utilisateur disposant de son matériel personnel de synchroniser ses fichiers entre plusieurs PC ou appareils, qu'ils soient joints à un domaine Microsoft ou non.

Chapitre 6
Configuration de la sécurité Windows

1. Protection des postes de travail Windows 10

Avec l'avènement des interconnexions entre les réseaux privés et publics, de plus en plus d'entreprises ouvrent leur système d'information à leurs partenaires.

Il devient donc primordial de connaître les ressources critiques et de protéger les postes de travail fixes et itinérants des collaborateurs de l'entreprise.

Lorsque l'administrateur souhaite mettre en place une architecture sécurisée, il doit tout d'abord connaître les forces en présence en évaluant ses propres compétences, rédiger une documentation détaillée du **système d'information** (SI) et maîtriser la prise en charge organisationnelle. La seconde étape consiste à oublier les stéréotypes pour se mettre à la place de l'attaquant, en essayant de connaître ses motivations : un employé mécontent, de l'espionnage pour obtenir des gains financiers, une réponse à un défi...

L'administrateur sécurité doit défendre tous les points de son SI en étant vigilant en permanence, alors que l'attaquant peut choisir le point le plus faible en attaquant quand il le souhaite. Les différents réseaux doivent être contrôlés et sécurisés : le réseau local, le réseau distant et les partenaires professionnels du type extranet, afin de se prémunir d'une surveillance du réseau, d'une usurpation d'identité ou d'une modification des données...

Le système Windows 10 possède les mêmes bases de sécurité que Windows 7, comme le contrôle d'accès utilisateur ou le **Centre de notifications**, mais apporte des améliorations sur les fonctionnalités **AppLocker** et **BitLocker**.

Deux nouveautés liées à la sécurité des données font leur apparition : Credential Guard et Device Guard.

En outre, la fonctionnalité EDP (*Enterprise Data Protection*) couplée à RMS (*Rights Management Services*) permet de protéger les données locales de l'entreprise même lorsque celles-ci deviennent itinérantes.

L'administrateur peut créer une stratégie de protection selon quatre niveaux pour la fonctionnalité EDP :

- Bloquer : si un partage inapproprié est détecté, l'employé se verra refuser son action.
- Remplacer : l'employé est informé d'un partage inapproprié mais il peut choisir de remplacer la stratégie mise en place.
- Audit : EDP enregistre le partage inapproprié de données, sans rien interdire.
- Désactivée. La fonctionnalité EDP n'est pas active et ne protège pas les données de l'entreprise.

À tout moment, un employé peut changer le statut d'un document EDP en document personnel. Toutefois, cette action sera auditée et journalisée afin que l'administrateur la valide.

Notez qu'EDP nécessite un poste de travail Windows 10 Entreprise et Intune pour la gestion du parc.

L'authentification par empreinte digitale, par iris ou via le visage de l'utilisateur est désormais intégrée (cf. chapitre Installation du client Windows 10 - Authentification) au système d'exploitation, et permet donc de s'affranchir des pilotes ou applicatifs fournis par les fabricants. De plus, l'achat d'Apps dans le magasin Windows Store est géré, ainsi qu'une ouverture de session par ce biais dans un domaine Active Directory.

1.1 Contrôle de compte d'utilisateur

L'**UAC** (*User Account Control*) est une fonctionnalité de sécurité ayant pour but d'encadrer les manipulations sensibles en proposant à un utilisateur standard d'élever son statut, jusqu'à être administrateur durant la réalisation d'une tâche spécifique. Disponible depuis Windows Vista, l'UAC était décrié pour le ralentissement qu'il induisait dans l'accomplissement des tâches courantes. Avec Windows 7 et Windows 8.1, beaucoup d'invites d'élévation avaient été supprimées et les paramètres de configuration ont été étendus à quatre niveaux modulables.

Lorsqu'un bouclier jaune et bleu apparaît à côté d'un paramètre, cela signifie que le système Windows 10 requiert que l'utilisateur courant ait les privilèges administrateur pour y accéder, donc qu'il élève temporairement son niveau d'accès. Néanmoins, un utilisateur peut entreprendre un grand nombre d'actions sans avoir besoin d'élever ses privilèges, telles que l'installation des mises à jour de sécurité, la configuration des paramètres réseau, la personnalisation de l'ordinateur (fond d'écran, thème, etc.) ou encore la restauration de fichiers sauvegardés. Parfois, il pourra visualiser des paramètres, comme les règles créées sur le pare-feu, mais leur modification nécessitera une élévation de privilèges.

Pour configurer l'UAC, il est nécessaire de s'authentifier à l'aide d'un compte administrateur local sur le système Windows 10 :

- Saisissez **contrôle** dans la zone de recherche située dans la barre des tâches, et sélectionnez **Modifier les paramètres de contrôle de compte d'utilisateur**.

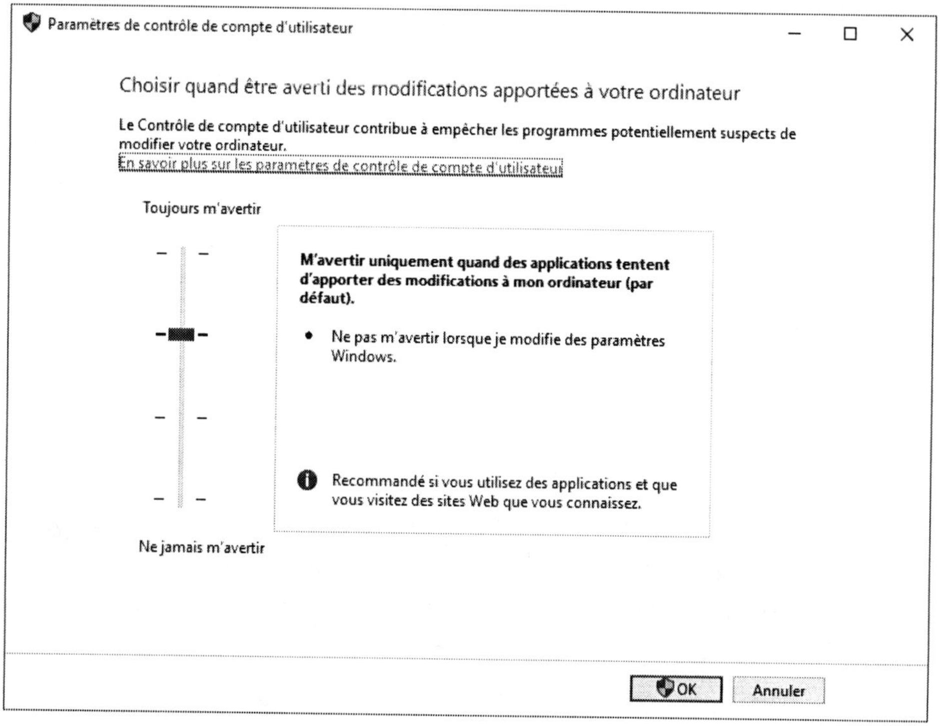

Vous pouvez configurer l'UAC en déplaçant le curseur suivant quatre niveaux :

- **Toujours m'avertir** : niveau d'avertissement le plus sensible, l'utilisateur recevra un message si des programmes ou lui-même tentent de modifier des paramètres Windows sensibles.
- **M'avertir uniquement quand des programmes tentent d'apporter des modifications à mon ordinateur (par défaut)** : niveau par défaut, qui n'affiche pas de message lorsque c'est l'utilisateur qui modifie des paramètres.
- **M'avertir uniquement quand des applications tentent d'apporter des modifications à mon ordinateur (ne pas estomper mon Bureau)** : même paramètre que le précédent, à l'exception que la boîte de dialogue d'avertissement n'estompera pas le bureau. L'utilisateur pourra ainsi plus facilement ignorer les messages.

– **Ne jamais m'avertir** : niveau le plus bas et le moins sécurisé, aucun avertissement ne sera affiché si une application procédait à des modifications. Si l'utilisateur courant utilise un compte non administrateur, tout changement nécessitant des privilèges administrateur sera interdit.

En cliquant sur le bouton **OK**, l'utilisateur doit effectuer une élévation de privilèges pour devenir administrateur local du poste Windows 10, grâce à la fenêtre de validation **Contrôle de compte d'utilisateur** :

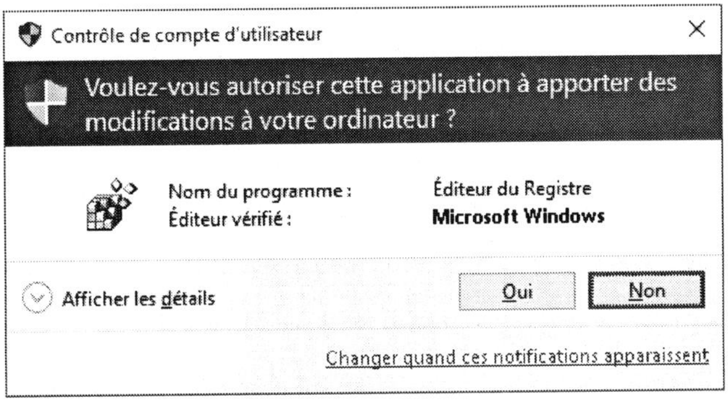

Dans un domaine Active Directory, l'administrateur peut configurer le comportement d'UAC sur les postes clients à l'aide d'un objet stratégie de groupe. Il est ainsi possible de configurer le comportement du système lors de l'installation d'application, comme avec le paramètre **Détecter les installations d'applications et demander l'élévation**, ou le paramètre **élever uniquement les exécutables signés et validés**.

Pour configurer l'UAC dans un domaine, il suffit d'éditer l'objet stratégie de groupe **Stratégie de domaine par défaut**, puis de développer le nœud **Configuration ordinateur - Stratégies - Paramètres Windows - Paramètres de sécurité - Stratégies locales** et **Options de sécurité**. Repérez les paramètres commençant par **Contrôle de compte d'utilisateur**.

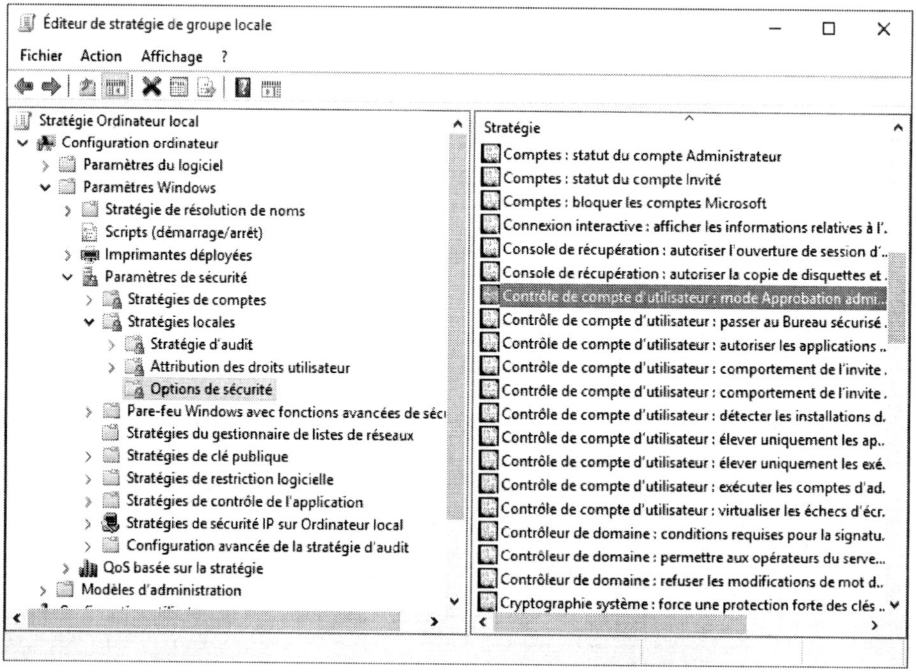

Remarque

Ces paramètres peuvent être configurés localement sur le système Windows 10, grâce à l'Éditeur de stratégie de groupe locale (gpedit.msc), comme le montre l'image ci-dessus.

L'UAC contribue donc à empêcher les programmes malveillants de types virus et chevaux de Troie de s'installer sur le poste Windows 10, en restreignant l'usage de privilèges élevés, et en contrôlant les fichiers d'installation (ActiveX, Windows Installer...), la base de registre et bien d'autres paramètres critiques du système.

1.2 Centre de notifications

Le Centre de notifications affiche dans une vue centrale des alertes récentes concernant la sécurité du client Windows 10, ainsi que des paramètres importants (réseau, localisation, VPN, etc.) liés au système.

Les paramètres de sécurité sont surveillés, tels que l'état du pare-feu, l'application des mises à jour de sécurité, les définitions de virus ou bien encore la maintenance de l'ordinateur. Les messages d'avertissement sont affichés dans la zone de notification située en bas à droite de l'écran du bureau, dans la barre des tâches, au-dessus de l'icône , comme le montre l'image ci-dessous :

L'état de l'alerte est fonction de la criticité de l'événement (une notification importante est par exemple signalée par une croix blanche sur fond rouge, comme dans l'image ci-dessus).

Le Centre de notifications est personnalisable en effectuant un clic avec le bouton droit sur la barre des tâches, puis **Propriétés**. Dans l'onglet **Barre des tâches**, cliquez sur le bouton **Personnaliser...** :

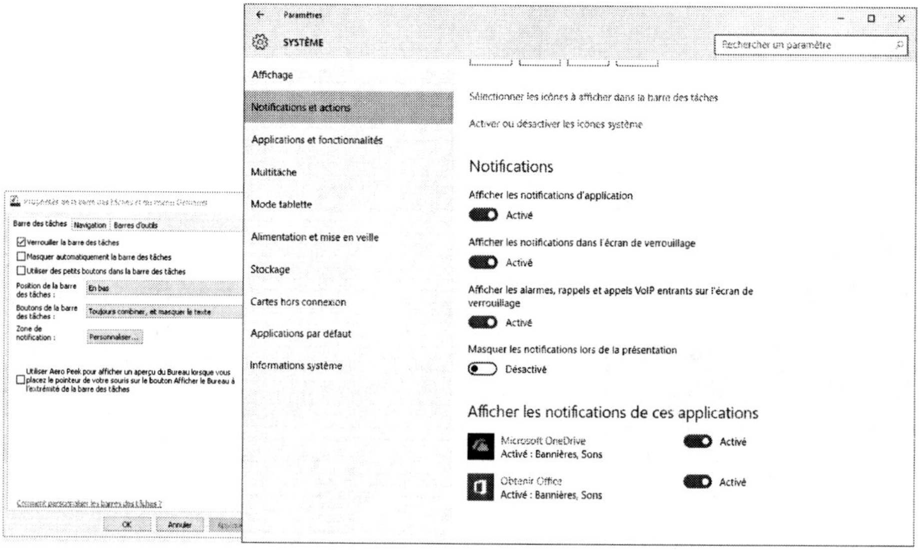

L'utilisateur peut par exemple désactiver les notifications d'applications spécifiques.

D'autres paramètres peuvent être configurés, comme la prise de notes (via OneNote) ou l'activation du mode tablette lors de l'utilisation d'un écran tactile.

Le Centre de notifications est donc un outil affichant dans une seule vue l'ensemble des paramètres, y compris liés à la sécurité, propres à Windows 10.

Si des catégories de messages devaient ne plus être affichées, il suffirait à l'administrateur de cliquer sur **Sécurité et maintenance** depuis le **Panneau de configuration** et de sélectionner les messages de maintenance ou de sécurité gérés par Windows 10 :

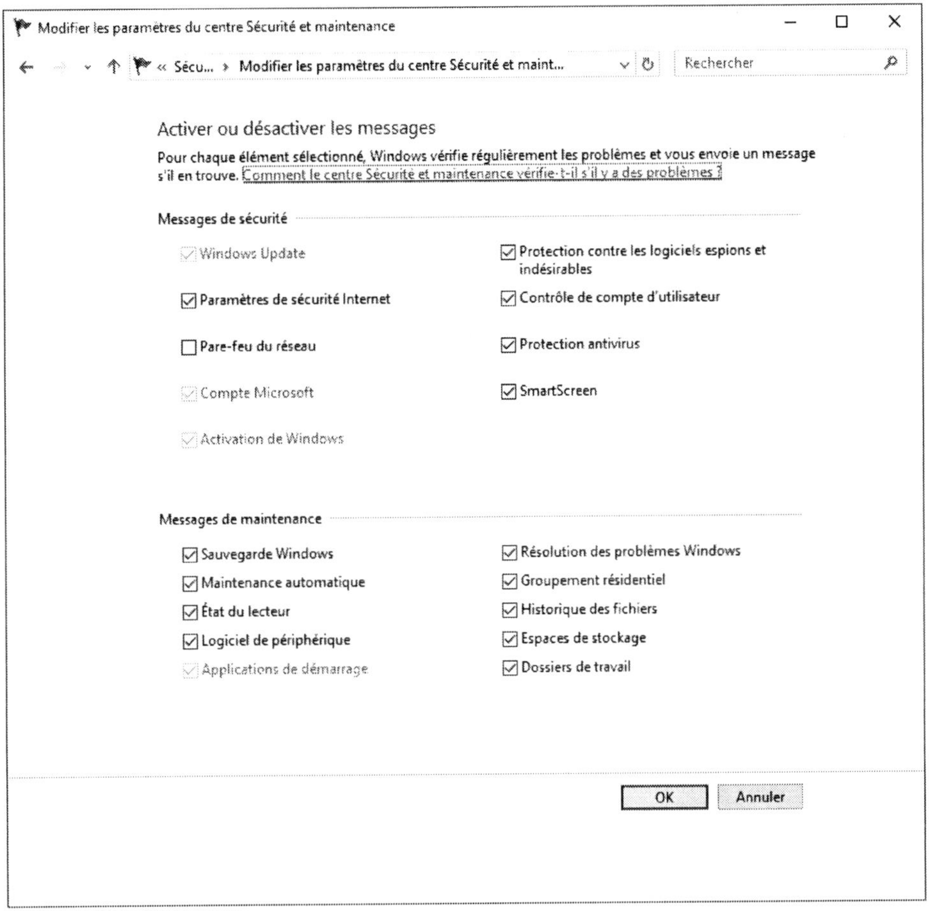

1.3 Chiffrement des fichiers

La cryptographie est une science permettant de convertir des informations compréhensibles en informations codées, ceci afin de masquer le contenu pour les protéger. Le chiffrement est le procédé utilisé pour rendre incompréhensible une information tant que la clé de déchiffrement n'est pas connue.

Il existe deux principaux types de chiffrement :

- Symétrique : clé unique permettant de chiffrer et déchiffrer un message.
- Asymétrique : deux clés sont utilisées, la clé privée, gardée secrète, déchiffre l'information, tandis que la clé publique, fournie par exemple à un correspondant, sert au chiffrement de l'information par celui-ci.

Windows 10 utilise ces deux types de chiffrement pour protéger les données personnelles de l'utilisateur.

1.3.1 Système EFS

EFS (*Encrypting File System*) chiffre les fichiers sélectionnés de manière transparente sur une partition NTFS. Disponible depuis Windows 2000, ce système permet de partager un fichier chiffré en ajoutant les certificats EFS des utilisateurs ayant besoin d'y accéder.

Basé sur un chiffrement à clé publique, EFS peut chiffrer un dossier et tous les fichiers qu'il contient sans demander de mot de passe à l'utilisateur : la clé de déchiffrement est basée sur son compte et le mot de passe associé. En cas de copie ou déplacement d'un fichier chiffré vers une partition FAT, celui-ci perdra son attribut de chiffrement.

EFS utilise une clé symétrique qui est elle-même chiffrée à l'aide de la clé publique de l'utilisateur. Un certificat, basé sur les clés publique et privée de celui-ci (chiffrement asymétrique) est stocké dans son profil.

Si un utilisateur ne possède pas la clé de déchiffrement lors de l'ouverture d'un fichier chiffré, un message "Accès refusé" apparaîtra.

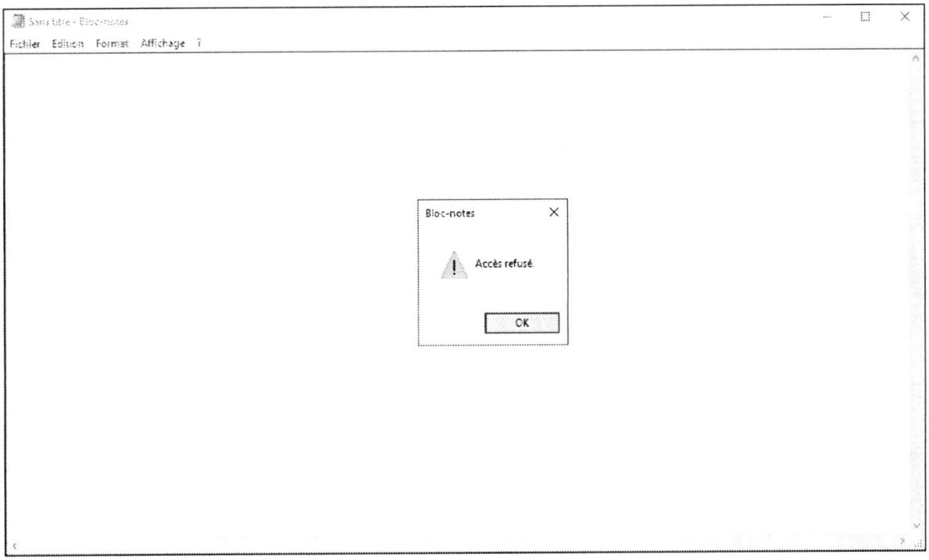

La paire de clés publique et privée, d'une validité de 100 ans, est protégée par le mot de passe de l'utilisateur. Elle peut être générée par une autorité de certification, ou par le poste Windows 10.

Une attaque par force brute sur le mot de passe du compte pourrait compromettre l'accès aux fichiers chiffrés. Donc, plus le mot de passe d'ouverture de session est complexe, meilleure sera la protection des fichiers chiffrés.

Remarque

Lors de l'accès à un fichier chiffré stocké sur un partage, celui-ci est déchiffré durant le transfert des données. Les clés de chiffrement sont disponibles sur le serveur de fichiers.

Par défaut, la fonctionnalité EFS utilise l'algorithme de chiffrement AES (*Advanced Encryption Standard*) 256 bits.

Windows 10 prend en charge le stockage des clés privées sur des cartes à puce, le chiffrement du fichier de pagination et des fichiers hors connexion ainsi que l'assistant de gestion des certificats pour EFS.

Pour chiffrer un fichier stocké sur une partition NTFS :

▶ Cliquez avec le bouton droit sur le fichier que vous souhaitez chiffrer, puis choisissez **Propriétés**. Cliquez sur le bouton **Avancé** et cochez la case **Chiffrer le contenu pour sécuriser les données**.

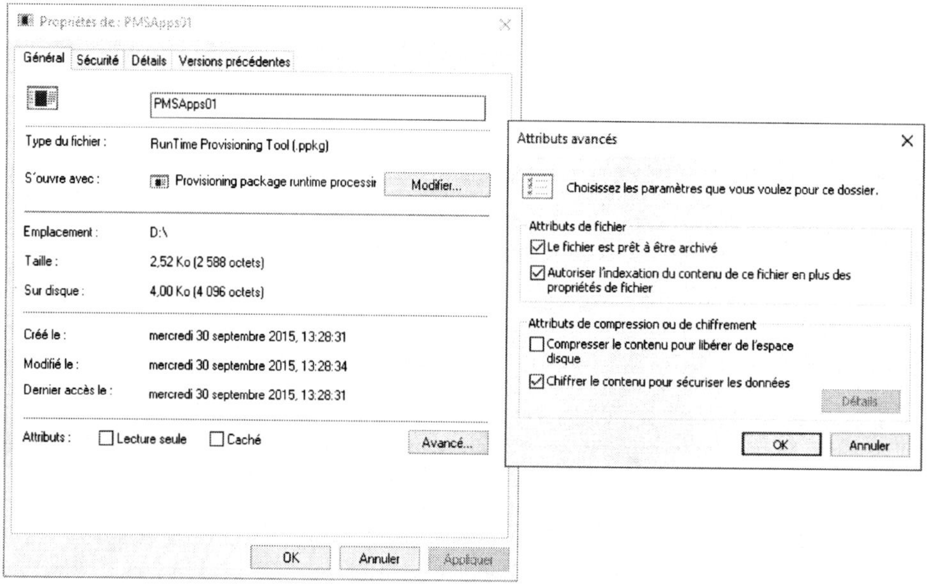

Remarque

Notez que vous ne pouvez pas chiffrer et compresser un fichier en même temps, même si le type de case à cocher semble montrer le contraire.

Une fois le fichier chiffré, le bouton **Détails** ne sera plus grisé, l'utilisateur pourra ainsi ajouter les certificats d'utilisateurs (et non de groupes) locaux ou membres d'un domaine, pour lesquels il souhaite autoriser l'accès au document.

La première fois qu'un fichier est chiffré, Windows 10 propose de sauvegarder la clé et le certificat de chiffrement, et affiche un message dans la barre des tâches du bureau, en bas à droite.

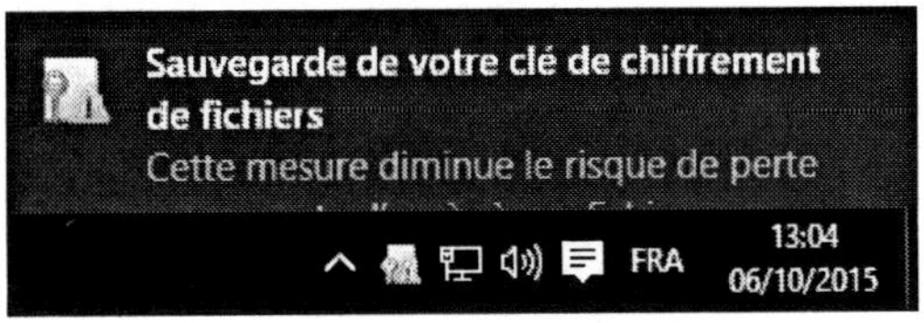

En cliquant sur le message, la fenêtre de l'assistant **Système de fichiers EFS (Encrypting File System)** est exécutée. L'utilisateur peut, au choix, **Sauvegarder maintenant** au format PKCS#12 (*Public Key Cryptographic Standards*) (.PFX), **Sauvegarder ultérieurement** ou **Ne jamais sauvegarder** la clé et le certificat.

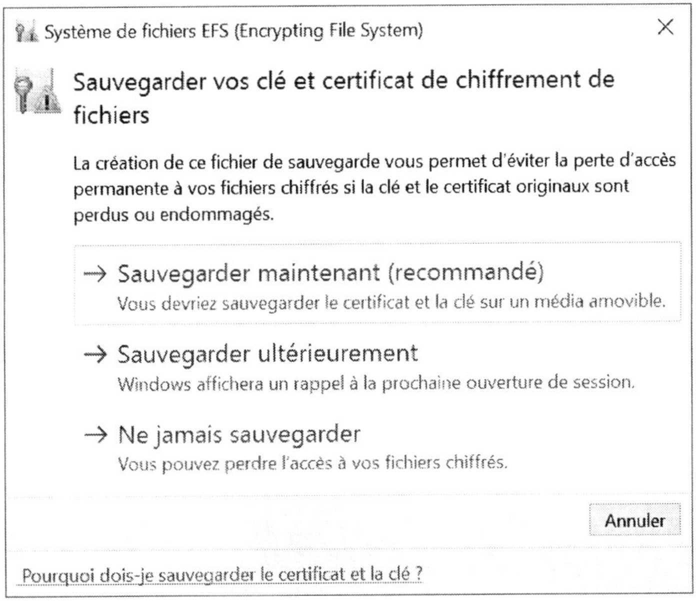

Remarque

Il est conseillé de stocker sur un média amovible ou un partage réseau sécurisé la clé et le certificat, car, en cas de perte de ceux-ci, les données chiffrées ne pourront plus être déchiffrées.

L'administrateur peut aussi exporter ses certificats critiques depuis le composant logiciel enfichable **Certificats** (magasin **Personnel**).

L'assistant Système de fichiers EFS nommé **rekeywiz** permet de gérer les certificats de chiffrement de fichier pour les utilisateurs d'un poste de travail Windows 10 : création d'un nouveau certificat, sauvegarde de celui-ci pour éviter la perte d'accès définitive aux fichiers chiffrés ou encore configuration d'EFS avec une carte à puce.

Pour exécuter l'assistant :

- Pressez les touches [Windows] et **R**. Saisissez **rekeywiz** dans la fenêtre **Exécuter** puis validez par la touche [Entrée].
- Dans la fenêtre **Système de fichiers EFS (Encrypting File System)**, cliquez sur le bouton **Suivant**.
- Cochez la case correspondant à votre besoin : **Utiliser ce certificat** ou **Créer un certificat** puis cliquez sur le bouton **Suivant**. Dans notre exemple, nous allons utiliser un certificat existant. Choisissez de **Sauvegarder maintenant le certificat et la clé** dans un fichier ayant l'extension .pfx (PKCS#12) et définissez un **Mot de passe**.

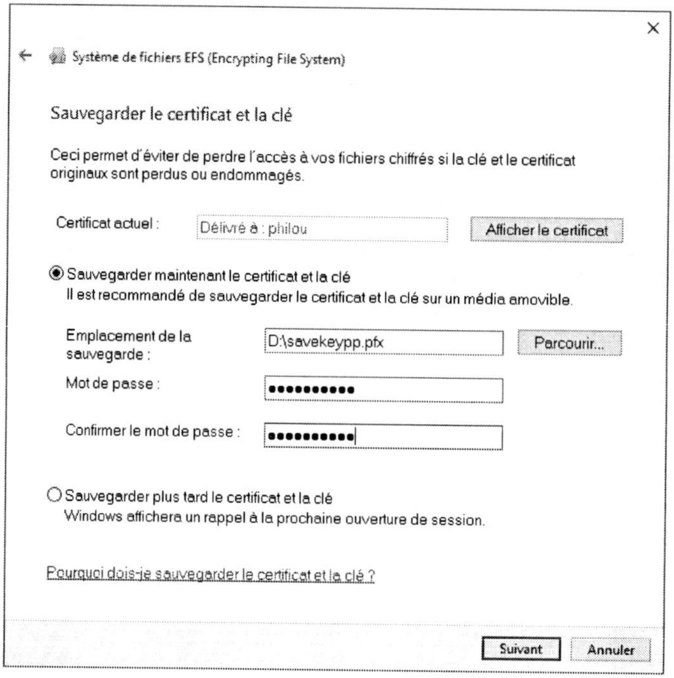

- Passez à la prochaine étape en cliquant sur le bouton **Suivant**.
- Vous pouvez appliquer la nouvelle clé générée en mettant à jour les fichiers chiffrés. Validez en cliquant sur le bouton **Suivant**. Terminez l'assistant en cliquant sur le bouton **Fermer**.

La commande **cipher** affiche et modifie le chiffrement des fichiers stockés sur une partition NTFS. Le paramètre **REKEY** met à jour tous les fichiers chiffrés pour qu'ils utilisent la clé EFS configurée.

1.3.2 Agent de récupération

Lorsqu'un utilisateur chiffre un fichier, la clé de déchiffrement est fonction de son compte Windows et du SID (*Security Identifier*) unique associé. Le SID permet au système Windows 10 d'identifier les objets effectuant des actions. En cas de départ d'un salarié, si vous supprimez son compte utilisateur, son SID sera lui aussi supprimé. Vous ne pourrez donc plus ouvrir les fichiers chiffrés par cet utilisateur, même si vous recréez le même compte utilisateur, car son SID sera obligatoirement différent ! Pour pallier cette problématique, Microsoft propose de créer un agent de récupération, qui est en définitive un compte d'utilisateur pouvant déchiffrer n'importe quel fichier chiffré.

Pour créer un agent de récupération local sur un poste Windows 10 :

- Pressez les touches + **R**. Saisissez **gpedit.msc** dans la fenêtre **Exécuter** puis validez par la touche [Entrée].
- Dans la fenêtre **Éditeur de stratégie de groupe locale**, développez les nœuds **Configuration de l'ordinateur - Paramètres Windows - Paramètres de sécurité - Stratégies de clé publique**.
- Cliquez avec le bouton droit sur **Système de fichiers EFS (Encrypting File System)** et sélectionnez **Ajouter un agent de récupération de données**.
- Dans l'**Assistant Ajout d'un agent de récupération**, cliquez sur **Suivant**.

▶ Sélectionnez ensuite le certificat (.cer), ou l'utilisateur membre d'un domaine, à qui vous souhaitez affecter le rôle d'agent de récupération, puis cliquez sur **Suivant**. Suivez les étapes de l'assistant.

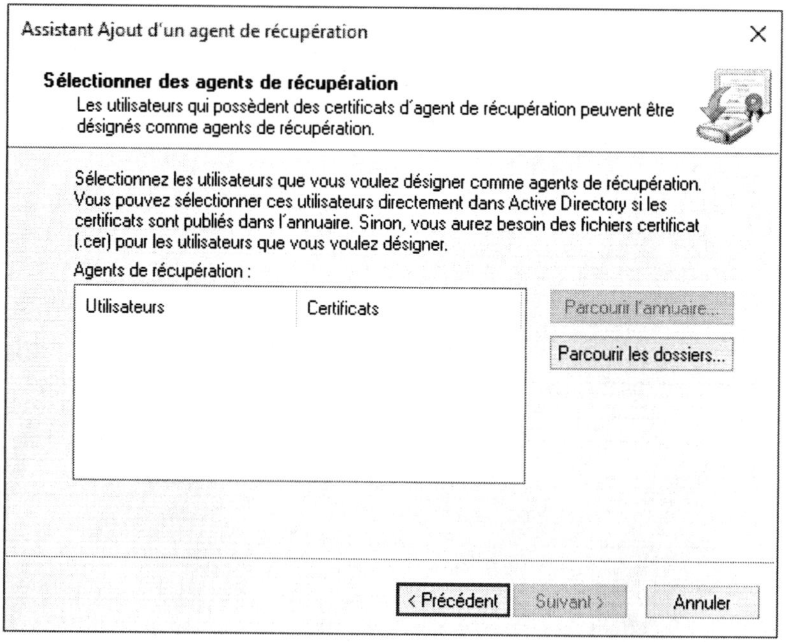

La configuration générale d'EFS s'effectue par l'intermédiaire des propriétés du nœud **Système de fichiers EFS (Encrypting File System)** :

▶ Cliquez avec le bouton droit sur le nœud **Système de fichiers EFS (Encrypting File System)** puis choisissez **Propriétés**.

▶ Dans l'onglet **Général**, autorisez le chiffrement à l'aide d'EFS et définissez les options appropriées (**Chiffrer le contenu du dossier Documents de l'utilisateur**, **Exiger une carte à puce pour EFS**, etc.).

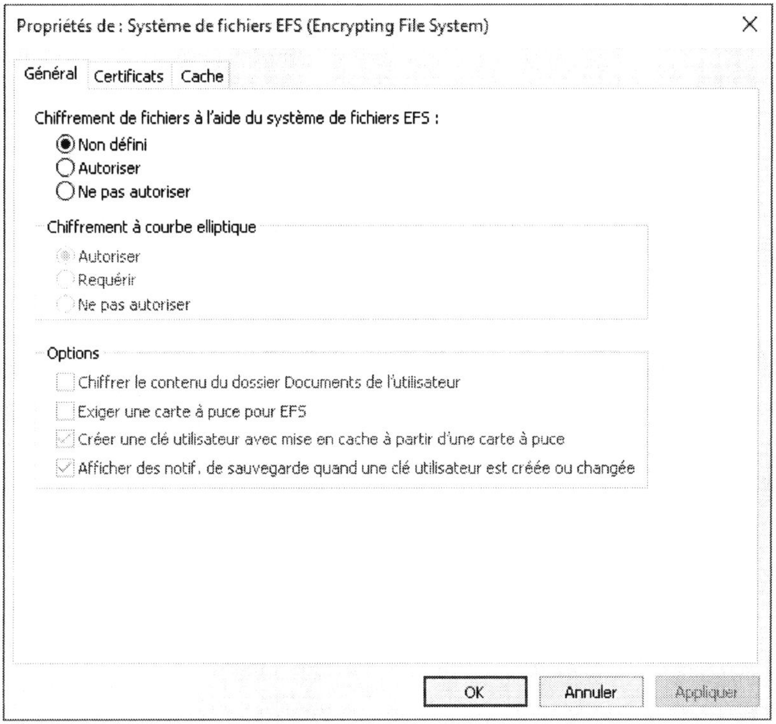

- L'onglet **Certificats** propose de choisir le modèle de certificat, ainsi que le comportement d'EFS lorsqu'une autorité de certification n'est pas disponible, à savoir la génération de certificats autosignés.
- Le dernier onglet, **Cache**, définit les cas dans lesquels l'effacement du cache de clé de chiffrement doit avoir lieu.

Même si la technologie EFS procure une sécurité importante, la protection physique d'un ordinateur reste primordiale.

2. Sécurisation des données hors connexion

Contre le vol de disques durs ou de médias amovibles comme les clés USB, la vigilance est primordiale.

Pour pallier cette problématique, Microsoft propose la technologie de chiffrement de lecteur BitLocker, apparue avec le système Windows Vista.

2.1 BitLocker

Inclus dans les versions Entreprise, Education et Professionnel de Windows 10, BitLocker protège toutes les données stockées sur les partitions, en mode hors connexion. En effet, lors du processus de démarrage, le disque dur est déchiffré par BitLocker, qui n'empêche donc pas l'accès non autorisé à des données lorsque Windows 10 fonctionne. Privilégiez dans ce cas EFS pour chiffrer vos documents même si l'ordinateur est démarré.

BitLocker est aussi utile en cas de mise hors service définitive d'un disque dur. En le chiffrant complètement, la solution devient vite rentable par rapport au coût d'une entreprise spécialisée dans la destruction physique des disques.

Une autre fonctionnalité intéressante apportée par BitLocker est le contrôle d'intégrité, qui authentifie au travers d'une puce **TPM** (*Trusted Platform Module*) le matériel de l'ordinateur et les fichiers critiques (NTFS boot sector, boot manager...) de Windows 10. Ainsi, en cas de vol d'un disque dur chiffré par cette méthode, les données qu'il contient ne seront pas accessibles dans un autre ordinateur. Un virus ne pourra pas non plus s'implanter durant la phase de démarrage du système d'exploitation.

Voici un tableau comparatif des technologies BitLocker et EFS :

	BitLocker	**EFS**
Chiffrement complet des partitions	X	
Authentification forte (mot de passe et mémoire flash USB)	X	
Méthode de récupération (mot de passe ou Agent)	X	X
Chiffrement complet d'un périphérique amovible	X	
Vérification de l'intégrité du système et du matériel	X	
Protection des données une fois l'ordinateur démarré		X
Chiffrement de fichiers	X	X
Utilisation d'un certificat utilisateur		X
Assure le DLP (*Data Loss Prevention*)	X	X
Prise en charge des partitions non NTFS pour les périphériques amovibles	X	

Lors du choix d'une méthode de chiffrement de lecteur hors connexion, la diminution des performances est à prendre en compte. Activer BitLocker sur un disque dur réduit les performances d'accès à celui-ci de 3 à 5 %, selon Microsoft.

BitLocker nécessite les prérequis suivants :

- Un BIOS prenant en charge des périphériques USB au démarrage ou la présence d'une puce TPM sur la carte mère.
- Une partition système (automatiquement créée si absente), d'une taille approximative de 100 Mo, non chiffrée, sans lettre de lecteur et définie comme active.
- De manière facultative, une partition contenant des données peut être formaté en FAT16, FAT32, exFAT et bien entendu NTFS mais doit posséder au moins 64 Mo d'espace disque libre.

Windows 10 apporte les fonctionnalités suivantes avec BitLocker :

– Un chiffrement de l'espace disque utilisé uniquement, accélérant ainsi le temps de chiffrement du lecteur. Cette fonctionnalité peut être imposée depuis la stratégie de groupe locale via les nœuds **Configuration ordinateur - Modèles d'administration - Composants Windows - Chiffrement de lecteur BitLocker - Lecteurs du système d'exploitation** (**Lecteurs de données fixes** ou **Lecteurs de données amovibles**) et le paramètre **Appliquer le type de chiffrement de lecteur aux lecteurs du système d'exploitation**.

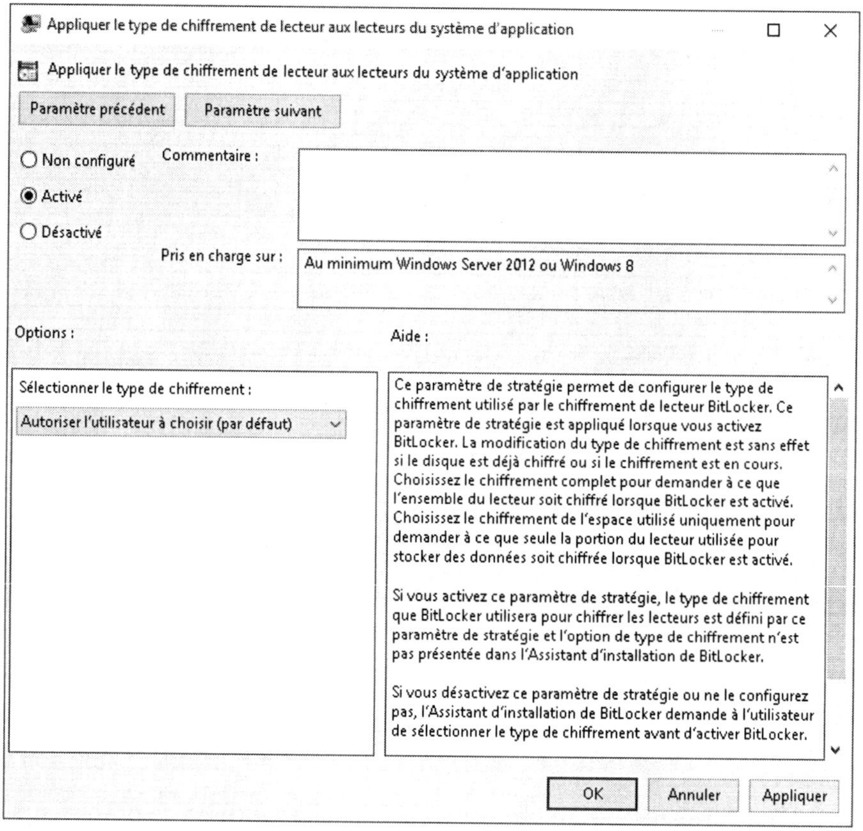

- Des nouveaux paramètres dans les stratégies de groupe, comme la possibilité de spécifier le dossier par défaut stockant les clés de récupération ou d'imposer des critères de complexité des mots de passe pour les lecteurs. La sauvegarde dans un domaine Active Directory des informations du propriétaire de la puce TPM est désormais possible.
- Un chiffrement de la partition durant la phase d'installation, grâce à Windows PE. Avant le chiffrement définitif, le lecteur est affiché à côté d'un point d'exclamation jaune, avec le message "En attente d'activation". Par défaut, BitLocker chiffre avec une puissance de chiffrement AES de 128 bits.
- Une gestion du mode de veille connectée afin de pouvoir chiffrer les périphériques sur des ordinateurs ayant une architecture x86 ou x64 avec une puce TPM.
- Un support du FVE (*Full Volume Encryption*), chiffrant les disques au niveau matériel. Le paramètre **Configurer l'utilisation du chiffrement au niveau matériel pour les lecteurs du système d'exploitation** active cette fonctionnalité, depuis les nœuds **Configuration ordinateur - Modèles d'administration - Composants Windows - Chiffrement de lecteur BitLocker - Lecteurs du système d'exploitation** (ou **Lecteurs de données fixes**) de la stratégie de groupe locale.
- Un changement du code PIN ou du mot de passe possible pour un utilisateur ayant des privilèges standard. Après cinq tentatives infructueuses de saisie du mot de passe courant pour pouvoir le changer, le système doit être redémarré pour que le compte soit remis à zéro. Un administrateur peut bien entendu changer le code PIN ou le mot de passe. Il est possible de désactiver cette fonctionnalité depuis le paramètre **Ne pas autoriser les utilisateurs standard à modifier le code confidentiel ou le mot de passe** depuis les nœuds **Configuration ordinateur - Modèles d'administration - Composants Windows - Chiffrement de lecteur BitLocker - Lecteurs du système d'exploitation**.

Par défaut, chiffrer la partition contenant le système d'exploitation Windows 10 nécessite un ordinateur possédant une puce TPM. En son absence, un message d'erreur apparaît :

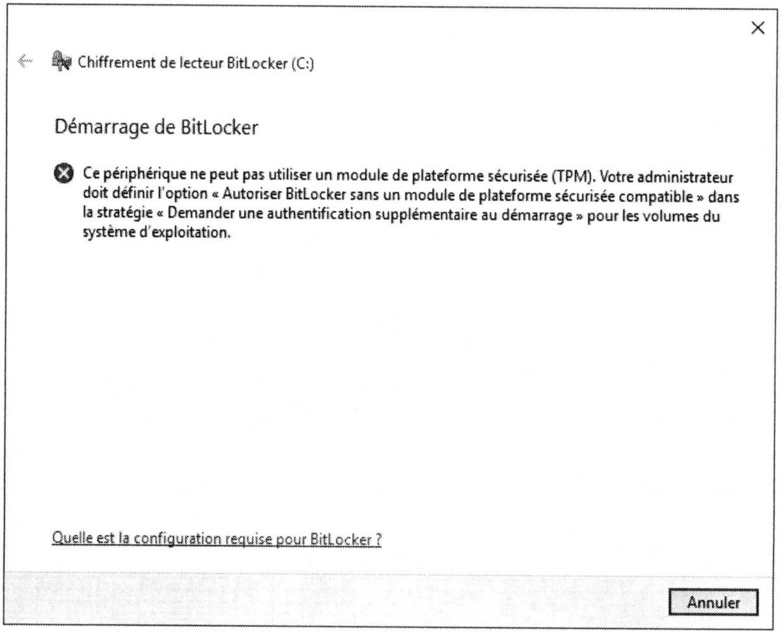

Pour vérifier qu'un ordinateur possède une puce TPM, se référer à la documentation du constructeur ou bien cliquer sur **Administration du TPM** dans la fenêtre **Chiffrement de lecteur BitLocker**, accessible depuis le **Panneau de configuration**.

Si une puce TMP est manquante, une méthode de contournement existe, en désactivant l'exigence liée à la présence de ce composant. Cette action s'effectue dans la stratégie de groupe locale :

- Utilisez la combinaison de touches + **R** puis saisissez **gpedit.msc** et validez par [Entrée].
- Dans l'écran **Éditeur de stratégie de groupe locale**, développez les nœuds **Configuration ordinateur - Modèles d'administration - Composants Windows - Chiffrement de lecteur BitLocker** et **Lecteurs du système d'exploitation**.

◘Double cliquez sur le paramètre **Exiger une authentification supplémentaire au démarrage**. Cochez l'option **Activé** et vérifiez dans les options que la case **Autoriser BitLocker sans un module de plateforme sécurisée compatible (requiert un mot de passe ou une clé de démarrage sur un disque mémoire flash USB)** est bien cochée.

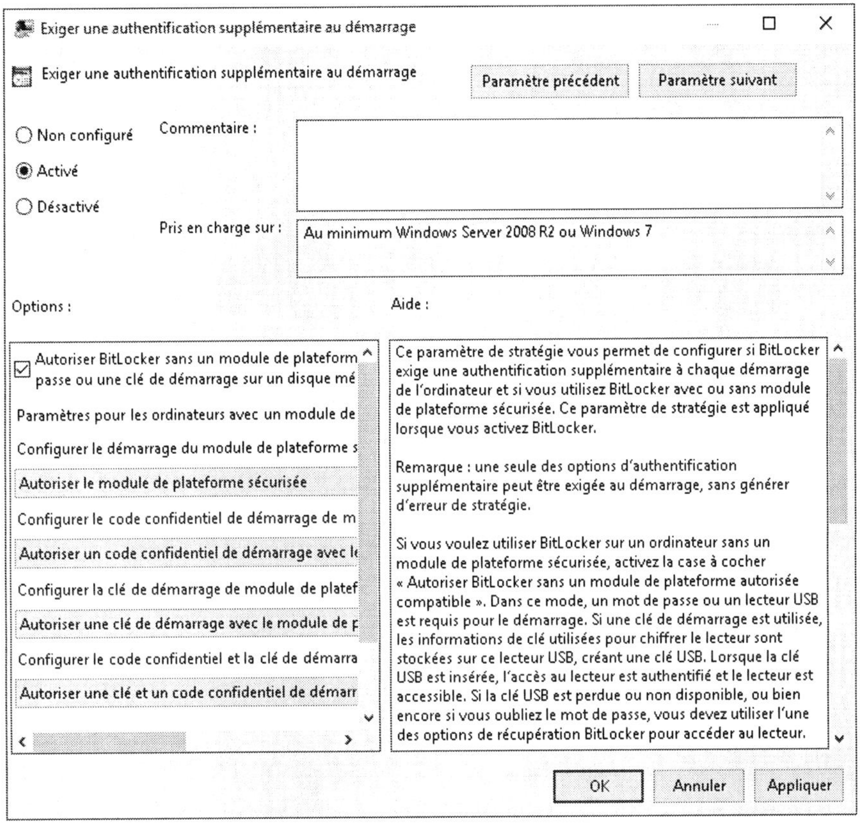

Désormais, démarrer Windows nécessitera l'insertion d'une clé USB spécifique ou bien la saisie d'un mot de passe conforme.

Une configuration homogène de BitLocker sur des ordinateurs Windows 10 peut être effectuée dans un domaine Active Directory à l'aide d'un objet stratégie de groupe.

Remarque

Notez que Windows Server 2008 ou supérieur supportent nativement cette technologie, et peuvent l'installer à l'aide de la commande PowerShell suivante : ***Install-WindowsFeature BitLocker -IncludeAllSubFeature***

Lorsque la partition du système d'exploitation est protégée par BitLocker, l'utilisateur ne peut le démarrer qu'à l'aide d'une clé de déchiffrement, selon trois méthodes :

- Module TPM version 1.2 ou ultérieur : disponible sur des ordinateurs portables récents, cette puce est un composant matériel installé sur la carte mère. Elle assure un contrôle d'intégrité en plus du chiffrement des lecteurs. Vous pouvez combiner d'autres facteurs d'authentification en ajoutant la fourniture d'un code confidentiel et/ou l'insertion d'un périphérique USB contenant la clé de démarrage. Dans le cas où la puce TPM deviendrait inaccessible, ou qu'un utilisateur essaierait de démarrer l'ordinateur depuis un CD ou un DVD, Windows 10 basculerait en mode de récupération et nécessiterait un mot de passe de récupération.
- Périphérique amovible USB, telle une clé USB : le BIOS de l'ordinateur doit prendre en charge des périphériques USB au démarrage. La clé USB contiendra la clé de démarrage et devra être obligatoirement branchée lorsque l'ordinateur est mis sous tension. Cette méthode ne fournit pas de vérification d'intégrité des composants matériels lors du pré-démarrage de l'ordinateur, mais assure un chiffrement des volumes.
- Mot de passe complexe saisi lors de la première étape de l'assistant.

À ce stade, il ne reste plus qu'à activer le chiffrement de lecteur BitLocker sur la partition du système Windows 10 nommée C:, en utilisant les privilèges administrateur :

- Saisissez **bitlocker** dans la zone de recherche du menu **Démarrer**, et sélectionnez **Gérer BitLocker**.
- Dans l'écran **Chiffrement de lecteur BitLocker**, cliquez sur **Activer BitLocker** en regard du lecteur à chiffrer, dans notre exemple **C:**.

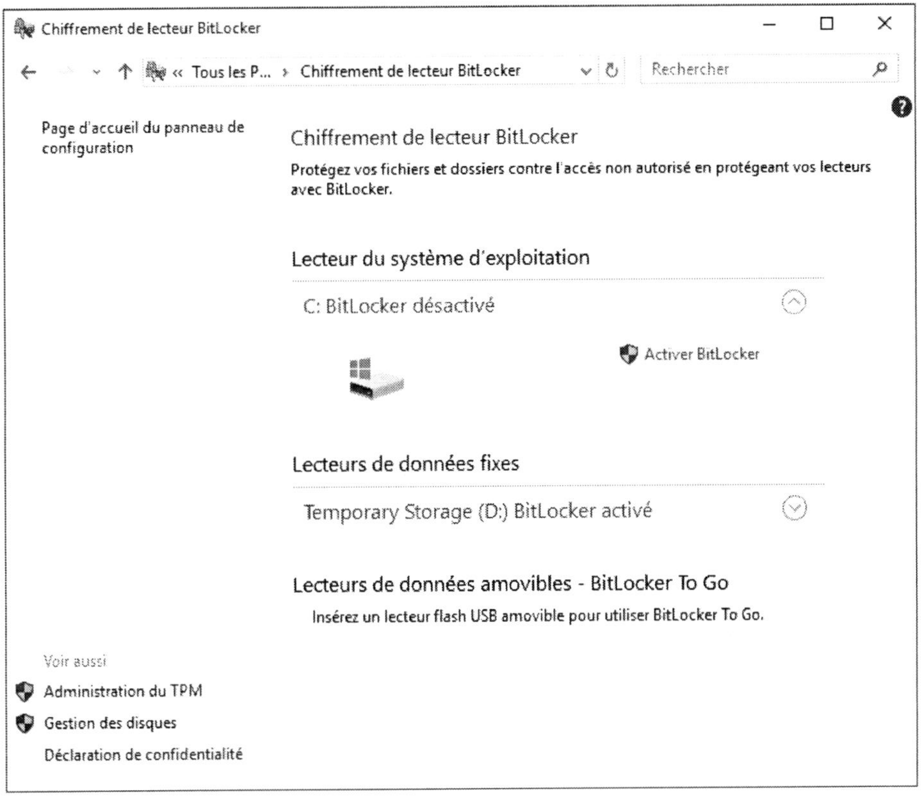

Notez le chiffrement possible des lecteurs de données amovibles USB avec **BitLocker To Go**.

Remarque

*Vous pouvez aussi chiffrer un disque dur depuis l'**Explorateur Windows**, en sélectionnant la lettre de lecteur à l'aide du bouton droit, puis en choisissant l'option **Activer BitLocker**, ou bien dans une invite de commandes grâce au fichier exécutable **manage-bde.exe**. L'avantage du script est la possibilité de configurer BitLocker sur des ordinateurs distants.*

En l'absence de partition système, l'assistant de chiffrement analyse la configuration nécessaire pour activer BitLocker sur le lecteur C:.

▶ Cliquez sur le bouton **Suivant**. L'ordinateur va redémarrer et créer la partition système cachée.

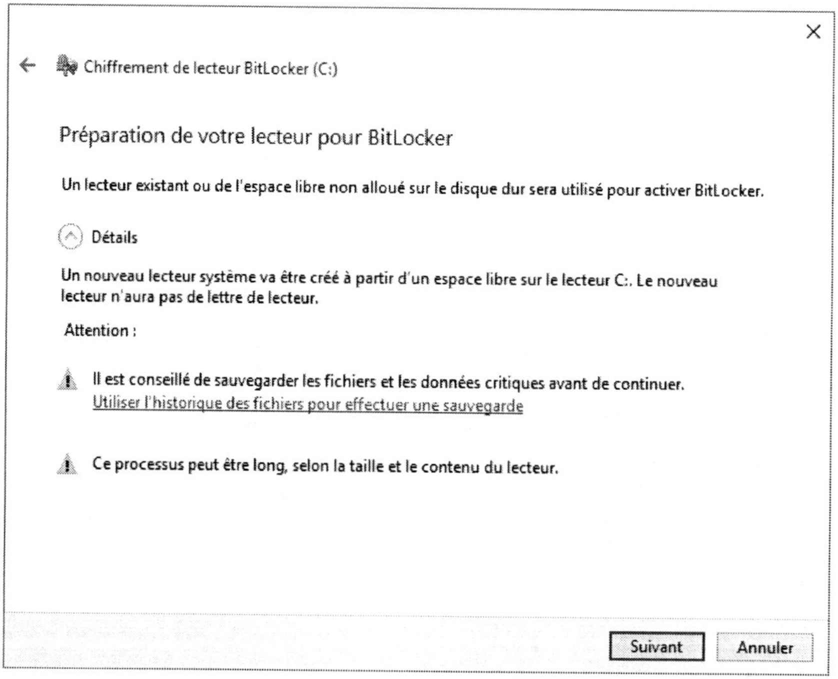

L'étape suivante propose deux méthodes pour déverrouiller la partition C: lors du démarrage de l'ordinateur :

- Insertion d'une mémoire flash USB.
- Saisie d'un mot de passe.

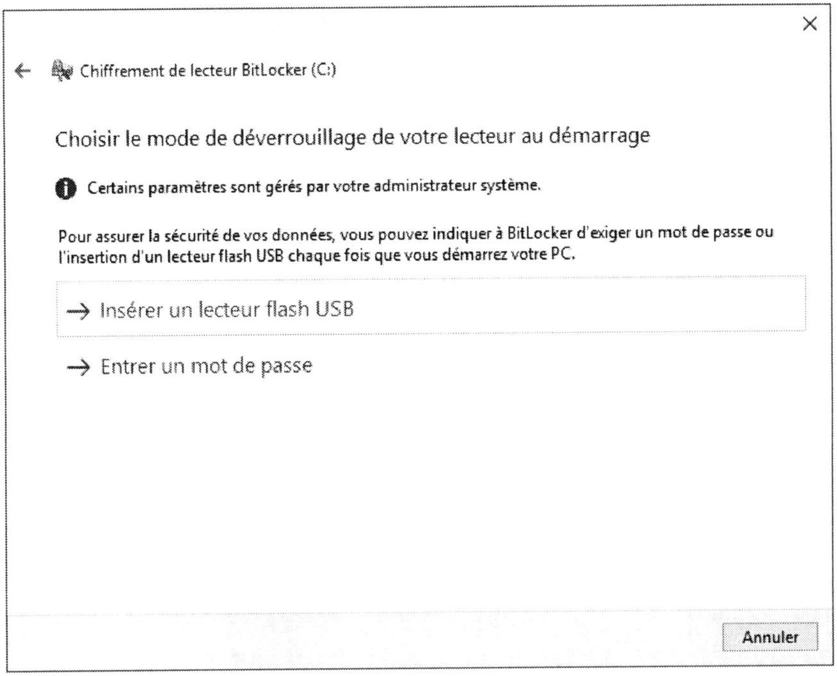

Si l'activation de BitLocker est définie sur une partition autre que celle du système d'exploitation, un assistant vérifie la configuration et propose deux méthodes de déchiffrement : par mot de passe ou par carte à puce.

L'utilisateur est ensuite invité à choisir une méthode de sauvegarde de la clé de récupération :

- Dans son compte Microsoft (cf. chapitre Installation du client Windows 10 - Authentification), qui sera accessible depuis d'autres ordinateurs.
- Dans un lecteur flash USB. Le fichier possédera automatiquement l'attribut **Lecture seule**.
- Dans un fichier stocké sur un partage réseau ou sur un disque de l'ordinateur local. Cette méthode est peu recommandée en raison des risques de suppression liés par exemple à une attaque virale.
- Sur une feuille de papier, qu'il faudra garder précieusement dans un endroit sécurisé (coffre-fort ou armoire fermée à clé).

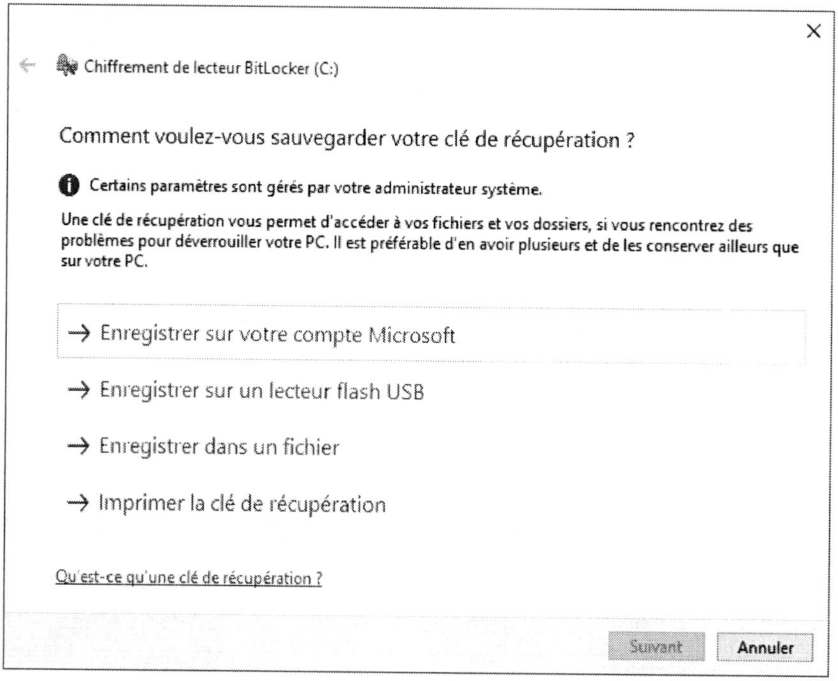

La clé de récupération est composée de 48 chiffres divisés en huit groupes et est propre à chaque lecteur chiffré. Il est utilisé dans plusieurs cas : perte du mot de passe principal ou de la mémoire flash USB, changement de la configuration matérielle.

Remarque

Dans un environnement Active Directory, les postes de travail chiffrés joints au domaine peuvent stocker la clé de récupération dans l'annuaire. Dans ce cas, l'administrateur du domaine devra obtenir de l'utilisateur bloqué soit le label de la lettre du lecteur chiffré, soit le Password ID (32 caractères) disponible dans les propriétés système de l'ordinateur Windows 10 incriminé. Ceci afin de fournir la clé de récupération.

L'administrateur peut aussi créer un Agent de récupération des données, habilité à déchiffrer n'importe quel lecteur de l'ordinateur visé.

Dans l'avant-dernière étape, l'assistant vous propose par défaut de vérifier que votre lecteur pourra lire correctement les clés de récupération et de chiffrement. Votre ordinateur va redémarrer.

BitLocker propose enfin de ne chiffrer que l'espace disque utilisé (méthode rapide), ou l'intégralité du lecteur (méthode plus lente). À noter cependant que si la première option est sélectionnée, toute nouvelle donnée copiée sur le disque sera automatiquement chiffrée.

- Cliquez sur le bouton **Continuer**.

Le bouton **Démarrer le chiffrement** exécute le chiffrement de la partition.

Comme vu précédemment, la commande **manage-bde.exe** est proposée pour réaliser des opérations supplémentaires sur la fonctionnalité BitLocker.

Par exemple, la commande **manage-bde -on D:** chiffrera le volume D: sans méthode d'authentification. Pour chiffrer le disque contenant le système d'exploitation Windows 10 C: sans module TPM mais en stockant la clé de récupération sur un périphérique amovible E:, tapez les commandes suivantes : **manage-bde -protectors -add C: -startupkey E:** et **manage-bde -on C:**. Le paramètre **-status** affiche le chiffrement d'un volume. La commande offre aussi la possibilité de supprimer des données fragmentées qui existent dans l'espace disque libre d'un volume chiffré (paramètre **-w**).

Repair-bde permet d'accéder à des données stockées sur un volume chiffré, même si celui-ci est endommagé. Notez que la commande ne peut pas réparer un disque qui a été corrompu durant la phase de chiffrement ou de déchiffrement.

Des commandes PowerShell sont disponibles pour administrer BitLocker, comme **Enable-BitLocker** pour chiffrer un volume précis, ou **Get-BitLocker-Volume** pour obtenir des informations sur un disque chiffré.

2.2 BitLocker To Go

BitLocker To Go est une fonctionnalité apparue avec Windows 7 : elle propose un chiffrement complet des dispositifs de stockage portables, comme les clés USB et les disques durs externes.

En cliquant avec le bouton droit sur la lettre du média amovible et en sélectionnant **Activer BitLocker**, l'utilisateur est invité à entrer un mot de passe de déverrouillage, ou à insérer une carte à puce avec un code PIN (*Personal Identification Number*) puis à sauvegarder la clé de récupération selon trois méthodes :

- Utiliser son compte Microsoft.
- Stocker dans un fichier (attribut **lecture seule** automatiquement appliqué).
- Imprimer sur une page stockée en lieu sûr.

BitLocker To Go propose désormais de ne chiffrer que l'espace disque utilisé (méthode rapide), ou l'intégralité du lecteur (méthode plus lente).

Une fois la clé USB chiffrée, il est possible de définir des options supplémentaires, comme son déverrouillage automatique sur l'ordinateur cible ou la modification/suppression du mot de passe :

▶ Saisissez **bitlocker** dans la zone de recherche située dans la barre des tâches, et sélectionnez **Gérer BitLocker**.

▶ Dans l'écran **Chiffrement de lecteur BitLocker**, cliquez sur l'option choisie en face du périphérique amovible chiffré :

  - **Sauvegarder votre clé de récupération** pour créer une nouvelle sauvegarde de la clé de récupération.
  - **Modifier** ou **Supprimer le mot de passe** actuel.
  - **Ajouter une carte à puce** pour utiliser une méthode de déverrouillage par carte à puce.
  - **Activer le déverrouillage automatique** pour déverrouiller automatiquement le lecteur de données amovible lors de son branchement sur l'ordinateur actuel, sans exiger une méthode d'authentification.
  - **Désactiver BitLocker** pour supprimer le chiffrement d'un lecteur, sans effacer les données qu'il contient.

Lorsque la clé USB chiffrée sera insérée dans un autre ordinateur ayant un système d'exploitation Microsoft Windows XP SP2 ou version supérieure, l'utilisateur devra entrer le mot de passe de déchiffrement. Il aura aussi la possibilité de configurer BitLocker To Go pour qu'il se déverrouille automatiquement à l'insertion de cette clé sur cet ordinateur.

En insérant le lecteur amovible chiffré dans un poste de travail Windows 10, l'utilisateur peut saisir la clé de récupération en cliquant sur **Plus d'options** et **Entrer la clé de récupération**.

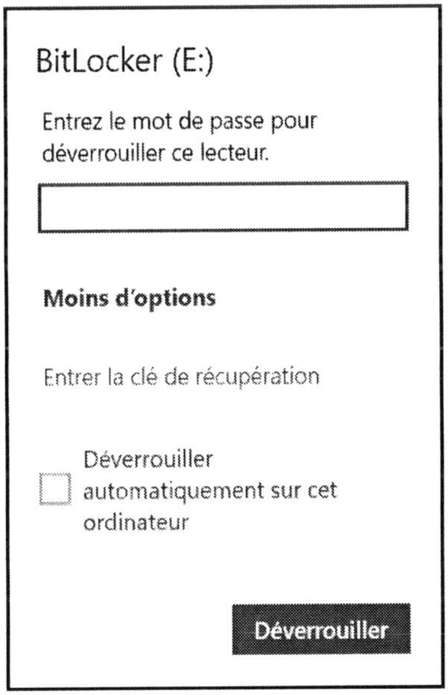

Devant le nombre croissant de pertes et de vols de mémoire flash USB, le responsable informatique d'une entreprise doit pouvoir s'assurer que le personnel ne pourra pas copier des données sur ce type de support sans qu'il soit au préalable protégé. Une option intéressante est l'interdiction d'accéder en écriture à un lecteur amovible non protégé par BitLocker To Go. Cette action s'effectue à l'aide d'un objet stratégie de groupe, locale ou de domaine :

- Depuis l'écran d'accueil, pressez les touches ⊞ + **R** puis saisissez **gpedit.msc** dans la fenêtre **Exécuter** et validez par la touche [Entrée].
- Depuis l'arborescence de la console **Éditeur de stratégie de groupe locale**, développez les nœuds **Configuration ordinateur - Modèles d'administration - Composants Windows - Chiffrement de lecteur BitLocker** et **Lecteurs de données amovibles**.
- Double cliquez sur le paramètre **Refuser l'accès en écriture aux lecteurs amovibles non protégés par BitLocker** et cochez l'option **Activé**. Notez que l'administrateur peut **Ne pas autoriser l'accès en écriture aux périphériques configurés par une autre organisation** en cochant la case correspondante. Il faudra dans ce cas fournir la liste des périphériques autorisés dans le paramètre **Fournir les identificateurs uniques de votre organisation**.

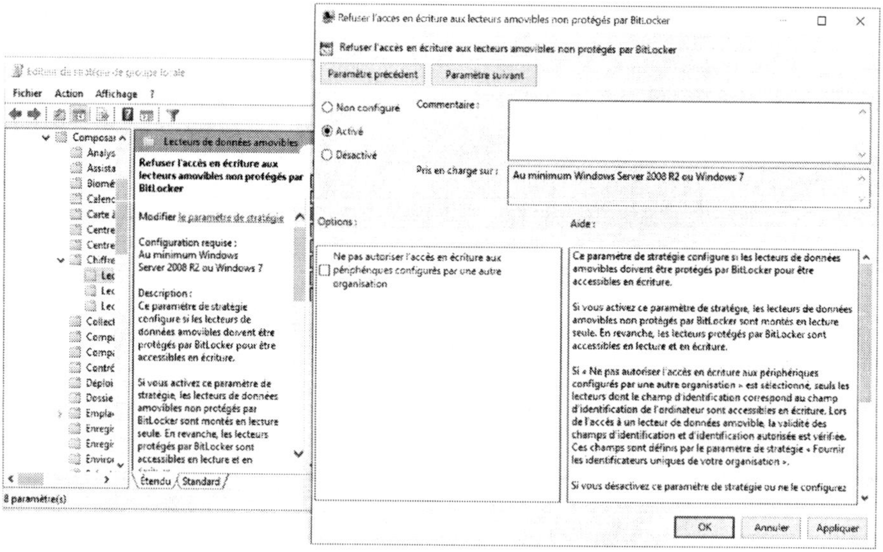

Désormais, lorsqu'un périphérique flash USB sera branché dans l'ordinateur, un message apparaîtra invitant l'utilisateur à chiffrer le lecteur pour pouvoir écrire des données dessus :

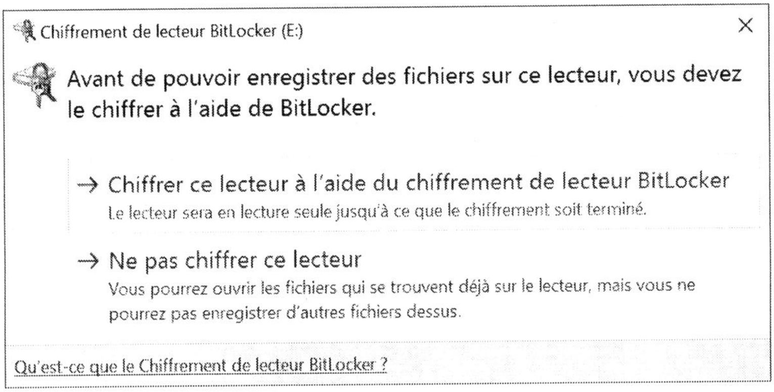

Si le poste de travail Windows 10 est membre d'un domaine, il peut être intéressant de sauvegarder les informations de récupération BitLocker (mot de passe de récupération et données d'identificateur unique) afin de prévenir toute perte des données en l'absence d'informations de la clé. Le paramètre **Enregistrer les informations de récupération BitLocker dans les services de domaine Active Directory** doit être activé depuis les nœuds **Configuration ordinateur - Stratégies - Modèles d'administration - Composants Windows - Chiffrement de lecteur BitLocker**.

Sachez qu'en chiffrant une clé USB dont le système de fichiers est FAT, un client Windows XP ou Windows Vista pourra lire le contenu de celle-ci, mais pas le modifier.

Si le système de fichiers de la clé USB est converti en NTFS (commande **convert LETTRELECTEUR /fs:ntfs**), celle-ci deviendra illisible sur Windows XP et Windows Vista, ces systèmes proposeront alors de la formater pour y accéder.

3. Microsoft Passport

Microsoft Passport combine une authentification forte à base d'un appareil géré et de Windows Hello via l'identification biométrique (ou un code PIN). Les utilisateurs peuvent s'authentifier avec un compte Microsoft (Hotmail, Windows Live, etc.), un compte membre d'un domaine Active Directory, un compte présent dans le modèle PaaS (*Platform as a Service*) de l'Active Directory Azure ou encore un service qui prend en charge le modèle FIDO (*Fast IDentiy Online*).

Une fois que l'utilisateur a entré ses informations d'identification standards à base de nom d'utilisateur et de mot de passe, il est automatiquement redirigé vers la page de configuration de son compte Microsoft Passport couplé à Windows Hello. Par la suite, aucun mot de passe ne lui sera demandé, seul un code PIN et son visage/iris/empreinte digitale seront nécessaires.

Cette méthode d'authentification nécessite par défaut une puce TPM version 1.2 ou 2.0.

La première étape consiste à créer une stratégie Passport dans laquelle l'utilisation de Passport sera rendue obligatoire, en détaillant la complexité du code PIN confidentiel (longueur minimale, longueur maximale, caractères spéciaux, etc.).

Deux cas de figure :

- Authentification basée sur une clé : un abonnement Azure Active Directory est nécessaire. De plus, les services ADFS devront être installés sur les contrôleurs de domaine du site, ainsi que Microsoft System Center 2012 R2 Configuration Manager SP2.
- Authentification basée sur les certificats : un abonnement Azure Active Directory, Intune (gestion des applications et des périphériques mobiles ainsi que des ordinateurs depuis le cloud), et une infrastructure PKI sont nécessaires. Les services ADFS devront être installés sur les contrôleurs de domaine du site, ainsi que Microsoft System Center 2012 R2 Configuration Manager SP2.

Intune gère la stratégie Passport et le déploiement des certificats protégés Passport.

Le modèle PaaS Azure AD inscrit des appareils auprès de l'entreprise.

Active Directory permet d'autoriser les utilisateurs et les appareils à utiliser des clés protégées par Passport si les contrôleurs de domaine exécutent la dernière version de Windows Server.

Pour obtenir des informations supplémentaires sur l'implémentation de Microsoft Passport, suivez le lien ci-dessous :
https://technet.microsoft.com/fr-fr/library/mt219734(v=vs.85).aspx

Grâce à Microsoft Passport, l'utilisateur portera sur lui et en lui ses informations d'authentification (visage/iris/empreinte digitale et code PIN). Le concept même de mot de passe est obsolète.

4. Gestion des mises à jour de sécurité

Microsoft publie le deuxième mardi (patch Tuesday) de chaque mois les mises à jour de sécurité à destination des entreprises et des particuliers. Ainsi, les administrateurs peuvent se préparer à l'application des correctifs, en début de semaine, et ainsi anticiper et corriger les problèmes éventuels. Néanmoins, si une faille hautement critique était décelée et exploitée, la publication du bulletin de sécurité correspondant pourrait s'effectuer exceptionnellement hors cycle.

Maintenir Windows 10 à jour permet de s'assurer de la stabilité et de la protection du système. Le service Windows Update gère le téléchargement et l'installation des mises à jour des produits Microsoft, lorsque l'utilisateur est connecté au réseau Internet. En cas de déconnexion durant un téléchargement, une reprise est effectuée dès lors que la connexion est rétablie.

Lorsque l'utilisateur est connecté à un réseau sans fil dont les données utilisées sont facturées, tel que 3G ou 4G, Windows 10 diffère le téléchargement des mises à jour de sécurité en arrière-plan jusqu'à la connexion à un réseau sans fil Wi-Fi, moins coûteux.

Néanmoins, si une mise à jour de sécurité classée critique devenait disponible en téléchargement, le service Windows Update la téléchargera, quel que soit le type de réseau. En initiant manuellement une recherche et un téléchargement de mises à jour, l'utilisateur peut outrepasser ces deux règles.

Il est recommandé d'utiliser les paramètres par défaut lors de la configuration du service de gestion des mises à jour : chaque jour à 5 heures, Windows 10 exécute une maintenance automatique si l'ordinateur n'est pas utilisé. Dans le cas contraire, ou si à cette heure-là le poste de travail est éteint, la maintenance s'exécutera la fois suivante. Si la carte réseau intégrée gère la fonctionnalité **WOL** (*Wake On LAN*), l'ordinateur éteint peut être allumé à distance pour installer les mises à jour.

La plupart des cartes mères récentes implémentent le composant nécessaire à ce démarrage, mais nécessitent parfois l'activation de cette fonction dans le BIOS.

4.1 Configuration des paramètres de maintenance et de mise à jour

Pour configurer les paramètres de la maintenance automatique, suivez la procédure ci-dessous :

- Depuis le champ de recherche du menu **Démarrer**, saisissez **maintenance** et sélectionnez **Modifier les paramètres de maintenance automatique**.
- Dans la fenêtre **Maintenance automatique**, configurez l'heure de déclenchement de la maintenance ainsi que la fonctionnalité Wake On LAN.

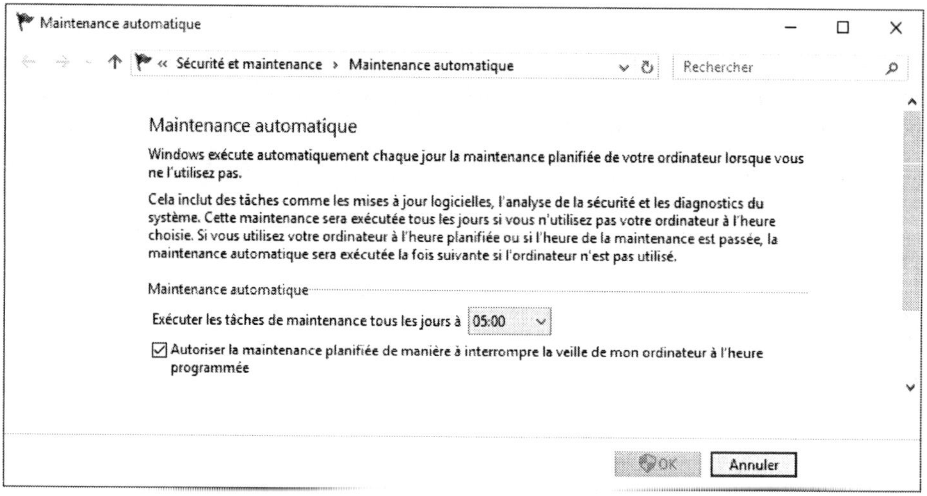

Quand une application Microsoft est en cours d'utilisation et qu'une mise à jour de sécurité la concernant est appliquée, Windows 10 sauvegarde les données de celle-ci, la met à jour, puis la redémarre.

Configurer les paramètres de Windows Update s'effectue depuis les paramètres :

- Cliquez sur le menu **Démarrer**, puis **Paramètres** et **Mise à jour et sécurité**. Dans la section **Windows Update**, l'utilisateur peut forcer la recherche des mises à jour.
- En cliquant sur **Options avancées**, choisissez le mode de gestion des mises à jour parmi ces choix :
  - **Automatique** (par défaut) ou **Planification d'un redémarrage**. Windows 10 redémarrera automatiquement s'il n'est pas utilisé. Une perte du travail en cours est dans ce cas possible.
  - **Différer les mises à niveau**
  - **Afficher votre historique des mises à jour** : option particulièrement utile lorsque vous voulez désinstaller des mises à jour ou la dernière version d'évaluation.

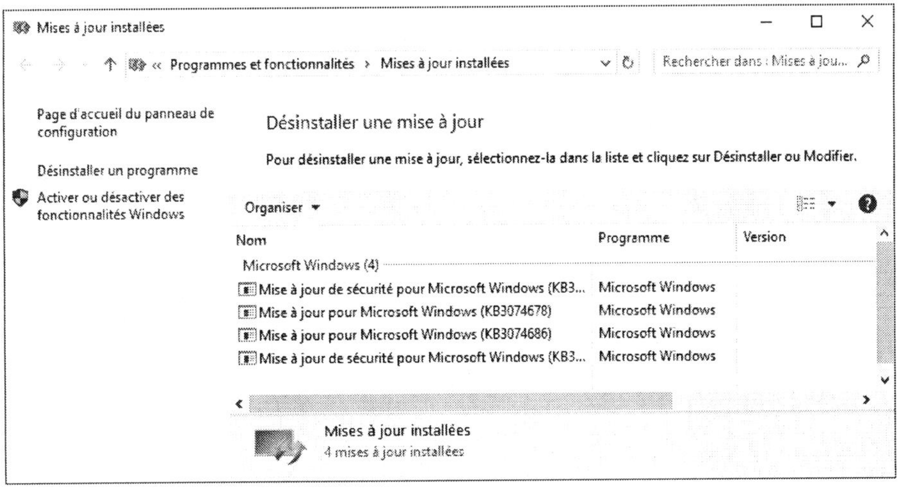

– **Choisir le mode de remise des mises à jour** : nouvelle fonctionnalité permettant de télécharger les mises à jour sur les autres PC du même réseau, plutôt que d'utiliser la bande passante Internet de l'entreprise pour se connecter au service de mise à jour de Microsoft

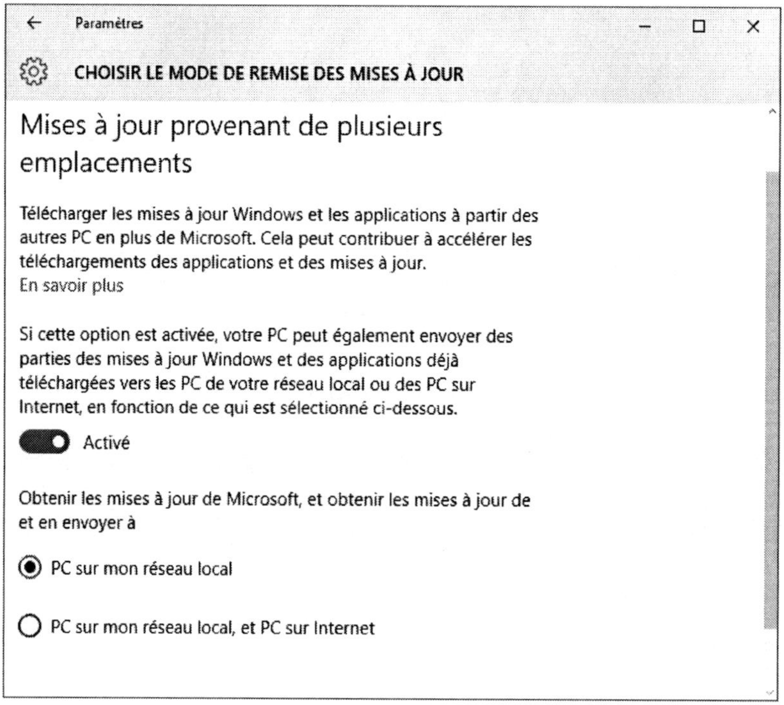

En cliquant sur le bouton **Commencer** situé dans la section **Obtenir des builds Insider**, l'utilisateur, en utilisant un compte Microsoft et en définissant de manière optionnelle un code PIN, peut recevoir les dernières fonctionnalités et versions d'évaluation de la version poste de travail de Microsoft Windows.

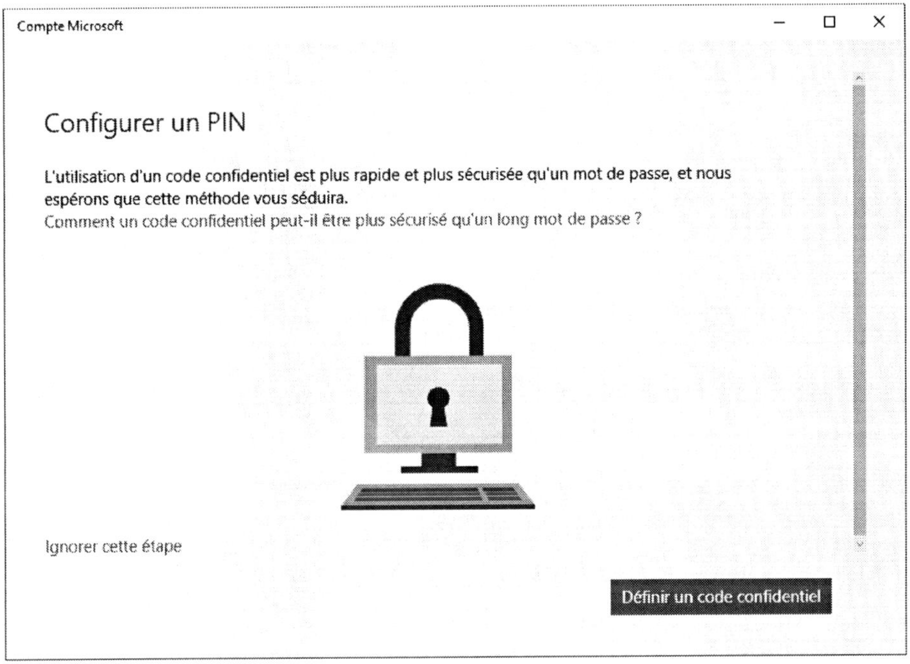

Enfin, dans la fenêtre **Options avancées**, les paramètres de confidentialité offrent à l'utilisateur des choix quant à la protection de ses données personnelles, tels que ne pas laisser aux applications la liberté d'utiliser son identifiant de publicité ou encore empêcher les sites web d'accéder à la liste de langues pour fournir un contenu local :

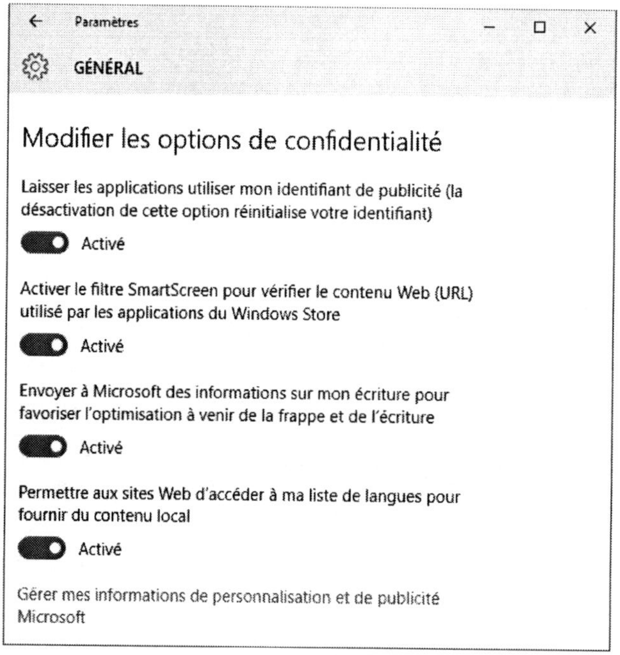

L'entreprise peut aussi utiliser un serveur WSUS (*Windows Server Update Services*), placé dans le réseau local, pour gérer les correctifs de sécurité. Celui-ci télécharge les mises à jour depuis Microsoft Update et se charge de les déployer sur les clients Windows de l'entreprise. Il en résulte une économie substantielle d'utilisation de la bande passante Internet car le serveur WSUS utilise le réseau local, souvent architecturé avec une liaison 10/100 Mbit/s ou Gigabyte. Le rôle WSUS nécessite une version serveur de Microsoft Windows, comme Windows Server 2012.

Grâce à un objet stratégie de groupe, l'administrateur du domaine peut définir des paramètres standards de gestion des correctifs, et les appliquer à l'intégralité du parc informatique dont il a la responsabilité.

Afin qu'un client WSUS puisse recevoir les mises à jour, il est nécessaire que celui-ci possède le composant **Mises à jour automatiques** intégré dans les systèmes d'exploitation Windows 2000 Professionnel SP4 et supérieurs. Pour configurer ce composant, utilisez le nœud de stratégie de groupe **Configuration de l'ordinateur - Stratégies - Modèles d'administration - Composants Windows - Windows Update**.

Voici quelques-uns des paramètres configurables :

- Adresse du serveur WSUS auprès duquel le client doit s'enregistrer.
- Affichage ou non des notifications de mises à jour.
- Fréquence de recherche des mises à jour : par défaut, configurée toutes les 22 heures.
- Report de la mise à niveau : pour les versions Pro et Entreprise de Windows 10, l'utilisateur peut différer les mises à niveau jusqu'à la prochaine période de mise à niveau.
- Comportement du redémarrage automatique, ainsi que son retardement éventuel.
- Appartenance au groupe d'ordinateurs WSUS, c'est le ciblage côté client.
- Sortie de veille prolongée des ordinateurs si l'installation de mises à jour est planifiée.

L'image ci-dessous résume les paramètres disponibles dans un objet stratégie de groupe :

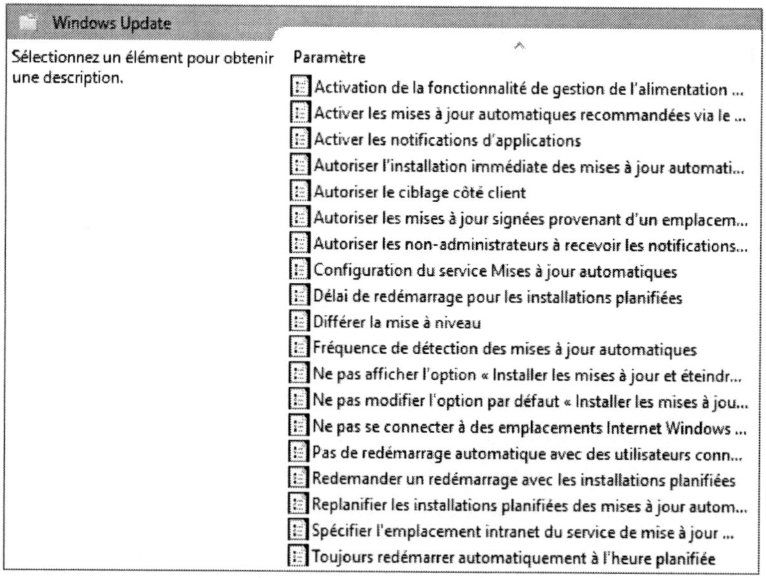

Côté utilisateur, il est possible de restreindre l'accès aux fonctionnalités de Windows Update. C'est le paramètre **Supprimer l'accès à l'utilisation de toutes les fonctionnalités de Windows Update** accessible en développant le nœud **Configuration de l'utilisateur - Stratégies - Modèles d'administration - Composants Windows - Windows Update**.

4.2 Windows Update for Business

Une version professionnelle de Windows Update est disponible pour les entreprises. Ainsi, l'administrateur peut maintenant définir les machines à mettre à jour en priorité, ou les périodes de l'année propices à l'application des mises à jour de sécurité. Un système de peer-to-peer permet à un poste de travail situé dans le LAN (*Local Area Network*) d'être un relai auprès des autres ordinateurs des mises à jour qu'il a reçues.

Les mises à jour et les fonctionnalités seront déployées sans devoir attendre le "patch Tuesday".

Au niveau de la gestion de la bande passante des entreprises utilisant des interconnexions WAN (*Wide Area Network*), Windows Update for Business fédère les envois grâce à Microsoft System Center Configuration Manager ou WSUS.

Il est aussi possible de limiter les mises à jour aux correctifs de sécurité, sans appliquer les évolutions fonctionnelles.

Enfin, Windows Update for Business gérera aussi bien l'évolution des postes Windows 10 que des versions serveurs des systèmes d'exploitation Microsoft.

5. Contrôle des applications avec AppLocker

Le contrôle des applications installées et sous licence sur les postes d'une entreprise est un enjeu majeur pour tout administrateur système. Face à ce défi, Microsoft propose la fonctionnalité **AppLocker**, qui restreint l'exécution et l'installation des logiciels définies depuis un serveur Windows Server 2008 R2 (ou Windows Server 2012, Windows Server 2012 R2) sur des clients Windows 7, Windows 8.1 et Windows 10 (Entreprise et Education). Il en résulte une réduction de la charge d'administration et un contrôle accru des types de fichiers exécutables, évitant ainsi la propagation des logiciels malveillants, comme les chevaux de Troie.

AppLocker combine l’inventaire et la standardisation des applications, la protection contre les logiciels non autorisés et la conformité des licences.

AppLocker remplace la fonctionnalité des stratégies de restriction logicielle des versions précédentes de Windows. Par exemple, lors de la mise à jour vers Windows 10 d’un ordinateur Windows 7 ayant une stratégie de restriction logicielle appliquée, une nouvelle règle AppLocker devra être créée pour supporter le blocage d’un logiciel.

Les règles de restriction sont disponibles pour l'exécution de logiciels, de scripts et pour l'installation de programmes.

Les extensions suivantes peuvent être soumises à restriction avec un serveur Windows Server 2012 et des clients Windows 10 (Professionnel ou Entreprise) ayant la fonctionnalité AppLocker activée :

- Fichiers exécutables : .exe, .com.
- Scripts : .ps1, .bat, .cmd, .vbs, .js.
- Fichiers d'installation : .msi, .msp, .mst.
- Applications empaquetées : .appx.
- Fichiers DLL (*Dynamic Link Library*) : .dll, .ocx.

AppLocker propose des règles basées sur l'éditeur et donc sur la signature numérique de ses applications : par exemple, une entreprise crée une règle autorisant toute version de l'application Skype ultérieure à la version 2.0 à s'exécuter si elle est signée par son éditeur, Microsoft. Si le produit venait à recevoir une mise à jour, la création d'une nouvelle règle ne serait ainsi pas nécessaire.

AppLocker intègre désormais la gestion des applications et installations empaquetées, que sont les apps de style Windows 10 disponibles depuis le magasin Windows Store. Ce type d'application ne nécessite pas des privilèges élevés pour s'installer et partage les mêmes attributs : nom de l'éditeur et du package, ainsi que sa version. La création d'une règle AppLocker unique s'applique de facto à tous les fichiers contenus dans le package.

Proposée avec un client Windows 10 membre d'un domaine Active Directory, AppLocker est accessible aussi localement, depuis la console **Éditeur de stratégie de groupe locale** :

▶ Utilisez la combinaison de touches ⊞ et **R** du clavier puis saisissez **gpedit.msc** et sélectionnez **gpedit**. Développez le nœud **Configuration ordinateur - Paramètres Windows - Paramètres de sécurité - Stratégies de contrôle de l'application** et cliquez sur **AppLocker**.

Avant de créer manuellement des règles ou d'en générer automatiquement, il est important de créer le jeu de règles AppLocker par défaut.

La création des règles par défaut s'effectue en cliquant avec le bouton droit sur le type de règles, puis en choisissant l'action **Créer des règles par défaut**.

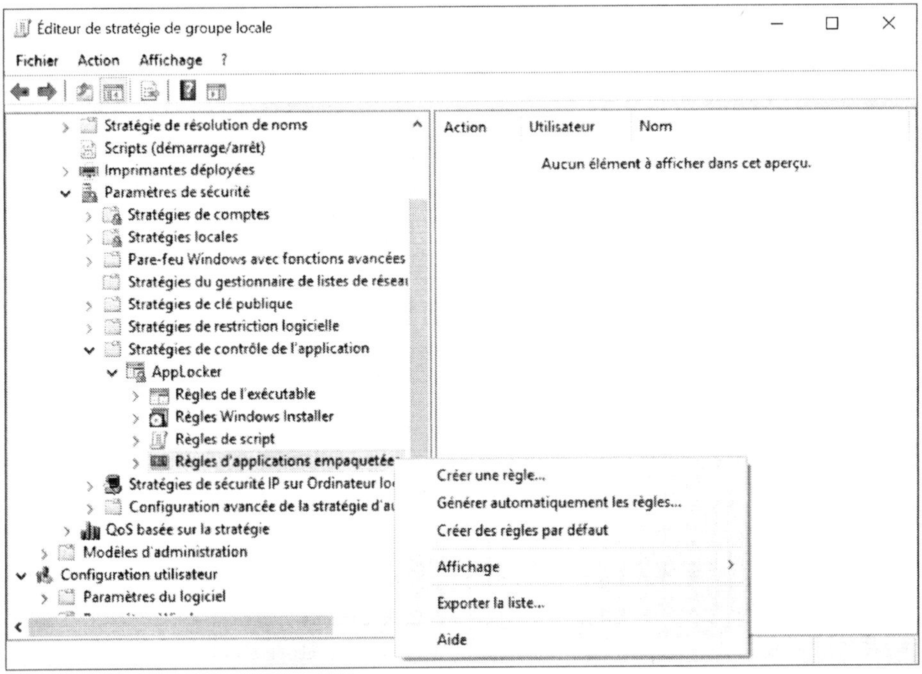

Les règles par défaut permettent les opérations suivantes :

- **Règles de l'exécutable** : tous les utilisateurs peuvent exécuter les programmes contenus dans le dossier **Programmes** et dans le dossier **Windows** ; les administrateurs peuvent exécuter tous les fichiers où qu'ils se trouvent.
- **Règles Windows Installer** : tous les fichiers signés numériquement peuvent être installés ainsi que ceux se trouvant dans le dossier %systemdrive%\Windows\Installer. Les administrateurs peuvent installer tous les programmes, qu'ils soient signés ou non.
- **Règles de script** : tous les scripts stockés dans les dossiers **Programmes** et **Windows** peuvent être exécutés ; les administrateurs peuvent exécuter tous les scripts.
- **Règles d'applications empaquetées** : tous les utilisateurs peuvent installer des applications empaquetées et signées numériquement.

– **Règles DLL** : par défaut, la création de ce type de règles n'est pas activée : cochez la case **Activer le regroupement de règles DLL** dans l'onglet **Avancé** des **Propriétés** du nœud **AppLocker**.

Remarque

Notez que les utilisateurs non-administrateurs ne pourront plus exécuter les programmes installés dans leur profil (C:\Utilisateurs).

En effectuant un clic avec le bouton droit sur le nœud **AppLocker**, puis en choisissant **Propriétés**, il est possible d'auditer uniquement les règles, ce qui ne les applique pas mais ajoute une entrée au journal d'événements AppLocker. Ainsi, l'administrateur peut évaluer la stratégie de restriction logicielle qu'il souhaite mettre en place.

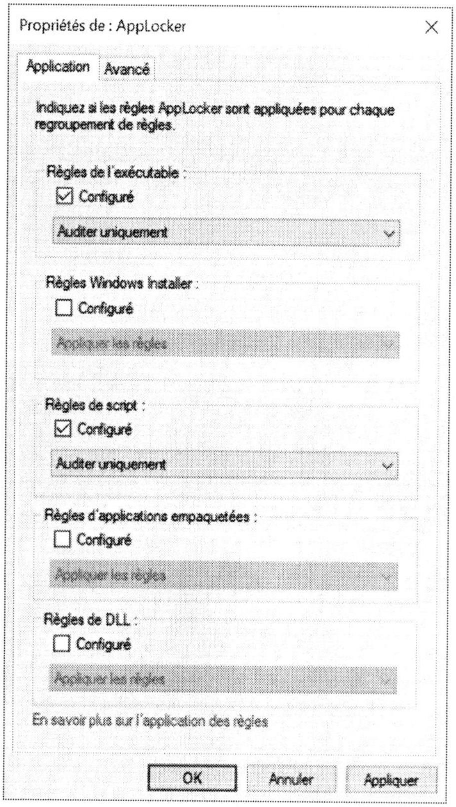

Pour chaque catégorie, vous pouvez **Appliquer les règles**.

L'onglet **Avancé** permet d'activer les règles DLL et donc de pouvoir créer des contraintes sur les fichiers dont les extensions sont .dll et .ocx.

Une fois les règles par défaut créées et appliquées, il est possible de créer des règles d'application, à l'aide de l'assistant **Générer automatiquement les règles**, et ce pour les fichiers signés et non signés. La définition d'une règle peut s'accompagner de la création d'une exception.

Lorsqu'une règle est créée manuellement, il est nécessaire de spécifier si elle doit être autorisée ou refusée.

Pour créer une règle empêchant l'exécution de l'app **Actualités Windows** du Windows Store sur un ordinateur Windows 10, procédez de la manière suivante :

- Utilisez la combinaison de touches [Windows] + **R** du clavier puis saisissez **gpedit.msc** et sélectionnez **gpedit**. Développez le nœud **Configuration ordinateur - Paramètres Windows - Paramètres de sécurité - Stratégies de contrôle de l'application** et cliquez sur **AppLocker**.
- Cliquez avec le bouton droit sur **Règles d'applications empaquetées** puis cliquez sur **Créer des règles par défaut**. Cliquez une nouvelle fois avec le bouton droit sur **Règles d'applications empaquetées** puis sur **Créer une règle** et sur **Suivant**. Sélectionnez la case **Refuser** et laissez le groupe par défaut (**Tout le monde**). Cliquez sur **Suivant**.
- Cochez la case **Utiliser une application empaquetée installée comme référence**, puis cliquez sur le bouton **Sélectionner**. Cochez la case **Actualités Windows**, correspondant à l'app Windows 10 **Actualités**.

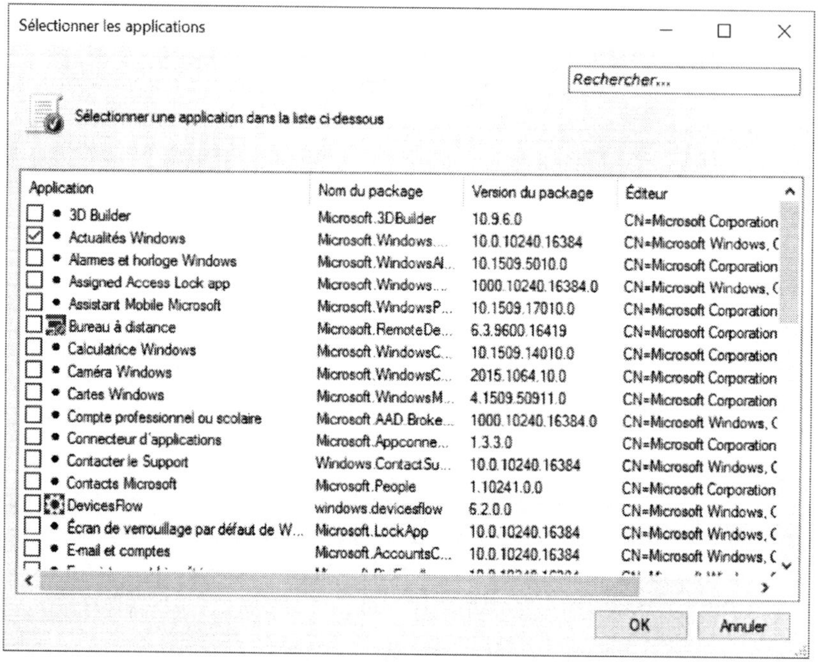

▶ Validez en cliquant sur les boutons **OK** et **Créer**.

Remarque

Évitez de créer des règles sur les dossiers des profils des utilisateurs, la sécurité s'en trouverait amoindrie. En effet, un virus pourrait plus facilement se propager dans le profil courant.

Pour appliquer les règles sur le client Windows 10, le service AppLocker **Identité de l'application**, désactivé par défaut, doit être démarré :

▶ Depuis l'écran d'accueil, pressez les touches ⊞ + **R** puis saisissez **services.msc** dans la fenêtre **Exécuter** et validez par la touche [Entrée].

▶ Cliquez avec le bouton droit sur le service **Identité de l'application**, puis sur **Démarrer**.

Remarque

*Assurez-vous aussi que la case **Configuré** est cochée dans le champ **Règle d'application empaquetée** des propriétés **AppLocker** et qu'**Appliquer les règles** est sélectionné dans le menu déroulant correspondant.*

6. Device Guard

Device Guard représente un ensemble de fonctionnalités liées à la sécurité matérielle et logicielle qui, lorsqu'elles sont définies simultanément, oblige l'utilisateur à n'utiliser que des applications préapprouvées par l'administrateur.

La fonctionnalité utilise une sécurité basée sur la virtualisation de Windows 10 Entreprise pour isoler le service d'intégrité du code du noyau.

Le poste de travail du salarié ne peut ainsi être utilisé que pour exécuter du code signé par des signataires approuvés par l'entreprise.

Device Guard nécessite un microprogramme UEFI 2.3.1 ou supérieur, supportant le démarrage sécurisé, afin d'empêcher le chargement en mémoire d'applications malveillantes au cours du processus de démarrage du système d'exploitation. De plus, un conteneur protégé par Hyper-V isolant les processus critiques de Windows 10 Entreprise est requis.

Celui-ci doit être activé depuis le **Panneau de configuration** via **Programmes et fonctionnalités** en sélectionnant **Hyperviseur Hyper-V** et **Mode utilisateur isolé**.

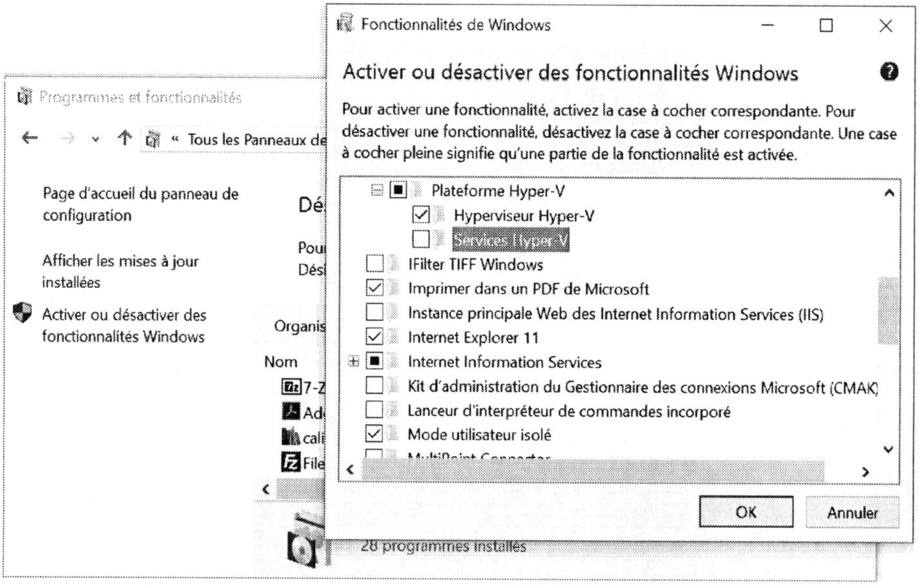

L'approbation par Device Guard de vos applications est créée lorsque ces dernières sont signées à l'aide d'une signature issue du Windows Store, de votre PKI ou d'une autorité de certification de confiance.

La gestion d'ordinateurs protégés par Device Guard est assurée via les stratégies de groupe, Windows PowerShell, Intune ou encore Microsoft System Center Configuration Manager.

La stratégie de groupe locale (**gpedit.msc**) utilise le nœud **Activer la sécurité basée sur la virtualisation** pour activer la prise en charge du mode **Secure-Boot** depuis le chemin ci-dessous : **Configuration Ordinateur - Modèles d'administration - Système - Protection de périphériques**.

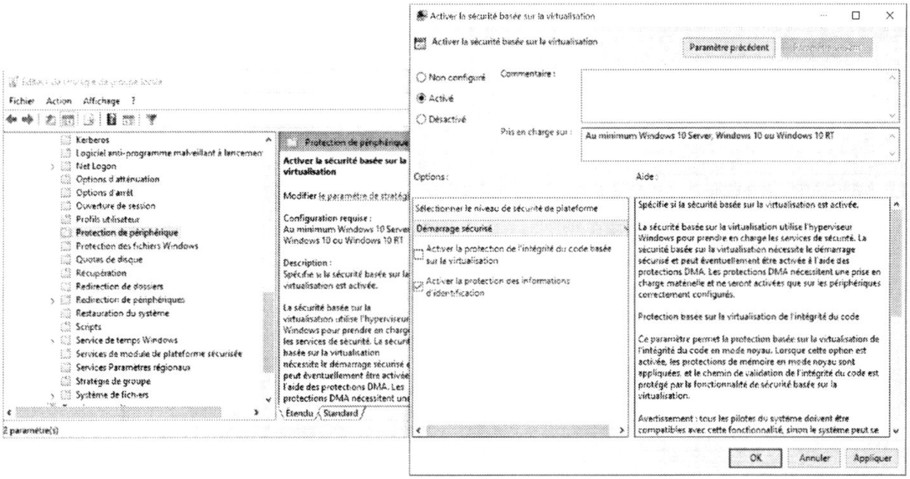

7. Credential Guard

Credential Guard apporte une couche de sécurité supplémentaire car, couplée avec Device Guard, les utilisateurs d'un domaine Active Directory auront leur mot de passe stocké dans un conteneur virtuel et non dans LSA (*Local Security Authority*).

Une architecture 64 bits avec Windows 10 Entreprise installé sur un ordinateur physique, ainsi qu'un microprogramme UEFI 2.3.1 minimum et une infrastructure Hyper-V avec les extensions Intel VT-x/AMD-V et SLAT (*Second Level Address Translation*), sont nécessaires.

La stratégie de groupe locale (**gpedit.msc**) doit activer le paramètre **Activer la protection des informations d'identification** depuis le nœud **Activer la sécurité basée sur la virtualisation** : **Configuration Ordinateur - Modèles d'administration - Système - Protection de périphériques**.

8. Configuration du Pare-feu avec fonctions avancées de sécurité

Un pare-feu est l'équivalent d'un verrou apposé sur une porte, il complique la tâche d'une personne mal intentionnée, sans protéger complètement l'ensemble de l'habitation. Il doit être utilisé en conjonction d'autres mesures, comme l'utilisation d'un antivirus ou la gestion des mises à jour de sécurité.

Il a pour fonction la protection du poste de travail Windows 10 contre les accès non autorisés d'ordinateurs présents sur un réseau (Internet, local...).

Le pare-feu fourni avec Windows XP était considéré comme peu sûr, car il ne filtrait que les communications entrantes. Le pare-feu avec fonctions avancées de sécurité livré avec Windows 10 vérifie que les paquets qui circulent sont sûrs grâce à une connexion initiée (pare-feu avec état) et procure un filtrage dans les deux sens des flux transitant.

Windows 10 gère des profils réseau, en référence au lieu dans lequel se trouve l'utilisateur. À chaque première connexion, celui-ci est invité à définir son emplacement actuel : privé (domicile), domaine (entreprise) et public (cybercafé). Par exemple, l'administrateur peut autoriser l'accès au **Bureau à distance** (port par défaut **3389** en TCP) lorsque l'utilisateur se trouve sur le domaine de la société, et refuser son utilisation lorsqu'il est connecté depuis un réseau moins sécurisé, comme celui d'un cybercafé. Pour chaque emplacement, le pare-feu possède un ensemble de règles par défaut appliqué.

Windows 10 est livré avec deux pare-feu, l'un proposant des actions simples, comme autoriser ou non un programme, c'est le **Pare-feu Windows**, l'autre offrant une gestion plus précise des paramètres, c'est le **Pare-feu avec fonctions avancées de sécurité**.

Le Pare-feu Windows est accessible depuis le **Panneau de configuration**, tandis que le Pare-feu avec fonctions avancées de sécurité est disponible dans les **Outils d'administration** ou depuis **Paramètres avancés** de l'interface Pare-feu Windows.

Le pare-feu Windows 10 propose de créer des exceptions manuellement, permettant ainsi à des programmes ou des ports de communiquer avec l'extérieur. En cas de problème de sécurité lié à l'utilisation du pare-feu, les notifications sont affichées dans le **Centre de notifications**.

Par exemple, pour créer une règle de trafic entrant refusant l'accès à votre serveur web Windows 10 sur le Pare-feu avec fonctions avancées de sécurité, il est dans un premier temps nécessaire d'installer la fonctionnalité IIS, qui est le serveur web de Microsoft :

- Cliquez avec le bouton droit sur le menu **Démarrer**, puis **Panneau de configuration**. Double cliquez sur **Programmes et fonctionnalité** et sélectionnez **Programmes et fonctionnalités**. Cliquez ensuite sur **Activer ou désactiver des fonctionnalités Windows**.
- Dans la fenêtre **Fonctionnalités de Windows**, cochez la case **Internet Information Services**.

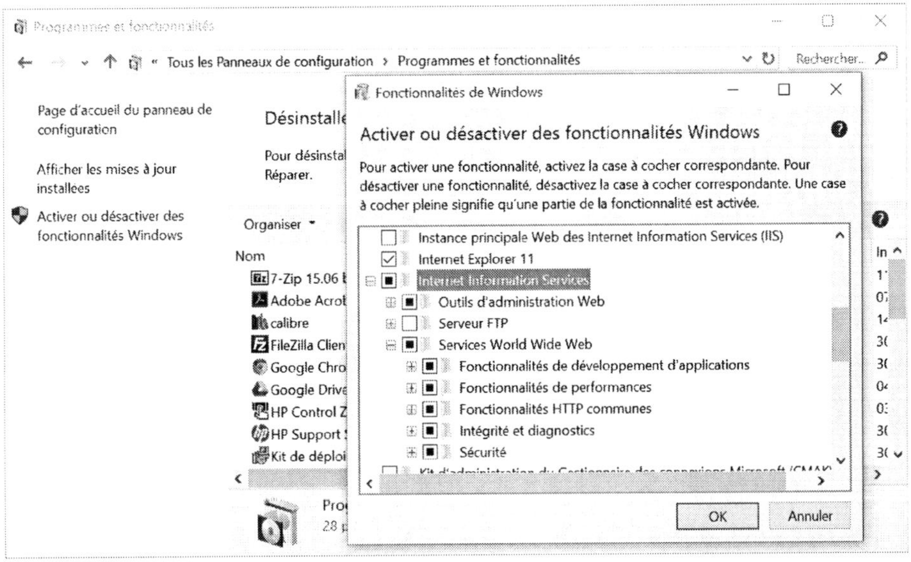

- Validez par **OK**.

▶Une fois l'installation terminée, cliquez sur le bouton **Fermer**. Exécutez le navigateur **Microsoft Edge** depuis l'icône située dans la barre des tâches, et saisissez l'URL **http://localhost/** dans la barre d'adresse. Le logo IIS apparaît :

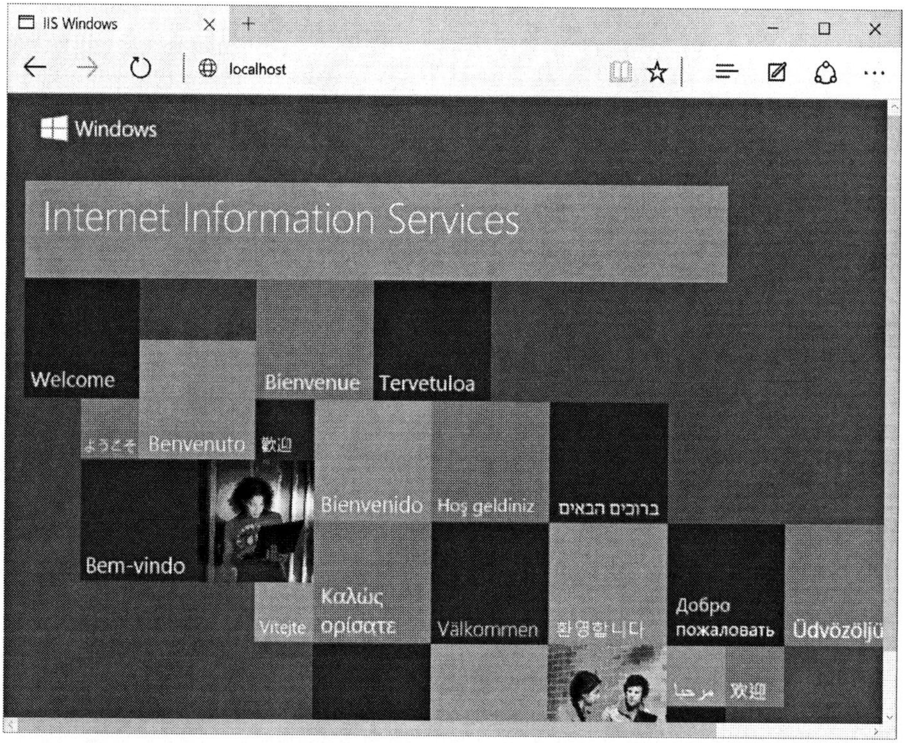

Il faut maintenant configurer le pare-feu pour empêcher l'accès à ce site IIS :

▶Depuis l'écran d'accueil, pressez les touches + **R** puis saisissez **wf.msc** dans la fenêtre **Exécuter** et validez par la touche [Entrée].

- Dans le volet de gauche de la fenêtre **Pare-feu Windows avec fonctions avancées de sécurité**, effectuez un clic avec le bouton droit sur **Règles de trafic entrant**, puis cliquez sur **Nouvelle règle**. Choisissez le type de règle à créer : **Programme**, **Port** (UDP ou TCP), **Prédéfinie** (liée aux fonctionnalités de Windows 10) et **Personnalisée** (combine programme, protocole et ports).

  Dans cet exemple, choisissez **Prédéfinie** et sélectionnez **Services World Wide Web (HTTP)** dans la liste déroulante.

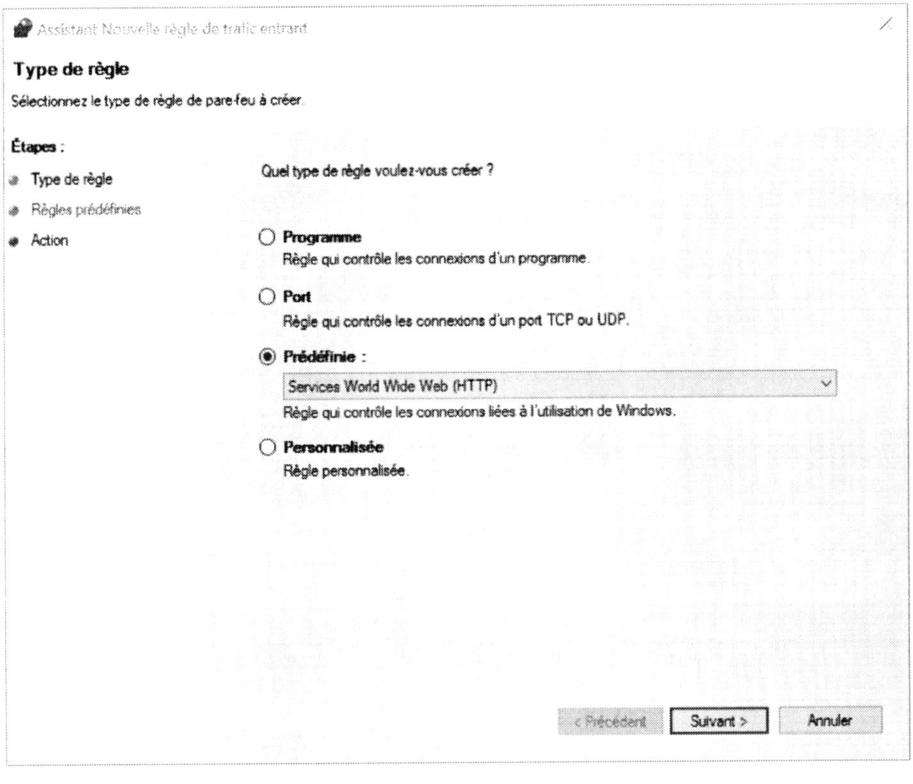

- Cliquez sur le bouton **Suivant** puis cochez la case **Services World Wide Web (trafic HTTP)** et une nouvelle fois sur **Suivant**.

- Cochez la case **Bloquer la connexion**. Notez que vous pourriez **Autoriser la connexion si elle est sécurisée** (protocole IPsec). Validez le choix en cliquant sur le bouton **Terminer**.

En PowerShell, la commande **New-NetFirewallRule** permet de créer des règles entrantes ou sortantes sur un ensemble de postes :
New-NetFirewallRule -DisplayName "Blocage ISS" -Direction Inbound -LocalPort 80 -Protocol TCP -Action Block bloque le port TCP 80 en flux entrant sur le poste de travail Windows 8.1.

Pour modifier une règle existante, utilisez la commande PowerShell **Set-NetFirewallRule**. La suppression d'une règle de pare-feu s'effectue à l'aide de la commande **Remove-NetFirewallRule**.

Testez maintenant la connexion au site interne IIS :

- Saisissez une nouvelle fois l'URL http://localhost dans le navigateur Microsoft Edge. Le site IIS ne s'affiche plus.

Une fois la règle créée, il est possible de lui définir des paramètres avancés en la sélectionnant avec le bouton droit et en éditant ses **Propriétés**. Par exemple, l'onglet **Étendue** spécifie les adresses IP locales et distantes auxquelles la règle doit s'appliquer. L'administrateur peut aussi définir une règle de connexion sécurisée entre deux ressources dans l'onglet **Général**, section **Action**.

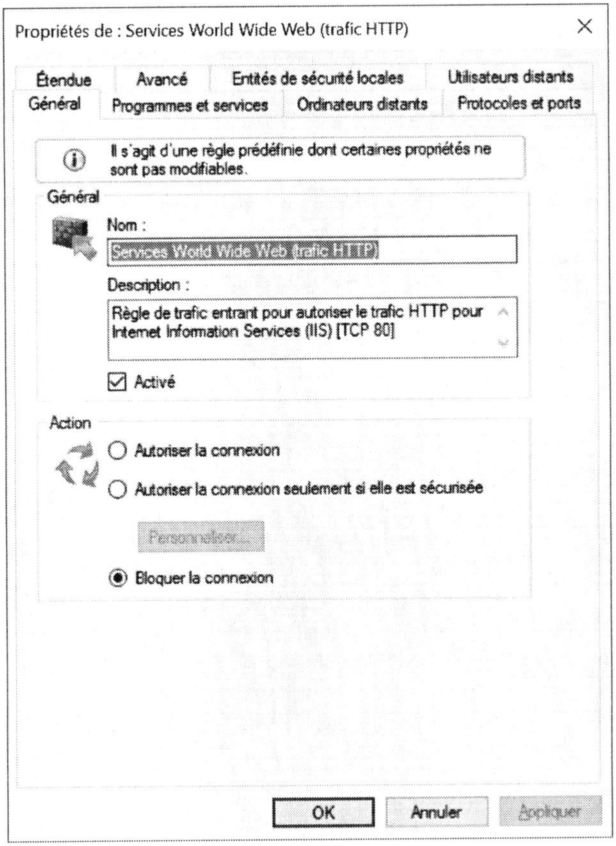

Ainsi, il est possible de s'assurer qu'un serveur de fichiers ne répondra à des requêtes clients que si la connexion initiée l'est de façon sécurisée. Les options, accessibles via le bouton **Personnaliser...**, sont les suivantes :

- **Autoriser la connexion si elle est authentifiée et que son intégrité est protégée par IPsec** : cette option nécessite un système Windows Vista ou supérieur.
- **Exiger le chiffrement des connexions** : l'administrateur peut autoriser les ordinateurs à négocier le chiffrement de manière dynamique. Cette règle est applicable uniquement au trafic entrant.

– **Autoriser la connexion à utiliser l'encapsulation nulle** : cette option est disponible uniquement pour un client Windows 7 ou supérieur. Elle exige que le client s'authentifie, sans toutefois assurer de contrôle d'intégrité ou de chiffrement de la connexion entre les parties.

– **Substituer les règles de blocage** : dans la règle par défaut du pare-feu Windows, une règle qui bloque explicitement est toujours prioritaire sur une règle qui laisse passer. En sélectionnant cette option, la connexion sera autorisée même si une autre règle la bloque. Elle nécessite de spécifier les ordinateurs autorisés dans l'onglet **Ordinateurs distants** des propriétés de la règle.

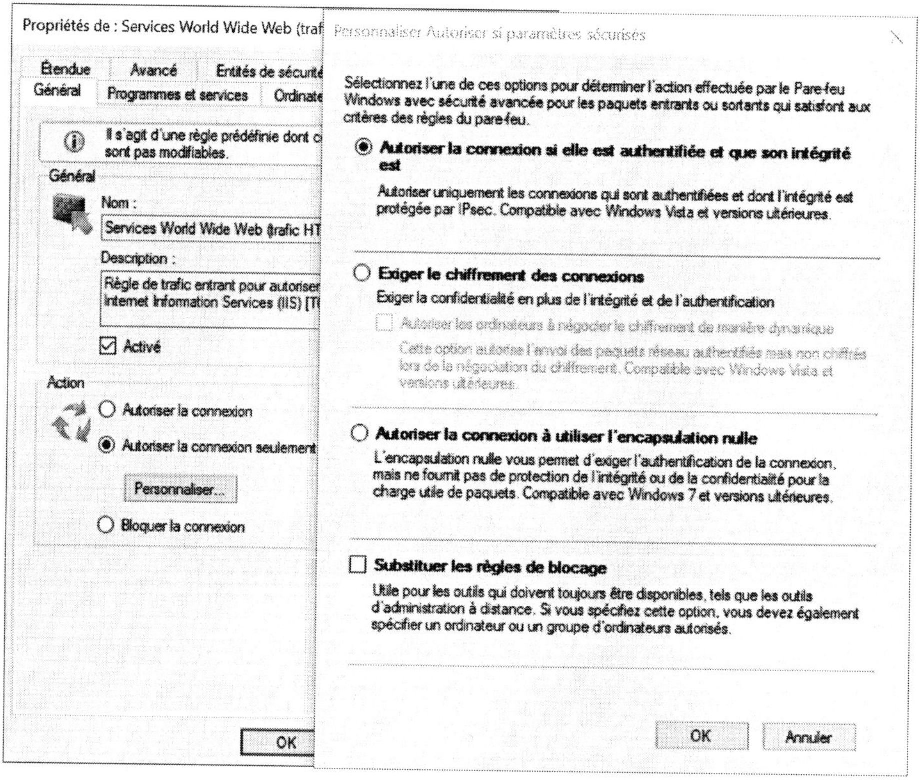

En cliquant avec le bouton droit sur le nœud **Pare-feu Windows avec fonctions avancées de sécurité sur l'ordinateur local** puis en choisissant **Propriétés**, l'utilisateur peut configurer les paramètres de journalisation relatifs à chaque profil : nom du journal, taille maximale en Ko et les types d'événement à enregistrer (**paquets ignorés**, **connexions réussies**). Par défaut, les enregistrements sont stockés dans le dossier **%systemroot%\system32\LogFiles\Firewall\pfirewall.log**. Cette configuration s'effectue en cliquant sur le bouton **Personnaliser** de la section **Enregistrement**.

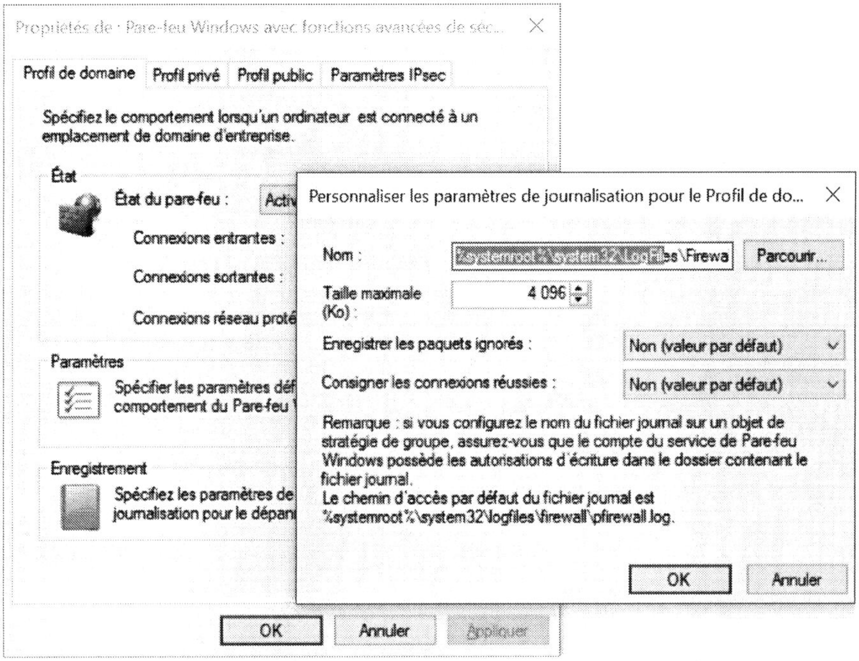

Pour vérifier que le port 80 est bien ouvert sur le pare-feu Windows 8.1, exécutez dans une invite de commandes la commande **netstat -an | find "80"** et vérifiez la ligne **LISTENING**.

Dans la console d'administration du pare-feu avec fonctions avancées de sécurité, le nœud **Règles de sécurité de connexion** propose un ensemble de règles prédéfinies pour améliorer la sécurité d'une communication. Quatre types de règles sont proposés :

- **Isolation** : l'ordinateur n'acceptera que les connexions d'ordinateurs ou d'utilisateurs membres de son domaine. Toute autre connexion sera rejetée.
- **Exemption d'authentification** : les ordinateurs spécifiés n'auront pas besoin de s'authentifier lors de la connexion.
- **Serveur à serveur** : fonctionne de façon analogue à l'isolation, mais ne s'applique finalement qu'à un ensemble défini d'adresses IP dont les hôtes sont membres d'un domaine.
- **Tunnel** : sécurise les communications sans utiliser le mode de transport IPsec mais plutôt le mode tunnel.

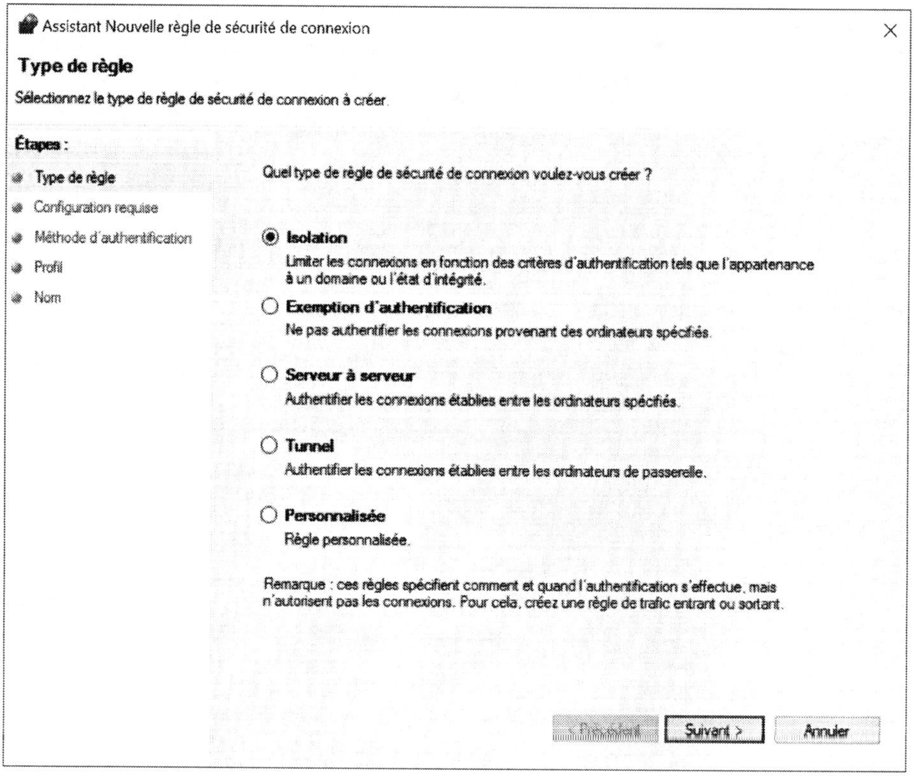

En créant un objet stratégie de groupe, l'administrateur du domaine a la possibilité de forcer l'activation du pare-feu et de créer des règles personnalisées homogènes sur son réseau : ces paramètres prévaudront même si l'utilisateur final est administrateur local de son poste Windows 10. Cette action s'effectue en éditant un objet stratégie de groupe et en sélectionnant le nœud **Configuration ordinateur - Stratégies - Paramètres Windows - Paramètres de sécurité - Pare-feu Windows avec fonctions avancées de sécurité** et **Pare-feu avec fonctions avancées de sécurité**.

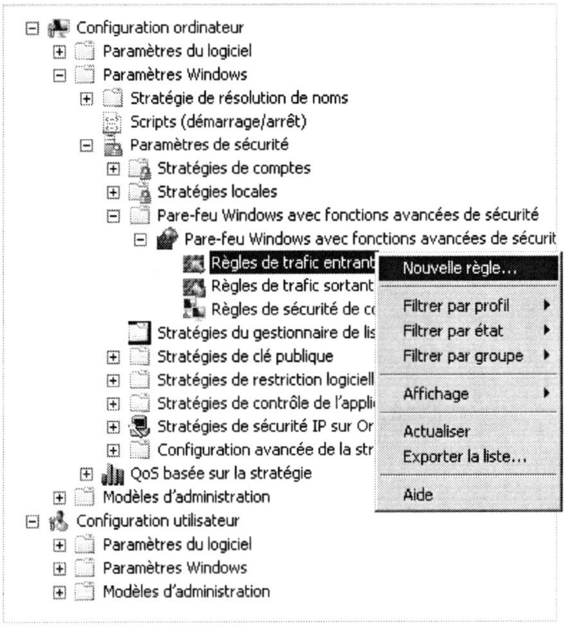

Pour rendre inactif un profil du pare-feu :

- Dans la console MMC **Pare-feu Windows avec fonctions avancées de sécurité** (**wf.msc**), cliquez avec le bouton droit sur **Pare-feu Windows avec fonctions avancées de sécurité sur Ordinateur local**, puis choisissez **Propriétés**.

- Cliquez sur l'onglet du profil à désactiver, et sélectionnez **Inactif** dans le champ **État du pare-feu**.

  Pour désactiver tous les profils, exécutez une invite de commandes en tant qu'administrateur local puis saisissez **netsh advfirewall set allprofiles state off** et validez par [Entrée].

La désactivation du pare-feu sur tous les profils d'un ensemble de postes Windows 10 est possible grâce à la commande PowerShell **Set-Net-Firewall-Profile** :

Set-NetFirewallProfile -Profile Domain,Public,Private -Enabled false

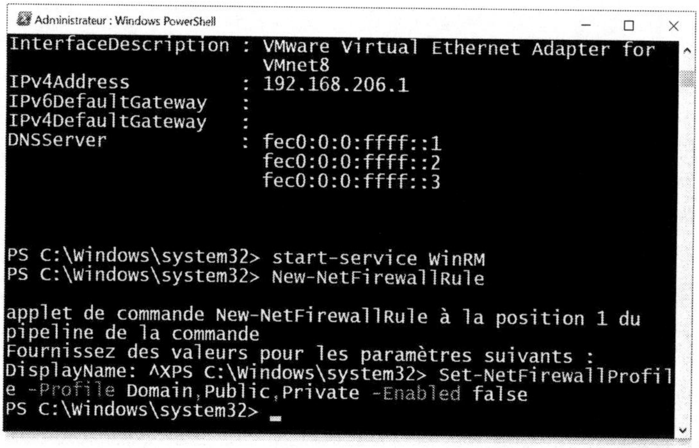

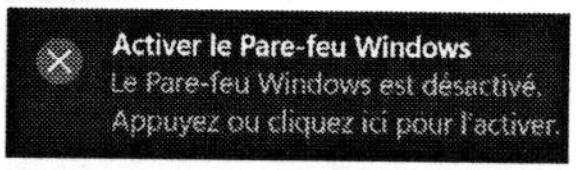

Dans la console d'administration du pare-feu avec fonctions avancées de sécurité, le nœud **Analyse** affiche les règles de pare-feu et de sécurité en vigueur, les profils actifs ainsi que leurs paramètres, et les associations de sécurité.

Son utilisation prend tout son sens lorsque l'administrateur a besoin d'avoir une vue globale des ports ouverts. Les colonnes **Port local** et **Port distant** affichent ceux-ci en fonction de la règle du pare-feu. Le menu **Affichage** et **Ajouter/Supprimer des colonnes...** permet à l'administrateur de personnaliser l'interface.

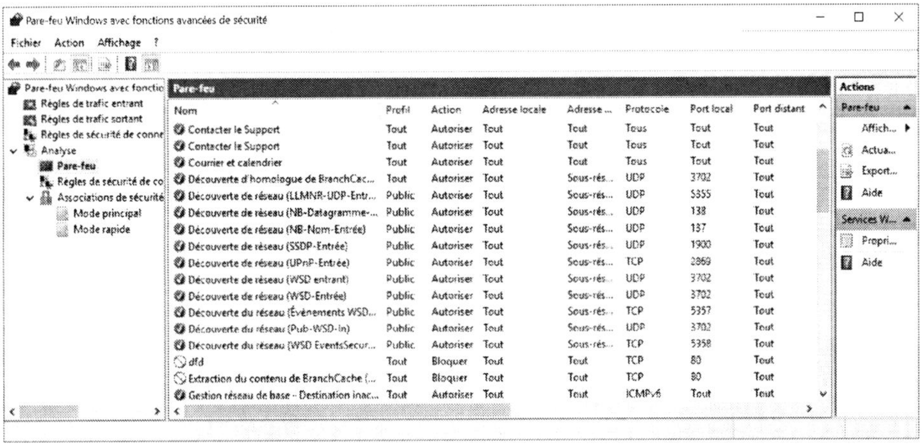

■ Remarque

*Seules les règles qui s'appliquent aux profils actuellement actifs sont affichées par le nœud **Analyse**.*

Le nœud **Associations de sécurité** affiche des informations sur les moyens mis en œuvre pour protéger les communications entre deux ordinateurs, y compris les points de terminaison.

9. Gestionnaire d'identification

L'authentification unique, ou SSO (*Single Sign On*), permet à un utilisateur d'un système Windows 10 de ne procéder qu'à une seule authentification pour accéder à plusieurs ressources (serveurs, sites Internet...). Une personne utilise souvent le même mot de passe pour accéder à des sites Internet différents (Facebook, LinkedIn, messagerie électronique comme Windows Live) réduisant ainsi le niveau de sécurité de ces services : si le mot de passe partagé était subtilisé, l'ensemble des ressources qu'il protège serait compromis.

Face à cette problématique, Microsoft propose le **Gestionnaire d'identification**, qui est un coffre-fort électronique dont la principale fonction est le stockage sécurisé des identifiants et mots de passe utilisés régulièrement par un compte utilisateur. Windows 10 se charge ensuite de les saisir automatiquement lors de l'accès à une ressource précise.

Les mots de passe deviennent complexes car le travail de mémorisation n'est plus nécessaire : ce que nous ignorons ne peut être dévoilé.

En utilisant un compte Microsoft pour s'authentifier, l'utilisateur peut ouvrir des sessions sur d'autres postes Windows 10 et ainsi accéder à ses applications protégées par des mots de passe stockés dans le coffre-fort. Cette fonctionnalité est activée par défaut lorsque l'ordinateur est membre d'un groupe de travail, mais automatiquement désactivée lorsqu'il est joint à un domaine Active Directory, afin d'éviter la fuite de données sensibles.

Le **Gestionnaire d'identification** est associé à la protection des utilisateurs :

- Depuis le champ de recherche situé dans la barre des tâches, saisissez **gestionnaire d'identification** et sélectionnez **Gestionnaire d'identification**. Vous pouvez aussi y accéder depuis le **Panneau de configuration**.

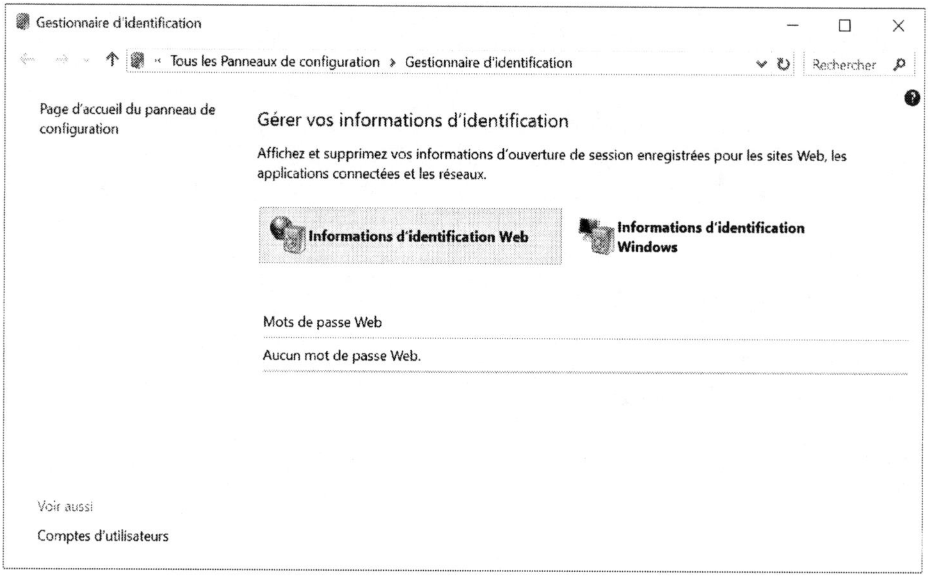

Deux catégories sont proposées :

- **Informations d'identification Web** : lorsque l'utilisateur souhaite accéder à une page Internet demandant une authentification de type nom d'utilisateur et mot de passe, Microsoft Edge affiche un bandeau en bas de la fenêtre permettant de sauvegarder ces informations.

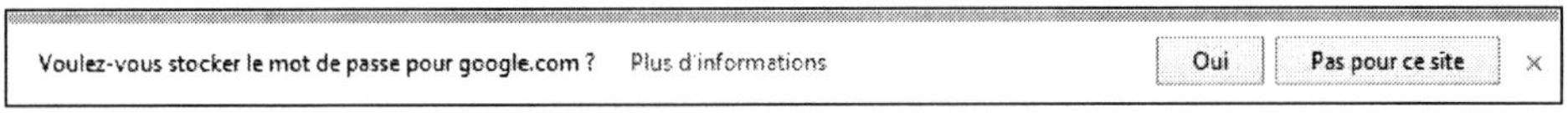

  Ainsi, lors du prochain accès au site Internet, les identifiants seront automatiquement saisis. Microsoft Edge gère la création de la sauvegarde des identifiants. Le Gestionnaire d'identification gère la lecture et la suppression de ces informations.

- **Informations d'identification Windows** : Windows 10 propose de sauvegarder l'identifiant et le mot de passe utilisés lors de la connexion à un serveur distant. Lorsque l'authentification s'effectue à l'aide d'une carte à puce, les **informations d'identification à base de certificat** peuvent être stockées. La section **Informations d'identification génériques** sauvegarde les identifiants liés à des applications comme le service Windows Live. Contrairement à la catégorie Informations d'identification Web, la catégorie Informations d'identification Windows propose à l'utilisateur l'ajout ou la modification manuelle d'identifications.

Pour sauvegarder l'accès à un serveur Windows, suivez la procédure ci-dessous :

- Dans la fenêtre **Gestionnaire d'identification**, cliquez sur **Informations d'identification Windows** puis **Ajouter des informations d'identification Windows**.
- Entrez l'adresse IP du serveur distant, dans l'exemple 192.168.0.5, puis saisissez un nom d'utilisateur et un mot de passe pouvant y accéder.

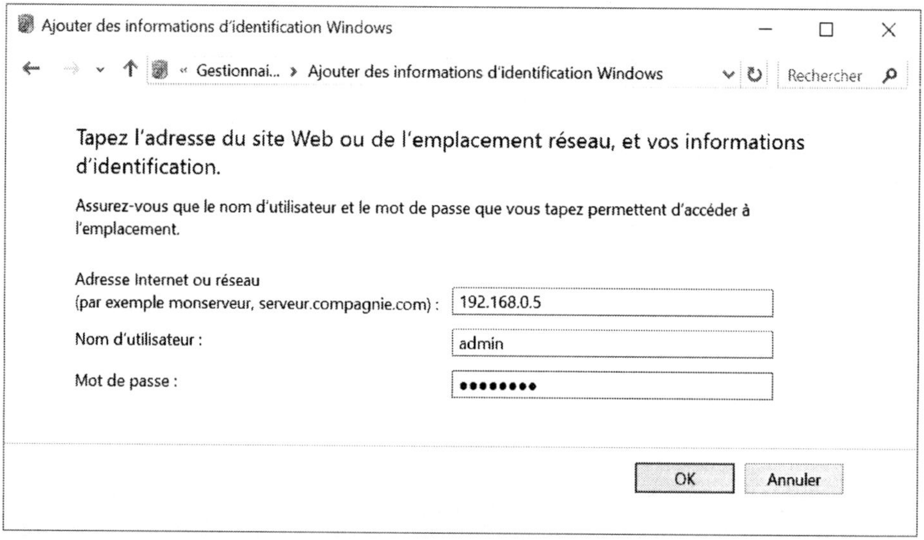

- Validez en cliquant sur le bouton **OK**.
- Vous pourrez ensuite **Modifier** ou **Supprimer** les informations saisies précédemment depuis la section nommée 192.168.0.5 du **Gestionnaire d'identification**.

Pour désactiver le stockage des identifiants liés à une authentification réseau, l'édition de la stratégie de sécurité locale est nécessaire :

- Depuis l'écran d'accueil, pressez les touches + **R** puis saisissez **secpol.msc** dans la fenêtre **Exécuter** et validez par la touche [Entrée].
- Depuis l'arborescence de la console **Stratégie de sécurité locale**, développez les nœuds **Stratégies locales** et **Options de sécurité**. Double cliquez sur le paramètre **Accès réseau : ne pas autoriser le stockage de mots de passe et d'informations d'identification pour l'authentification du réseau** et cochez la case **Activé**.

10. Audit

L'audit dans un domaine Active Directory ou un groupe de travail permet de suivre les actions effectuées par les utilisateurs et les ordinateurs. En fonction des informations journalisées, l'administrateur pourra visualiser et corriger un problème, mais aussi détecter une intrusion et ainsi anticiper un nouveau type d'attaque.

Généralement, les événements des échecs sont plus instructifs que ceux liés aux réussites. Tout ne doit pas être audité, car l'utilisation de cette fonctionnalité entraîne une charge de traitement supplémentaire (CPU, RAM, espace disque) auprès des postes de travail, serveurs et contrôleurs de domaine.

Un attaquant ayant des privilèges administrateur pourra supprimer ses traces, donc les journaux répertoriant ses actions malveillantes : il peut être intéressant de séparer les rôles, en octroyant par exemple le droit à un compte de service de générer les événements sur un serveur distant dédié au stockage, mais ce compte ne pourrait pas les supprimer ou les modifier. Un compte d'audit aurait accès aux journaux en lecture à des fins d'expertise. Ces actions peuvent être effectuées grâce aux événements transmis (cf. chapitre Protection et récupération du système - Dépannage du système).

La stratégie d'audit a été étoffée avec Windows Server 2012 et Windows 10. Elle porte le nom de **Configuration avancée de la stratégie d'audit**. Ce ne sont plus neuf catégories d'événements pouvant faire l'objet d'un audit, mais 53 (en comptant les sous-catégories), classées dans les catégories suivantes :

- Connexion de compte
- Gestion du compte
- Suivi détaillé
- Accès DS
- Ouvrir/Fermer la session
- Accès à l'objet
- Changement de stratégie
- Utilisation de privilège
- Système

– Audit de l'accès global aux fichiers

Pour afficher la liste des catégories et des sous-catégories disponibles, saisissez la commande **auditpol /get /category:*** dans une invite de commandes exécutée en tant qu'administrateur :

```
Administrateur : Invite de commandes
C:\Windows\system32>auditpol /get /category:*
Stratégie d'audit système
Catégorie/Sous-catégorie                      Paramètre
Système
  Extension système de sécurité               Aucun audit
  Intégrité du système                        Succès et échec
  Pilote IPSEC                                Aucun audit
  Autres événements système                   Succès et échec
  Modification de l'état de la sécurité       Opération réussie
Ouverture/Fermeture de session
  Ouvrir la session                           Opération réussie
  Fermer la session                           Opération réussie
  Verrouillage du compte                      Opération réussie
  Mode principal IPsec                        Aucun audit
  Mode rapide IPsec                           Aucun audit
  Mode étendu IPsec                           Aucun audit
  Ouverture de session spéciale               Opération réussie
  Autres événements d'ouverture/fermeture de sessionAucun audit
  Serveur NPS                                 Succès et échec
  Revendications utilisateur/de périphériqueAucun audit
  Appartenance à un groupe                    Aucun audit
```

Par exemple, si vous souhaitez auditer les modifications réussies sur les groupes de sécurité sur un client Windows 10 membre d'un groupe de travail, effectuez les opérations suivantes :

- Pressez les touches + **R**. Saisissez **gpedit.msc** dans la fenêtre **Exécuter** puis validez par la touche [Entrée].
- Dans la fenêtre **Éditeur de stratégie de groupe locale**, développez les nœuds **Configuration ordinateur - Paramètres Windows - Paramètres de sécurité - Configuration avancée de la stratégie d'audit** et **Stratégies d'audit système - Objet Stratégie de groupe local**.

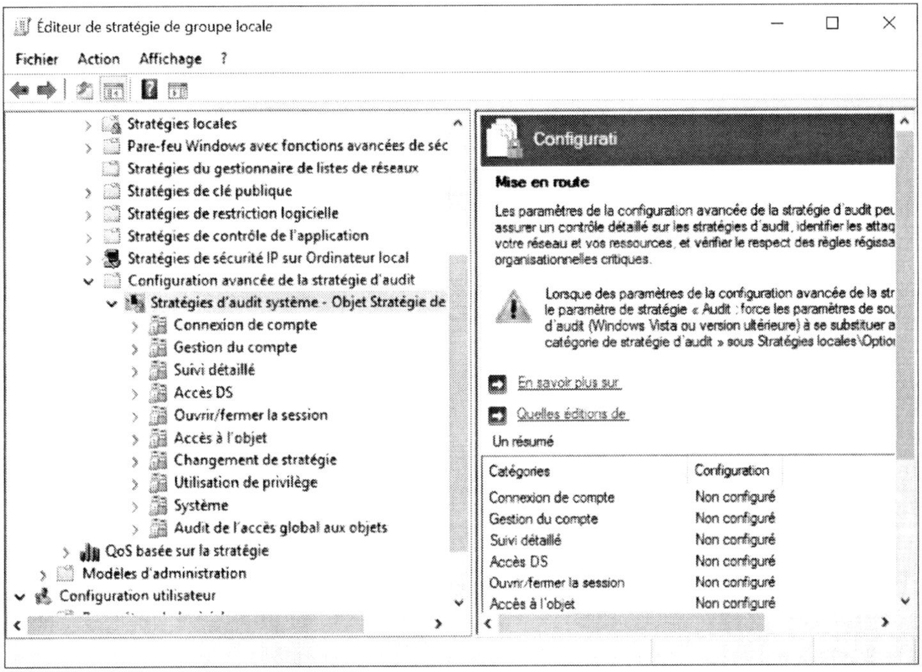

- Cliquez sur la catégorie **Gestion du compte** et double cliquez sur **Auditer la gestion des groupes de sécurité**. Dans la fenêtre de propriétés, cochez les cases **Configurer les événements d'audit suivants** et **Succès**.

Remarque

La configuration avancée de la stratégie d'audit peut être configurée dans un objet stratégie de groupe et appliquée à des membres spécifiques du domaine.

Un journal d'événement intéressant est celui concernant la **raison de l'accès** : lorsqu'un événement se produit, la raison pour laquelle l'opération a été autorisée ou refusée est consignée.

L'**audit d'accès aux fichiers** contient désormais des informations précises sur les attributs du fichier auquel un utilisateur a accédé (événements numéros 4656 et 4663).

Si un administrateur souhaite connaître l'utilisation des périphériques de stockage amovibles dans le réseau de l'entreprise, il en a la possibilité grâce à l'**Audit de périphériques de stockage amovibles**. Un événement d'audit est créé lorsqu'un utilisateur accède à une mémoire flash USB :

– Écriture ou lecture réussies (événement numéro 4663).

– Échecs d'accès (événement numéro 4656).

Cette stratégie d'audit se configure depuis le nœud **Configuration ordinateur - Paramètres Windows - Paramètres de sécurité - Configuration avancée de la stratégie d'audit - Stratégies d'audit système - Objet stratégie de groupe locale** et **Accès à l'objet**. Le paramètre se nomme **Auditer le stockage amovible**.

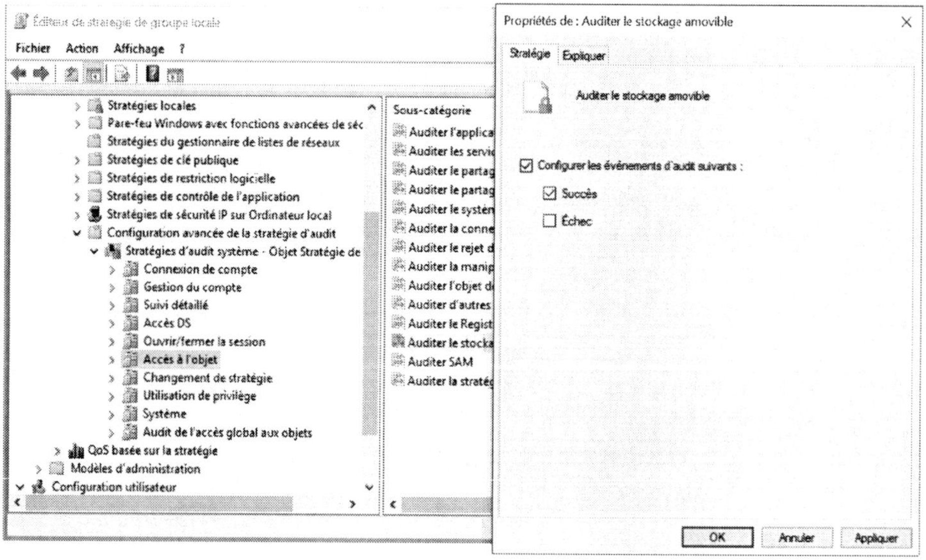

Les anciennes stratégies d'audit de base sont toujours disponibles mais peuvent entrer en conflit avec l'audit avancé. Dans ce cas, activez le paramètre **Audit : force les paramètres de sous-catégorie de stratégie d'audit (Windows Vista ou version ultérieure) à se substituer aux paramètres de catégorie de stratégie d'audit** dans le nœud **Configuration ordinateur - Paramètres Windows - Paramètres de sécurité - Stratégies locales - Options de sécurité**.

L'audit de sécurité de base sera ainsi systématiquement ignoré au profit de l'audit avancé.

Un autre ajout important est la journalisation des modifications du service d'annuaire. Avec les anciennes versions serveur de Windows, l'audit des services Active Directory enregistrait le nom de l'attribut modifié, mais pas son ancienne ni sa nouvelle valeur. Avec Windows Server 2008, Windows Server 2008 R2, Windows Server 2012 et Windows Server 2012 R2, la sous-catégorie **Auditer les modifications du service d'annuaire** comble ce manque.

La gestion des journaux d'événements (archivage, suppression, etc.) est importante dans un environnement d'entreprise, tout comme la compréhension des événements générés. La commande **wevtutil.exe** gère les événements et les messages associés.

Ainsi, **wevtutil el** affiche tous les journaux Windows. Pour connaître la liste des fournisseurs d'événements, la commande **wevtutil gp "Microsoft-Windows-Application Server-Applications" /ge:true /gm:true** liste tous les événements liés aux applications serveur du fournisseur Microsoft.

11. Sécurité dans Microsoft Edge

Microsoft Edge est le navigateur Internet livré avec Windows 10. Il ne prend plus en charge les barres d'outils, les scripts Visual Basic et ActiveX qui étaient souvent exploitées par les hackers. Les extensions utiliseront uniquement HTML5 et JavaScript.

De plus, Microsoft Edge héberge chaque onglet dans un bac à sable, conteneur totalement indépendant hébergeant la page web visitée.

Une autre fonctionnalité intéressante est la possibilité de s'authentifier sur un site Internet via son compte Passport (code PIN et identification biométrique).

Il apporte des améliorations en termes de sécurité, telles que **Navigation InPrivate**, qui permet de visiter des sites Internet sans laisser de traces. **SmartScreen** vérifie le site visité par rapport à une liste de sites répertoriés comme malveillants. La protection contre le tracking (fonctionnalité **Do Not Track**) vise à empêcher un site de récupérer vos habitudes de navigation afin de vous proposer des annonces publicitaires ciblées.

Le navigateur de Microsoft a été créé en utilisant le cycle de vie du développement de la sécurité (SDL) : Microsoft Edge empêche par exemple un code malveillant de s'exécuter dans une mémoire définie comme non exécutable. Désormais, le blocage des fenêtres contextuelles est activé, limitant ainsi l'affichage intempestif de publicités.

11.1 Protection Do Not Track

Lorsque l'utilisateur visite un site Internet, du contenu publicitaire ciblé en fonction de ses habitudes et de son comportement peut être affiché dans le navigateur, et ainsi être exploité à des fins commerciales.

Microsoft part du principe que c'est à l'utilisateur de choisir les informations qu'il souhaite communiquer pour exploitation à des sites tiers, et non l'inverse.

La fonctionnalité Do Not Track n'est pas activée par défaut, voici la procédure pour y remédier :

▶ Depuis le bureau, exécutez le navigateur **Microsoft Edge** en cliquant sur l'icône e située dans la barre des tâches. Sélectionnez ensuite le menu ..., puis choisissez **Paramètres**.

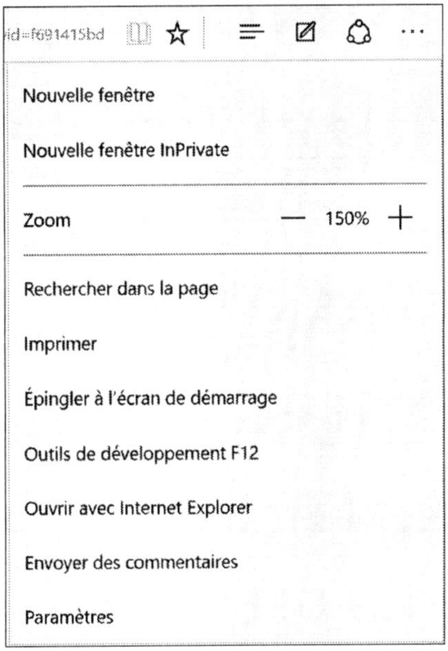

- Cliquez ensuite sur le bouton **Afficher les paramètres avancés**. Dans **Paramètres avancés**, activez le paramètre **Bloquer les fenêtres contextuelles**.

La protection contre le tracking reste active quels que soient les sites Internet visités.

Microsoft Edge renforce la confidentialité des habitudes des utilisateurs, en envoyant des en-têtes DNT (*Do Not Track*) aux sites pour qu'ils ne suivent pas ces derniers. Néanmoins, un site peut demander une exception en requérant l'autorisation de suivre les utilisateurs qui le parcourent. Si l'utilisateur approuve la demande, Microsoft Edge enregistre une exception et envoie les en-têtes DNT au site Internet qui autorise le suivi.

11.2 Filtre SmartScreen

Le filtre **SmartScreen** vérifie les sites Internet visités par rapport à une liste de sites de phishing (hameçonnage) maintenue à jour.

Le phishing est utilisé pour récupérer des informations confidentielles (numéro de carte de crédit, nom d'utilisateur et mot de passe) auprès d'internautes en usurpant l'identité de sites ciblés, afin de faire croire à la victime qu'elle s'adresse à un tiers de confiance. La majorité des sites falsifiés font référence aux banques ou aux moyens de paiement associés, tels que Paypal.fr.

Si un site Internet falsifié est détecté, Microsoft Edge bloque l'intégralité dudit site. Le filtre SmartScreen est combiné avec le module de téléchargement pour contrôler les logiciels téléchargés.

Microsoft maintient une liste des sites connus pour être potentiellement dangereux.

Le filtre SmartScreen est activé par défaut. Pour le désactiver, il suffit de cliquer sur le menu [...] puis de sélectionner **Paramètres** et **Afficher les paramètres avancés**. Dans **Paramètres avancés**, désactivez le paramètre **Me protéger contre les sites et téléchargements malveillants avec le filtre SmartScreen**.

11.3 Navigation InPrivate

La **Navigation InPrivate** répond à un besoin croissant de protection de la vie privée des internautes ; cette fonctionnalité efface les traces laissées sur un poste de travail Windows 10 lorsque des sites Internet sont visités.

Les cookies, les fichiers Internet temporaires, l'historique des pages web visitées, les données de formulaires, la saisie semi-automatique pour la recherche, sont supprimés lorsque la fenêtre de Navigation In Private est fermée par l'utilisateur. Ainsi, les traces de l'utilisateur sont effacées sur le système hôte.

Pour activer la navigation InPrivate :

- Depuis le navigateur **Microsoft Edge**, cliquez sur le menu [•••] puis sur **Nouvelle fenêtre InPrivate**.

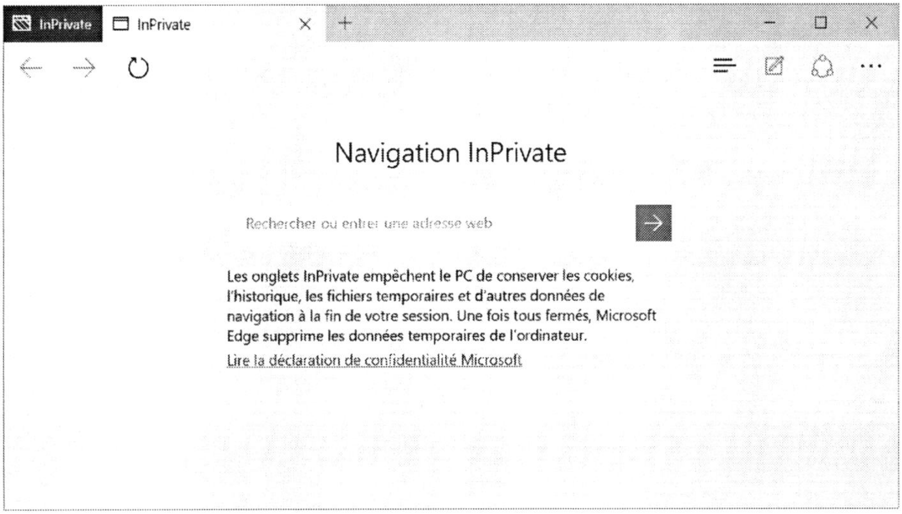

Remarque

La navigation InPrivate n'est valable que durant la période où l'onglet est ouvert.

Enfin, sachez que l'ancien navigateur Microsoft est toujours disponible avec Windows 10, depuis la zone de recherche située dans la barre des tâches (saisissez **Internet explorer**) ou bien depuis Microsoft Edge en cliquant sur le menu ... puis sur **Ouvrir avec Internet Explorer**.

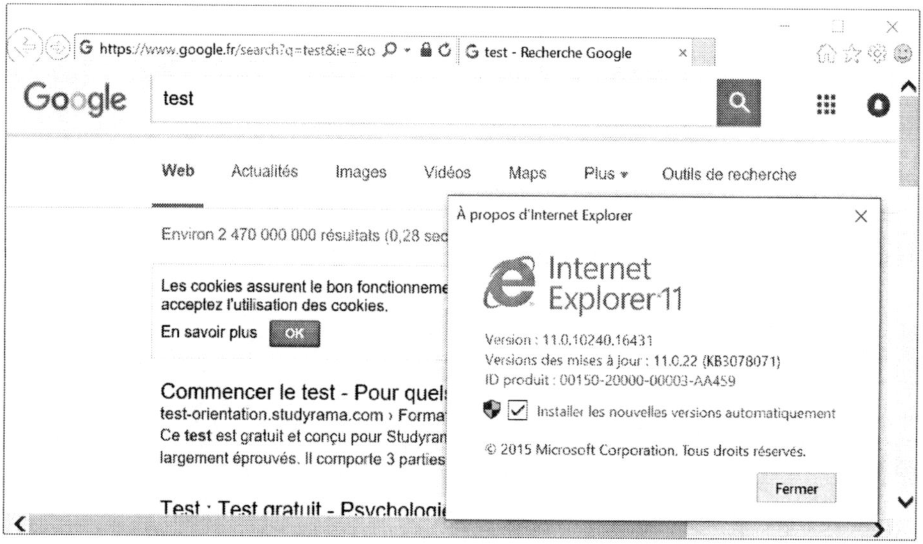

12. Windows Defender

Pour aider l'administrateur à protéger Windows 10 contre les logiciels espions et malveillants, Microsoft fournit gratuitement **Windows Defender**. Le logiciel peut vérifier les postes de travail physique ou virtuel et offre les fonctions communes aux programmes concurrents :

- Mise à jour automatique des définitions virales via le service Windows Update.
- Scan rapide, complet, manuel ou planifié : exclusion possible de fichiers, de dossiers, de partitions et de processus.
- Alertes affichées dans le Centre de notifications lors de l'installation ou l'exécution d'un programme indésirable : selon son niveau, quatre actions sont proposées : ignorer, mettre en quarantaine, supprimer ou toujours autoriser.

– Protection en temps réel des composants critiques du système : un agent contrôle les programmes démarrés automatiquement, les paramètres de Windows 10, les composants additionnels et téléchargements de Microsoft Edge, les services et pilotes, l'inscription et l'exécution d'applications.

Windows Defender est accessible depuis le Panneau de configuration :

◘ Cliquez avec le bouton droit sur le menu **Démarrer** puis sur **Panneau de configuration**. Cliquez ensuite sur **Windows Defender**.

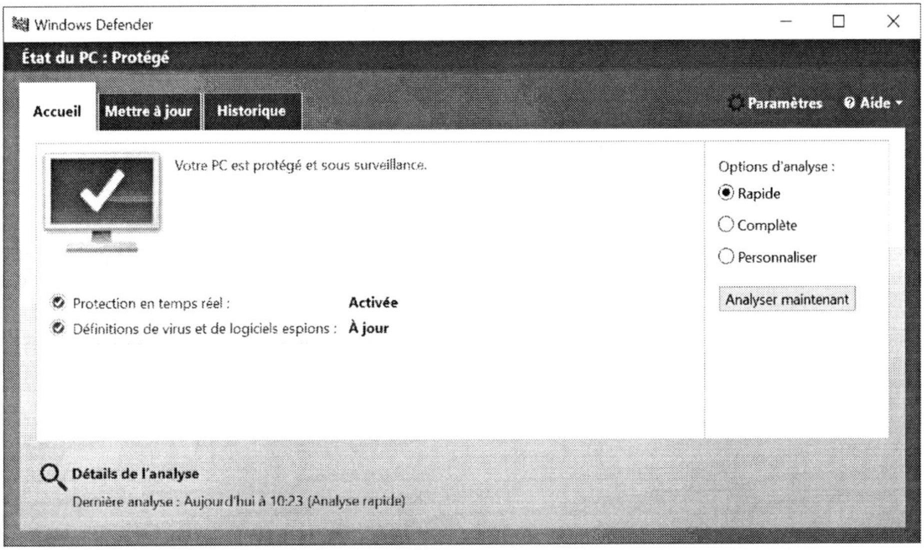

Le logiciel adopte la même interface que l'antivirus MSE (*Microsoft Security Essentials*) :

– L'onglet **Accueil** affiche l'état de protection de l'antivirus. Il permet de démarrer une analyse rapide, complète ou personnalisée de l'ordinateur.

– L'onglet **Mettre à jour** permet, via le bouton **Mettre à jour**, de forcer une actualisation de la base de données des définitions de virus. La date des définitions de virus et de logiciels espions est affichée.

– L'onglet **Historique** affiche les virus détectés et mis en quarantaine. En tant qu'administrateur, il est possible de les supprimer de manière sélective, de tous les supprimer, ou bien encore de les restaurer.

– Le bouton **Paramètres** propose de configurer plus précisément Windows Defender, en activant la protection en temps réel, en spécifiant les fichiers et leurs extensions associées à exclure...

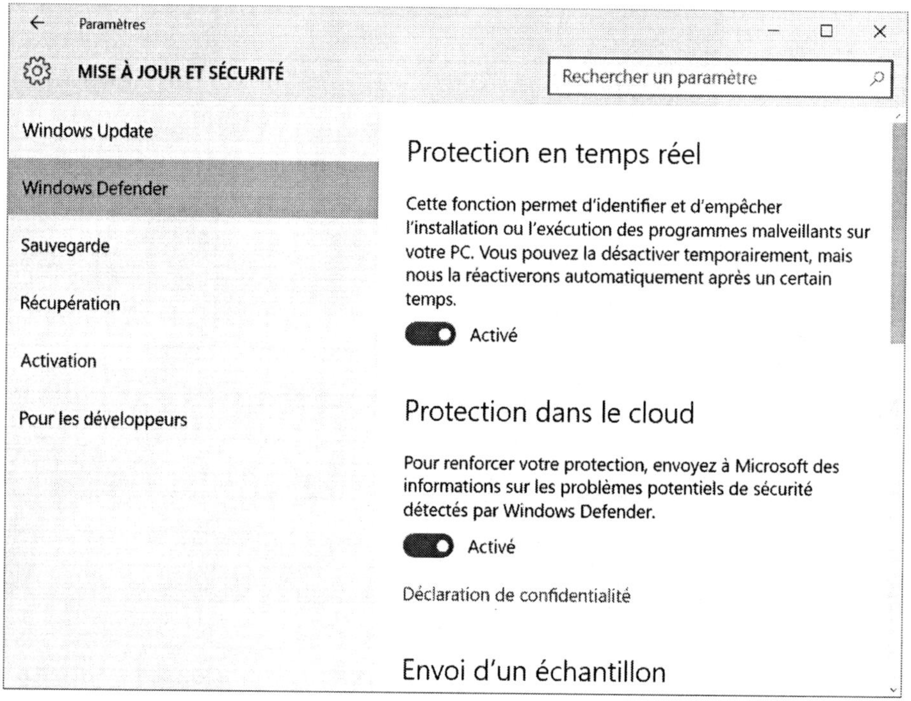

L'outil **MpCmdRun.exe**, stocké dans le dossier **C:\Program Files\Windows Defender**, permet de télécharger des mises à jour de définitions virales ou d'exécuter des scans. Des entrées sont créées dans le **Planificateur de tâches** afin d'effectuer des actions périodiquement, comme la mise à jour des définitions virales.

13. Résumé du chapitre

Windows 10 offre un large éventail d'outils de sécurité, afin de couvrir l'intégralité des besoins de l'utilisateur. Concernant la protection des postes de travail, UAC contribue à empêcher les programmes malveillants de s'installer sur le poste de travail en utilisant des privilèges élevés, et le Centre de notifications propose dans une vue centrale les messages récents relatifs à la sécurité.

EFS quant à lui, chiffre les fichiers et dossiers choisis de manière transparente sur une partition NTFS. Il n'est pas possible de chiffrer et compresser un fichier ou un dossier en même temps. L'agent de récupération est un compte d'utilisateur pouvant déchiffrer n'importe quel fichier chiffré. Il doit être créé afin d'éviter la perte définitive de données chiffrées.

BitLocker chiffre l'intégralité des partitions, en mode hors connexion. BitLocker To Go fait de même sur les périphériques amovibles USB.

Microsoft Passport combine une authentification forte à base d'un appareil géré et de Windows Hello via l'identification biométrique (ou un code PIN).

Tout comme les versions précédentes des systèmes Microsoft, il est important d'installer les mises à jour de sécurité pour Windows 10, afin que le système reste stable et sécurisé. L'entreprise peut utiliser un serveur WSUS, placé dans le réseau local, pour gérer les correctifs de sécurité, et ainsi économiser la bande passante. Grâce à un objet stratégie de groupe, l'administrateur du domaine définira des paramètres standards de gestion des correctifs, et les appliquera à l'intégralité du parc informatique dont il a la responsabilité.

AppLocker restreint l'exécution et l'installation de logiciels définis, ainsi que des applications Windows 10.

Le Pare-feu avec fonctions avancées de sécurité procure un filtrage dans les deux sens des flux transitant. Device Guard représente un ensemble de fonctionnalités liées à la sécurité matérielle et logicielle qui, lorsqu'elles sont définies simultanément, obligent l'utilisateur à n'utiliser que des applications préapprouvées par l'administrateur. Credential Guard apporte une couche de sécurité supplémentaire car, couplée avec Device Guard, les utilisateurs d'un domaine Active Directory auront leur mot de passe stocké dans un conteneur virtuel et non dans LSA (*Local Security Authority*).

Le Gestionnaire d'identification est un coffre-fort électronique dont la principale fonction est le stockage sécurisé des identifiants et mots de passe utilisés régulièrement par un compte utilisateur. Windows 10 se charge ensuite de les saisir automatiquement lors de l'accès à une ressource précise.

L'audit a été amélioré ; l'accès aux périphériques amovibles est par exemple journalisé.

Concernant la sécurité liée à la navigation sur Internet, Microsoft Edge propose un filtrage des sites de phishing (SmartScreen) et une meilleure prise en compte de la vie privée des internautes (navigation InPrivate).

Enfin, Microsoft fournit gratuitement Windows Defender, logiciel protégeant Windows 10 en temps réel contre les logiciels espions et malveillants.

Chapitre 7
Connectivité réseau

1. Protocoles IPv4 et IPv6

Que l'utilisateur soit dans un environnement réseau domestique ou professionnel, la connectivité est une partie essentielle pour assurer la communication. Les ordinateurs communiquent entre eux à l'aide du protocole IP (*Internet Protocol*). Les techniciens de support doivent posséder une bonne compréhension des protocoles IPv4 et IPv6, qui assurent la transmission de l'information, pour résoudre les problèmes réseau.

L'épuisement des adresses IPv4 publiques disponibles a favorisé l'utilisation de techniques de traduction d'adresses (NAT, *Network Address Translation*) ainsi que la propagation du protocole IPv6, successeur d'IPv4.

Tout comme ses prédécesseurs, Windows 10 fournit des fonctionnalités de mise en réseau avancées, que nous allons détailler dans ce chapitre.

1.1 Adressage IPv4

IPv4 est une version d'Internet Protocol qui forme la base du réseau Internet. Elle s'appuie sur un modèle d'adressage pour la transmission des données entre des systèmes d'exploitation identiques ou différents.

L'adresse IPv4 unique d'un ordinateur permet aux autres ordinateurs placés sur le même réseau de communiquer avec lui. Chaque interface d'un hôte IPv4 peut posséder une ou plusieurs adresses IP.

Cette adresse IPv4 codée sur 32 bits est divisée en 4 octets de 8 bits représentés par des nombres décimaux.

Exemple : 172.16.1.2 est une adresse IPv4 privée (non accessible directement depuis Internet) dont le masque de sous-réseau est 255.255.0.0.0.

Comme l'adressage IPv4 est défini sur 32 bits, il peut y avoir au maximum 2^{32} adresses, soit 4 294 967 296.

L'adresse est composée de deux parties : l'ID hôte, qui représente l'adresse unique de l'ordinateur, et l'ID réseau, qui indique le sous-réseau d'appartenance de ce même ordinateur.

Le masque de sous-réseau, composé de 4 octets, spécifie la place occupée par l'ID hôte et l'ID réseau. Il s'appuie sur un sous-réseau, qui est un segment de réseau. Les routeurs servent à séparer les sous-réseaux entre eux pour gérer un réseau de classe A, B ou C sur différents emplacements physiques et ainsi segmenter le trafic.

Par exemple, la classe A (de 1 à 127) a pour masque de sous-réseau par défaut 255.0.0.0, et permet d'utiliser 126 réseaux pour gérer 16 777 214 hôtes par réseau.

Deux grands types d'adresses IP sont utilisées quotidiennement par les particuliers et entreprises :

- Adresse publique : nécessaire pour un client Windows 10 qui se connecte directement par Internet, l'IP publique est unique, routable et attribuée par l'ICANN (*Internet Corporation for Assigned Names and Numbers*), dont le site Internet est accessible à l'adresse http://www.icann.org/.
- Adresse privée : non routable sur Internet, cette adresse IP est attribuée localement par l'organisation, généralement à l'aide d'un serveur DHCP. Elle doit être convertie pour communiquer avec des adresses IP publiques Internet, à l'aide du NAT. Quatre plages d'adresses IP sont non routables, donc non accessibles directement depuis Internet :
  - Adresses IP de classe A : 10.0.0.1 à 10.255.255.254 pour les réseaux conséquents supportant un grand nombre d'hôtes.
  - Adresses IP de classe B : 172.16.0.1 à 172.31.255.254 permettant de créer des réseaux privés de taille moyenne.

- Adresses IP de classe C : 192.168.0.1 à 192.168.255.254 pour les réseaux privés de petite taille.
- APIPA (*Automatic Private Internet Protocol Addressing*) : 169.254.0.0 à 169.254.255.255, adresse que le client Windows 10 s'attribuera automatiquement en cas d'absence du serveur DHCP.

La commande **ipconfig /all** permet d'afficher la configuration IP d'un poste Windows 10.

Grâce à PowerShell, de nombreuses informations sur la configuration réseau peuvent être visualisées :

- **get-netadapter | ft Name, Status, Linkspeed, VlanID** affiche les interfaces réseau ainsi que des informations sur le statut, la vitesse du lien et le VLAN associé. Pour des informations plus précises, saisissez **get-netadapter | format-list -property ***.
- **get-netadapter | Get-NetIpAddress** permet de visualiser des informations détaillées sur la configuration IP du poste Windows 10. L'adresse du serveur DNS n'est pas affichée. Utilisez la commande **Get-DnsClientServerAddress** pour l'obtenir.

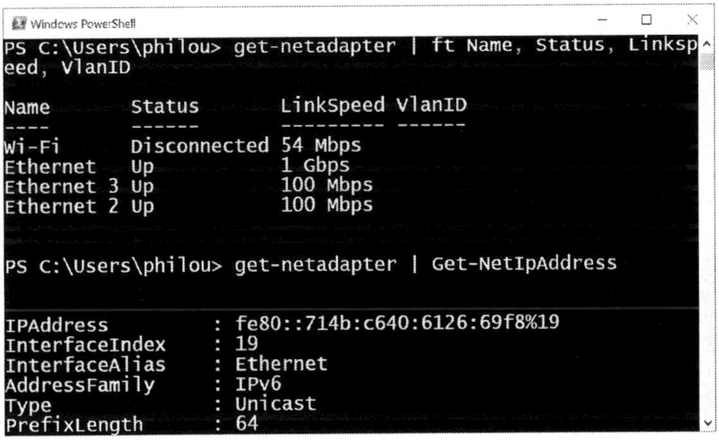

Pour définir une adresse IP sur un ensemble de postes Windows 10, utilisez la commande PowerShell **New-NetIPAddress**. Pour modifier une adresse IP existante sur une interface Wi-Fi, saisissez la commande **Set-NetIPAddress -InterfaceAlias "Wi-Fi" -IPv4Address 192.168.10.5 -PrefixLength "24"**.

La liste des commandes PowerShell liées au protocole TCP/IP est disponible à l'adresse ci-dessous :
http://technet.microsoft.com/en-us/library/hh826123

1.1.1 Passerelle

Une passerelle, généralement un routeur, assure le routage des paquets dans le cas où les ordinateurs communiquent depuis des réseaux différents (intranet/extranet).

Elle sert souvent de relais pour former un intranet. La passerelle fait transiter les paquets d'une interface réseau vers une autre à l'aide d'un ensemble de règles. Lorsqu'un client Windows 10 souhaite communiquer avec un autre ordinateur, il utilise un processus simple pour la transmission des données :

1. Le poste expéditeur va utiliser son masque de sous-réseau pour calculer son adresse de réseau logique. Il va ensuite appliquer son masque de sous-réseau sur le poste de destination afin de calculer l'adresse du réseau logique du poste. Si les adresses de réseau logique des deux postes sont identiques, il lui remet le paquet. Sinon, il passe à l'étape 2.
2. Le poste va vérifier qu'il possède une passerelle par défaut, un routeur par exemple, et va effectuer la même procédure qu'à l'étape 1 pour contrôler si la passerelle par défaut et lui-même sont sur le même réseau. Si c'est le cas, le paquet est envoyé à la passerelle par défaut ; sinon, il est abandonné.
3. La passerelle par défaut va recevoir le paquet et l'analyser. Le routeur va utiliser sa table de routage pour savoir s'il possède une information permettant de connaître où est situé le réseau de l'hôte de destination. S'il y a une correspondance, le paquet va transiter jusqu'à l'hôte en passant par un ou plusieurs autres routeurs. Le paquet peut être abandonné à n'importe quel routeur. S'il n'y a pas de correspondance, le paquet est abandonné par le routeur.

Pour connaître l'adresse IP de la passerelle par défaut du client Windows 10, exécutez la commande **netsh interface ipv4 show address** ou **ipconfig /all** et visualisez l'adresse IP correspondante à la ligne **Passerelle par défaut**.

1.2 Adressage IPv6

La version 6 du protocole IP est la conclusion de travaux dirigés par l'IETF (*Internet Engineering Task Force*) pour pallier l'épuisement inévitable des adresses publiques IPv4. Les adresses ne sont plus définies sur 32 bits, mais sur 128 bits (par blocs de 16 bits, séparés par :) dans une notation hexadécimale. La taille du sous-réseau est désormais fixée à 64 bits et utilise un préfixe (barre oblique /) pour définir l'ID réseau.

Le protocole IPv6 permet d'utiliser 3.4×10^{38} adresses pour définir des hôtes.

Les 64 derniers bits d'une adresse IPv6 sont l'identificateur de l'interface, qui est l'équivalent de l'ID hôte dans une adresse IPv4. Chaque interface d'un réseau IPv6 doit posséder un identificateur d'interface unique, ce qui permet de s'affranchir de l'adresse MAC (*Media Access Control*) de la carte réseau.

Le gain d'espace d'adressage est donc conséquent.

Une adresse IPv6 serait par exemple :
fe80:0053:0000:0000:4804:0db0:479d:f61e/64

Pour simplifier sa lecture, il est possible de remplacer "0000" par "0" :
fe80:0053:0:0:4804:0db0:479d:f61e/64

Puis, de supprimer les premiers "0" de chaque bloc :
fe80:53:0:0:4804:db0:479d:f61e/64

Et enfin, nous remplaçons les blocs consécutifs de "0" par "::" :
fe80:53::4804:db0:479d:f61e/64

Trois types d'adresses IPv6 sont proposés :

- Monodiffusion : utilisée pour la communication directe entre hôtes, l'adresse de monodiffusion identifie une interface unique. C'est la plus usitée. Quatre adresses similaires à l'adressage IPv4 sont disponibles :
  - Adresse globale : équivalente à une adresse publique IPv4, cette adresse est accessible depuis Internet IPv6 et commence toujours par "001".
  - Adresse locale de liaison : similaire à l'adressage privé automatique (APIPA), cette adresse commence toujours par "fe80".

- Adresse locale de site : adresse commençant par "fec0", elle correspond à l'adressage privé IPv4 et nécessite un serveur DHCPv6. Windows Server 2008, Windows Server 2008 R2, Windows Server 2012 et Windows Server 2012 R2 offrent ce rôle.
- Adresses spéciales : ces adresses sont équivalentes à l'adresse indéfinie ("::" ou 0:0:0:0:0:0:0:0) et à l'adresse de bouclage ("::1" ou 0:0:0:0:0:0:0:1).

- Multidiffusion : identifie plusieurs interfaces. Ce type d'adresse est utilisé pour la communication un-à-plusieurs entre des hôtes définis comme utilisant la même adresse. Les paquets IPv6 sont livrés sur toutes les interfaces qui sont définies par cette adresse.
- Anycast : plusieurs interfaces sont utilisées mais les paquets sont livrés sur la plus proche en termes de distance de routage (nombre de sauts). Ce type d'adresse sert principalement à localiser des services ou des routeurs.

Un client Windows 10 peut obtenir une adresse IP d'un serveur DHCPv6 (configuration avec état), ou s'en attribuer une de lui-même automatiquement (configuration sans état) en l'absence de ce dernier. La configuration manuelle reste toujours d'actualité, grâce au **Centre Réseau et partage** ou bien avec la commande **netsh**.

Le langage PowerShell contient un lot de commandes permettant d'effectuer les opérations courantes : **Set-NetIPv6Protocol** pour modifier la configuration du protocole IPv6 ou **Get-NetIPv6Protocol** pour obtenir des informations sur celui-ci.

L'enregistrement d'un hôte IPv6 dans un serveur DNS est sous la forme "AAAA" : cela permet d'établir la correspondance entre un nom de domaine et son adresse IPv6.

Le protocole est utilisé par différentes fonctionnalités, telles que DirectAccess, la reconnexion VPN ou le partage de fichiers sécurisé...

Côté sécurité, IPv6 prend nativement en charge le protocole IPsec, garantissant ainsi le chiffrement des données qui transitent entre les hôtes.

IPv6 implémente la livraison par ordre de priorité : l'en-tête du paquet contient un champ définissant le temps de traitement de l'information. Cette amélioration est particulièrement utile lorsque l'utilisateur se connecte à une vidéo diffusée avec la technologie de streaming, les données devant lui parvenir rapidement.

Le principal point négatif de ce protocole est l'incompatibilité entre les adresses IPv4 et IPv6, du fait d'une conception différente des en-têtes IPv6.

Il est dans ce cas nécessaire d'utiliser un protocole de tunnelisation comme 6to4, ISATAP (*Intra-Site Automatic Tunnel Addressing Protocol*) ou Teredo, qui encapsulent les paquets IPv6 dans des paquets IPv4 pour traverser des routeurs IPv4.

Pour pallier le problème de communication entre un client IPv4 et un client IPv6, Windows 10 implémente par défaut une configuration à double pile, qui consiste à attribuer à l'ordinateur deux adresses IP, une IPv4, l'autre IPv6 et qui fournit une couche transport et une trame partagée pour ces deux protocoles.

En outre, Windows 10 propose d'établir des connexions Bureau à distance (cf. chapitre Gestion des clients Windows - Accès à distance) sur des hôtes ayant des adresses IPv6.

Windows 10 apporte des fonctionnalités lors de l'utilisation du protocole IPv6 par rapport aux anciens systèmes Microsoft :

- Meilleure gestion de la connectivité Internet : dans les anciennes versions du système d'exploitation Windows, lorsqu'un hôte distant IPv6 était inaccessible en raison d'un chemin de routage défaillant, la connexion s'effectuait avec le protocole IPv4, ralentissant l'accès à la ressource. Windows 10 s'assure désormais de la connectivité d'une adresse IPv6 connue pour être disponible. Si elle ne l'est pas, le système désactive l'utilisation du protocole IPv6 pour l'hôte recherché et se connecte directement avec le protocole IPv4.
- NAT64/DNS64 : lorsqu'un trafic entrant IPv6 à destination d'un hôte IPv4 survient, NAT64 assure la translation d'adresse. DNS64 résout le nom d'un ordinateur IPv4 vers une adresse IPv6 translatée. NAT64/DNS64 est utilisé par la fonctionnalité DirectAccess fournie avec Windows Server 2012.

– Support de PowerShell : dans les précédentes versions de Windows, la commande Netsh était utilisée pour effectuer des actions sur le protocole IPv6. Désormais, PowerShell crée de nouvelles possibilités, comme la gestion de l'adressage IPv6.

Visualiser la configuration IPv6 d'un client Windows 10 est simple grâce à la commande **ipconfig /all**.

```
Administrateur : Invite de commandes
DESKTOP-D1EM4PK

C:\Windows\system32>ipconfig /all

Configuration IP de Windows

   Nom de l'hôte . . . . . . . . . . : DESKTOP-D1EM4PK
   Suffixe DNS principal . . . . . . :
   Type de noeud. . . . . . . . . .  : Hybride
   Routage IP activé . . . . . . . . : Non
   Proxy WINS activé . . . . . . . . : Non
   Liste de recherche du suffixe DNS.: iutnice.unice.fr

Carte réseau sans fil Connexion au réseau local* 1 :

   Statut du média. . . . . . . . . . . . : Média déconnecté
   Suffixe DNS propre à la connexion. . . :
   Description. . . . . . . . . . . . . . : Microsoft Wi-Fi Direct Virtual
Adapter
   Adresse physique . . . . . . . . . . . : 7C-7A-91-B4-F1-50
   DHCP activé. . . . . . . . . . . . . . : Oui
```

Il est aussi possible d'utiliser la commande **netsh interface ipv6 show address**.

Pour désactiver IPv6, il suffit d'utiliser le **Centre Réseau et partage** et de désactiver le protocole dans les propriétés de la carte réseau :

- Pressez les touches ⊞ + **R** puis saisissez **ncpa.cpl** dans la fenêtre **Exécuter** et validez par la touche [Entrée].
- Dans la fenêtre **Connexions réseau**, sélectionnez la carte réseau sur laquelle vous souhaitez désactiver le protocole IPv6, effectuez un clic avec le bouton droit puis choisissez **Propriétés**.
- Dans la fenêtre **Propriétés de Ethernet**, décochez la case **Protocole Internet version 6 (TCP/IPv6)**.

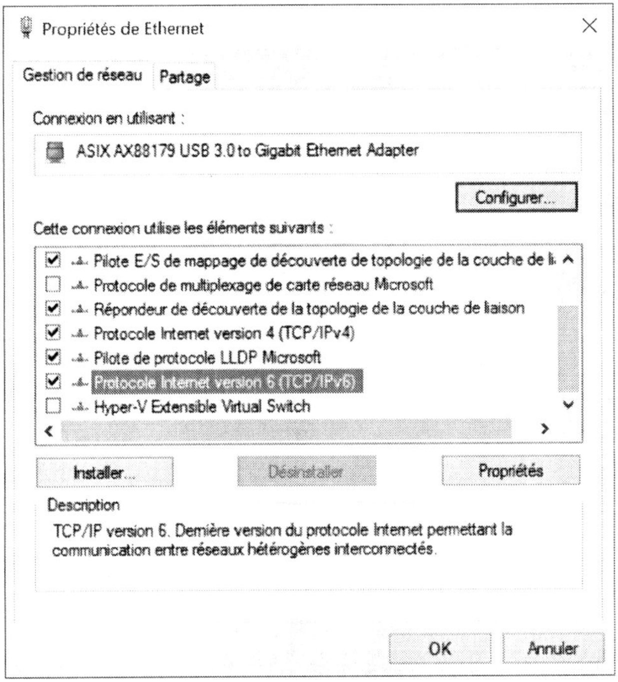

▶ Validez en cliquant sur le bouton **OK**.

Tout comme les propriétés IPv4, en sélectionnant les propriétés du **Protocole Internet version 6 (TCP/IPv6)**, l'administrateur peut définir manuellement une adresse IPv6, ainsi que la longueur du préfixe de sous-réseau, la passerelle par défaut et les serveurs DNS. La commande **netsh** peut aussi être utilisée.

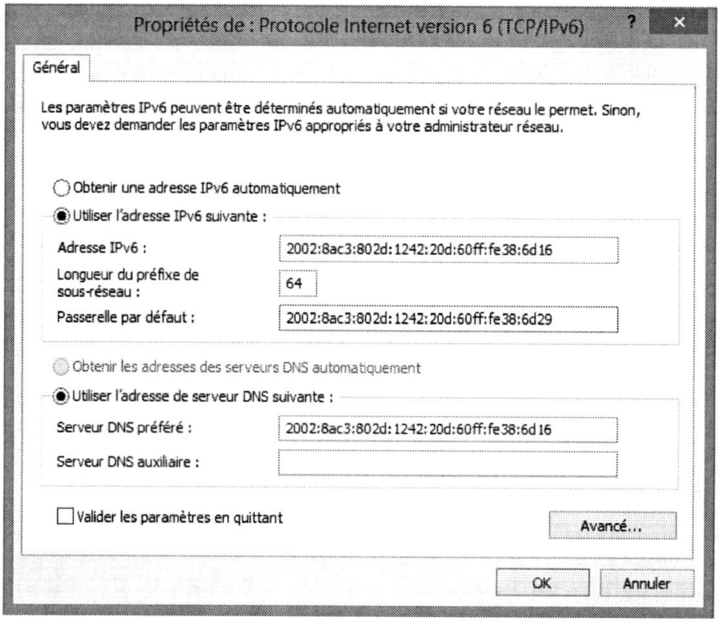

1.3 Dépannage IP

La résolution des problèmes liés à la connectivité réseau peut s'effectuer de plusieurs façons avec Windows 10, au travers du Centre Réseau et partage ou bien à l'aide de commandes telles qu'ipconfig ou netsh.

Des outils de résolution des problèmes réseau sont intégrés à Windows 10 :

- Le journal **Système**, accessible depuis l'**Observateur d'événements**, répertorie les erreurs ou les avertissements associés aux services réseau.
- **IPconfig** affiche la configuration réseau TCP/IP, mais permet aussi de renouveler un bail DHCP (commandes **ipconfig /release**, **ipconfig /renew**) ou de vider le cache de résolution DNS (**ipconfig /flushdns**).
- **Ping** vérifie la connexion à un ordinateur distant grâce au protocole ICMP (*Internet Control Message Protocol*).
- **Nslookup** interroge les DNS référencés et l'existence des enregistrements recherchés.

- **Tracert** affiche les chemins empruntés par un paquet de données IP transmis d'une machine Windows 10 vers une autre machine connectée au réseau IP.
- **Résoudre les problèmes** : Windows 10 effectue un ensemble de commandes réseau de diagnostics et vous propose un rapport de résolution (cf. Diagnostics réseau de Windows, plus bas dans ce chapitre).

Pour tester la connectivité d'un client Windows 10 dans un réseau d'entreprise, il suffit de respecter la procédure suivante dans une invite de commandes :

1. Visualiser la configuration IP : **ipconfig /all** ou **netsh interface ipv6 show address** pour les informations concernant IPv6.
2. **ping 127.0.0.1** ou **ping ::1** (test de l'adresse de bouclage).
3. **ping fec0** ou **ping fe80** (APIPA) pour tester l'adresse privée du client.
4. Facultatif : **ping 001** (adresse publique Internet du système Windows 10 local).
5. ping de l'adresse IP de la passerelle par défaut.
6. ping de la machine distante connectée à Internet.

1.3.1 Netsh

La commande ipconfig, bien connue des administrateurs, reste toujours implémentée avec Windows 10. Elle affiche la configuration IPv4 ou IPv6 par interface physique ou virtuelle. Toutefois, elle n'est exécutable que localement. Microsoft propose l'utilitaire de script de ligne de commande netsh, qui permet d'afficher ou modifier la configuration réseau d'un ordinateur Windows 10, localement et à distance.

La configuration du DHCP, des interfaces IPv4, IPv6, d'IPsec, du routage, du service RPC (*Remote Procedure Call*) ou WINS est ainsi grandement facilitée.

Pour exécuter netsh, il suffit d'ouvrir une invite de commandes, de saisir **netsh** puis de valider par la touche [Entrée].

Par exemple, pour visualiser la configuration IPv6 du client Windows 10 :

- Depuis une **invite de commandes**, saisissez **netsh interface ipv6 show address**.

```
Administrateur : Invite de commandes
C:\Windows\system32>netsh interface ipv6 show address

Interface 1 : Loopback Pseudo-Interface 1

Addr Type  État DAD    Vie valide Pers. Fav. Adresse
---------  ----------- ---------- ---------- ------------------------
Autre      Préféré       infinite   infinite ::1

Interface 14 : Wi-Fi

Addr Type  État DAD    Vie valide Pers. Fav. Adresse
---------  ----------- ---------- ---------- ------------------------
Public     Déprécié     10h44m28s  10h44m28s 2a01:e35:2e3e:42d0:d45:53e9:b1
eb:b2b5
Temporaire Déprécié     10h44m28s    1h11m5s 2a01:e35:2e3e:42d0:9db7:344f:3
519:35db
Autre      Déprécié      infinite   infinite fe80::d45:53e9:b1eb:b2b5%14

Interface 15 : isatap.{294838E7-CDE5-4F74-A468-44013AE65F23}

Addr Type  État DAD    Vie valide Pers. Fav. Adresse
```

- La commande **netsh interface ipv6 set address "Privee" FE80::5 anycast** définira l'interface nommée "Privee" avec une adresse IPv6 fixe anycast.

Remarque

La commande netsh permet aussi de configurer des règles de pare-feu ou encore BranchCache. Consultez l'aide pour connaître les commandes disponibles : netsh /?.

Pour vider le cache du client Windows 10, saisissez la commande **netsh interface ipv6 delete neighbors** en tant qu'administrateur local.

1.3.2 Diagnostics réseau de Windows

Windows 10 propose l'outil **Diagnostics réseau de Windows** afin d'aider l'administrateur à résoudre les problèmes de connectivité les plus courants.

Accessible en cliquant avec le bouton droit sur l'icône réseau située dans la zone de notification de la barre des tâches du bureau, puis en sélectionnant **Résoudre les problèmes**, cet outil peut corriger des problèmes comme l'accès infructueux à un site web, l'impossibilité d'utiliser DirectAccess, ou encore la connexion défaillante à un réseau (filaire, sans fil...). Après avoir entrepris les actions correctives, un rapport de résolution des problèmes est généré à l'intention de l'administrateur, contenant dans des fichiers au format texte les opérations effectuées (exemple : ipconfig ou tracert).

L'utilisateur utilise un assistant qui lui pose des questions afin d'isoler son problème et de le corriger automatiquement.

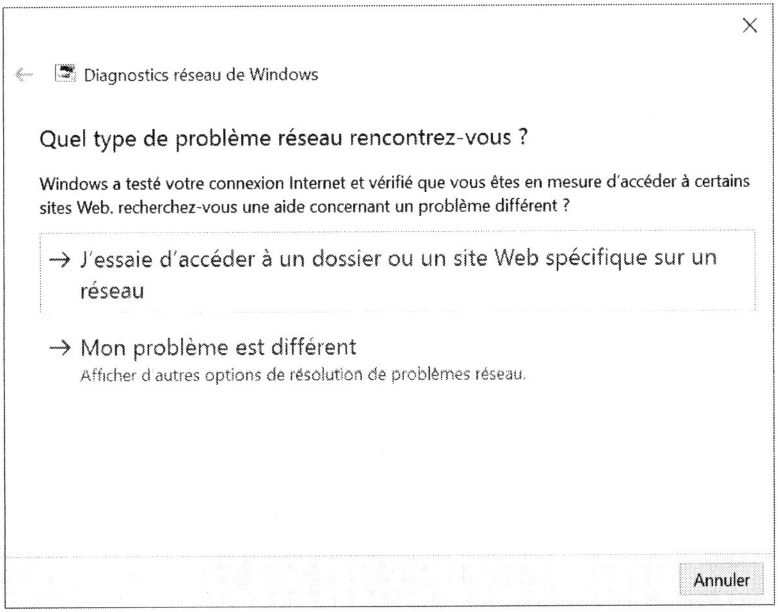

2. Centre Réseau et partage

Le **Centre Réseau et partage** est une interface regroupant les fonctions clés pour l'administration du réseau : état de celui-ci, configuration, création d'une nouvelle connexion et réparation. Avec Windows 10, celui-ci a été simplifié.

Il est accessible de plusieurs façons :

– Par l'intermédiaire du **Panneau de configuration**.

– Depuis l'icône  ou  située dans la barre des tâches.

– Par l'intermédiaire du champ de recherche en saisissant les mots **centre réseau**.

– Ou avec la commande suivante :
control.exe /name Microsoft.NetworkAndSharingCenter

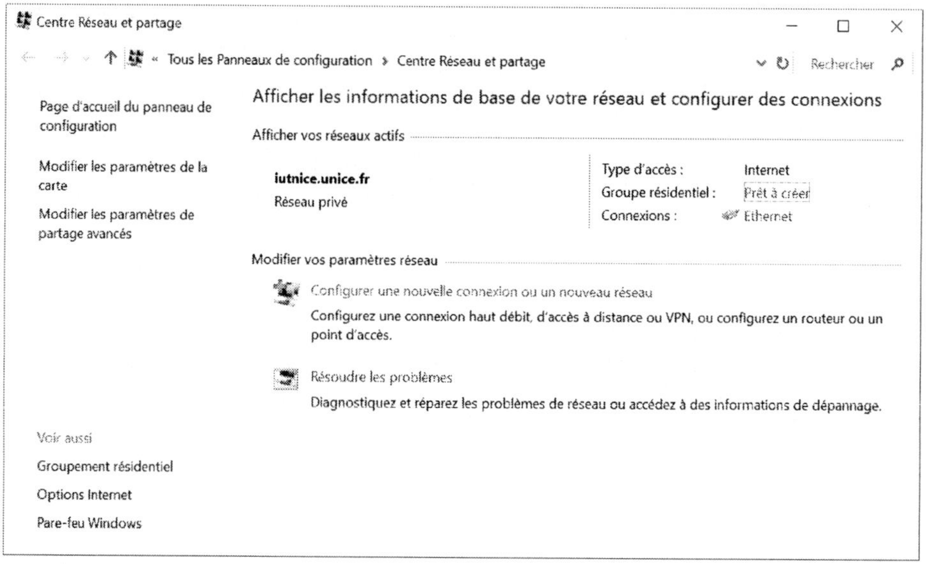

Même si un compte ayant des privilèges standard peut exécuter le Centre Réseau et partage et effectuer quelques tâches, les changements de configuration ne peuvent être effectués que par un membre du groupe administrateurs ou par un membre du groupe **Opérateurs de configuration réseau**.

Le Centre Réseau et partage propose de créer une nouvelle connexion ou un nouveau réseau grâce à un assistant :

- Dans la fenêtre **Centre Réseau et partage**, cliquez sur **Configurer une nouvelle connexion ou un nouveau réseau**.

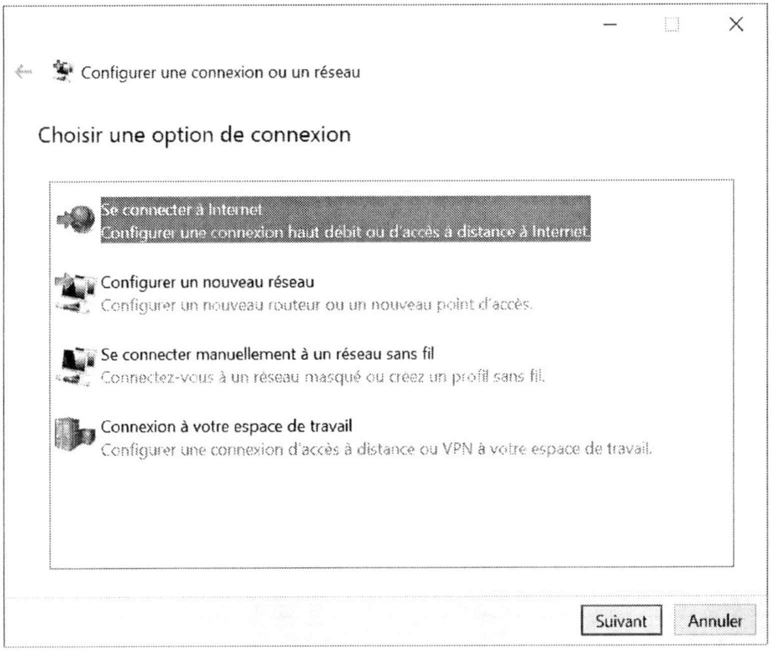

- Choisissez le type de connexion à créer parmi les quatre choix suivants :
  - **Se connecter à Internet** : configure une connexion Haut Débit PPoE (*Point-to-Point Protocol over Ethernet*), ADSL ou câble. Une connexion bas débit peut être définie en présence d'un modem RTC (Réseau Téléphonique Commuté) ou RNIS (Réseau Numérique à Intégration de Services) dans l'ordinateur.
  - **Configurer un nouveau réseau** : affiche la liste des points d'accès ou routeurs qui peuvent être paramétrés par l'intermédiaire de Windows 10.
  - **Se connecter manuellement à un réseau sans fil** (cf. section Gestion des réseaux sans fil).
  - **Connexion à votre espace de travail** : crée une nouvelle connexion VPN (SSTP, PPTP...) ou bas débit par l'intermédiaire d'un modem RTC.

Depuis la page principale du centre Réseau et partage, en cliquant sur **Résoudre les problèmes**, un assistant propose de spécifier le type de problème à dépanner (Internet, partage, groupe résidentiel, carte réseau, connexions entrantes et imprimante), puis analyse l'ordinateur et propose une solution. Un rapport est généré, contenant les tests effectués.

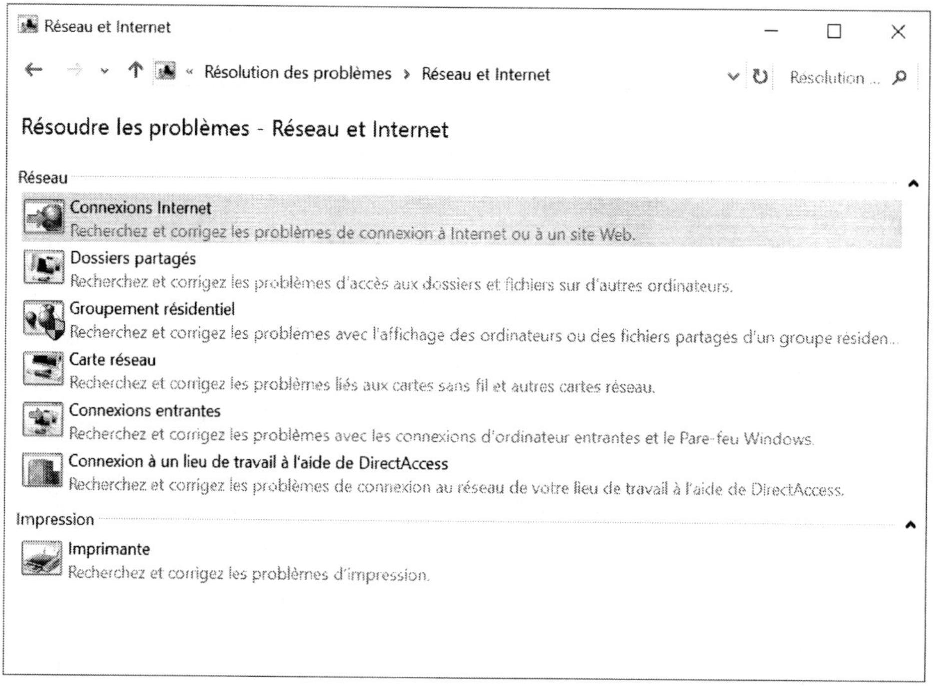

Le Centre Réseau et partage classe la connexion réseau d'une interface physique ou virtuelle dans un profil spécifique, en fonction de l'emplacement de l'ordinateur : **Privé** (domicile), **Domaine** (domaine Active Directory) ou **Public** (réseau non sécurisé tel celui proposé dans un cybercafé). Lorsqu'un profil est sélectionné lors de la première connexion à un réseau, des règles spécifiques sont créées sur le pare-feu.

Les règles générales sur les dossiers partagés et les imprimantes peuvent être configurées par profil, dans **Modifier les paramètres de partage avancés** de la page principale du Centre Réseau et partage. Il est ainsi possible d'activer le partage de fichiers et d'imprimantes, la découverte réseau ou encore d'autoriser Windows 10 à gérer les groupes résidentiels.

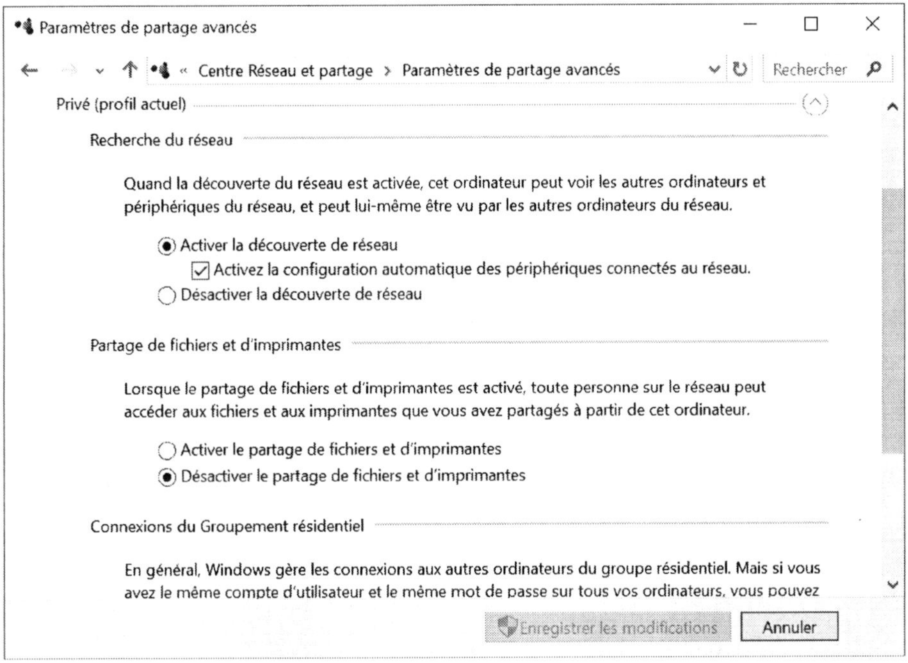

2.1 Création d'un serveur VPN

Tout comme les anciennes versions clientes de Microsoft, Windows 10 peut remplir les fonctions basiques d'un **serveur VPN** : chiffrement des communications et création d'un tunnel sécurisé. Le service **Routage et accès distant** active la réception de connexion entrante. L'utilisateur distant voulant se connecter sur un poste de travail Windows 10 doit posséder un compte local sur celui-ci et être explicitement autorisé.

Pour créer un serveur VPN, ouvrez une session en tant qu'administrateur sur un ordinateur équipé de Windows 10 et suivez la procédure ci-dessous :

- Depuis l'interface, pressez les touches + **R** puis saisissez **services.msc** dans la fenêtre **Exécuter** et validez par la touche [Entrée].
- Dans la fenêtre **Services**, effectuez un clic avec le bouton droit et choisissez **Routage et accès distant** puis **Propriétés**. Dans le champ **Type de démarrage**, choisissez **Automatique** et validez en cliquant sur le bouton **Appliquer**.
- Cliquez ensuite sur les boutons **Démarrer** et **OK**. Fermez la fenêtre **Services**.

Dans le Centre Réseau et partage, nous allons maintenant configurer le serveur VPN :

- Pressez les touches + **R** puis saisissez **ncpa.cpl** dans la fenêtre **Exécuter** et validez par la touche [Entrée].
- Dans la fenêtre **Connexions réseau**, l'icône **Connexions entrantes** est désormais visible. Cliquez avec le bouton droit dessus, puis choisissez **Propriétés**.
- Cochez la case **Autoriser d'autres utilisateurs à établir des connexions privées vers mon ordinateur en utilisant une méthode d'encapsulation via Internet ou un autre réseau**.

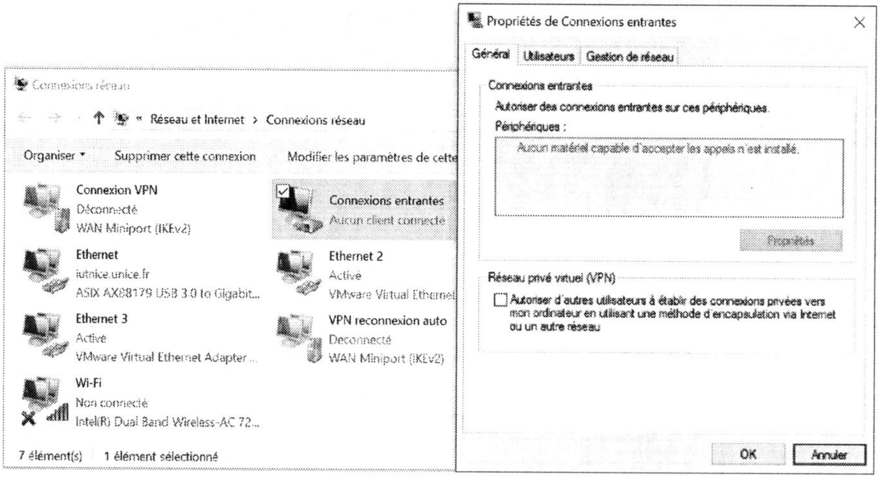

- Sélectionnez ensuite l'onglet **Utilisateurs** puis cochez les utilisateurs locaux autorisés à se connecter à votre poste de travail Windows 10. Assurez-vous qu'un mot de passe est défini pour ces comptes, sinon un message d'erreur apparaîtra lors de la tentative d'initialisation du tunnel VPN. Vous pouvez **Exiger des utilisateurs qu'ils sécurisent leurs mots de passe et leurs données** pour pouvoir se connecter, ou bien **Toujours autoriser les périphériques directement connectés tels que les ordinateurs de poche à se connecter sans fournir de mot de passe**.

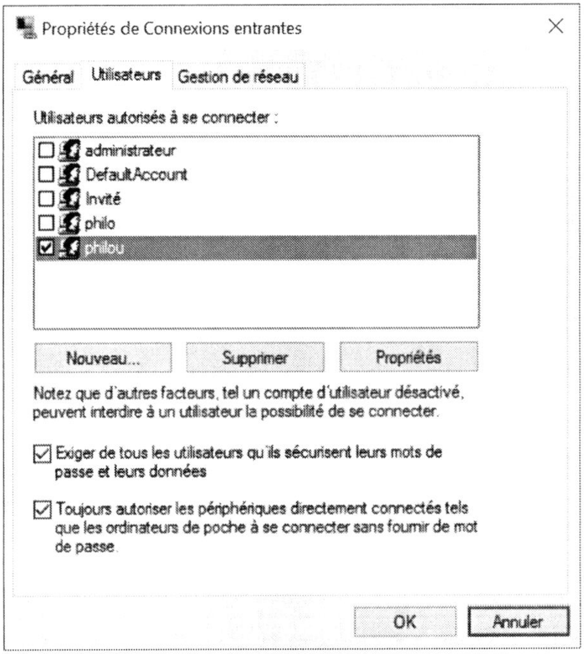

- Cliquez sur l'onglet **Gestion de réseau** puis sur le bouton **Propriétés** du **Protocole Internet version 4 (TCP/IPv4)**. Dans le champ **Accès réseau**, assurez-vous que la case **Autoriser les correspondants appelant à accéder à mon réseau local** soit cochée. Cliquez sur **Spécifier des adresses IP** et définissez la plage d'adresses IP conforme à votre réseau qui sera allouée aux connexions VPN distantes.

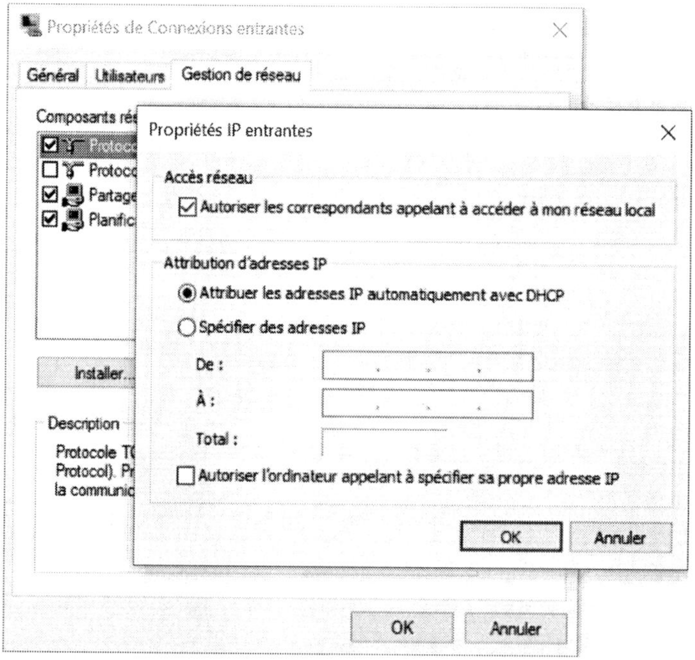

Validez en cliquant sur le bouton **OK**.

La configuration du serveur VPN Windows 10 est maintenant terminée.

2.2 Configuration d'une connexion VPN

Nous allons tester l'efficience de la connexion depuis un autre poste Windows. Dans cet exemple, nous utiliserons un ordinateur Windows 7 :

Cliquez sur le menu **Démarrer**  en bas à gauche de l'écran, puis sur **Panneau de configuration**. Double cliquez ensuite sur **Réseau et Internet** et **Centre réseau et partage**.

- Dans la fenêtre **Centre Réseau et partage**, cliquez sur **Configurer une nouvelle connexion ou un nouveau réseau**. Dans les options de connexion, sélectionnez **Connexion à votre espace de travail**.

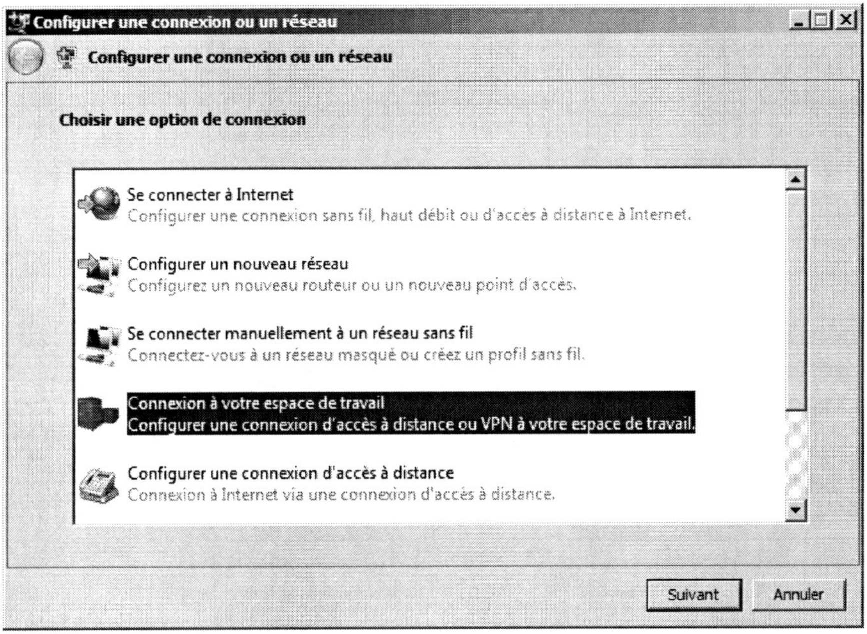

- Validez par **Suivant**.
- Sélectionnez ensuite **Utiliser ma connexion Internet (VPN)**. Dans le champ **Adresse Internet**, saisissez l'adresse IP ou le nom DNS du serveur VPN Windows 10. Nommez ensuite la connexion VPN. Cliquez sur le bouton **Suivant**.
- Entrez un nom d'utilisateur et un mot de passe créés sur l'ordinateur Windows 10 puis validez par **Connecter**.

Vous êtes désormais connecté au serveur VPN Windows 10.

2.3 Groupe résidentiel

Dans un lieu privé, comme une maison ou un appartement, les ordinateurs et les périphériques sont souvent connectés au même réseau, géré par un point d'accès sans fil ou un routeur. Windows 10 propose de partager des fichiers, des imprimantes et du contenu multimédia aux autres hôtes du même réseau, protégés par un mot de passe : c'est le **Groupe résidentiel**. Pour le créer, l'emplacement réseau de la connexion doit obligatoirement être défini sur **Privé**.

Depuis l'interface du Centre Réseau et partage, cliquez sur **Groupement résidentiel** :

- Cliquez sur le bouton **Créer un groupe résidentiel** puis sur le bouton **Suivant**. Choisissez le type de données à partager : **Images**, **Vidéos**, **Musique**, **Documents**, **Imprimantes et périphériques**.

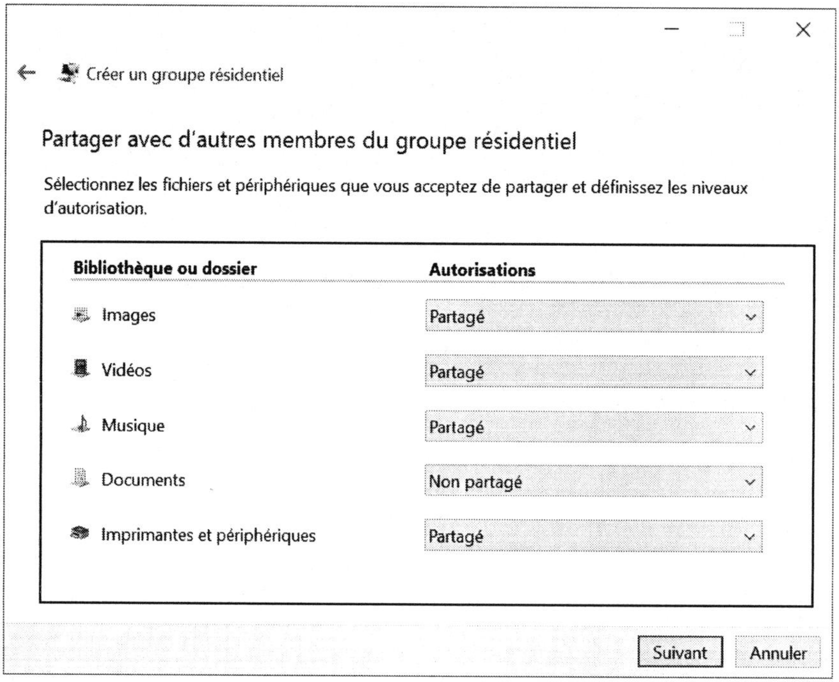

- Cliquez sur **Suivant**.

Le système génère un mot de passe aléatoire que pouvez imprimer. Ce mot de passe peut être modifié et sera utilisé lors de la configuration des autres postes de travail membres du même groupe résidentiel.

◘ Cliquez sur le bouton **Terminer**.

Dans l'interface de configuration du groupe résidentiel, il est aussi possible d'autoriser la diffusion du contenu multimédia stocké sur l'ordinateur Windows 10, sur un téléviseur ou sur une console de jeu de type Xbox. À tout moment, l'utilisateur peut modifier ce qu'il partage avec le groupe résidentiel en cliquant sur **Modifier ce que vous partagez avec le groupe résidentiel**.

La connexion à un groupe résidentiel existant nécessite que le poste Windows 10 n'en ait pas créé un. Dans ce cas, cliquez sur le bouton **Rejoindre** dans l'interface **Groupe résidentiel** du Panneau de configuration ou du Centre Réseau et partage.

3. Gestion des réseaux sans fil

Souvent utilisé pour fournir un accès à Internet dans des lieux publics, un réseau sans fil est un ensemble d'ordinateurs interconnectés par signaux radio, à la différence d'un réseau filaire qui utilise des connecteurs RJ45. La norme IEEE (*Institute of Electrical and Electronics Engineers*) 802.11 décrit les spécifications pour implémenter des réseaux locaux à liaison sans fil.

La gestion des réseaux sans fil est une tâche importante pour un administrateur, car cela engendre des problèmes de sécurité, du fait de la disparition du périmètre réseau, et est sujet aux interférences. Néanmoins, il facilite la mobilité et la flexibilité des utilisateurs itinérants.

Il existe deux modes de connexion à un réseau sans fil : le mode ad hoc et le mode infrastructure. Avec le premier, la connexion d'un ordinateur Windows 10 s'effectue de sa carte réseau sans fil à celle de l'autre ordinateur, à l'aide d'un mot de passe partagé : c'est l'équivalent du concept de groupe de travail.

Dans le mode infrastructure, le client Windows 10 se connecte directement à un point d'accès sans fil, qui se charge du transfert et de la sécurisation des données échangées ; l'architecture est similaire à un domaine Microsoft. Un réseau sans fil, en mode ad hoc ou infrastructure, porte toujours un nom, visible ou caché, le SSID (*Service Set Identifier*).

Windows 10 fournit une prise en charge complète de toutes les normes du marché : 802.11a (54 Mbits/s), 802.11b (11 Mbits/s), 802.11g (54 Mbits/s) et 802.11n (600 Mbits/s). Bien entendu, la qualité d'utilisation d'un réseau sans fil dépend de la carte réseau et du pilote associé.

La sécurité du réseau sans fil combine des méthodes d'authentification et de chiffrement. Windows 10 peut se connecter au point d'accès sans fil à l'aide d'une authentification par système ouvert, clé partagée (WEP), 802.1 X ou PSK. Côté chiffrement, les clés WEP (*Wired Equivalent Privacy*) et WPA (*Wi-Fi Protected Access*) Entreprise (TKIP, AES) sont disponibles.

Même si la sécurité du client est essentielle, celle du point d'accès est primordiale : pensez à désactiver la publication du SSID, à activer le filtrage d'adresses MAC ou encore à utiliser des logiciels qui diffusent de faux SSID. Ces actions s'effectuent depuis les paramètres avancés de votre modem ADSL (Neufbox, Livebox...).

La connexion à un réseau sans fil, délicate pour un néophyte, est désormais simplifiée avec Windows 10 : une seule vue permet de gérer les connexions, distantes (VPN, RTC...), sans fil, filaire et Internet.

Cliquez simplement sur l'icône de réseau située dans la barre des tâches pour afficher tous les réseaux avec et sans fil.

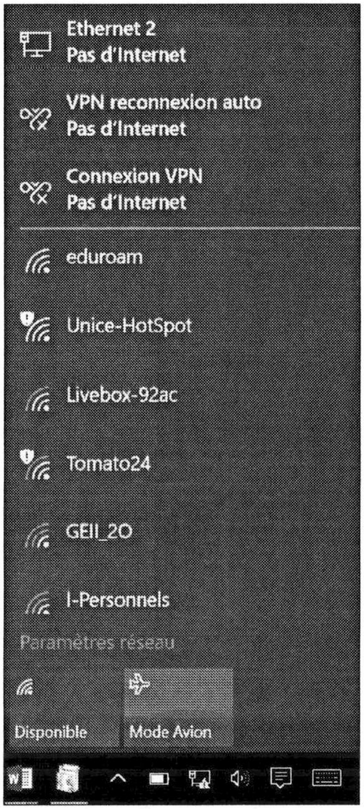

La connexion d'un client à un point d'accès sans fil nécessite de connaître le nom du réseau (SSID) et d'entrer une clé (WEP, WPA...) pour s'authentifier.

Lorsque le réseau ne nécessite pas de clé pour se connecter (réseau ouvert) mais impose à l'utilisateur de saisir un nom d'utilisateur et un mot de passe sur une page Internet, Windows 10 détecte cette méthode d'identification et peut entrer les identifiants automatiquement.

La configuration d'un réseau sans fil s'effectue de trois manières différentes :

- Avec la boîte de dialogue **Se connecter manuellement à un réseau sans fil**. Accessible depuis le **Centre Réseau et partage**, cet assistant permet de configurer manuellement les paramètres d'un réseau sans fil :

  ◘ Saisissez **centre réseau** dans le champ de recherche situé dans la barre des tâches, puis cliquez sur **Centre Réseau et partage**. Cliquez sur **Configurer une nouvelle connexion ou un nouveau réseau**.

▶ Dans la fenêtre **Configurer une connexion ou un réseau**, sélectionnez **Se connecter manuellement à un réseau sans fil** puis validez en cliquant sur le bouton **Suivant**.

▶ Saisissez les informations de connexion au réseau sans fil, telles que le **Nom réseau** (SSID), le **Type de sécurité**, le **Type de chiffrement** ainsi que la **Clé de sécurité** :

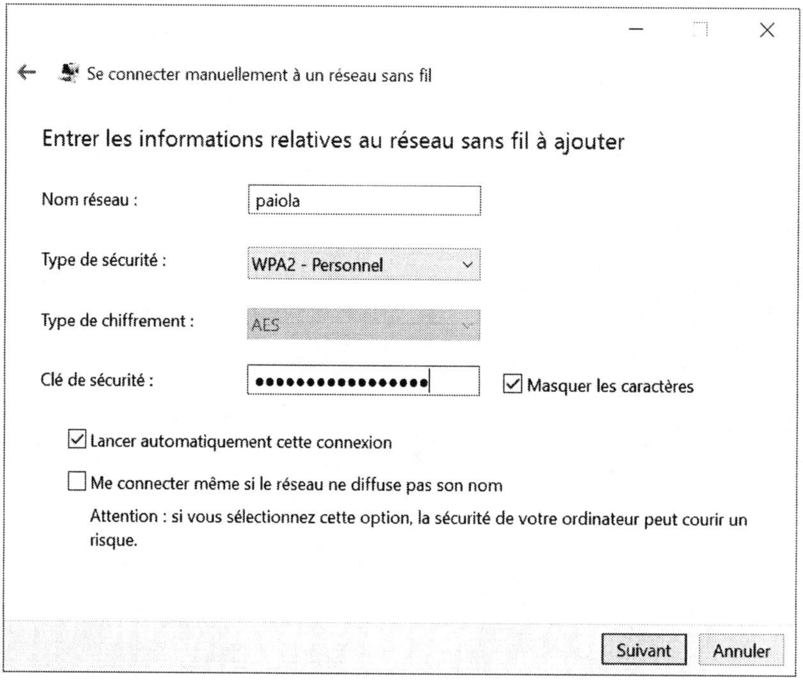

▶ Cliquez sur les boutons **Suivant** et **Fermer**.

– Avec la ligne de commande : la commande **netsh wlan** permet de configurer localement ou à distance des réseaux sans fil.

Par exemple, la commande **netsh wlan connect name=Profile1 ssid=PAIOLA interface="wi-fi"** créera une connexion au réseau "PAIOLA" depuis la carte sans fil nommée wi-fi du client Windows 10.

– Avec la stratégie de groupe : dans un environnement Active Directory, l'administrateur peut configurer de manière homogène des réseaux sans fil sur ses postes Windows 10, grâce à l'objet stratégie de groupe. Cela s'effectue au travers du nœud **Configuration ordinateur - Stratégies - Paramètres Windows - Paramètres de sécurité** et **Stratégies de réseau sans fil (IEE 802.11)**. Vous pourrez définir des réseaux sans fil préférés, définir les paramètres de sécurité appropriés, ou encore empêcher la connexion à des réseaux spécifiques.

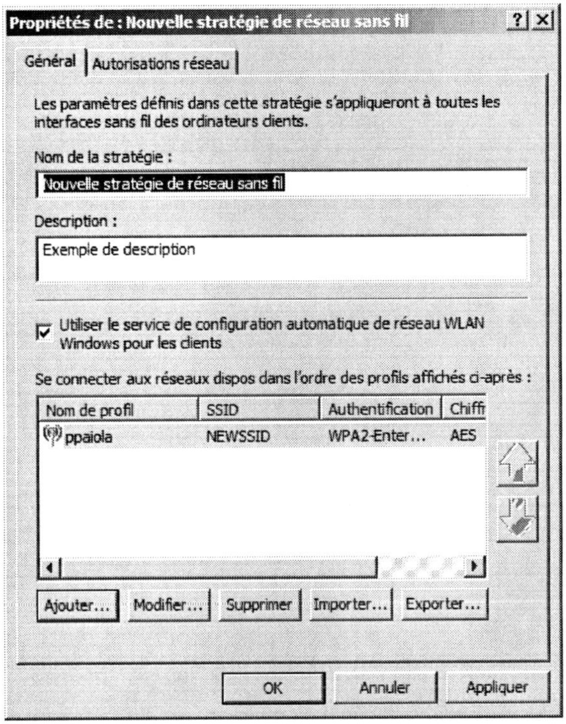

Lorsqu'une connexion à un réseau sans fil est lente ou impossible, l'administrateur recherche la cause du problème et entreprend les actions correctives. Plus le signal est fort, meilleures sont les performances. Un point d'accès situé à une grande distance du poste de travail peut expliquer un temps de latence conséquent. La présence d'un composant Bluetooth peut interférer avec le signal du réseau sans fil.

Une armoire en métal ou un mur épais peut expliquer la faiblesse du signal, de même que les interférences créées par des téléphones sans fil. Dans certains cas, envisagez de définir un numéro de canal différent sur le point d'accès.

Si le réseau sans fil auquel le client veut se connecter ne s'affiche pas, vérifiez que la carte réseau sans fil est activée et dispose du pilote approprié. Certains points d'accès sans fil ne publient pas leur SSID pour améliorer la sécurité.

L'utilisateur peut aussi copier dans le Presse-papiers la configuration d'un réseau sans fil précis (sans le mot de passe d'accès) depuis la nouvelle interface :

- Cliquez sur le menu **Démarrer** puis **Paramètres**. Double cliquez sur **Réseau et Internet**. Cliquez sur **Wi-Fi** et **Options avancées**. Dans les propriétés du réseau sans fil courant, cliquez sur le bouton **Copier**. Collez le résultat dans le bloc-notes :

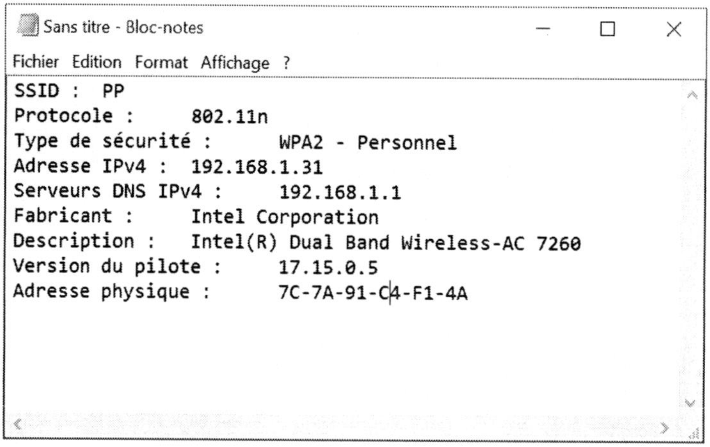

D'autres paramètres sont disponibles dans cette interface, tels que la possibilité de rendre visible l'ordinateur Windows 10 sur un réseau privé, ou encore le fait de pouvoir définir la connexion courante comme limitée afin de réduire les frais d'utilisation.

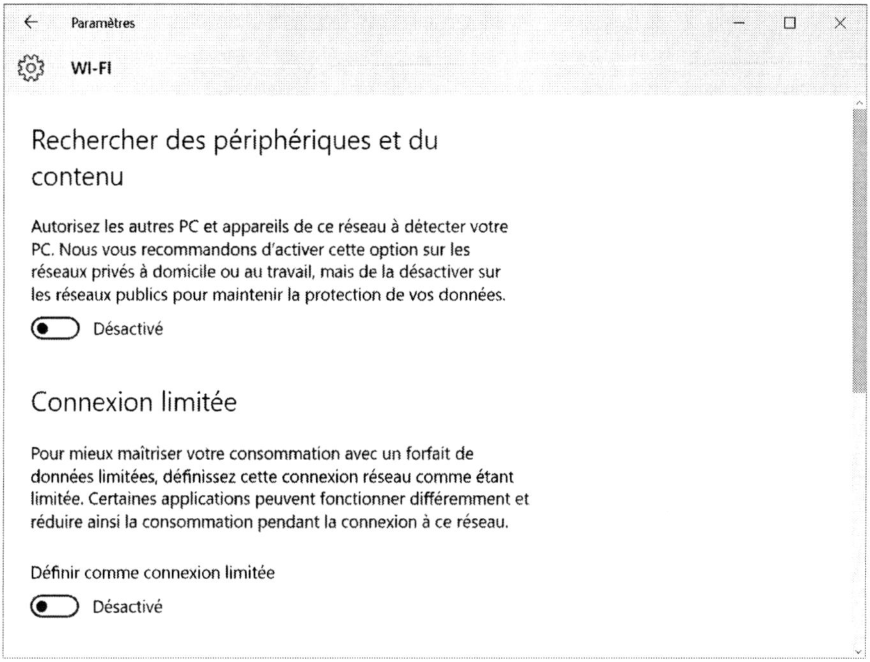

3.1 Wi-Fi Sense

Une nouvelle fonctionnalité intéressante est la possibilité offerte à vos amis et contacts (Facebook, Skype, etc.) d'accéder aux réseaux sans fil depuis lesquels vous vous êtes déjà connecté, grâce à votre compte Passport, et ainsi de partager avec eux l'accès à Internet : c'est l'**Assistant Wi-Fi** (Wi-Fi Sense) accessible depuis **Gérer les paramètres Wi-Fi**.

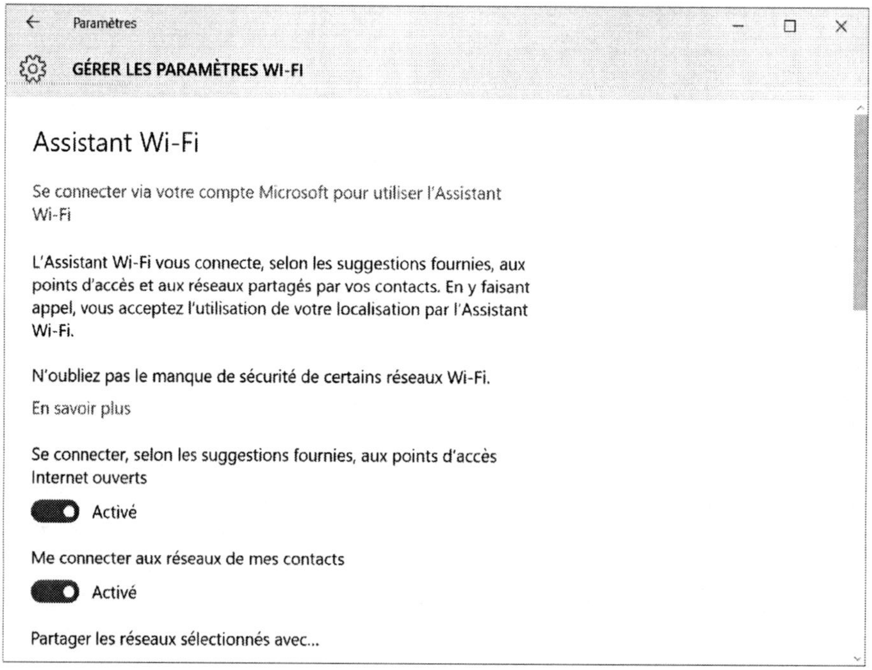

Wi-Fi Sense ne fonctionne pas avec les réseaux Wi-Fi qui utilisent le protocole 802.1X ou ceux pour qui l'administrateur a ajouté "_optout" en fin du nom du SSID. Les identifiants de connexion au réseau sans fil sont transférés via une connexion chiffrée sur un serveur Microsoft puis retournés sur l'ordinateur de vos contacts si le réseau Wi-Fi partagé est à portée.

Les personnes se connectant via Wi-Fi Sense n'ont pas accès au réseau local du point d'accès sans fil mais juste à la connexion Internet qu'il propose.

En termes de sécurité, l'utilisation de cette fonctionnalité est discutable, qu'advient-il lors du vol d'un ordinateur Windows 10 ? Ou bien lors de son piratage ? Et si vous partagez l'accès à votre réseau sans fil avec un contact qui ferait de même auprès de tous ses contacts ?

Windows 10 fournit l'outil **Diagnostics réseau** (cf. section Protocoles IPv4 et IPv6 - Dépannage IP) pour résoudre les problèmes de connexion à un réseau sans fil : le filtrage d'adresse MAC peut par exemple être un motif d'échec d'authentification.

3.2 Haut débit

Les réseaux 3G et 4G représentent des débits compris entre quelques kilobytes et plusieurs dizaines de mégabytes. Ils sont généralement peu rapides car le temps de latence est élevé et utilisent le réseau cellulaire géré par un opérateur mobile (SFR, Orange, Bouygues Telecom...). Ces réseaux imposent généralement des seuils de données avec des coûts de dépassement élevés.

Avec Windows 7, les utilisateurs devaient installer les pilotes et les logiciels fournis par les fournisseurs d'accès puis configurer les connexions. Windows 10 simplifie ces exigences en proposant un pilote intégré nativement et mis à jour via Windows Update.

L'opérateur mobile est automatiquement identifié puis la carte SIM liée est configurée. Le cas échéant, l'application propriétaire est téléchargée depuis le Windows Store, permettant ainsi de payer sa facture, visualiser la consommation des données ou utiliser l'assistance technique !

L'utilisateur peut choisir directement un forfait mobile gérant les données sur le site Internet de l'opérateur, il sera ensuite appliqué aux paramètres de connexion.

Grâce à la norme **MBIM** (*Mobile Broadband Interface Model*), Windows 10 peut exploiter les périphériques haut débit mobiles depuis une seule interface. Il est ainsi possible d'activer ou de désactiver les différentes cartes (Bluetooth, haut débit, Wi-Fi...) :

- Cliquez sur le menu **Démarrer** puis **Paramètres**. Double cliquez sur **Réseau et Internet**. Cliquez sur **Mode Avion** et activez ou désactivez les interfaces gérant les réseaux sans fil.

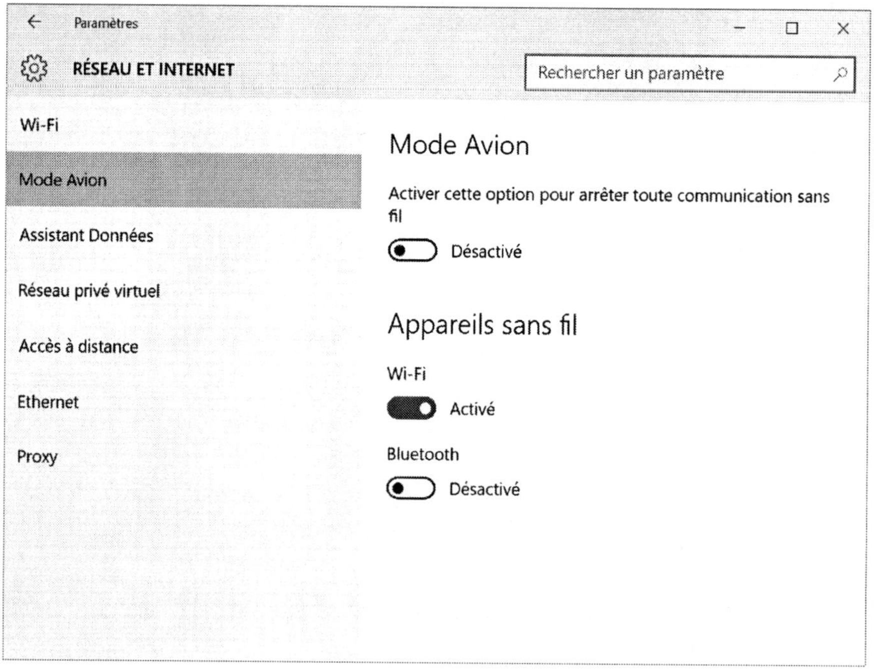

Remarque

Grâce au mode Avion, tous les périphériques sans fil peuvent être désactivés en une seule manipulation, depuis le Centre de notifications.

Dans les **paramètres**, la section **Assistant Données** affiche dans une seule vue la consommation globale des données Wi-Fi et Ethernet des 30 derniers jours.

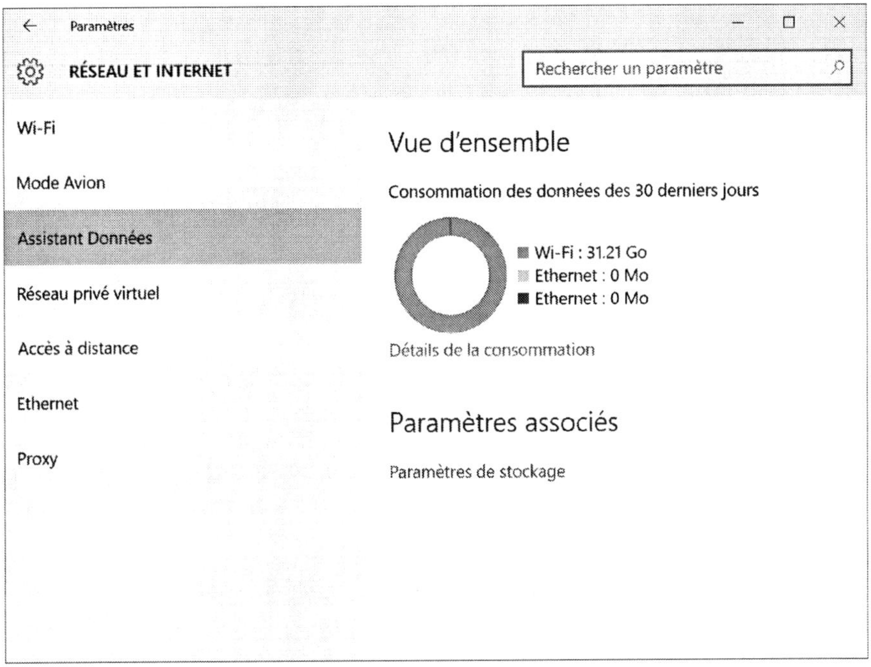

Le suivi de la consommation des données réseau utilisées par les applications est disponible en cliquant dans **Détails de la consommation** ou depuis le **Gestionnaire des tâches**, onglet **Processus**.

De plus, le système analyse le comportement de l'utilisateur (déconnexion manuelle d'un réseau sans fil, type de réseau) puis crée une liste de ses habitudes qu'il maintient à jour. Par exemple, si l'utilisateur est connecté à un réseau "A" puis qu'il se déconnecte de celui-ci pour se lier à un réseau "B", Windows 10 placera le réseau "B" plus haut dans la liste de ses réseaux préférés.

Lorsqu'un utilisateur utilisant un réseau haut débit mobile se connecte à un réseau Wi-Fi préféré, Windows 10 le déconnecte automatiquement du premier réseau afin de privilégier la rapidité offerte par le Wi-Fi. Le cas échéant, le périphérique haut débit est désactivé, afin de préserver la batterie.

Auparavant, un ordinateur en veille qui sortait de celle-ci nécessitait un temps d'attente avant la reconnexion au réseau Wi-Fi utilisé. Avec Windows 10, il faut une à deux secondes pour que l'utilisateur soit connecté au réseau sans fil, les informations de connexion étant appliquées une nouvelle fois rapidement par le système.

3.3 Affichage sans fil Miracast

Face au Airplay d'Apple ou WiDi d'Intel, le consortium Wi-Fi Alliance a développé une technologie permettant de projeter des images et sons entre un périphérique mobile (tablette tactile, ordinateur portable...) et un téléviseur, vidéoprojecteur ou moniteur, grâce à un réseau sans fil.

Windows 10 supporte cette fonctionnalité sur les éditions du système, et propose le Wi-Fi Direct, le protocole WPA2 pour sécuriser les flux, le support du codec H.264 matériel pour le codage vidéo, ainsi que le Wi-Fi 802.11n pour la connectivité. Notez que la résolution théorique est de 1080p Full HD.

Ainsi, l'utilisateur peut afficher une présentation PowerPoint ou encore jouer à un jeu sur un écran plus grand que celui de son périphérique.

Si votre écran cible ne supporte pas la technologie Miracast, il sera nécessaire d'acquérir un adaptateur qui sera branché sur le port HDMI du périphérique d'affichage.

Pour ajouter l'écran sans fil compatible Miracast à votre tablette ou votre PC, suivez la procédure ci-dessous :

▶ Depuis le menu **Démarrer**, cliquez sur **Paramètres** et sur **Système**. Dans la section **Affichage**, cliquez sur **Se connecter à un affichage sans fil**.

Maintenant que l'écran sans fil a été ajouté, partager son écran est simple :

▶ Choisissez le type de configuration de l'affichage parmi ces quatre choix : afficher l'**Écran du PC uniquement**, **Dupliquer** l'affichage de manière identique sur les deux écrans, **Étendre** l'affichage ou afficher sur le **Deuxième écran uniquement**.

Notez qu'il est nécessaire que l'écran sans fil soit situé à proximité de votre périphérique Windows 10.

Lorsque votre PC Windows 10 bascule en mode veille, ou bien s'il est déplacé hors de portée de votre écran sans fil, il sera automatiquement déconnecté de ce dernier.

3.4 Wi-Fi tethering

Le partage d'une connexion de données cellulaires (EDGE, 3G ou 4G) avec un autre périphérique est quelquefois appelé « tethering » (connexion d'un périphérique à un autre). La connexion par tethering transforme ainsi le smartphone en point d'accès sans fil mobile. Cette fonctionnalité est souvent facturée à l'utilisateur par l'opérateur téléphonique, si celui-ci franchit une quantité de données transmises.

Donc, en insérant une carte SIM ou en se connectant au réseau d'un opérateur téléphonique, Windows 10 peut partager sa connexion Internet à d'autres périphériques. Néanmoins, les mises à jour de sécurité et des applications ne seront pas téléchargées par ce biais, afin de limiter l'utilisation de la bande passante allouée.

Désormais, il est possible de convertir l'ordinateur portable ou la tablette tactile Windows 10 en point d'accès sans fil afin de partager avec au maximum 10 périphériques la connexion Internet.

Pour activer le partage de connexion, suivez la procédure ci-dessous :

- Cliquez avec le bouton droit sur l'icône  ou  située en bas à droite dans la barre des tâches, puis cliquez sur **Ouvrir le Centre Réseau et partage**. Cliquez avec le bouton droit sur la carte de réseau sans fil puis sur **Propriétés**. Sélectionnez l'onglet **Partage** et cochez la case **Autoriser d'autres utilisateurs du réseau à se connecter via la connexion Internet de cet ordinateur**.

  Le bouton **Paramètres** permet de choisir les services partagés avec les utilisateurs, tels que HTTP, HTTPS ou encore FTP.

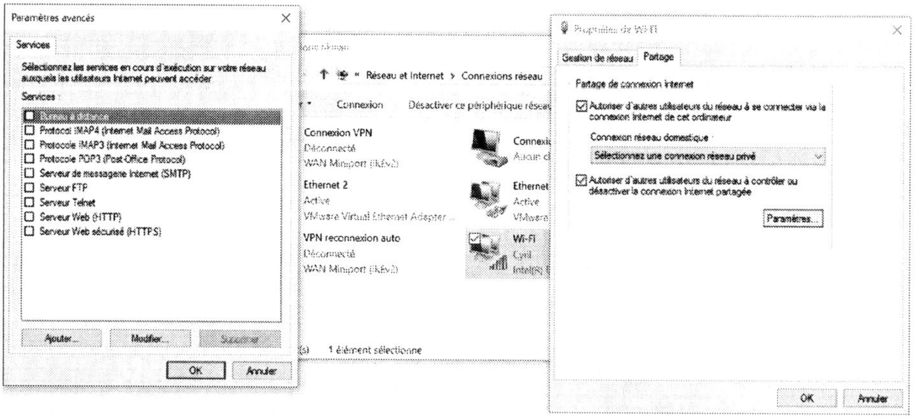

Dorénavant, en connectant votre périphérique au réseau sans fil diffusé par Windows 10, vous pourrez utiliser la connexion Internet de ce dernier.

4. Allocation automatique d'adresses IP

Windows 10 supporte, comme tout système d'exploitation, l'obtention d'une adresse IP depuis un serveur DHCPv4 ou DHCPv6. Le bénéfice pour un administrateur est important, car il n'a plus à s'occuper de gérer les adresses IP allouées sur le réseau de l'entreprise. Répertorier les adresses IP statiques consomme du temps et augmente le risque d'erreur.

Le service **Client DHCP** gère l'inscription et la mise à jour des adresses IP auprès du serveur DHCP, ainsi que les enregistrements DNS correspondants.

En cas de défaut du serveur DHCP, le client s'octroiera automatiquement une adresse IP APIPA, sur le réseau 169.254.0.0/16. Néanmoins, cette configuration ne permettra pas d'utiliser les services Active Directory ou Internet, car aucune passerelle, aucun serveur DNS ou WINS ne sont définis par l'APIPA. Pour pallier cette limitation, Microsoft propose d'utiliser la configuration alternative.

Remarque

Un bon moyen d'éviter l'utilisation de l'APIPA est de mettre en place la résilience DHCP : deux serveurs DHCP proposent des étendues différentes (50 % l'un, 50 % l'autre des adresses disponibles) aux clients DHCP. Ainsi, si l'un devenait inaccessible, l'autre continuerait à distribuer les adresses IP.

Configuration alternative

L'onglet **Configuration alternative**, disponible dans les propriétés d'une carte réseau IPv4, permet de spécifier le comportement du client Windows 10 en cas d'indisponibilité d'un serveur DHCP. L'utilisateur peut au choix utiliser l'adressage IP privée automatique ou bien spécifier une adresse IP alternative manuellement.

Pour définir une configuration IP alternative, suivez la procédure ci-dessous :

- Depuis le bureau, pressez les touches et **R** puis saisissez **ncpa.cpl** dans la fenêtre **Exécuter** et validez par la touche [Entrée].
- Dans la fenêtre **Connexions réseau**, sélectionnez la carte réseau sur laquelle vous souhaitez définir une configuration IP alternative, effectuez un clic avec le bouton droit puis choisissez **Propriétés**.
- Dans la fenêtre **Propriétés de Ethernet**, sélectionnez **Protocole Internet version 4 (TCP/IPv4)** et cliquez sur le bouton **Propriétés**.
- Sélectionnez l'onglet **Configuration alternative**, puis cochez la case **Spécifiée par l'utilisateur** et renseignez les champs **Adresse IP**, **Masque de sous-réseau**, **Passerelle par défaut**, **Serveur DNS préféré**. Cochez ensuite la case **Valider les paramètres en quittant** pour tester la configuration.

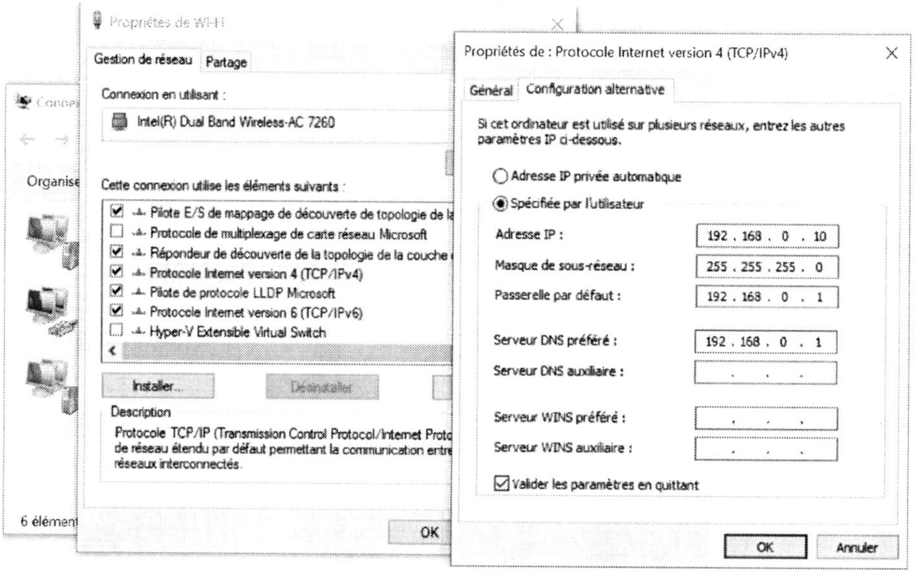

▶ Confirmez en cliquant sur le bouton **OK**.

5. Résolution des noms

Il est plus facile de se rappeler le nom d'un site plutôt que son adresse IP à quatre nombres : par exemple, l'adresse IP 173.194.66.94 correspond actuellement au nom de domaine google.fr, plus facilement mémorisable. Un processus de résolution consiste simplement à convertir une adresse IP en nom.

Un nom d'ordinateur (ou nom d'hôte), utilisant le système de noms de domaine, peut comporter jusqu'à 255 caractères, avec des caractères alphanumériques, des points et des traits d'union. C'est le système utilisé sur Internet au travers d'une résolution DNS (*Domain Name System*).

Un nom NetBIOS comporte 16 caractères et utilise le service WINS (*Windows Internet Naming Service*) pour résoudre des requêtes.

Remarque

Depuis Windows 2000, Microsoft conseille vivement de privilégier l'utilisation d'Active Directory et DNS plutôt que WINS, service devenu obsolète.

Windows 10 prend en charge la résolution des noms DNS et WINS.

5.1 Système de noms de domaine

Inventé dans les années 80, le système de noms de domaine (ou DNS) est un service qui résout les noms d'hôte conviviaux en adresses IP, et inversement. Windows 10 utilise DNS pour rechercher des contrôleurs de domaine dans l'Active Directory, des ressources comme des serveurs de messagerie (enregistrement MX (*Mail eXchanger*)) et pour se connecter à d'autres clients.

Lorsqu'un client Windows 10 essaie de résoudre un nom d'ordinateur DNS, il suit les étapes suivantes :

1. Le nom demandé est-il son propre nom ?
2. Vérification du nom d'hôte et de sa correspondance dans le fichier **hosts** local stocké dans le dossier %systemroot%\System32\drivers\etc\.
3. Tentative de résolution depuis le cache DNS : commande **ipconfig /displaydns** pour l'afficher, **ipconfig /flushdns** pour vider son contenu.
4. Interrogation des serveurs DNS.
5. Si le nom n'est pas encore résolu, la requête est éventuellement adressée au serveur WINS.

Remarque

Le système DNS est une partie essentielle d'un domaine Active Directory Windows Server 2008 ou Windows Server 2012, il s'intègre parfaitement avec le service ***Dynamic DHCP*** *qui a la charge d'enregistrer dans le DNS les nouvelles IP des ordinateurs.*

Pour définir l'adresse IP d'un serveur DNS primaire (serveur préféré pour la résolution de noms) sur un poste Windows 10, vous pouvez utiliser la commande netsh dans une invite de commandes :

netsh interface ipv4 set dnsservers "Ethernet" static 192.168.0.2 primary

Vous pouvez aussi utiliser l'interface graphique des propriétés de la carte réseau.

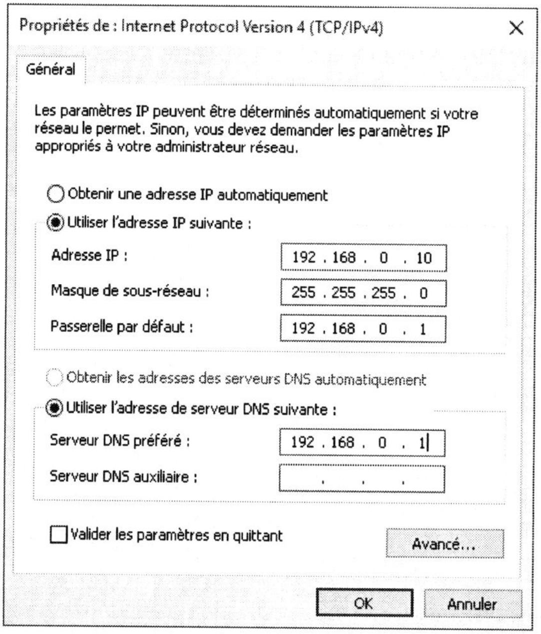

Pour accéder à un dossier partagé nommé **Cours**, situé sur un serveur distant **SRV1** (adresse IP **192.168.0.10**) géré par le système DNS dans un domaine **mytraining.fr**, utilisez au choix la convention ci-dessous :

- **\\SRV1.mytraining.fr\Cours**
- **\\192.168.0.10\Cours**
- **File://192.168.0.10/Cours**

Si le serveur distant fait aussi fonction de serveur web (rôle IIS) :

- **http://SRV1.mytraining.fr/Cours/**

5.2 Windows Internet Name Service

WINS est un service proposant la résolution des noms NetBIOS en adresses IPv4. Tout comme DNS, WINS fournit une base de données centralisée stockant les correspondances, en communiquant éventuellement avec un serveur DHCP pour gérer une liste à jour des noms NetBIOS.

Le client Windows 10 peut aussi résoudre une requête WINS à l'aide de son fichier local **LMHOSTS** (%systemroot%\System32\drivers\etc\), qui mappe les adresses IP sur les noms NetBIOS des serveurs distants avec lesquels il souhaite communiquer via le protocole TCP/IP.

Le processus de résolution WINS est le suivant :

1. Le nom demandé est-il son propre nom ?
2. Vérification du cache de noms distants. Chaque nom résolu est placé dans un cache pendant 10 minutes, puis il est supprimé.
3. Requête au serveur WINS.
4. Diffusion exécutée sur l'ensemble du réseau.
5. Vérification du fichier LMHOSTS.
6. Requête envoyée en dernier recours à un DNS s'il est configuré.

Pour obtenir l'adresse IP d'un serveur WINS fournie par un serveur DHCP, utilisez la commande netsh suivante dans une invite de commandes :
netsh interface ipv4 set winsservers name="Ethernet" source=dhcp

Vous pouvez aussi utiliser l'interface graphique des propriétés de la carte réseau.

WINS est une technologie de moins en moins usitée pour résoudre des noms d'hôtes. DNS est son successeur.

6. Résumé du chapitre

Windows 10 implémente en standard les protocoles IPv4 et IPv6. La commande netsh permet de configurer le réseau d'un client distant. L'administrateur peut utiliser l'outil Diagnostics réseau pour résoudre les problèmes réseau les plus courants.

Le Centre réseau et partage est une interface regroupant les fonctions clés pour l'administration du réseau : état de celui-ci, configuration, création d'une nouvelle connexion et réparation.

Tout comme les anciennes versions clientes de Microsoft, Windows 10 peut remplir les fonctions basiques d'un serveur VPN : chiffrement des communications et création d'un tunnel sécurisé. Le service Routage et accès distant active la réception de connexions entrantes VPN.

Windows 10 propose de partager des fichiers, des imprimantes et du contenu multimédia avec les autres hôtes du même réseau : c'est le groupe résidentiel.

L'outil CMAK permet de créer des profils de connexions distantes (Internet, VPN...), et ainsi de les déployer sur les postes de travail. Comme l'administrateur maîtrise les paramètres de connexion définis sur les systèmes dont il a la responsabilité, les appels au service d'assistance seront limités.

Windows 10 fournit une prise en charge complète des normes du marché sans fil (802.11a, 802.11b, 802.11g et 802.11n) et supporte deux modes de connexion : ad hoc et infrastructure. La configuration d'un réseau sans fil s'effectue de trois manières différentes : par la boîte de dialogue **Se connecter à un réseau sans fil**, par la commande **netsh** et grâce à un objet stratégie de groupe.

Microsoft offre la possibilité à vos amis et contacts (Facebook, Skype, etc.) d'accéder aux réseaux sans fil depuis lesquels vous vous êtes déjà connecté et ainsi de partager avec eux l'accès à Internet. Son appellation est Wi-Fi Sense.

Les réseaux 3G et 4G, généralement peu rapides, sont désormais gérés nativement grâce à un pilote intégré et mis à jour régulièrement via Windows Update. Leur disponibilité est affichée dans la même interface que celle gérant les réseaux Wi-Fi.

Windows 10 supporte la technologie Miracast, permettant de projeter des images et sons entre un périphérique mobile et un téléviseur, vidéoprojecteur ou moniteur, grâce à un réseau sans fil.

Désormais, il est possible de convertir l'ordinateur portable ou la tablette tactile Windows 10 en point d'accès sans fil afin de partager avec au maximum 10 périphériques la connexion Internet : c'est le Wi-Fi tethering.

La configuration alternative permet de spécifier le comportement du client Windows en cas d'indisponibilité d'un serveur DHCPv4.

DNS est un service qui résout les noms d'hôte conviviaux (255 caractères maximum) en adresses IP, et inversement.

WINS est un service proposant la résolution des noms NetBIOS en adresses IPv4. Il n'est plus usité car limité en termes de fonctionnalités.

Chapitre 8
Protection et récupération du système

1. Sauvegarde et restauration

Planifier une sauvegarde discrète et sécurisée des données importantes permet d'assurer une continuité de service en cas de sinistre informatique. Que vous copiiez vos données grâce au réseau, sur DVD, sur média amovible USB ou bien localement, l'important est de sauvegarder. C'est en quelque sorte l'assurance-vie de vos données.

Lorsque vous planifiez un processus de sauvegarde, il est important de tenir compte de la taille de la sauvegarde et du temps nécessaire à son exécution. Le support de sauvegarde (durée de vie, vitesse de copie), la durée de conservation ainsi que le lieu de conservation sont autant d'éléments majeurs à prendre en considération.

Le coût de stockage des données peut vite devenir problématique : par exemple la sauvegarde des données sur réseau **SAN** (*Storage Area Network*) génère un coût élevé par mégaoctet (Mo) alors que la sauvegarde sur disque externe USB est plus compétitive, tout en assurant une sécurité moindre.

1.1 Réinitialiser ce PC

Un administrateur peut réattribuer un ordinateur inutilisé à une personne de l'entreprise. Un particulier peut vouloir vendre son ordinateur, en s'assurant qu'aucune de ses données personnelles n'est encore présente sur le disque dur et ainsi fournir les logiciels préinstallés avec le PC.

Dans ces cas-là, Microsoft introduit la fonctionnalité **Réinitialiser ce PC** ; les partitions sont formatées et une nouvelle copie de Windows 10 est installée. L'utilisateur peut avant cette action choisir de conserver ses fichiers personnels.

Pour réinitialiser le PC, l'administrateur peut effectuer la manipulation depuis les paramètres de Windows 10 :

- Cliquez sur le menu **Démarrer** puis sur **Paramètres**. Cliquez sur **Mise à jour et sécurité** et sur la section **Récupération**.
- Cliquez sur le bouton **Commencer**, puis sélectionnez une de ces deux options : **Conserver mes fichiers** ou **Supprimer tout**.

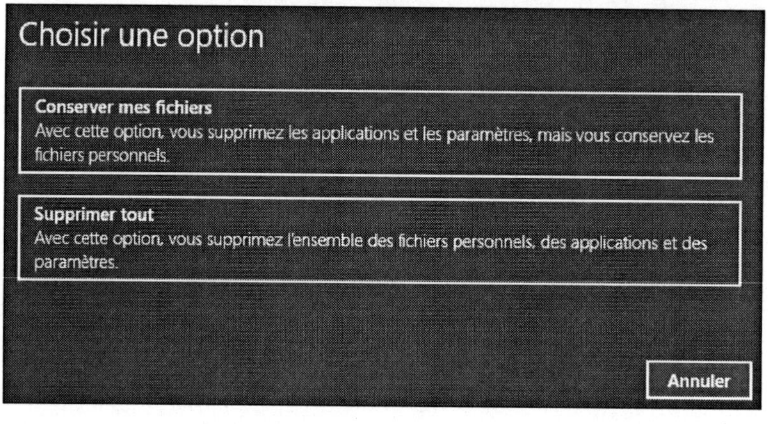

Une fois le choix effectué, l'utilisateur doit insérer le support d'installation puis redémarrer l'ordinateur.

Si Windows 10 ne peut plus démarrer, suite par exemple à la corruption du secteur d'amorce par un virus, l'administrateur ne parviendra pas à exécuter une actualisation de PC depuis l'interface. Il est dans ce cas possible d'exécuter Windows RE depuis le support d'installation Windows 10, ou bien d'utiliser une mémoire flash USB (cf. chapitre Installation du client Windows 10).

1.2 Historique des fichiers

Dans les anciennes versions de Microsoft Windows, environ 5 % des utilisateurs sauvegardaient régulièrement leurs données, ce qui est peu, en comparaison des sinistres informatiques (virus, défaillance matérielle, mauvaise manipulation) qui apparaissent... au plus mauvais moment !

Les données de l'utilisateur doivent être sauvegardées, quel que soit le lieu où l'ordinateur est connecté.

Pour aider l'administrateur, Microsoft a développé la fonctionnalité **Historique des fichiers** : chaque heure, les fichiers modifiés sont copiés à un emplacement déterminé, créant ainsi un historique des différentes versions, tout ceci en arrière-plan et sans intervention de l'utilisateur.

La sauvegarde peut être stockée dans un dossier partagé situé sur un serveur ou sur un NAS (*Network Attached Storage*), mais aussi sur un périphérique externe, comme un disque dur externe USB.

Désormais, il n'est plus nécessaire d'être administrateur du poste de travail pour configurer une sauvegarde, n'importe quel utilisateur le peut.

Par défaut, **Historique des fichiers** sauvegarde les données présentes dans les dossiers **Documents**, **Images**, **Contacts**, **Bureau**, **Favoris**... L'utilisateur peut bien entendu ajouter manuellement les répertoires à sauvegarder.

Contrairement au composant **Sauvegarder et restaurer** livré avec Windows 7, **Historique des fichiers** ne sauvegarde pas le système d'exploitation ou les applications, mais uniquement les fichiers personnels.

Grâce au journal des modifications NTFS, la fonctionnalité cible rapidement les données modifiées et exécute la sauvegarde correspondante. En cas de mise en veille, coupure de courant ou saturation du processeur, **Historique des fichiers** suspend son activité et la reprend plus tard au point arrêté. À l'aide d'un cache local situé sur la partition système, si le lecteur dédié à la sauvegarde devenait indisponible, les données seraient temporairement copiées dans ce cache, en attendant la reconnexion du lecteur.

Le fait qu'un lecteur chiffré à l'aide de BitLocker (cf. chapitre Configuration de la sécurité Windows - Sécurisation des données hors connexion) soit utilisé comme source ou destination de sauvegarde n'a aucune incidence sur la fonctionnalité **Historique des fichiers**, elle le prend en charge de manière transparente.

1.2.1 Configurer une sauvegarde

Pour activer la fonctionnalité **Historique des fichiers**, suivez la procédure ci-dessous :

- Branchez un périphérique externe sur le poste de travail Windows 10. Cliquez sur le menu **Démarrer**, puis **Paramètres**. Cliquez sur **Mise à jour et sécurité**, et sur **Sauvegarde**.

La première étape est d'ajouter un lecteur qui sauvegardera les fichiers cibles :

- Cliquez sur **Ajouter un lecteur**. La liste des cibles de stockage disponibles s'affiche.

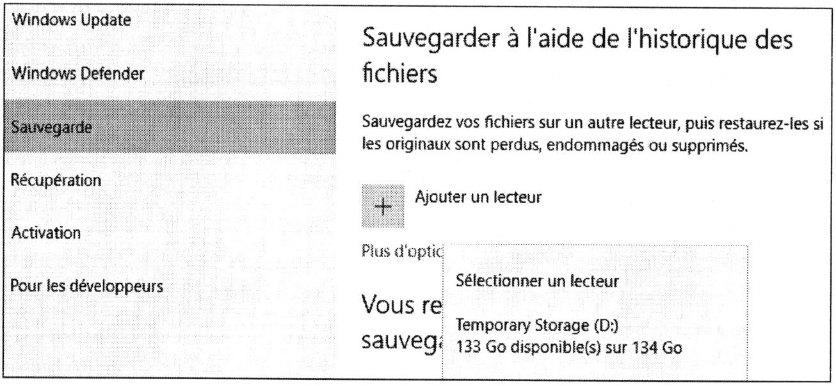

▶ Cliquez sur le bouton **Activer**. Les données sont sauvegardées automatiquement et un dossier nommé **FileHistory** est créé sur le média de destination. Celui-ci peut être parcouru depuis l'**Explorateur Windows** comme n'importe quel répertoire.

Remarque

Lorsque l'ordinateur fait partie d'un groupe résidentiel, Windows 10 propose à l'utilisateur d'informer les autres membres du réseau de la présence d'un lecteur de sauvegarde afin qu'ils puissent y stocker leurs propres données.

Une autre manière d'activer la sauvegarde sur une mémoire flash USB est d'exploiter le menu d'exécution automatique affiché à l'insertion de celle-ci, en choisissant l'option **Configurer ce lecteur pour la sauvegarde** :

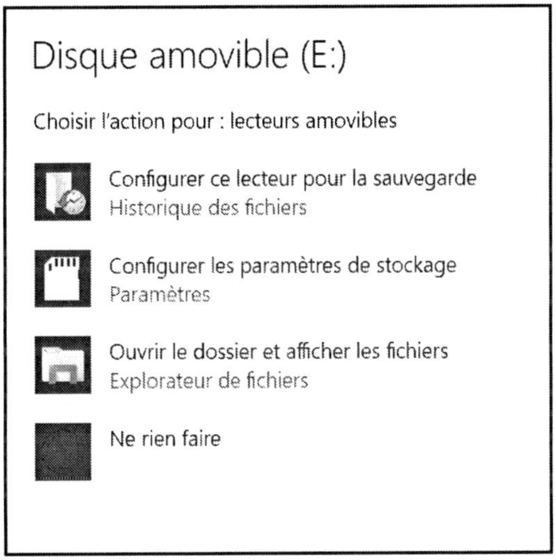

En cliquant sur **Sélectionner un lecteur** dans la fenêtre **Historique des fichiers**, l'utilisateur peut visualiser les emplacements contenant les sauvegardes.

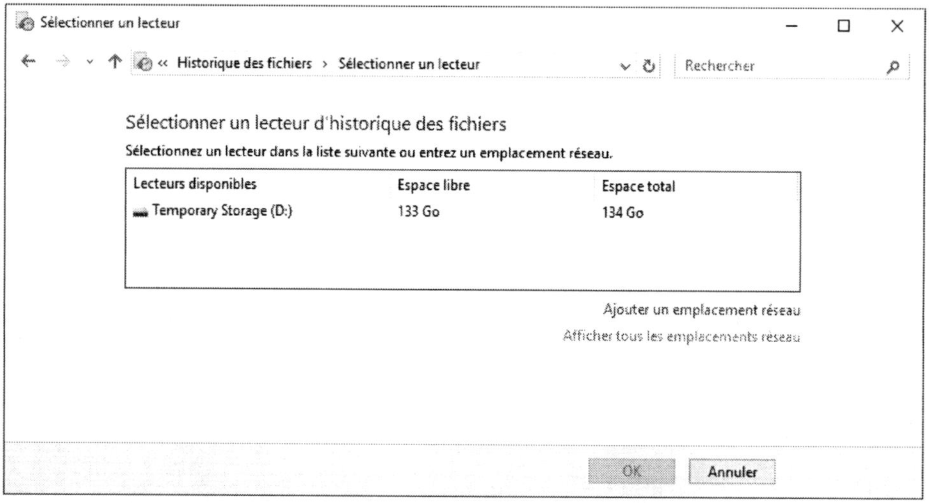

Grâce à cette interface, lorsqu'un lecteur est saturé, l'utilisateur peut changer la destination des sauvegardes en déplaçant les données existantes vers le nouveau lecteur, ou bien ne rien faire en créant ainsi un nouveau jeu de sauvegarde. Cette action s'effectue en cliquant sur le bouton **Ajouter un emplacement réseau**.

Pour modifier les paramètres de la sauvegarde :

▶ Dans la fenêtre **Historique des fichiers**, cliquez sur **Paramètres avancés**.

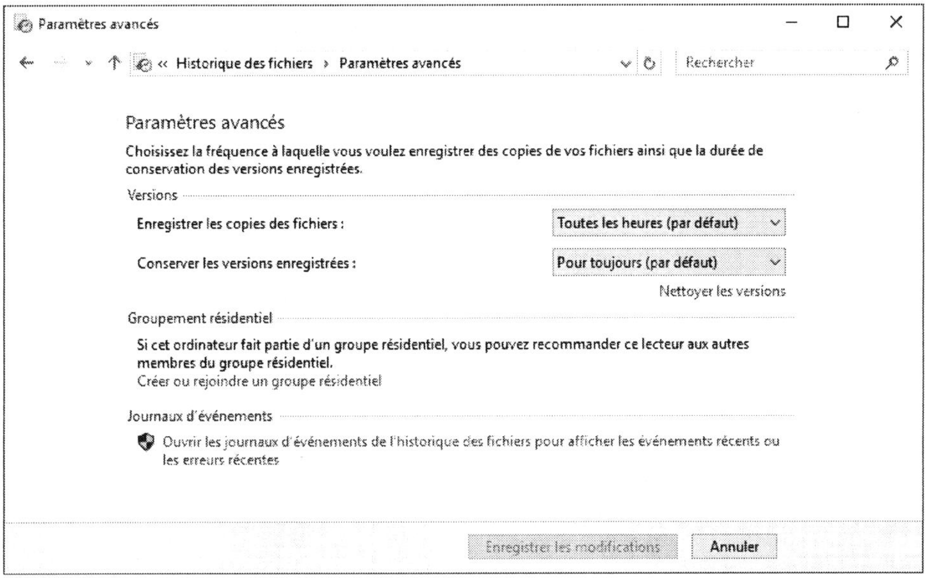

- Modifiez la fréquence des copies (**Toutes les heures (par défaut)**) et la durée de rétention des données (**Pour toujours (par défaut)**). En cochant la case **Recommander ce lecteur**, les membres du groupe résidentiel seront informés de la présence d'un emplacement de sauvegarde.

Les événements liés à la fonctionnalité **Historique des fichiers** sont disponibles depuis l'**Observateur d'événements**, dans le nœud **Journaux des applications et des services - Microsoft - Windows - FileHistory-Engine** et **Journal de sauvegarde de l'historique des fichiers**.

Pour désactiver la fonctionnalité sur les postes de travail d'un domaine, éditez un objet de stratégie de groupe puis développez le nœud **Configuration ordinateur - Stratégies - Modèles d'administration - Composants Windows** et **Historique des fichiers**. Éditez ensuite le paramètre **Désactiver l'historique des fichiers**.

1.2.2 Restaurer les données

Une fois la sauvegarde configurée, un problème sur les données peut survenir, l'application de restauration permettra d'y remédier simplement. Il suffit de cliquer sur **Restaurer des fichiers personnels** dans la fenêtre principale **Historique des fichiers**, puis de sélectionner l'heure et la date de sauvegarde grâce aux flèches de défilement  et de cliquer sur le bouton  pour restaurer les données visées.

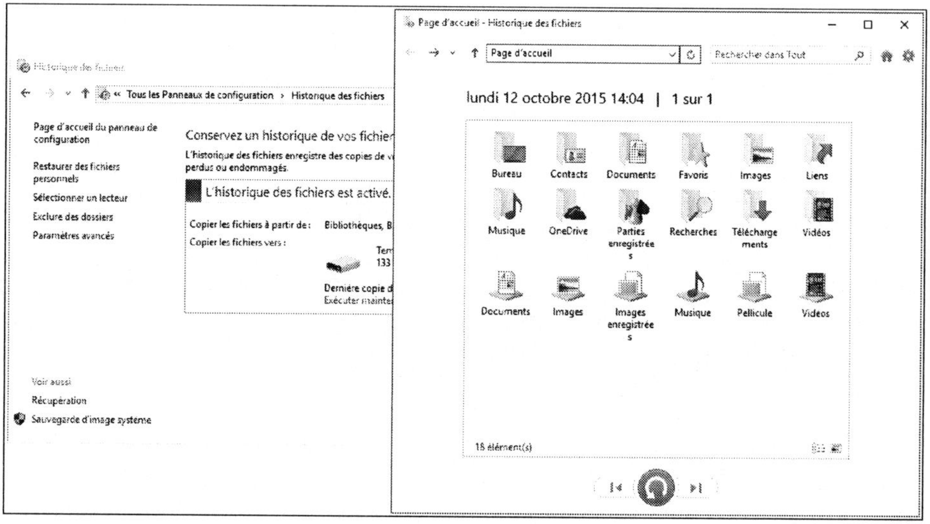

Une autre méthode pour restaurer des données est d'utiliser l'**Explorateur Windows** et le bouton **Historique**, représenté par une horloge et un dossier jaune, situé dans la section **Ouvrir** du bandeau **Accueil** :

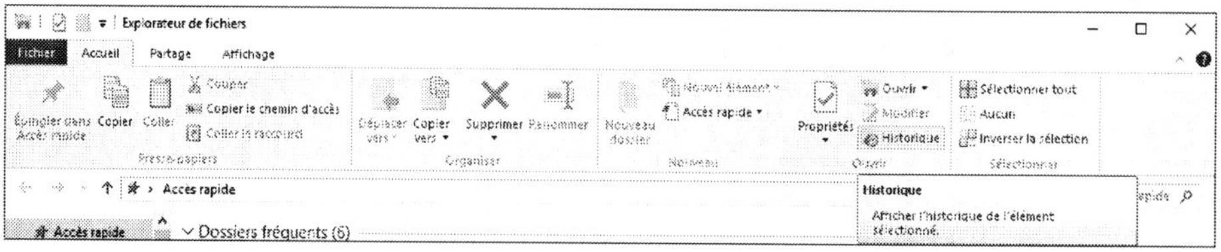

1.3 Récupération de fichiers Windows 7

1.3.1 Sauvegarder et restaurer Windows 7

Windows 7 a introduit la fonctionnalité **Sauvegarder et restaurer** qui s'intégrait parfaitement au **Centre de maintenance** afin de diffuser des messages liés aux sauvegardes. Elle proposait trois types de sauvegarde :

- **Créer une image système** : contient une sauvegarde complète de toutes les partitions utilisées par Windows 7 pour fonctionner, ainsi que celles mentionnées par l'utilisateur. Utile en cas de dysfonctionnement total d'un ordinateur, lors de la panne d'un disque dur par exemple.
- **Sauvegarde des fichiers** : crée des copies des fichiers de données en planifiant une occurrence. Windows 7 peut de lui-même lister les fichiers importants, ou bien l'utilisateur peut le faire manuellement. Ce type de sauvegarde est remplacé par la fonctionnalité **Historique des fichiers** fournie avec Windows 10.
- **Créer un disque de réparation système** : grave sur un CD ou un DVD l'environnement de récupération Windows RE avec des outils de restauration des sauvegardes ou de vérification du matériel. La commande **recdisc.exe** livrée avec Windows 7 permet aussi de lancer l'assistant de création.

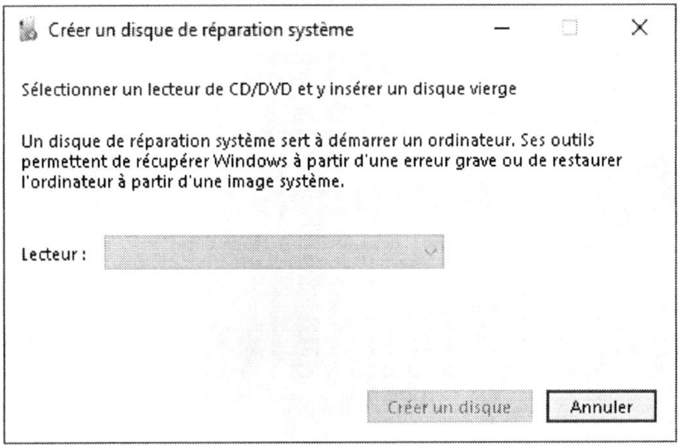

Remarque

Le système peut vous demander d'insérer le DVD d'installation du produit si les fichiers nécessaires à la création du disque de réparation ne sont pas présents sur le disque dur.

La fonctionnalité **Sauvegarder et restaurer** porte désormais le nom **Récupération** et est accessible depuis le Panneau de configuration de Windows 10. Dans l'exemple qui suit, l'objectif est de créer un lecteur de récupération Windows RE qui permettra de dépanner Windows 10 en cas de défaillance au démarrage :

- Saisissez **récupération** depuis le champ de recherche situé dans la barre des tâches, puis sélectionnez **Récupération**.

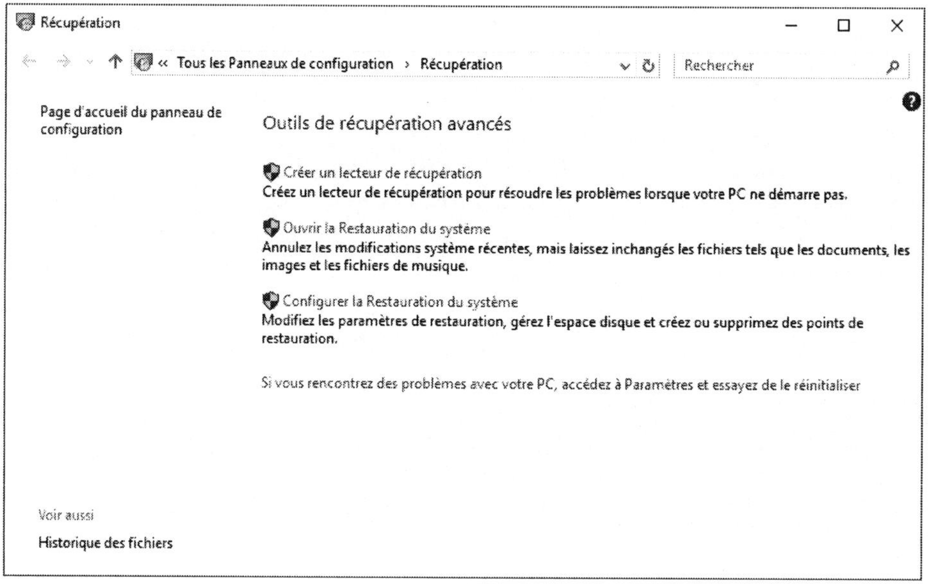

- Cliquez sur **Créer un lecteur de récupération**. Validez en cliquant sur le bouton **Oui** lorsque la fenêtre de contrôle de compte d'utilisateur apparaît.
- Cliquez sur le bouton **Suivant**.
- Sélectionnez l'emplacement de sauvegarde (lecteur flash USB) contenant au moins 250 Mo d'espace libre, puis cliquez sur le bouton **Suivant**.

▶ Cliquez sur le bouton **Créer** pour démarrer la copie de Windows RE.

D'autres méthodes de sauvegarde sont proposées par Windows 10 pour assurer une disponibilité des données, parmi lesquelles la commande **robocopy** permettant de copier des dossiers et des fichiers de manière industrielle, en reprenant par exemple une opération là où elle s'est arrêtée, en respectant les attributs... **robocopy c:\users\ppaiola e:\sauvegarde /MIR /Z** copiera exactement (/**MIR**) le contenu du profil de l'utilisateur ppaiola dans le dossier de sauvegarde situé sur le lecteur E:, en supprimant tout fichier présent dans ce dossier de destination. Le commutateur /**Z** reprendra la copie en cas de perte de connexion réseau.

Remarque

*Notez l'option **/MT** qui permet d'exploiter le multithread lors de la copie des fichiers.*

Sauvegarder les données critiques est vital, mais tester la restauration, avant d'en avoir vraiment besoin, l'est tout autant. Réaliser fréquemment une restauration d'essai vous permettra de connaître la durée du processus et les éventuels problèmes rencontrés.

1.3.2 Commande wbadmin

Les opérations de sauvegarde sont disponibles en ligne de commande, à l'aide de la commande **wbadmin**, qui remplace l'ancienne commande **ntbackup**. La version de l'utilitaire wbadmin livrée avec Windows 10 est plus limitée que celle fournie avec Windows Server 2012. Par exemple, il n'est pas possible de créer une sauvegarde planifiée en ligne de commande (**wbadmin enable backup**). Une solution de contournement est d'exécuter la commande de sauvegarde manuelle dans un fichier batch et de l'insérer dans le planificateur de tâches.

Remarque

Les sauvegardes effectuées avec ntbackup ne peuvent pas être restaurées avec wbadmin.

Pour configurer une sauvegarde planifiée en ligne de commande, il faut appartenir au groupe Administrateurs. Pour restaurer ou créer une sauvegarde, être membre du groupe Opérateurs de sauvegarde suffit.

L'utilitaire wbadmin nécessite d'être exécuté depuis une invite de commandes avec des privilèges élevés. Dans l'exemple qui suit, l'objectif est de sauvegarder le volume C: sur le volume D: sans modifier le calendrier de sauvegarde :

- Cliquez avec le bouton droit sur le menu **Démarrer** puis sur **Invite de commandes (admin)**.
- Validez en cliquant sur le bouton **Oui** lorsque la fenêtre de contrôle de compte d'utilisateur apparaît.
- Dans la fenêtre **Administrateur : Invite de commandes**, saisissez la commande suivante :
  wbadmin start backup -backuptarget:D: -include:C: -vsscopy

```
Administrateur : Invite de commandes - wbadmin start backup -backuptarget:D: -include:...

C:\Windows\system32>wbadmin start backup -backuptarget:D: -include:C: -vsscopy
wbadmin 1.0 - Outil en ligne de commande de sauvegarde
(C) Copyright 2013 Microsoft Corporation. Tous droits réservés.

Récupération des informations de volume...
Cette opération va sauvegarder (C:) sur D:.
Voulez-vous démarrer l'opération de sauvegarde ?
[O] Oui [N] Non O

L'opération de sauvegarde sur D: démarre.
Création d'un cliché instantané des volumes spécifiés pour la sauvegarde...
Création d'un cliché instantané des volumes spécifiés pour la sauvegarde...
Création d'un cliché instantané des volumes spécifiés pour la sauvegarde...
Création d'un cliché instantané des volumes spécifiés pour la sauvegarde...
Création d'un cliché instantané des volumes spécifiés pour la sauvegarde...
Création d'une sauvegarde du volume (C:) en cours, (1%) copiés.
Création d'une sauvegarde du volume (C:) en cours, (5%) copiés.
Création d'une sauvegarde du volume (C:) en cours, (12%) copiés.
Création d'une sauvegarde du volume (C:) en cours, (17%) copiés.
Création d'une sauvegarde du volume (C:) en cours, (23%) copiés.
Création d'une sauvegarde du volume (C:) en cours, (28%) copiés.
Création d'une sauvegarde du volume (C:) en cours, (33%) copiés.
Création d'une sauvegarde du volume (C:) en cours, (39%) copiés.
Création d'une sauvegarde du volume (C:) en cours, (44%) copiés.
```

Un dossier nommé WindowsImageBackup est créé sur le volume de destination de la sauvegarde.

- À tout moment, vous pouvez arrêter une opération de sauvegarde en cours d'exécution : **wbadmin stop job**

- Pour obtenir un état des opérations en cours : **wbadmin get status**. Visualiser les sauvegardes disponibles s'effectue à l'aide du paramètre **get versions** : **wbadmin get versions**

Dans les grands réseaux d'entreprise, il peut être intéressant d'investir dans une solution telle que DPM (*Microsoft System Center Data Protection Manager*), qui permet de centraliser dans une console la gestion des sauvegardes et des restaurations des postes Windows sur disque, bande ou nuage.

1.4 Points de restauration système

L'outil de restauration du système enregistre les modifications apportées au système Windows puis propose de le restaurer à un état antérieur grâce aux points de restauration. Plus rapide qu'une restauration complète, cette méthode ne sauvegarde pas les données personnelles de l'utilisateur (documents, images...). En effet, les points de restauration système sauvegardent uniquement le registre, certains fichiers utilisés par Windows 10 et les programmes.

Une fois par jour et à chaque événement important survenu sur le client Windows 10, comme l'installation d'un pilote de périphérique ou la désinstallation d'un logiciel, un point de restauration est créé. Néanmoins, l'utilisateur peut à tout moment en créer un manuellement.

Avant d'exécuter la restauration du système, fermez tous les programmes et documents, car Windows 10 redémarrera l'ordinateur. Notez qu'il est possible d'annuler les modifications effectuées par une restauration du système, sauf si l'utilisateur a effectué cette procédure en mode sans échec. De plus, les points de restauration créés sont conservés jusqu'à ce que la limite qui leur est allouée soit atteinte : dans ce cas, ils seront supprimés pour permettre aux plus récents d'être générés.

Par défaut, Windows 10 n'active pas la fonctionnalité sur la partition où il est installé.

Pour configurer la protection du système, ouvrez une session en tant qu'administrateur local et suivez la procédure suivante :

- Avec la souris, cliquez avec le bouton droit sur le menu **Démarrer** situé en bas à gauche de l'écran, puis sélectionnez **Système**.
- Dans la fenêtre du même nom, cliquez sur l'onglet **Protection du système**. Si vous voulez créer un point de restauration manuellement sur un lecteur dont la fonctionnalité est déjà activée, cliquez sur le bouton **Créer**.
- Dans les paramètres de protection, sélectionnez le lecteur sur lequel vous souhaitez activer la création des points de restauration, puis cliquez sur le bouton **Configurer**. Cochez la case **Activer la protection du système** puis choisissez la quantité d'espace disque allouée à la protection du système. Validez par le bouton **OK**.

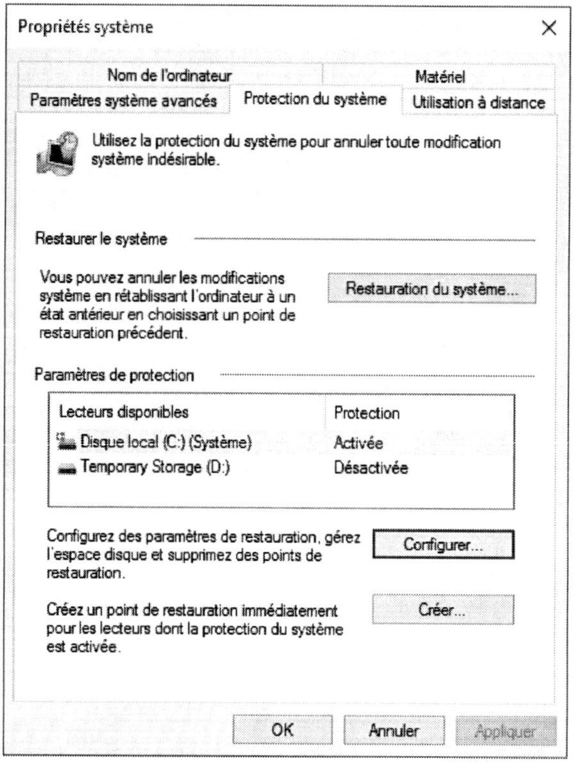

▶ Cliquez sur le bouton **Restauration du système** de la boîte de dialogue **Propriétés système** pour restaurer le système à une date précise. En sélectionnant **Rechercher les programmes concernés**, la liste des programmes qui seront supprimés ou restaurés suite à l'activation du point de restauration est affichée.

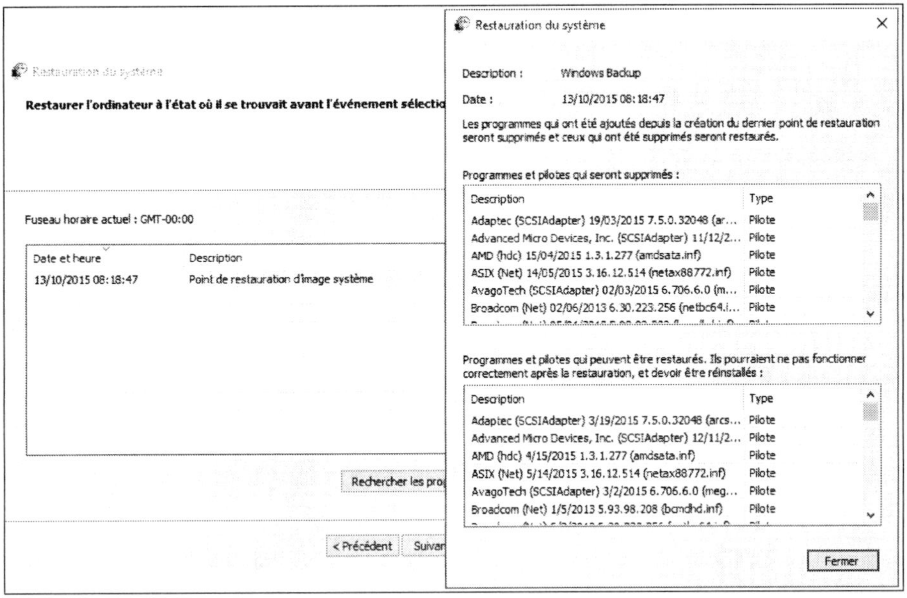

Remarque

La fonctionnalité Restauration du système ne fonctionne que sur une partition NTFS. Le système de fichiers FAT n'est pas supporté.

2. Dépannage du système

Maintenir un système Windows 10 est facilité par un ensemble d'outils proposés par Microsoft à destination des administrateurs. Il est par exemple possible de récolter les journaux d'événements des différents postes afin de les filtrer dans une vue unique ou bien d'enregistrer les actions des utilisateurs à des fins de résolution de problèmes.

Lorsqu'un utilisateur soupçonne qu'une application est la cause d'un ralentissement à l'ouverture de session, il suffit de presser la touche [Maj] pour qu'aucun programme ne soit exécuté pendant le processus d'ouverture de session.

Les problèmes liés au matériel surviennent généralement lors du démarrage de Windows 10. Il convient dans ce cas de débrancher tout périphérique externe, de tester le démarrage en mode sans échec et de vérifier que les pilotes utilisés sont bien signés.

2.1 Magasin des données de configuration de démarrage

Les problèmes de démarrage de Windows 10 peuvent avoir des origines multiples : un pilote de périphérique défectueux, une panne matérielle, la corruption d'un disque ou une mauvaise configuration du système. Pour s'en prémunir, il convient d'appliquer les mises à jour de sécurité, de maintenir l'antivirus à jour et de s'assurer que les micrologiciels des matériels possèdent la dernière version proposée par les fabricants.

Dans certains cas, la réinstallation complète du système sera nécessaire, au travers de l'environnement Windows RE.

Le processus de démarrage d'un ordinateur pourvu de Windows 10 nécessite de respecter plusieurs étapes :

- Le BIOS effectue une vérification des périphériques et leur attribue des réglages nécessaires à un fonctionnement sans conflit.
- Le disque dur principal contenant la zone d'amorce **MBR** est détecté, et le système charge le fichier **Bootmgr.exe** (gestionnaire de démarrage Windows).
- Celui-ci interroge les données de configuration de démarrage **BCD** (*Boot Configuration Data*) situées sur la partition active, afin d'afficher le menu de démarrage si plusieurs systèmes étaient installés.
- BCD exécute ensuite le fichier **Winload.exe** (chargeur du système d'exploitation Windows 10).
- Winload initialise ensuite les périphériques et la mémoire de démarrage, puis transfère le contrôle au noyau (fichier **ntoskrnl.exe**).

- Enfin, le composant Session Manager Subsystem (**smss.exe**) est exécuté pour démarrer la gestion de la mémoire et le service **Winlogon.exe** qui, lui, gère l'ouverture de session de l'utilisateur.

Windows 10 stocke le fichier BCD comme une ruche de registre dans la partition active **\Boot** lorsque l'ordinateur est pourvu d'un BIOS.

Fonctionnant avec des systèmes n'utilisant pas le BIOS pour démarrer, BCD est modifiable à l'aide de la commande **BCDedit**.

2.1.1 BCDedit

BCDedit configure donc les magasins BCD pour faciliter le démarrage de Windows 10 ou d'un autre système d'exploitation.

Avant de manipuler les données de configuration de démarrage, il est conseillé de les sauvegarder grâce au paramètre **export**, en tant qu'administrateur local :

bcdedit /export c:\sauvegardeBCD

Suite à une mauvaise manipulation, l'importation de la sauvegarde s'effectue avec le paramètre **import**.

bcdedit /import c:\sauvegardeBCD

Remarque

*Lorsque le démarrage de Windows 10 s'avère impossible, l'une des causes peut être la corruption du magasin BCD. La commande **bootsect.exe SYS** reconstruit intégralement le magasin.*

Saisissez **bcdedit** pour visualiser le **Gestionnaire de démarrage Windows** et le **Chargeur de démarrage Windows** :

```
Administrateur : Invite de commandes

C:\>bcdedit

Gestionnaire de démarrage Windows
---------------------------------
identificateur          {bootmgr}
device                  unknown
description             Windows Boot Manager
locale                  en-US
inherit                 {globalsettings}
default                 {current}
resumeobject            {dbfc7902-2708-11e5-80db-e41d2d743300}
displayorder            {current}
toolsdisplayorder       {memdiag}
timeout                 30

Chargeur de démarrage Windows
-----------------------------
identificateur          {current}
device                  boot
path                    \Windows\System32\winload.exe
description             Windows 10
locale                  en-US
inherit                 {bootloadersettings}
recoverysequence        {d147898e-316c-11e5-9bc2-e5c42d9713fc}
recoveryenabled         No
allowedinmemorysettings 0x15000075
osdevice                boot
systemroot              \Windows
resumeobject            {dbfc7902-2708-11e5-80db-e41d2d743300}
nx                      OptIn
bootmenupolicy          Standard
bootstatuspolicy        IgnoreAllFailures

C:\>_
```

Le champ **identificateur {}** possède les valeurs suivantes :

- **{bootmgr}** : gestionnaire de démarrage.
- **{current}** : système d'exploitation choisi par l'utilisateur lors du démarrage de Windows 10.
- **{default}** : système d'exploitation démarré par défaut lors de la mise sous tension de l'ordinateur.
- **{ntldr}** : gestionnaire de démarrage pour Windows XP. Par exemple, pour définir la partition Windows XP comme étant celle qui va démarrer par défaut : **bcdedit /default {ntldr}**.

Enfin, la commande **bcdedit /timeout 5** affichera le menu de sélection d'un système d'exploitation pendant cinq secondes.

La configuration du menu de démarrage peut aussi s'effectuer depuis le bureau de l'utilisateur :

- Cliquez avec le bouton droit sur le menu **Démarrer** et sélectionnez ensuite **Système**.

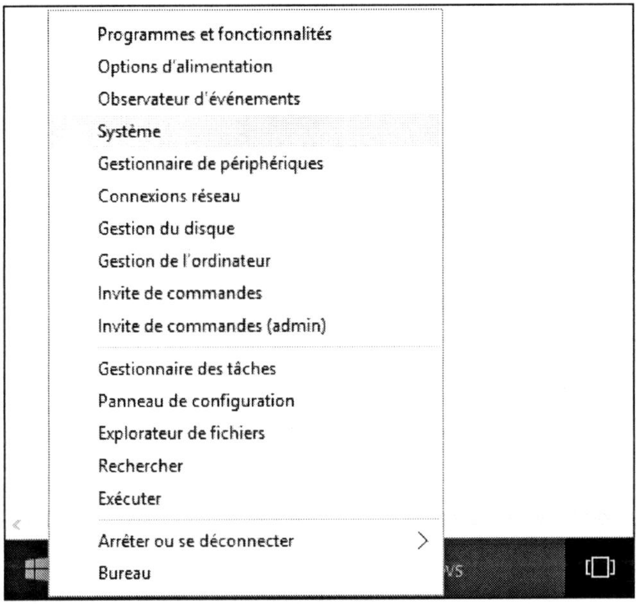

- Dans la fenêtre **Système**, cliquez sur l'onglet **Paramètres système avancés**. Cliquez enfin sur le bouton **Paramètres** de la section **Démarrage et récupération** pour configurer les paramètres de démarrage, tels que le système d'exploitation exécuté par défaut ou l'affichage (en secondes) des différents systèmes d'exploitation et des options de récupération. Ainsi, Windows 10 propose de **Désactiver la suppression automatique des images mémoire si l'espace disque est insuffisant**.

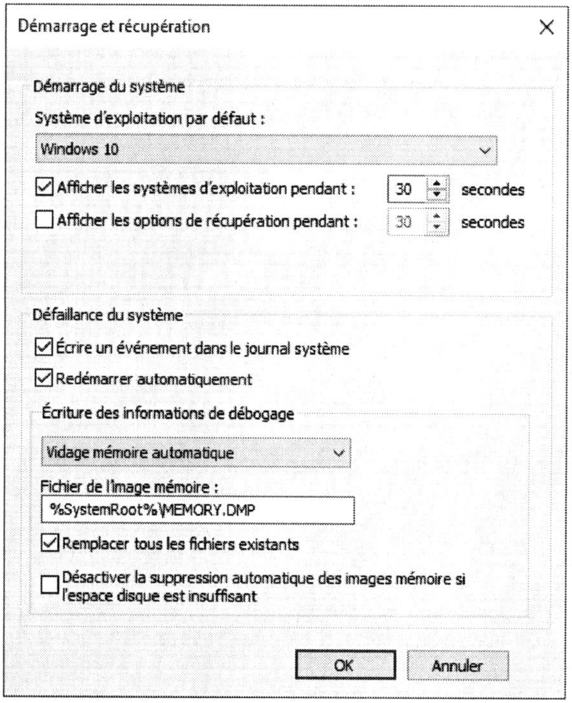

2.1.2 BCDboot

La commande **BCDboot** permet de configurer la partition système, partition active créée à l'installation de Windows 10 et contenant des fichiers relatifs au matériel et à la configuration de démarrage de Windows. Stocké dans le dossier %systemroot%\system32\, l'utilitaire BCDboot est fourni avec Windows 10 et le kit Windows ADK (cf. chapitre Conception d'une image de déploiement - Création d'une installation de référence).

Pour créer l'environnement de démarrage, l'outil utilise une image système Windows au format WIM pour les versions Windows Vista, Windows 7, Windows 8, Windows 8.1, Windows Server 2008, Windows Server 2008 R2, Windows Server 2012, Windows Server 2012 R2, Windows 10 et un fichier de modèle nommé BCD-Template stocké dans le répertoire %systemroot%\ system32\config\.

BCDboot localise la partition système sans lettre de lecteur, et la met éventuellement à jour si les fichiers provenant de l'image système sont plus récents.

Si un magasin BCD existe déjà dans la partition système, il crée une nouvelle entrée et supprime les éventuels doublons.

Pour initialiser la partition système déjà créée à l'aide de fichiers stockés sur le volume C:, saisissez la commande **bcdboot c:\windows** dans une invite de commandes.

Remarque

*BCDboot ne crée pas de partition système, il permet juste d'y implanter les fichiers nécessaires à l'environnement de démarrage. Utilisez **diskpart** avec le paramètre **active** pour créer cette partition.*

2.2 Windows RE

Des fonctionnalités de récupération sont implémentées dans Windows 10, grâce au système d'exploitation minimal Windows RE (*Recovery Environment*) présent sur le support d'installation. Il contient une collection d'outils pour dépanner le système :

- **Réinitialisation du PC** : en sélectionnant cette option, Windows 10 sera réinstallé et ses paramètres définis à leur valeur par défaut.
- **Restauration du système (Options avancées)** : Windows 10 peut utiliser un point de restauration pour corriger les problèmes de performance ou un mauvais fonctionnement du système. La protection du système à l'aide des points de restauration est activée par défaut. Cette option restaure les paramètres de l'ordinateur à une date antérieure sans affecter les données de l'utilisateur. Il est nécessaire de s'authentifier avec un compte administrateur pour utiliser la restauration du système.
- **Récupération de l'image système (Options avancées)** : si l'administrateur a créé une sauvegarde de l'image du système valide, il pourra ainsi restaurer ce dernier à l'aide du média source (disque dur, DVD...).

- **Outil de redémarrage système (Options avancées)** : en cas de corruption de la zone d'amorce MBR ou du magasin BCD, cette option utilise des outils pour les réparer. Un pilote de périphérique défectueux pouvant aussi empêcher le démarrage de Windows 10, la réparation automatique peut utiliser un point de restauration pour corriger le problème.
- **Invite de commandes (Options avancées)** : Windows RE exécute une fenêtre Invite de commandes avec des privilèges administrateur.
- **Paramètres (Options avancées)** : redémarre l'ordinateur puis affiche l'écran de sélection des options de démarrage : mode sans échec, mode débogage, mode vidéo basse résolution...
- **Rétrograder vers la version précédente (Options avancées)** : durant un mois après la mise à niveau vers Windows 10, l'utilisateur ayant fait une mise à jour de son ancien système (Windows 7 ou Windows 8.1) vers Windows 10 peut via cette option revenir au système d'exploitation d'origine. Cette action peut aussi s'effectuer depuis **Paramètres - Mise à jour et sécurité - Récupération**. Cette option conserve les fichiers personnels, mais supprime les applications et les pilotes installés après la mise à niveau. Il se peut qu'après une rétrogradation il soit nécessaire de réinstaller des applications.

Pour exécuter l'environnement de récupération depuis un ordinateur Windows 10 déjà installé, suivez la procédure ci-dessous :

▶ Cliquez sur le menu **Démarrer**, puis **Paramètres** et **Mise à jour et sécurité**.

▶ Sélectionnez **Récupération** et cliquez sur le bouton **Redémarrer maintenant**.

D'autres méthodes permettent d'accéder à Windows RE, en tapant dans une invite de commandes **shutdown /r /o**.

Notez qu'un basculement automatique vers Windows RE est effectué dans des situations précises, comme lors de deux échecs successifs du démarrage de Windows 10 ou bien encore deux arrêts imprévus survenus moins de 2 minutes après le démarrage.

- L'ordinateur redémarre. L'utilisateur peut ainsi continuer normalement le démarrage de Windows 10, utiliser les options de dépannage, ou éteindre son PC.
- Cliquez sur le bouton **Dépannage**. Les outils s'affichent pour réinitialiser le PC ou accéder aux options avancées.

Windows RE est aussi disponible depuis le support DVD ou périphérique USB de Windows 10, en cliquant sur **Réparer l'ordinateur** durant les étapes d'installation du produit.

2.2.1 Utilitaire Copype.cmd

Pour créer manuellement un support de démarrage **Windows PE** contenant les outils de dépannage Windows RE, il est nécessaire d'utiliser la commande **Copype.cmd** livrée avec le kit Windows ADK :

- Depuis la zone de recherche située dans la barre des tâches, saisissez **Environnement** puis cliquez avec le bouton droit sur **Environnement de déploiement et d'outils de création d'images** et **Exécuter en tant qu'administrateur**.
- Validez en cliquant sur le bouton **Oui** lorsque la fenêtre de contrôle de compte apparaît.
- À l'invite de commandes, exécutez le fichier **Copype.cmd** en spécifiant l'architecture matérielle (**x86**, **amd64** ou **ia64** pour Itanium) ainsi que le répertoire de destination.

  La commande suivante va créer les fichiers nécessaires au fonctionnement de Windows RE pour l'architecture x86 dans le chemin d'accès au répertoire local c:\temp\winpex86 :

  copype.cmd x86 c:\temp\winpex86.

```
Administrateur : Environnement de déploiement et d'outils de création d'images
C:\Program Files (x86)\Windows Kits\10\Assessment and Deployment Kit\Deployment Tools>copype.cmd x86 c:\temp\winpex86

===================================================
Creating Windows PE customization working directory

    c:\temp\winpex86
===================================================

C:\Program Files (x86)\Windows Kits\10\Assessment and Deployment Kit\Windows Preinstallation Environment\x86\Media\bootm
gr
C:\Program Files (x86)\Windows Kits\10\Assessment and Deployment Kit\Windows Preinstallation Environment\x86\Media\bootm
gr.efi
C:\Program Files (x86)\Windows Kits\10\Assessment and Deployment Kit\Windows Preinstallation Environment\x86\Media\bg-bg
\bootmgr.efi.mui
C:\Program Files (x86)\Windows Kits\10\Assessment and Deployment Kit\Windows Preinstallation Environment\x86\Media\Boot\
BCD
C:\Program Files (x86)\Windows Kits\10\Assessment and Deployment Kit\Windows Preinstallation Environment\x86\Media\Boot\
boot.sdi
C:\Program Files (x86)\Windows Kits\10\Assessment and Deployment Kit\Windows Preinstallation Environment\x86\Media\Boot\
bootfix.bin
C:\Program Files (x86)\Windows Kits\10\Assessment and Deployment Kit\Windows Preinstallation Environment\x86\Media\Boot\
memtest.exe
C:\Program Files (x86)\Windows Kits\10\Assessment and Deployment Kit\Windows Preinstallation Environment\x86\Media\Boot\
bg-bg\bootmgr.exe.mui
C:\Program Files (x86)\Windows Kits\10\Assessment and Deployment Kit\Windows Preinstallation Environment\x86\Media\Boot\
cs-cz\bootmgr.exe.mui
C:\Program Files (x86)\Windows Kits\10\Assessment and Deployment Kit\Windows Preinstallation Environment\x86\Media\Boot\
cs-cz\memtest.exe.mui
C:\Program Files (x86)\Windows Kits\10\Assessment and Deployment Kit\Windows Preinstallation Environment\x86\Media\Boot\
da-dk\bootmgr.exe.mui
```

La commande **oscdimg** permet de créer un fichier .iso contenant Windows RE à partir de l'emplacement source précédemment défini (c:\temp\winpex86) :

- Saisissez : **oscdimg.exe -n -bc:\temp\winpex86\fwfiles\etfsboot.com c:\temp\winpex86\media c:\temp\winpex86windows10.iso**

```
Administrateur : Environnement de déploiement et d'outils de création d'images

C:\Program Files (x86)\Windows Kits\10\Assessment and Deployment Kit\Deployment Tools>oscdimg.exe -n -bc:\temp\winpex86\
fwfiles\etfsboot.com c:\temp\winpex86\media c:\temp\winpex86windows10.iso

OSCDIMG 2.56 CD-ROM and DVD-ROM Premastering Utility
Copyright (C) Microsoft, 1993-2012. All rights reserved.
Licensed only for producing Microsoft authorized content.


Scanning source tree
Scanning source tree complete (193 files in 142 directories)

Computing directory information complete

Image file is 206581760 bytes

Writing 193 files in 142 directories to c:\temp\winpex86windows10.iso

100% complete

Final image file is 206581760 bytes

Done.

C:\Program Files (x86)\Windows Kits\10\Assessment and Deployment Kit\Deployment Tools>
```

Vous pouvez maintenant graver le fichier **winpex86windows10.iso** généré sur un DVD-ROM et ainsi démarrer un ordinateur depuis l'environnement Windows RE.

2.2.2 Lecteur de récupération Windows RE

Windows 10 permet de créer un lecteur de récupération Windows RE sur une mémoire flash USB, grâce à la fonctionnalité **Récupération**. Ainsi, même si le système d'exploitation ne peut plus s'exécuter, l'administrateur peut configurer le BIOS pour démarrer depuis un périphérique USB et ainsi utiliser les outils de récupération pour dépanner l'ordinateur.

Pour créer un lecteur de récupération Windows RE, suivez la procédure ci-dessous en tant qu'administrateur :

- Branchez une mémoire flash USB ayant une capacité minimale de 256 Mo : toutes les données stockées seront effacées.
- Cliquez avec le bouton droit sur le menu **Démarrer** puis sur **Panneau de configuration**.
- Dans la fenêtre **Tous les panneaux de configuration**, sélectionnez **Petites icônes** dans le champ **Afficher par**. Cliquez sur **Récupération** puis sur **Créer un lecteur de récupération**.
- L'assistant propose de copier la partition de récupération, si celle-ci est présente, sur le lecteur de mémoire flash USB. Cliquez sur le bouton **Suivant**.
- Sélectionnez ensuite la lettre de lecteur du périphérique USB branché puis validez par **Suivant**.
- Cliquez sur le bouton **Créer** pour démarrer la copie de Windows RE sur le périphérique cible. Les dossiers **boot**, **efi**, **sources** sont créés.

L'ordinateur peut désormais être démarré sur cette mémoire flash USB.

2.3 Mode sans échec et options de démarrage avancées

En cas de problème matériel ou logiciel, l'une des étapes les plus courantes lors de la phase de dépannage est de démarrer l'ordinateur en mode sans échec. Ce mode active un nombre réduit de pilotes et services afin que Windows 10 s'exécute, même si une application pouvait l'empêcher.

Avec les anciennes versions de Windows, il suffisait de presser la touche [F8] avant l'apparition du logo du système pour y accéder. Depuis Windows 10, le mode sans échec est disponible par le biais des paramètres avancés :

- Cliquez sur le menu **Démarrer**, puis sur **Paramètres**, **Mise à jour et sécurité**, et sur **Récupération**.
- Cliquez sur le bouton **Redémarrer maintenant** dans la section **Démarrage avancé**.

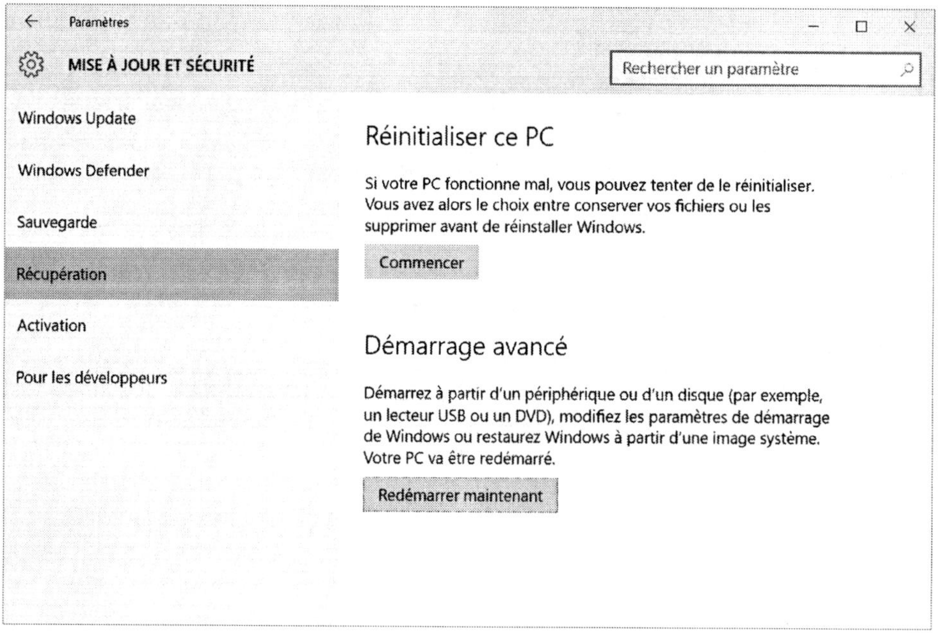

L'ordinateur redémarre.

▶ Sélectionnez ensuite le bouton **Dépannage**, puis **Options avancées** et enfin **Paramètres**. Cliquez sur le bouton **Redémarrer**.

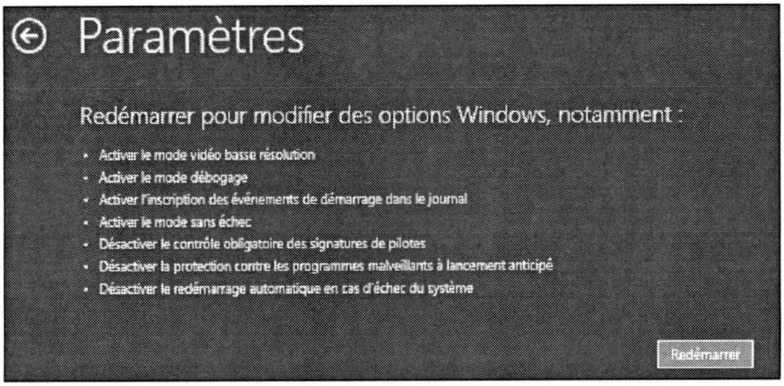

L'ordinateur redémarre une nouvelle fois et affiche neuf options de démarrage avancées, accessibles grâce aux touches du clavier numérique ou aux touches [F1] à [F9] :

1. Activer le débogage. Utile lorsque Windows 10 s'arrête de manière inattendue.
2. Activer la journalisation du démarrage. Crée un fichier nommé **ntbtlog.txt** contenant le nom des pilotes installés lors du démarrage.
3. Activer la vidéo basse résolution. Le mode sélectionné est 640 x 480 pixels.
4. Activer le mode sans échec.
5. Activer le mode sans échec avec prise en charge réseau.
6. Activer le mode sans échec avec Invite de commandes.
7. Désactiver le contrôle obligatoire des signatures de pilotes. L'administrateur peut ainsi installer un pilote non signé sur son système.
8. Désactiver la protection du logiciel anti-programme malveillant à lancement anticipé.
9. Désactiver le redémarrage automatique en cas d'échec.

La touche [F10] active l'option **Lancer l'environnement de récupération**. La touche [Entrée] redémarre l'ordinateur et exécute Windows 10 normalement.

▶ Appuyez sur la touche [F4] du pavé numérique pour démarrer l'ordinateur en mode sans échec.

Une fois la session ouverte en tant qu'administrateur, le système affiche le bureau de l'utilisateur. Notez que le champ de recherche est désactivé.

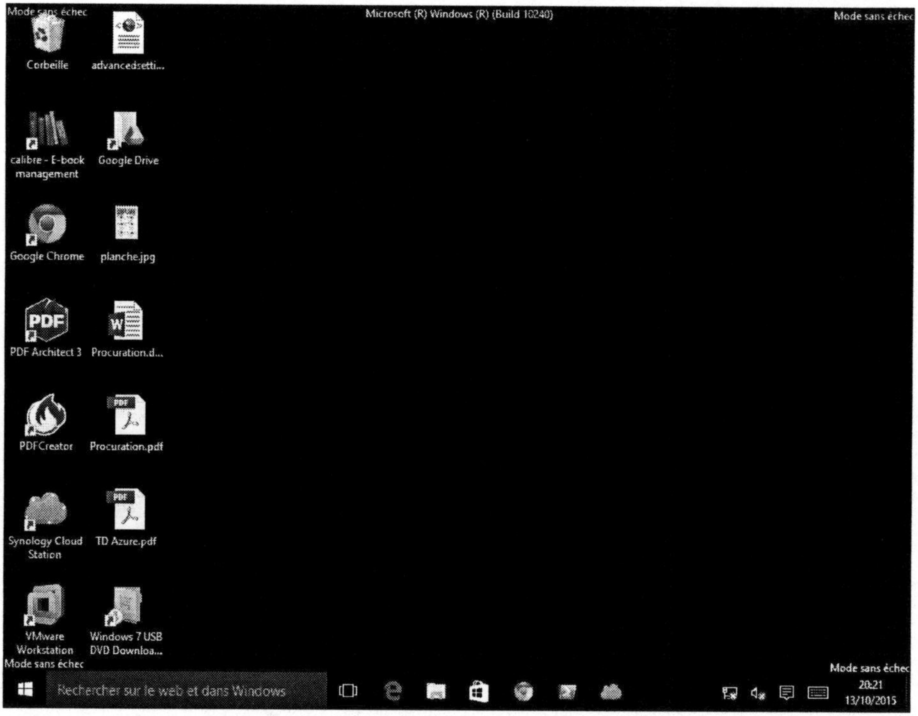

Windows 10 exécute automatiquement l'environnement de démarrage Windows PE si le système a subi deux arrêts imprévus survenus moins de 2 minutes après le démarrage. Une autre possibilité est de maintenir la touche [Shift] enfoncée en cliquant sur **Redémarrer**.

La ligne de commande **shutdown.exe** avec l'option **/o** permet aussi d'accéder aux options de démarrage.

2.4 Gestionnaire des tâches

Un administrateur doit pouvoir arrêter un programme qui ne répond plus et visualiser en temps réel rapidement les ressources matérielles utilisées par les composants du système d'exploitation. Le **Gestionnaire des tâches** est particulièrement utile pour fermer la session d'un utilisateur sans se déconnecter soi-même. Grâce aux données de télémétrie (journalisation d'informations d'intérêt à des fins statistiques) intégrée à Windows 10, l'outil affiche désormais l'historique d'utilisation des logiciels.

Une fonctionnalité intéressante est l'action **Recherche en ligne** : en cliquant avec le bouton droit sur un processus, un service, ou une application, l'administrateur peut rechercher depuis le moteur de recherche référent des informations précises sur ceux-ci. Ainsi, en cas de suspicion d'attaque virale, retrouver le programme responsable sera aisé.

Microsoft affiche autant que faire se peut les processus sous forme de noms conviviaux, afin que les utilisateurs puissent mieux appréhender leurs fonctions.

Plusieurs méthodes permettent d'accéder au Gestionnaire des tâches :

- Combinaison des touches du clavier [Ctrl][Shift][Echap]. Vous pouvez aussi presser [Ctrl][Alt][Suppr] puis **Gestionnaire des tâches**.
- Clic avec le bouton droit sur la barre des tâches du bureau, puis **Gestionnaire des tâches**.
- Pressez les touches et **R** puis saisissez **taskmgr** et validez par [Entrée].
- Depuis le champ de recherche situé sur la barre des tâches, saisissez **Gestionnaire des tâches**.
- Clic avec le bouton droit sur le menu **Démarrer**, puis **Gestionnaire des tâches**.

Lorsqu'il est exécuté la première fois, le Gestionnaire des tâches affiche une vue complète des informations.

En cliquant sur **Moins de détails** puis avec le bouton droit sur un programme en cours d'exécution, l'utilisateur peut effectuer des actions sommaires, telles que mettre fin à une tâche, exécuter une nouvelle tâche ou encore afficher ses propriétés.

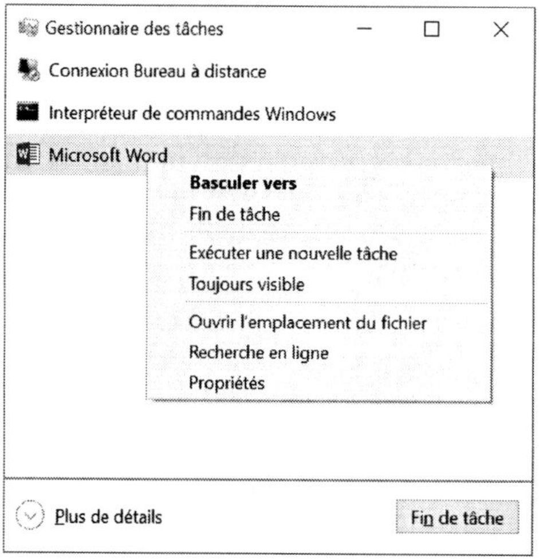

En cliquant sur la flèche **Plus de détails**, sept onglets sont affichés à destination des administrateurs :

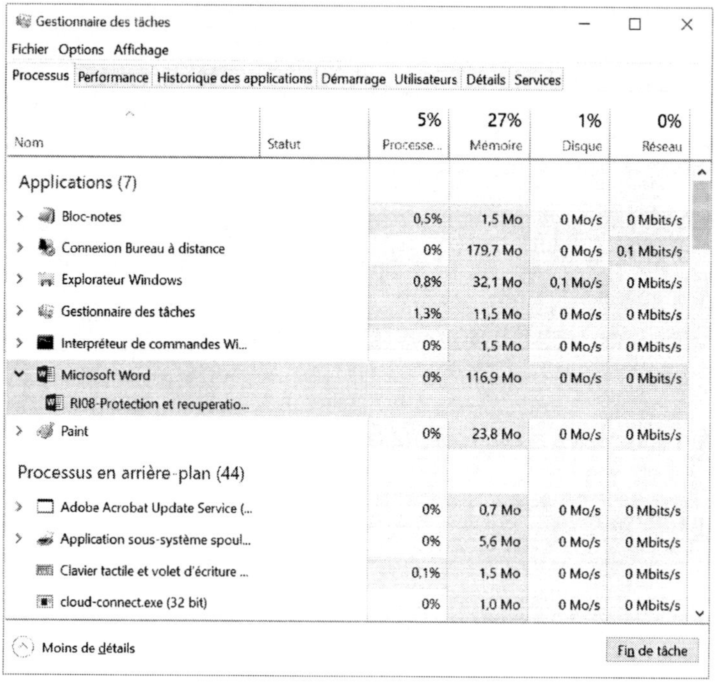

- **Processus** : les processus sont regroupés par type : applications bureautiques ou apps Windows 10, processus en arrière-plan et processus Windows. Pour chacun, le pourcentage d'utilisation des composants matériel (**Processeur**, **Mémoire**, **Disque** et **Réseau**) est affiché. En cliquant avec le bouton droit sur un processus, l'administrateur peut effectuer des actions supplémentaires. Une carte thermique affiche des couleurs en fonction du taux d'utilisation d'une ressource : plus la couleur est sombre, plus l'attention de l'administrateur est sollicitée. En développant le **Nom** d'un processus, ses fenêtres associées sont affichées :
- **Performance** : les taux d'utilisation des composants matériels sont affichés sous forme graphique. Il est ainsi possible de détecter rapidement les causes d'un ralentissement du système.
- **Historique des applications** : dès l'installation de Windows 10, des données concernant l'utilisation des applications sont collectées puis listées. En cliquant sur **Supprimer l'historique d'utilisation**, les statistiques sont remises à zéro.
- **Démarrage** : affiche les programmes exécutés lors du démarrage de l'ordinateur. Il est possible d'en désactiver un en cliquant avec le bouton droit sur celui-ci puis en choisissant **Désactiver**.
- **Utilisateurs** : liste les utilisateurs ayant une session ouverte sur le poste de travail Windows 10. En développant le nœud portant le nom de l'un d'entre eux, ses processus exécutés sont affichés. Un clic avec le bouton droit sur un compte permet de **Déconnecter** son propriétaire du système.

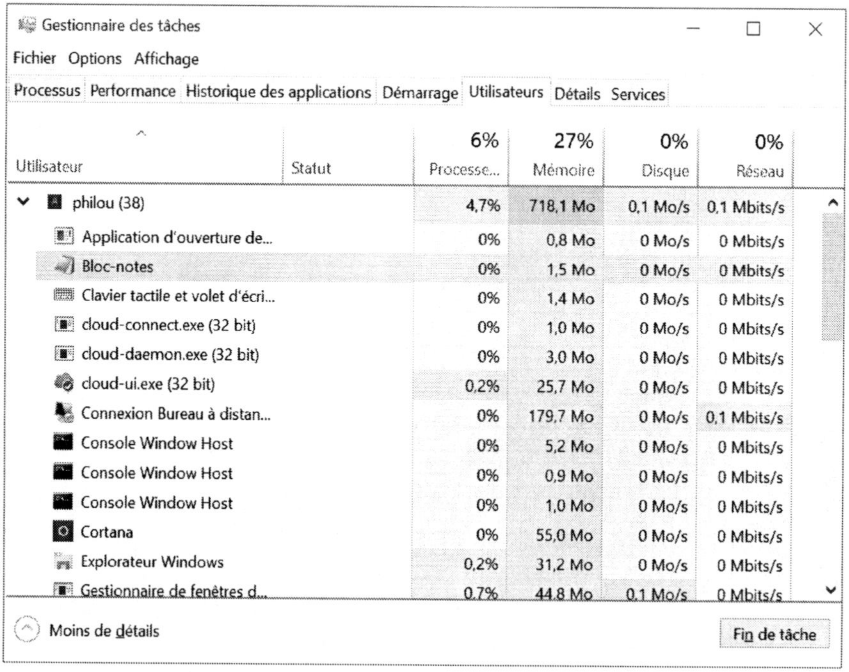

- **Détails** : liste les programmes et processus en cours d'exécution. Permet de définir une priorité et une affinité pour chacun d'eux.
- **Services** : affiche les services installés sur le système. L'administrateur peut effectuer les actions basiques sur ces derniers, comme les démarrer, les arrêter ou les redémarrer.

2.5 Utilitaire msconfig

Accélérer le chargement du système d'exploitation Windows 10, empêcher des programmes malveillants de s'exécuter, telles sont les problématiques auxquelles sont confrontés régulièrement les administrateurs des entreprises. Tout utilisateur souhaite que son environnement de travail soit performant et sécurisé.

Comme les précédentes versions des systèmes Windows, l'utilitaire **msconfig** permet d'optimiser les options de démarrage de Windows 10.

Pour l'exécuter en tant qu'administrateur, voici la procédure :

- Utilisez la combinaison de touches + **R** du clavier puis saisissez **msconfig** et cliquez sur le bouton **OK**.

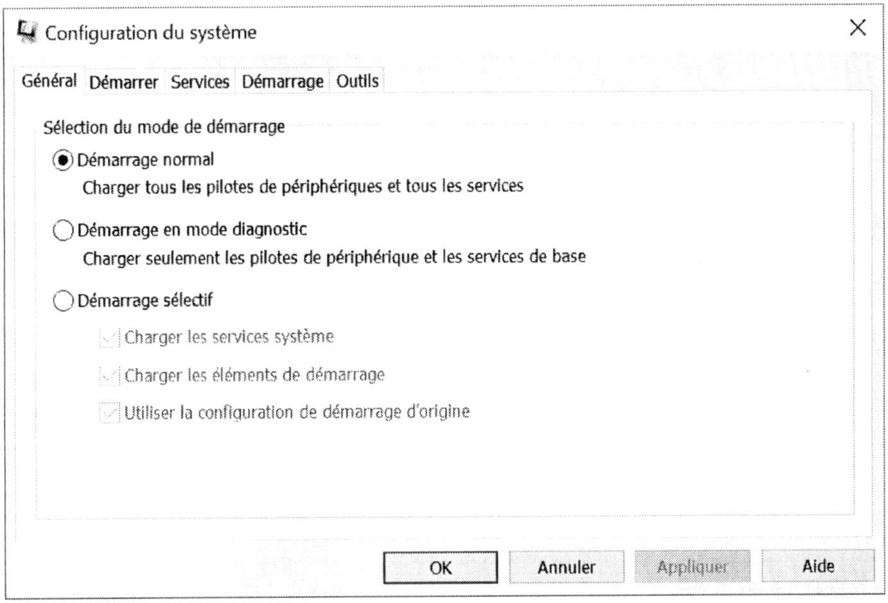

La fenêtre **Configuration du système** contient cinq onglets :

- **Général** : démarre Windows dans des modes permettant de trouver la source de problèmes, par exemple en ne chargeant que les services et pilotes de base (mode diagnostic).
- **Démarrer** : spécifie quel système d'exploitation exécuter par défaut en cas de multiboot et des options de démarrage avancées, telles que **Ne pas démarrer la GUI** ou le mode **Réparer Active Directory**.
- **Services** : affiche tous les services en cours d'exécution ou démarrés sur l'ordinateur. La case **Masquer tous les services Microsoft** est particulièrement utile pour isoler le service tiers responsable d'un dysfonctionnement.

– **Démarrage** : auparavant, cet onglet utilisait la clé de registre **HKLM\Software\Microsoft\CurrentVersion\Run** et le groupe **Démarrage** du menu **Démarrer** pour lister les programmes exécutés lors du chargement de Windows. Désormais, l'administrateur est invité à utiliser le **Gestionnaire des tâches** et son onglet **Démarrage**, équivalent :

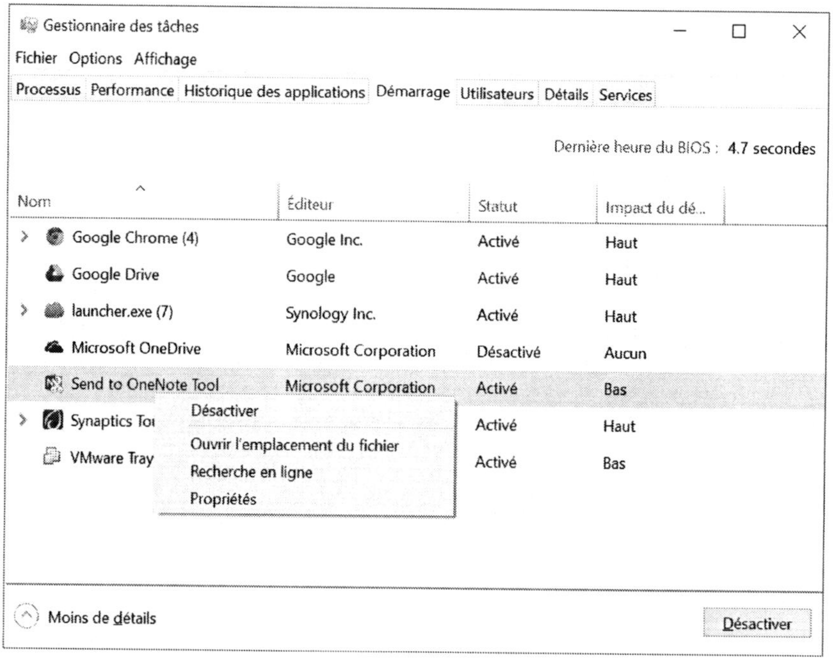

– **Outils** : permet d'exécuter des outils pour stabiliser le système et ainsi comprendre l'origine d'un problème, comme le **Moniteur de ressources**, l'**Observateur d'événements** ou encore l'**Analyseur de performances**.

2.6 Diagnostic de la mémoire vive

Lorsque le pointeur de souris est figé, que presser les touches du clavier ne produit aucun effet, l'administrateur s'oriente généralement vers un problème lié aux composants matériels.

Microsoft propose l'outil **Diagnostic de mémoire Windows** pour tester la mémoire vive.

En effet, lorsque celle-ci est défectueuse, les symptômes d'un dysfonctionnement peuvent être complexes et aléatoires : applications stoppées prématurément, arrêt non prévu du système d'exploitation...

L'outil vérifie les barrettes de mémoire vive insérées dans l'ordinateur et peut isoler les portions de mémoire défectueuses afin de permettre à Windows 10 de démarrer correctement. Il s'exécute durant le démarrage de l'ordinateur, puis, une fois les tests sur la RAM effectués, redémarre automatiquement le système et affiche le rapport d'analyse lors de l'ouverture de la session de l'administrateur.

Pour exécuter le Diagnostic de mémoire Windows :

- Saisissez **diagnostic de mémoire** depuis le champ de recherche situé dans la barre des tâches, et cliquez sur **Diagnostic de mémoire Windows**.
- Vous pouvez soit redémarrer l'ordinateur maintenant pour exécuter les procédures de test, ou bien celles-ci seront effectuées lors du prochain démarrage.

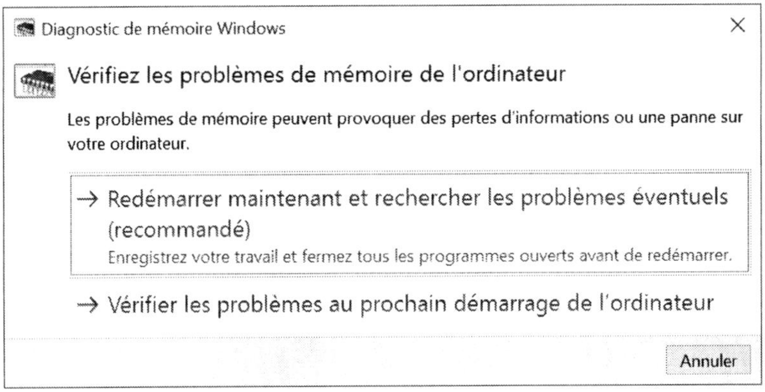

- Durant le démarrage, les tests sur la mémoire vive sont effectués. En pressant la touche [F1], des options supplémentaires sont proposées, comme le type de test à exécuter :

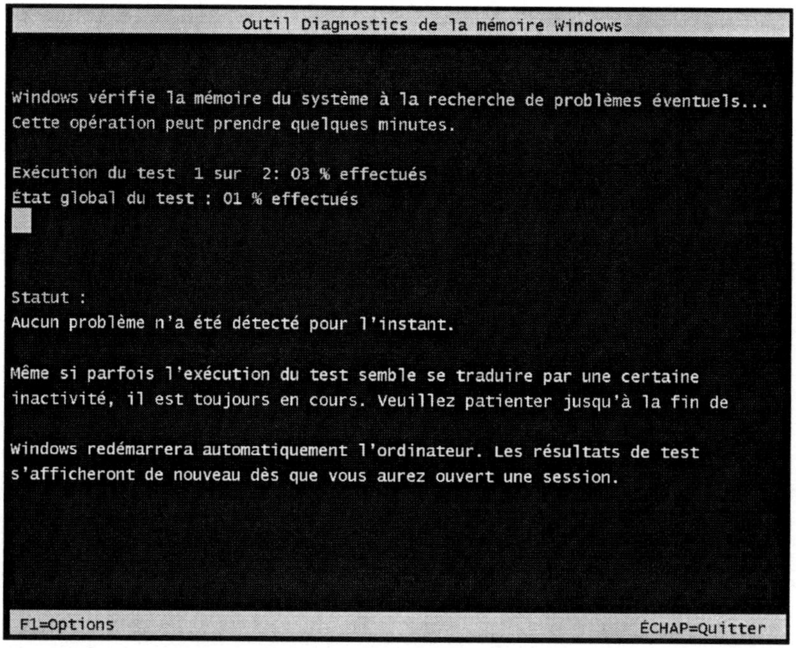

Le rapport est affiché sur le bureau de l'utilisateur, depuis la zone de notification de la barre des tâches.

L'outil **Diagnostic de mémoire Windows** est aussi disponible depuis le DVD d'installation de Windows 10.

2.7 Gestion des événements

Les journaux d'événements contiennent des informations sur la vie d'un système d'exploitation : problèmes récurrents, authentification réussie ou échouée, fermeture prématurée d'un programme. Ces informations s'avèrent utiles pour toute personne soucieuse de la stabilité de son poste de travail. Pour visualiser les événements, Microsoft propose d'utiliser l'**Observateur d'événements**.

2.7.1 Observateurs d'événements

Les informations sur chaque événement sont stockées au format XML, ce qui implique une plus grande souplesse d'exploitation des journaux lors de requêtes de filtrage.

Pour accéder à l'**Observateur d'événements**, il suffit de taper **eventvwr** dans la zone de recherche de la barre des tâches :

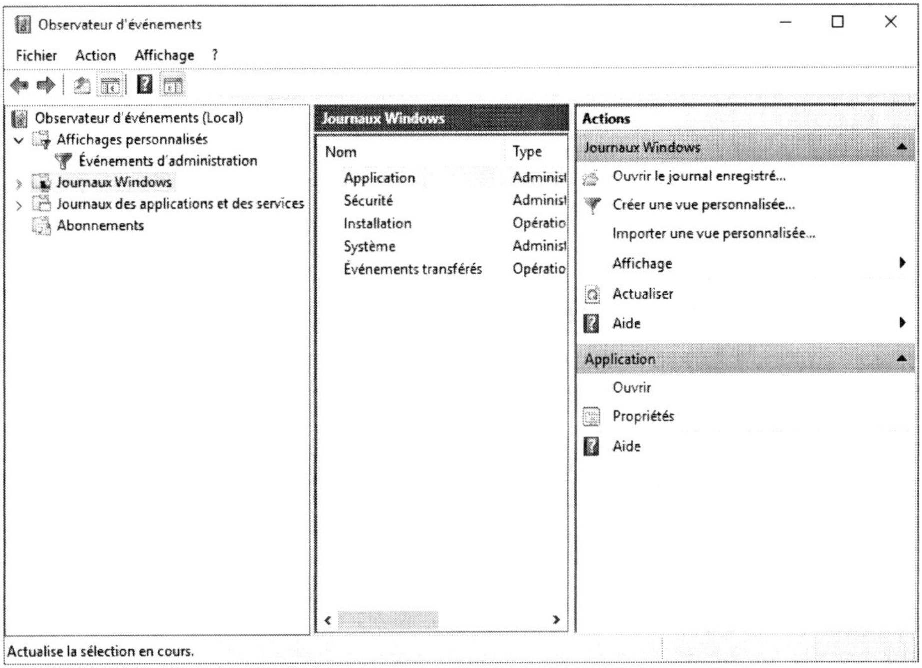

Les administrateurs utilisent généralement le nœud **Événements d'administration** pour afficher les problèmes et leurs solutions documentées.

Deux catégories de journaux sont présentes, la catégorie des **Journaux Windows** et la catégorie des **Journaux des applications et services** :

- **Journaux Windows** : catégorie incluant les journaux des applications, de sécurité (ouverture/fermeture de session), système (problème de démarrage d'un composant) et les nouveaux journaux :
  - **Journal du programme d'installation** : contient des informations relatives au déroulement de l'installation d'un logiciel.
  - **Journal Événements transférés** : fournit dans une vue centrale des événements collectés depuis d'autres serveurs ou clients Windows.
- **Journaux des applications et des services** : catégorie stockant les événements provenant d'un composant isolé tel qu'Internet Explorer 11, et n'impactant pas le système. Quatre journaux composent cette catégorie, dont le journal **Événements matériels**, destiné au personnel de support, utile à la résolution des problèmes d'administration.

2.7.2 Joindre une tâche à un événement

Windows 10 propose de créer une tâche qui s'exécutera lorsqu'un événement précis se produira : l'équipe d'administration peut ainsi être automatiquement avertie. C'est la fonction **Joindre une tâche à cet événement**.

L'envoi de la notification peut s'effectuer au travers d'un courrier électronique, de l'exécution d'un programme ou d'une boîte de dialogue sur l'ordinateur de l'utilisateur.

Pour créer une tâche liée à un événement système :

- Développez les nœuds **Journaux Windows** puis **Système**. Cliquez avec le bouton droit sur un événement, et sélectionnez **Joindre une tâche à cet événement**.
- Dans la fenêtre **Assistant Créer une tâche de base**, nommez la tâche puis cliquez sur le bouton **Suivant**. Vérifiez que l'événement sélectionné est conforme à vos attentes. Validez par le bouton **Suivant**.

- Sélectionnez l'action à réaliser : **Démarrer un programme**, **Envoyer un courrier électronique (déconseillé)** ou **Afficher un message (déconseillé)**. Dans l'exemple qui suit, l'objectif est de choisir l'envoi d'un courrier électronique. Renseignez les différents champs en spécifiant le **Serveur SMTP** d'envoi, ainsi qu'une **Pièce jointe** éventuelle.

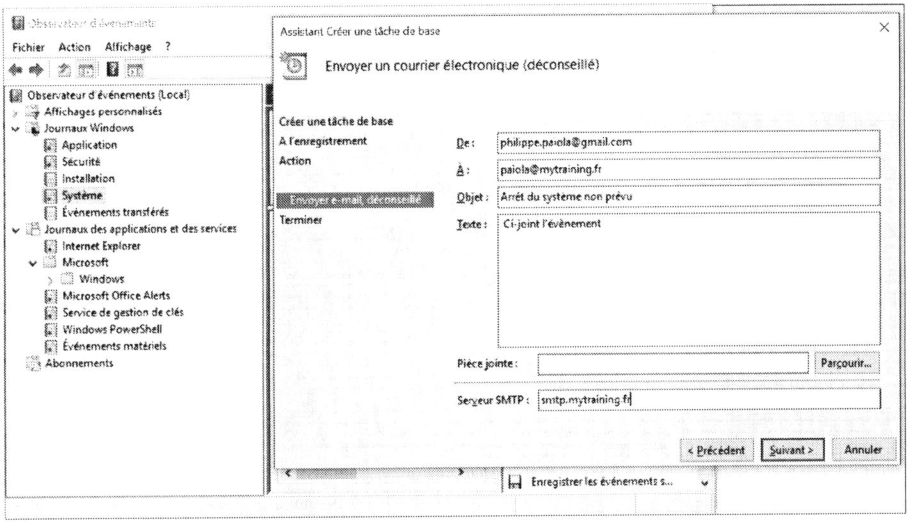

- Validez par les boutons **Suivant** et **Terminer**.

Lors du prochain événement conforme à l'alerte créée, l'administrateur recevra automatiquement un courriel.

2.7.3 Événements transmis

Windows 10 peut envoyer ses événements à des serveurs distants, ou bien récupérer les journaux des autres ordinateurs du réseau. Cette dernière méthode s'effectue en trois étapes : configuration des clients collectés puis du collecteur, et choix des événements à collecter au travers d'un abonnement.

La configuration d'un ordinateur client collecté (source) nécessite le démarrage du service **WinRM** (*Windows Remote Management*) :

- Ouvrez une session en tant qu'administrateur local sur l'ordinateur dont les journaux vont être transférés vers le collecteur Windows 10. Exécutez une Invite de commandes et saisissez la commande : **winrm quickconfig**.

Windows 10 crée une exception dans le pare-feu ainsi qu'un écouteur sur le protocole http, si le type de connexion réseau n'est pas défini en public.

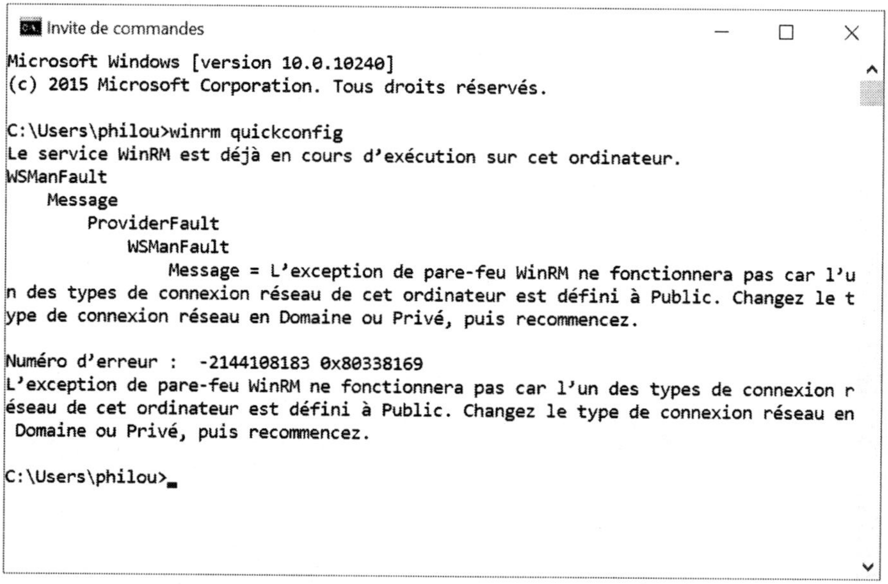

- Il est nécessaire d'ajouter le compte d'ordinateur du client collecteur Windows 10 dans le groupe local Administrateurs de l'ordinateur collecté.

  Pressez les touches + **R** du clavier, et saisissez **compmgmt.msc** dans la fenêtre **Exécuter**. Validez par la touche [Entrée].

- Développez les nœuds **Utilisateurs et groupes locaux - Groupes** et double cliquez sur **Administrateurs**.

- Dans la fenêtre **Propriétés de : Administrateurs**, cliquez sur le bouton **Ajouter**.

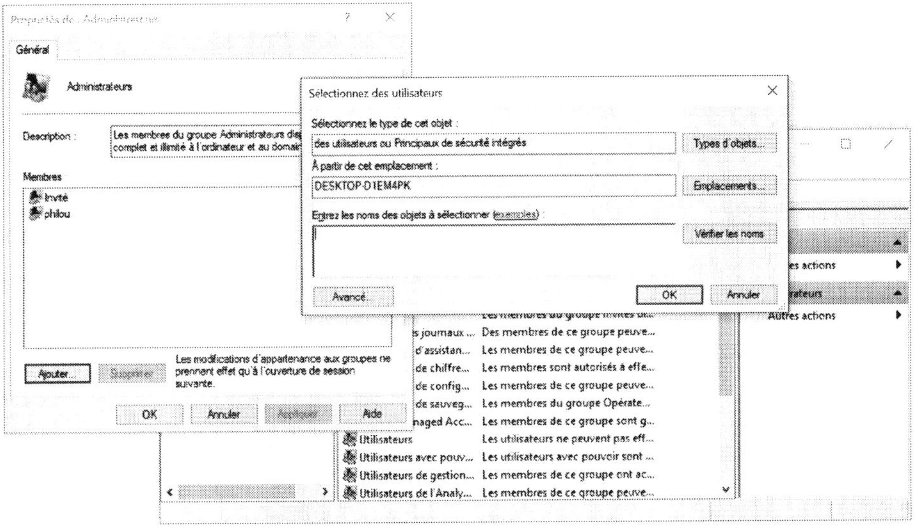

▶ Saisissez le nom d'ordinateur du collecteur et confirmez par le bouton **OK**.

Le client collecté est désormais prêt à envoyer ses journaux d'événements au client collecteur Windows 10.

■ Remarque

La procédure ci-dessus peut être automatisée dans le cadre d'un domaine Active Directory et d'un objet stratégie de groupe.

Sur l'ordinateur collecteur, exécutez une Invite de commandes en tant qu'administrateur et saisissez la commande : **wecutil qc**. Validez si nécessaire le démarrage du service **Collecteur d'événements Windows**.

Configurons maintenant les événements à collecter sur l'ordinateur collecteur. Pour cela, il faut utiliser la fonctionnalité **Abonnements** disponible depuis le nœud du même nom de l'Observateur d'événements exécuté en tant qu'administrateur :

▶ Effectuez un clic avec le bouton droit sur **Abonnements**, puis choisissez **Créer un abonnement**. Nommez l'abonnement et cliquez sur le bouton **Sélectionner des ordinateurs**, puis saisissez le nom de l'ordinateur collecté. Validez par le bouton **OK** et testez la connectivité en cliquant sur le bouton **Tester**.

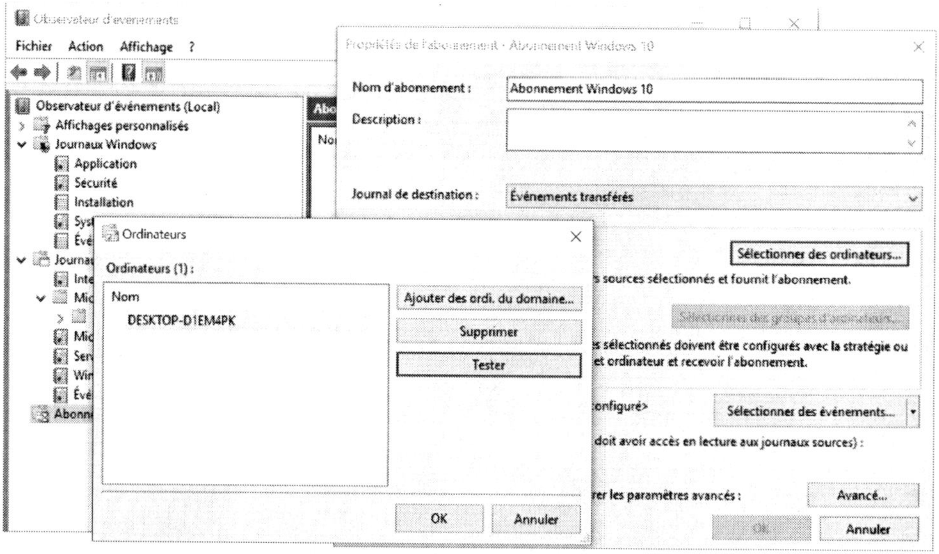

◘ Dans le champ **Événements à recueillir**, sélectionnez les niveaux d'événements (**Critique**, **Avertissement**, **Commentaires**, **Erreur** et **Information**) et éventuellement les sources d'événements ou le journal Windows.

◘ Le bouton **Avancé** permet de définir le protocole utilisé pour la transmission des événements, ainsi que la manière d'utiliser la bande passante. Fermez la boîte de dialogue en validant par le bouton **OK**.

Remarque

La transmission du journal s'effectue au travers du protocole HTTP (port 5985) ou HTTPS (port 5986).

Les événements qui correspondront aux critères de filtre définis dans l'abonnement seront désormais automatiquement transmis à l'ordinateur collecteur Windows 10.

2.8 Analyseur de performances

L'**Analyseur de performances** est l'outil référent pour étudier l'impact d'un programme ou du matériel sur les ressources du système, que ce soit en temps réel ou grâce à un récapitulatif historique. Ce composant logiciel enfichable peut aussi bien afficher les performances du système local que celles d'un système distant, sous réserve qu'une exception sur le pare-feu soit définie pour la fonctionnalité **Journaux et alertes de performance**.

Il est possible de définir des seuils d'alerte et de les lier à des actions automatiques.

Seuls les membres du groupe local **Administrateurs** peuvent créer ou modifier des collecteurs, les autres utilisateurs pourront visualiser les graphiques historiques. Les membres du groupe **Utilisateurs de l'Analyseur de performances** ont les mêmes droits que le groupe **Utilisateurs**, avec en supplément la possibilité d'afficher en temps réel les données de performance locales ou d'un ordinateur distant.

Ceux du groupe **Utilisateurs du journal de performances** reprennent les droits des membres du groupe **Utilisateurs de l'Analyseur de performances**, en pouvant aussi créer et modifier des ensembles de collecteurs de données de manière planifiée.

L'Analyseur de performances est basé sur trois composants qui forment un ensemble de collecteurs de données :

- **Compteurs de performances** : valeurs sur l'état du système calculées à intervalles réguliers.
- **Données de suivi des événements** : composants de Windows 10 ou des applications qui rapportent des événements.
- **Informations de configuration** : basé sur les clés de registre, ce composant enregistre leurs valeurs à des moments précis.

Pour créer un ensemble de collecteurs de données, ouvrez une session en tant qu'administrateur ou membre du groupe **Utilisateurs du journal de performances** :

- Utilisez la combinaison de touches + **R** du clavier puis saisissez **perfmon** et cliquez sur le bouton **OK**.
- Cliquez avec le bouton droit sur **Analyseur de performances**, choisissez **Nouveau**, puis **Ensemble de collecteurs de données**.

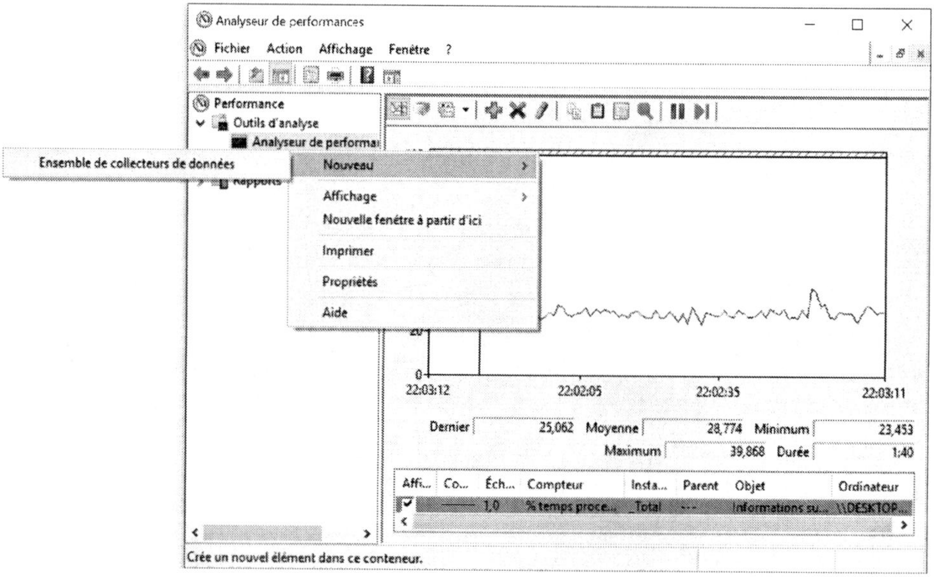

- Nommez ce collecteur **Ensemble Collecteurs de données Windows 10** et cliquez sur le bouton **Suivant**.
- Spécifiez ensuite le répertoire où seront stockées les données et validez par le bouton **Terminer**.

Une fois l'Ensemble de collecteurs de données créé, il faut maintenant l'alimenter en compteurs de performance. Pour l'exercice, il est nécessaire que le lecteur C: ait été chiffré à l'aide de la fonctionnalité BitLocker :

- Dans l'**Analyseur de performances**, cliquez sur la croix verte pour ajouter des compteurs.

  Nous allons étudier l'impact de la fonctionnalité de chiffrement **BitLocker** sur les performances du système.

- Dans la zone **Compteurs disponibles**, développez **BitLocker** et sélectionnez **Requêtes d'écriture/s** et **Taille de fractionnement d'écriture maximale** puis cliquez sur le bouton **Ajouter**. Dans le champ **Instances de l'objet sélectionné**, cliquez sur le lecteur **C:**.

- Validez par le bouton **OK** et visualisez le graphique généré en temps réel sur l'Analyseur de performances. Des couleurs sont affectées à chaque compteur.

Remarque

*Notez que vous pouvez ajouter des compteurs depuis des ordinateurs distants grâce au champ **Choisir les compteurs sur**. L'exception **Journaux et alertes de performance** devra être créée en flux entrant dans le pare-feu Windows de l'ordinateur distant. Les membres du groupe **Utilisateurs du journal de performances** doivent appartenir au groupe local **Lecteurs des journaux d'événements** de l'ordinateur distant.*

Le nœud **Rapports** de la console **Analyseur de performances** permet de visualiser simplement les données collectées, au format HTML. En saisissant la commande **perfmon /report "NomDuCollecteurDeDonnées"**, un rapport sera créé pour un ensemble de collecteurs de données.

Dans le cas où la supervision du matériel informatique serait nécessaire à grande échelle, des outils tels que **SCOM** (*System Center Operations Manager*) peuvent aider les équipes d'administration dans cette tâche au travers d'une console d'analyse centralisée.

2.9 Moniteur de fiabilité

Le **Moniteur de fiabilité**, apparu avec Windows Vista, est un indicateur de la stabilité du système dans le temps (jours ou semaines), sur une échelle de 1 à 10. Plus le chiffre est élevé, plus le système est fiable.

Il produit une courbe répertoriant cinq caractéristiques de problèmes rencontrés : les **Échecs des applications**, les **Échecs Windows**, les **Échecs divers**, les **Avertissements** et les **Informations**.

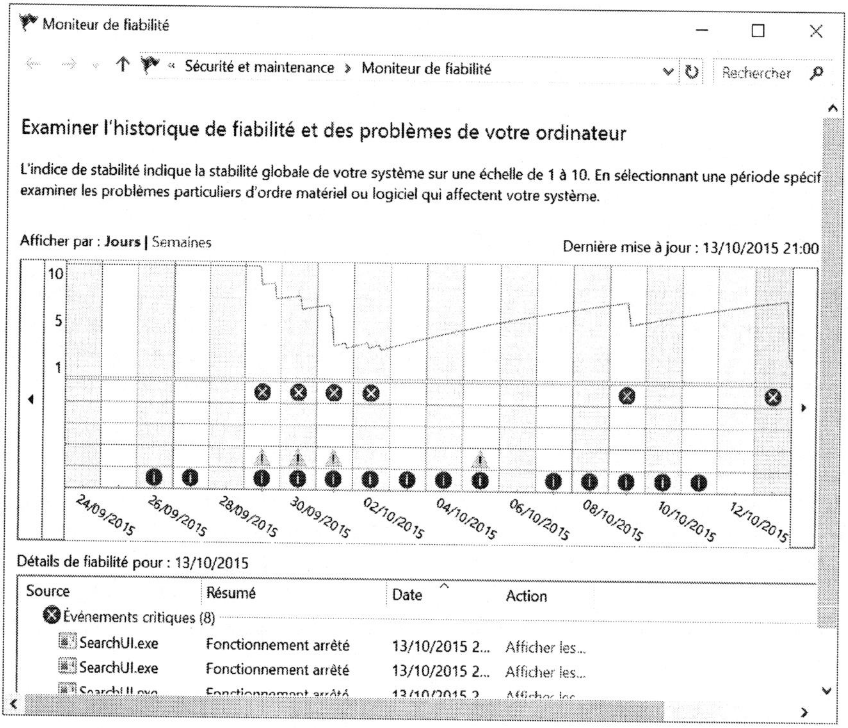

➤ Le Moniteur de fiabilité est accessible en tapant **perfmon /rel** dans la fenêtre **Exécuter** (touches ⊞ et **R**) ou **moniteur de fiabilité** dans la zone de recherche de la barre des tâches.

En cliquant sur une date et sur l'icône de message spécifique, une description de l'événement s'affiche : vous pouvez la copier dans le presse-papiers et signaler le problème auprès de Microsoft pour trouver une solution.

Les rapports de fiabilité générés peuvent être enregistrés au format XML en cliquant sur **Enregistrer l'historique de fiabilité...**. L'administrateur peut aussi **Rechercher des solutions à tous les problèmes...**, les résultats seront affichés dans le **Centre de notifications**.

Il est possible d'afficher les données du moniteur de fiabilité d'un ordinateur distant Windows 10 si ce dernier a le service **Registre à distance** démarré ainsi que la tâche **RACAgent** activée. Dans ce cas, suivez la procédure suivante :

- Dans la fenêtre **Analyseur de performances**, cliquez avec le bouton droit sur **Performance**, puis sur **Se connecter à un autre ordinateur**.
- Saisissez le nom de l'ordinateur distant et validez par la touche **OK**.
- Affichez ensuite le moniteur de fiabilité. Notez que vous devez être membre du groupe local **Utilisateurs** sur l'ordinateur distant Windows 10.

Remarque

*La collecte des données par le moniteur de fiabilité s'effectue au démarrage du système Windows 10. Le système traitera ensuite les données collectées toutes les 12 heures grâce à la tâche planifiée **RAC**, chargée de traiter les données de fiabilité.*

2.10 Enregistreur d'actions utilisateur

L'**Enregistreur d'actions utilisateur** permet d'enregistrer toutes les actions effectuées dans la session active, dans un fichier au format ZIP, puis d'annoter par des commentaires le résultat produit. Une fois le rapport transmis au support technique, ce dernier pourra plus facilement solutionner le problème rencontré. Les apps Windows 10 du Windows Store et celles exécutées depuis le bureau sont gérées.

À chaque clic de souris correspond une capture d'image. Pour exécuter l'enregistreur d'actions utilisateur :

- Saisissez **enregistreur d'actions** dans la zone de recherche de la barre des tâches, et sélectionnez **Enregistreur d'actions utilisateur**. Vous pouvez aussi exécuter le fichier **psr.exe** dans la fenêtre **Exécuter** (touches et **R**). Validez par la touche [Entrée].

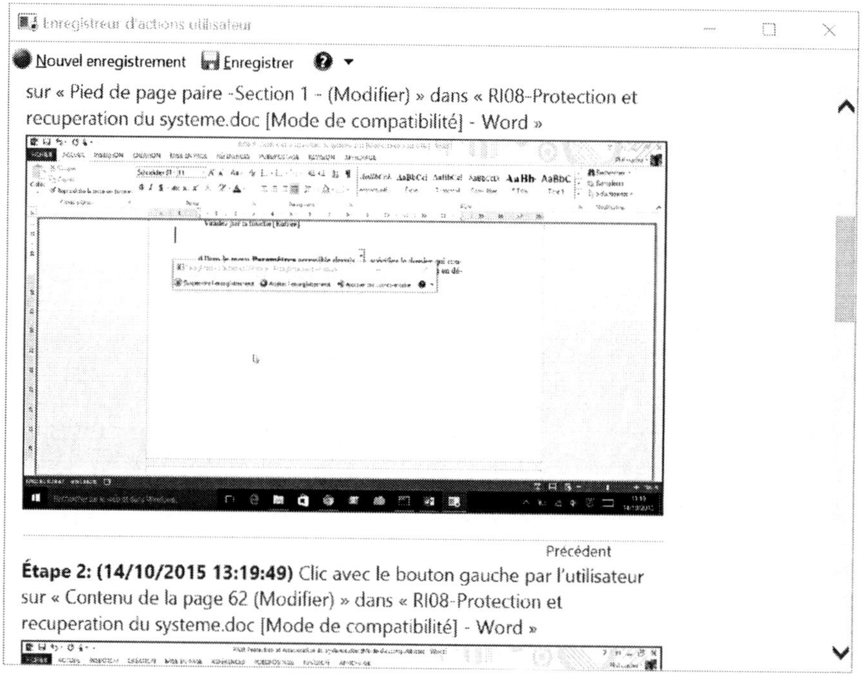

- Dans le menu **Paramètres** accessible depuis , spécifiez le dossier qui contiendra le fichier de sortie au format ZIP, puis activez la capture d'écran en définissant le nombre de captures à stocker (25 par défaut).
- Cliquez ensuite sur le bouton **Commencer l'enregistrement** et effectuez les actions nécessaires à la reproduction du problème.
- Ajoutez des commentaires (bouton **Ajouter un commentaire**) puis arrêtez l'enregistrement.

- Enregistrez le fichier .zip généré contenant le fichier .mht (*Microsoft Hyper-Text archive*) ou bien envoyez-le par courrier électronique.

  Les différents écrans seront affichés, ainsi que les commentaires. À la fin du fichier rapport, des détails techniques supplémentaires sont inclus, comme la version du système d'exploitation, les éléments de l'interface utilisés ou les programmes exécutés. Ces informations sont utiles aux développeurs.

Remarque

*Les frappes au clavier ne seront jamais mémorisées lors d'un enregistrement, volontairement, afin que l'outil ne soit pas détourné (**Key Logger** par exemple) de son but premier. Dans le cas où cela serait important, utilisez le bouton **Ajouter un commentaire**.*

Lorsque l'utilisateur affiche le bureau sur deux écrans, l'Enregistreur d'actions utilisateur capture l'affichage des deux moniteurs. Si un seul écran contient le problème à enregistrer, utilisez le mode **Dupliquer** plutôt qu'**Étendre** (cf. chapitre Interface et applications - Interface Windows 10) depuis les paramètres d'affichage.

3. Résumé du chapitre

Windows 10 offre différentes fonctionnalités permettant de sauvegarder votre système, mais également de le restaurer à un état antérieur en cas de problème.

La fonctionnalité **Réinitialiser ce PC** supprime les partitions en sauvegardant les données, puis installe une nouvelle copie de Windows 10.

Microsoft a développé la fonctionnalité **Historique des fichiers** : chaque heure, les fichiers modifiés sont copiés à un emplacement externe déterminé, créant ainsi un historique des différentes versions, tout ceci en arrière-plan et sans intervention de l'utilisateur.

Grâce à la "récupération de fichiers Windows 7", l'administrateur peut créer un disque de réparation système Windows 10.

L'outil de restauration du système enregistre les modifications apportées au système Windows puis propose de les restaurer à un état antérieur grâce aux points de restauration système.

La commande BCDedit configure les magasins BCD pour faciliter le démarrage de Windows 10 ou d'un autre système d'exploitation, tandis que BCDboot configure la partition système.

Des fonctionnalités de récupération sont implémentées dans Windows 10, grâce au système d'exploitation minimal Windows RE.

Le Gestionnaire des tâches affiche désormais l'historique d'utilisation des logiciels. Une fonctionnalité intéressante est l'action **Recherche en ligne** : l'administrateur peut rechercher sur Internet des informations sur un processus, service, ou une application.

Windows 10 peut récupérer les journaux d'événements d'autres ordinateurs Windows en tant que collecteur.

Le Moniteur de fiabilité est un indicateur de la stabilité du système dans le temps pourvu d'une échelle de 1 à 10.

L'Analyseur de performances est l'outil référent pour étudier l'impact d'un programme ou du matériel sur les ressources du système, que ce soit en temps réel ou grâce à un récapitulatif historique.

Enfin, l'Enregistreur d'actions utilisateur permet, lorsqu'un utilisateur est confronté à un problème sur sa session, d'enregistrer les actions effectuées dans un fichier au format ZIP, et d'annoter par des commentaires le résultat produit, pour transmission au support.

A

B

C

D

E

F

G

N

O

P

Q

R

S

U

V

W

Z